POESIA COMPLETA

ALBERTO DA CUNHA MELO
POESIA COMPLETA

Organização de
Cláudia Cordeiro Tavares da Cunha Melo

2ª edição

EDITORA RECORD
RIO DE JANEIRO • SÃO PAULO
2024

CIP-BRASIL. CATALOGAÇÃO NA PUBLICAÇÃO
SINDICATO NACIONAL DOS EDITORES DE LIVROS, RJ

Melo, Alberto da Cunha

M473a   Poesia completa / Alberto da Cunha Melo; organização de Cláudia Cordeiro
Tavares da Cunha Melo. – 2ª ed. – Rio de Janeiro: Record, 2024.

ISBN: 978-85-01-10917-0

1. Poesia brasileira. I. Melo, Cláudia Cordeiro Tavares da Cunha. II. Título.

CDD: 869.91
17-42440   CDU: 821.134.3(81)-1

Fotógrafos:
Fícus-Benjamin do Parque 13 de Maio: Assis Lima
Salmos de Olinda: João Castelo Branco

Preparadoras de texto:
Andréia Caroline Pereira de Oliveira e Isabel de Andrade Moliterno

Digitação:
Luanda Calado de Santana e Rafael Assis

Direitos exclusivos desta edição reservados pela
EDITORA RECORD LTDA.
Rua Argentina, 171 – Rio de Janeiro, RJ – 20921-380 – Tel.: (21) 2585-2000.

Impresso no Brasil

ISBN 978-85-01-10917-0

Seja um leitor preferencial Record.
Cadastre-se em www.record.com.br e receba informações
sobre nossos lançamentos e nossas promoções.

Atendimento e venda direta ao leitor:
sac@record.com.br

CÓPIA NÃO AUTORIZADA É CRIME
ABDR
ASSOCIAÇÃO BRASILEIRA DE DIREITOS REPROGRÁFICOS
RESPEITE O DIREITO AUTORAL
EDITORA AFILIADA

À memória de Alberto da Cunha Melo,
"para todos, para sempre".

A César Leal, Bruno Tolentino, Pedro Vicente Costa Sobrinho, Cyl Gallindo e Celina de Holanda, amigos comuns, em nome de todos os parceiros na arte de viver, divulgar e publicar a poesia de Alberto (in memoriam).

À Sóror Juana Inés de la Cruz (1651- 1695), a Décima Musa.

A Divaldo Pereira Franco, mestre e amigo.

A Beliza e Cordeiro, meus pais, Nemzinha, minha madrinha, e Márcio e Márcia, meus filhos.

Ao Amor.

A Deus.

O PRESENTE

O que hoje recebes
e não podes pegar, guardar
em panos e papéis laminados,
é imperecível,
presente onipresente.
Estás com ele na chuva
e não temes que se desfaça.
Estás com ele na multidão
e não o escondes dos mutilados.
O que não existe para os homens
deles estará protegido,
o que os homens não veem
não poderão espedaçar.
Eis o que não te denuncia
porque não tem face
nem volume para ser jogado no mar.
Eis o que é jovem a cada lembrança
porque não tem data
e série, para envelhecer.
O que hoje recebes
Não pode ser devolvido.

"Em suma, minha poesia deveria ser tão parecida comigo quanto minha voz, o ruído dos meus passos, as explosões de minha natureza contraditória. A arte é o último reduto do indivíduo, apesar de sua função social, de seu compromisso ontológico com o destino humano."

Alberto da Cunha Melo
In: *A noite da longa aprendizagem.*
Notas à margem do trabalho poético, vol. I.
Nota de 15 de março de 1978.

SUMÁRIO

DUAL 217

POEMAS À MÃO LIVRE 225

A RURAL TAMBÉM ENSINA A SEMEAR A POESIA 325

CARNE DE TERCEIRA 331

YACALA 357

MEDITAÇÃO SOB OS LAJEDOS 413

BELO MONTE 483

O CÃO DE OLHOS AMARELOS 491

PARTE II — OBRA INÉDITA

PEQUENAS CONFISSÕES 527

SALMOS DE OLINDA 541

FÍCUS-BENJAMIM DO PARQUE 13 DE MAIO 565

CRÔNICAS DE ALÉM-BAR E OUTRAS PROSAS 589

POEMAS FINAIS 743

VORAGEM 877

PARTE IV — O ÚLTIMO GARIMPO

NASCENTES 915

PRIMEIROS OCTOSSÍLABOS 921

AGRADECIMENTOS

À equipe de professores que esteve conosco na compilação inicial de manuscritos e outros originais desta obra: Isabel de Andrade Moliterno, Andréia Caroline Pereira de Oliveira, Luanda Calado de Santana e Rafael Barbosa de Assis, pela especial dedicação.

A Nelson Patriota, José Eduardo Martins, Walter Ramos, Urariano Mota, Rafael Tahan, Luís Manoel Siqueira, Beatriz Brenner, Tânia França, Myriam Brindeiro e Ermelinda Ferreira, pelo apoio e incentivo.

A Martim Vasques da Cunha, que apontou o caminho certo para que esta obra acontecesse e emprestou seu talento à edição, com preciosa apresentação.

A João Castelo Branco e Assis Lima, que ilustram esta edição com a arte de suas fotografias.

Ao editor Carlos Andreazza, que ampliou o projeto de publicação desta "Poesia Completa", abrindo comportas inéditas para esta iniciativa editorial. E a toda a equipe do Grupo Editorial Record: Duda Costa, Thais Lima e Luciana Aché, em nome de todos os envolvidos na construção deste livro.

27

APRESENTAÇÃO

PUBLICAÇÃO DO CORPO

Quando distanciar-me das altas
nuvens, onde sempre habitei,
devo levar algumas delas
para que saibam minha pátria.

Após soltar de espaço a espaço
as cascas vivas da memória,
devo levar para a cidade
o corpo, esta palavra forte.

Só meu corpo vai realmente
pisar nos jardins e nos pátios
e com mãos novas sacudir
as grandes árvores por perto.

Vou conduzi-lo com o cuidado
de livro muito alvo na tarde:
É minha única esperança
de estar bem vivo entre vocês.

Só meu corpo sabe virar
todas as páginas do tempo
e só ele foi publicado
completo, para ser seguido.

Alberto da Cunha Melo.
In: *Círculo cósmico*, 1966.

29

Esta edição da *Poesia completa* dista 51 anos do primeiro livro de Alberto da Cunha Melo, *Círculo cósmico* (1966), encartado na Revista *Estudos Universitários* da Universidade Federal de Pernambuco, graças ao mestre César Leal, e cinco anos dos dois últimos livros publicados do autor: *Cantos de contar* (2012)* e *Orazione per il poema* (2012)**, ambos republicações de parte da fase construída na década de 1960, a da sistematização de poemas com cinco quartetos em octossílabos brancos. Busca-se, assim, ressaltar para o leitor que o período de 46 anos, entre a primeira e

---

* *Cantos de contar*. Recife: Paes, 2012. Edição comemorativa do aniversário de 70 anos.
** *Orazione per il poema*. Lecce: Salento Books, 2012. Tradução de Katia de Abreu Chulata.

as mais recentes publicações da mesma fase, revela a universalidade e a atemporali-dade da sua poesia, comuns à natureza da verdadeira arte.

Num primeiro momento, tencionava-se compilar 22 livros, entre publicados e inéditos deixados prontos pelo poeta, com cerca de 1.200 poemas. Mas o desafio revelou-se muito maior: a proposta do editor Carlos Andreazza era publicar a *Poesia completa* do autor, o que impôs uma investigação exaustiva a partir dos arquivos de originais manuscritos e também datilografados, inclusive os inacabados e intocados há décadas, resultando no conjunto de 33 livros, em uma clave rara e única de quase 2 mil poemas de Alberto da Cunha Melo.

Dois fatores foram definitivos para a viabilização deste empreendimento pau-tado pela busca da totalidade:

O PRIMEIRO, circunstancial, foi o de contar, em um único acervo, com toda a obra publicada e inédita do poeta, entre livros deixados prontos e outros inacaba-dos, além de uma quantidade insuspeita de seus poemas datilografados e selecio-nados por ele em pastas não definitivamente organizadas, mas com suas indicações manuscritas, rasuras, correções, registros. Há de se destacar a sequência de poemas da década de 1960 e início da de 1970, todos datilografados com anotações do poeta, e todos em formato de metade de papel ofício, às vezes transparente, como os que, à época, se prestavam a cópias, a exemplo dos poemas "Propósito" — publicado no *Diario de Pernambuco*, em 26 de março de 1967, com o título "Júri da Aurora" — e "Fumaça" — inédito. Ambos se encontram na Parte IV, O último garimpo, desta *Poesia completa*.

Somavam-se a esses poemas os originais manuscritos, em variados tipos de pa-péis, cadernetas, cadernos, em margens e recantos dos livros que lia e até no verso de convites e outros impressos que resistiram ao tempo.

Foi assim possível, às vezes, acompanhar as transformações por que passaram alguns poemas até a última versão ou identificar o seu completo ineditismo. Em alguns desses casos específicos, notas de rodapé dão o resumo do histórico da pesquisa. Foi possível também apreender, em toda a sua extensão, a densidade e beleza do rico filão que se desdobra em oito livros, revelado pelo poema em epí-grafe "Publicação do corpo", testemunha do momento em que o poeta estreava em livro, quando já abandonara a prática dos sonetos e trovas, formas em que seu pai, Benedito Cunha Melo, foi reconhecido mestre. Em sua essência, esse poema revela um estado anímico de pura epifania: o poeta encontrara, então, um "corpo" para sua poesia tecido em cinco quartetos com versos em octossílabos brancos. Um "corpo" que, mesmo avesso aos malabarismos vocabular e sintático, engendrava imagens encadeadas resultando em alegorias de natureza filosófica e crítica, onde o grotesco e o sublime da condição humana emergem poderosos. Sua importân-cia, para essa fase da poesia de Alberto da Cunha Melo, revela-se quando o poeta ascende-o à condição de título do seu terceiro livro, *Publicação do corpo*, publicado em 1974, posterior, portanto, à *Oração pelo poema* (1969). E será motivo de sua "Declaração de bens", poema inédito que se publica na quarta parte desta obra, O último garimpo.

Todos os poemas de Alberto da Cunha Melo foram inicialmente manuscritos: ele costumava andar com várias canetas e pequenas cadernetas no bolso da camisa, além de conservar em sua mesa de cabeceira todo o mesmo arsenal, mas, na falta dele, usava o que estivesse à mão, até lápis coloridos e guardanapos de papel. Carismático, estava sempre acompanhado por amigos e, dado ao improviso, talvez ainda se encontrem com eles alguns manuscritos inéditos. Possivelmente, nada que se compare ao acervo trabalhado para a organização deste livro, com mais de duzentos poemas manuscritos originais, uma quantidade expressiva, uma vez que o poeta rasgava a maioria deles quando os datilografava. Anote-se que o exercício da escrita, diário e constante, permitiu ao poeta — insatisfeito com as traduções que colecionava — o prazer de transcrever, com rigor, as *Odes de Q. Horacio Flacco* (1844) traduzidas por José Agostinho de Macedo — 285 páginas — que encontrou no setor de Obras Raras da Biblioteca Pública do Estado de Pernambuco onde trabalhou durante os últimos anos de sua vida.

"Tenho atravessado a depressão do terreno emotivo com uma ponte suspensa feita de palavras." Essa frase do poeta consta em anotações do dia 18 de junho de 1985, de uma fonte inédita desta pesquisa, que não pode deixar de ser anotada aqui, porque foi essencial para o processo investigativo, especialmente quando foi necessário dirimir impasses quanto a datas e modos de criação. Trata-se de quatro exemplares manuscritos — mais de seiscentas páginas em quatro volumes — do livro *A noite da longa aprendizagem. Notas à margem do trabalho poético* (19/1/1978 a 22/9/1995), em que se encontram narrativas e comentários sobre a vida cultural, literária e pessoal do autor e de seu fazer literário.

Assim sendo, a *Poesia completa* guarda uma nota significativa da crítica genética, mas foram mesmo as linhas mestras fundadas pelo próprio autor que serviram de base metodológica da investigação.

O SEGUNDO fator facilitador, portanto, residiu no fazer literário de um poeta que se definia "um construtivista atávico, um neoclássico até a medula" (In *Cronos**, jan./dez. 2004/2005, p. 319), profundo estudioso da teoria literária e fundador consciente de sua própria estética, como se observa nas "notas do autor"** que insere em alguns de seus livros publicados: *Clau. Poemas* (1999), *Yacala* (1999), *Meditação sob os lajedos* (2002) e *O cão de olhos amarelos & outros poemas inéditos* (2006). Não lhe inquietava a crítica, exceto quando algum analista tentava "explicar" equivocadamente a natureza de suas construções literárias.

---

* A revista *Cronos*, do Programa de Pós-Graduação em Ciências Sociais da UFRN, reproduziu, em 2005, a mais longa e única entrevista coletiva concedida por Alberto da Cunha Melo, em março de 2004, às Trilhas Literárias do site Plataforma para a Poesia. Organizada por Cláudia Cordeiro [Tavares da Cunha Melo], contou com os entrevistadores: Alcir Pécora, Alfredo Bosi, Anderson Braga Horta, Astier Basílio, Deonísio da Silva, Domingos Alexandre, Eduardo Martins, Ermelinda Ferreira, Evandro Affonso Ferreira, Isabel Moliterno, Ivan Junqueira, Ivo Barroso, José Nêumanne Pinto, Mário Hélio e Martim Vasques da Cunha. Trata-se de um legado precioso que somado aos manuscritos do livro *A noite da longa aprendizagem. Notas à margem do trabalho poético* constituíram o esteio da investigação empreendida.

** Nesta *Poesia completa* as "Notas do autor" foram reproduzidas na íntegra.

Esse foi um dos motivos que o fazia nunca se esquivar quando convidado a revelar seu processo criativo. É exemplar a entrevista concedida à jornalista Ivana Moura (*Diario de Pernambuco*, 2006)*, quando informa sobre o livro *Yacala* (1999): "O trabalho de arte levou os poemas a várias versões, muitos poemas acabaram sem nada da versão original. Sou meio *construtivista* em poesia e quando escrevo só penso num único leitor: eu mesmo" — destaque nosso.

Alberto da Cunha Melo não era apenas um "construtivista atávico", mas também um demiurgo, seus livros eram arquitetados a partir de uma estrutura estabelecida, depois da forma modelada de seus poemas que passavam por diversos estágios, podendo ou não subsistir à sua organização final. O livro *Meditação sob os lajedos* é exemplar dessa afirmativa, a ponto de alguns dos poemas não utilizados pelo poeta formarem uma das raridades da *Poesia completa*, como o livro já mencionado *Outras retrancas*. A arquitetura planejada de sua poesia aponta para o trabalho magistral de toda a sua obra publicada, caracterizado pela linguagem clara levada ao rés do chão, mas dominada pelo verbo em ação, pela constância e densidade de imagens, tanto em poemas de pequeno como de largo fôlego, a exemplo do que ocorre nos livros *Oração pelo poema*, *Capoeira das Juremas* e *Yacala*.

Elegendo o exercício poético como prioridade em sua vida, a partir do livro *Noticiário* (1979), ele passaria a distanciar-se de tudo e de todos para organizar e finalizar seus livros. É relevante, para dar-se conhecimento das fases de seu processo de criação, esta declaração que consta no livro manuscrito *A noite da longa aprendizagem. Notas à margem do trabalho poético*, volume I, nota de 5 de fevereiro de 1979:

> "No começo de janeiro, já livre do relatório e já de férias, larguei sozinho para Aracaju, onde fiquei durante 10 dias, no hotel Norte-Sul, entregue à organização de tudo que escrevi, principalmente do *Noticiário* [...]. Foram 10 dias em completo isolamento, mexendo com os textos e batendo-os à máquina, de manhã, de tarde e de noite, [...]"

Essa prática seria levada a efeito até o livro *O cão de olhos amarelos & outros poemas inéditos* (2006), o último publicado em vida. Amigos do Rio Grande do Norte hospedaram o poeta numa confortável residência da Praia da Redinha, onde passou três semanas concluindo a obra que conquistaria o Prêmio de Poesia da Academia Brasileira de Letras em 2007.

De posse do acervo mais completo de sua poesia e das reflexões do poeta a incidirem-se sobre os elementos constitutivos da natureza intrínseca ao seu fazer literário, em suas anotações e depoimentos, ou na gama considerável de seus metapoemas, tornou-se possível somar à ousadia do editor Carlos Andreazza o propósito de colocar o leitor o mais próximo possível da origem e do desenvolvimento da poética de Alberto da Cunha Melo.

---

* MOURA, Ivana. "Alberto da Cunha Melo: A poesia não é uma mercadoria". In: *Diario de Pernambuco*. Recife: 7 de maio de 2006. Entrevista.

"Minha preocupação sempre foi a forma, e um mero calendário de papelão que cai no assoalho é tema demais para qualquer poema." (In *Cronos*, jan./dez., 2004/2005, p. 318). Quem lê esta obra poderá observar que, na reconstrução dos livros não concluídos pelo poeta e na organização dos livros compilados pela organizadora, à pertinência da metodologia do autor, foi priorizada a forma em sua construção original e, subsequentemente, o tema. Quanto aos poemas, foram respeitadas as suas últimas versões, publicadas ou não.

Assim, a investigação aprofundada da obra de Alberto da Cunha Melo permitiu fundar a *Poesia completa* com a seguinte estrutura: OBRA PUBLICADA, OBRA INÉDITA, OBRA CONSOLIDADA e O ÚLTIMO GARIMPO. Um ponto a se observar é a radicalização do conceito de "inédito" destinado apenas àqueles livros intocados pelo trabalho aqui empreendido, deixados prontos pelo poeta, embora se possa ter certeza de que, se vivo, antes desta publicação, estaria recolhido para submetê-los a novas lapidações. São estes: *Pequenas confissões, Salmos de Olinda, Fícus-Benjamim do Parque 13 de Maio* e *Crônicas de além-bar e outras prosas*.

Mas será difícil não atribuir à *Poesia completa* um ineditismo bem mais amplo, em face do enriquecimento da maioria de seus livros, devido, especialmente, ao trabalho de restauração ou de ampliação do corpo original de cada um, com a finalidade de intensificar a mestria das criações estéticas do poeta. Em livros publicados, o corpo original dos poemas só foi ampliado com poemas também publicados, portanto, aqueles que mereceram o trabalho de finalização em vida. As intervenções realizadas para obter esses resultados estão registradas a seguir, nos tópicos descritivos das categorias mencionadas.

Os leitores da obra de Alberto da Cunha Melo podem adquirir aqui um novo modo de ver a sua poesia: a sua gênese na incompletude geradora do gesto criador em ação e seu desenvolvimento. Mas também experimentarão o sussurro de exatas 533 líricas no metro octossilábico, o filão mais rico e único na língua portuguesa desse metro, em nove diferentes livros, entre eles a obra-prima *Yacala,* e uma gama considerável de outras formas experimentais. Podem ainda constatar, à pertinência do poema em epígrafe, que a *Poesia completa* é o melhor modo de o poeta "estar bem vivo entre vocês", entre todos os leitores deste livro, neste novo legado das páginas da literatura em língua portuguesa.

PARTE I — OBRA PUBLICADA

Faz-se necessário esclarecer, especialmente àqueles familiarizados com a obra do poeta, que alguns títulos de livros publicados não estão inseridos no sumário, embora todo o seu conteúdo esteja disponibilizado nesta *Poesia completa*. Listamos, a seguir, os porquês destes eventos:

O livro *Dez poemas políticos* (1979), primeira e segunda tiragens, não teve o título incluído, porque seus poemas foram republicados no mesmo ano em *Noticiário*.

Assim também os livros *Soma dos sumos* (1983) e *Cantos de contar* (2012), porque neles constam seletas de vários livros e seus poemas uniram-se às obras de onde procedem.

Anote-se que foi a partir de *Soma dos sumos* (1983) que o poeta passará a assinar Alberto da Cunha Melo, antes, Alberto Cunha Melo, e esse é o primeiro livro publicado por uma editora de circulação nacional, a José Olympio, que, coincidentemente, hoje faz parte do Grupo Editorial Record, editor desta *Poesia completa*.

Mais um título deixa de fazer parte do sumário: *Dois caminhos e uma oração* (2003), que reuniu integralmente os livros publicados *Oração pelo poema* (1969), *Yacala* (1999) e *Meditação sob os lajedos* (2002).

Raros foram os livros onde não incidiu a interferência da organização: *Círculo cósmico* (1966), *Oração pelo poema* (1969), *Publicação do corpo* (1974), *Noticiário* (1979), *Clau* (1992), *A Rural também ensina a semear a poesia — Cordel* (1992) e *Yacala* (1999). Mesmo assim, é preciso ressaltar que o *Círculo cósmico* (1966), pela primeira vez, desde a sua publicação original há cinquenta e um anos, é republicado aqui integralmente.

Nos demais, para alcançar a proposta de legar a integridade da obra, foram realizadas as seguintes intervenções:

Em *Poemas anteriores* (1989), em que constavam os livros *Círculo cósmico* (1966), *Oração pelo poema* (1969) e *Publicação do corpo* (1974), permaneceram apenas os já publicados na seleta *Soma dos sumos* (1983), os inéditos à época, e foram acrescentados os vinte e cinco poemas que fizeram parte da seleta final do livro *O cão de olhos amarelos & outros poemas inéditos* (2006). É o livro que reúne o maior número de poemas em octossílabos brancos: 109 líricas.

Dual (1980), um poema de conteúdo filosófico, exaustivamente trabalhado pelo poeta, foi criado em período anterior aos *Poemas à mão livre* (1981), mas publicado no final desse livro. Em nota de primeiro de junho de 1979, em *A noite da longa aprendizagem* (vol. I), o poeta observa:

> "O poema sobre moral, que imaginei ser um longo poema, transforma-se a cada dia, num curto poema longamente trabalhado. Dei-lhe, provisoriamente, o título de 'Dual'. Ele versa sobre todos os dualismos que nos provocam, de forma que só me resta, após tratar de todos os que me atingem, eliminar os que forem 'maltratados' poeticamente."

Não só a criação datada mas também a singularidade do estilo imprimido pelo poeta fizeram com que fosse publicado em separado, nesta *Poesia completa*.

O livro *Poemas à mão livre* (1981) foi o terceiro e último livro publicado pela Edições Pirata — editora alternativa da qual foi cofundador e onde atuou destacadamente como parte de sua liderança. Ao corpo dos poemas lapidados no seu novo estilo em verso livre, seguia-se o *Dual*, que, como já informado, foi publicado em separado nesta edição.

Carne de terceira (1996) marca o início de uma transição importante na poesia de Alberto da Cunha Melo: a criação de uma nova forma fixa a que chamou de "retranca". Em linotipia, "retranca" é o resultado da página diagramada em linotipos gravados em chumbo e organizados sobre um suporte. As margens são limitadas por um compressor, para facilitar a paginação e dar condições à impressão. Em futebol, é uma maneira de jogar na defensiva. Na poesia de Alberto da Cunha Melo, o esquema tático é observado no sistema estrófico: um quarteto, um dístico, um terceto e um dístico, que somam onze versos, o mesmo número de jogadores em campo. Bastante festejada pela crítica local, especialmente por César Leal, o poeta a utilizaria adiante, somando um traço estilístico de grande significado: os octossílabos rimados*, em mais dois grandes livros: *Yacala* (1999), de larga recepção — talvez o livro mais festejado de sua obra, especialmente pelo poeta Bruno Tolentino, a quem Alberto o dedicou nomeando-o "Poeta tutor" —, e *Meditação sob os lajedos* (2002). *Carne de terceira* (1996), originalmente publicado com *Poemas à mão livre* (1981) — edição alternativa que se esgotara rapidamente —, está republicado aqui, à pertinência da proposta da *Poesia completa*, em separado.

O livro *Yacala* (1999) teve três edições: uma de arte, com duzentos exemplares numerados, editados em linotipo; uma edição fac-símile (2000) com inserção do prefácio de Alfredo Bosi, e a terceira como parte da coletânea *Dois caminhos e uma oração* (2003). É a primeira vez que a forma fixa "retranca" trará os octossílabos rimados. São 140 poemas que formam uma narrativa épico-lírica moderna. Aclamado pela crítica, é um referencial importante na obra de Alberto da Cunha Melo.

Com *Meditação sob os lajedos* (2002), o poeta obteve o quarto lugar do primeiro Prêmio Portugal Telecom de Literatura Brasileira, 2003. A publicação original trazia 115 "retrancas", distribuídas em quatro partes: "Embarque", "Na aldeia", "Gentes e bichos" e "Retorno". Há de se enfatizar o trabalho exaustivo do poeta na construção desse livro, e também nas "retrancas" inseridas na segunda parte do livro *O cão de olhos amarelos & outros poemas inéditos* (2006), reeditadas aqui, formando um conjunto significativo dessa forma fixa. À parte, foi ainda possível, por intermédio da pesquisa empreendida, publicar em *Outras retrancas* 28 poemas inéditos, livro que será comentado no tópico O último garimpo.

Em *O cão de olhos amarelos & outros poemas inéditos* (2006) o poeta incorpora ao seu fazer literário uma forma extinta da poesia japonesa, a "renka", e conquista o Prêmio de Poesia da Academia Brasileira de Letras no ano seguinte, 2007, justo o ano de sua morte. Em sua versão original, trazia, na segunda parte, uma seleta de vários poemas, inéditos à época, correspondentes a livros trabalhados em verso livre, e outros poemas inéditos correspondentes às fases já bem consagradas dos octossílabos brancos e das retrancas. Todos os poemas dessa seleta reintegraram-se ao corpo dos livros de origem, que recuperaram sua integridade — *Poemas anteriores*, *Noticiário II*, *Poemas finais*, *Diário de campo*, *Diário de bardo*, *Poemas 83/84*, *Poemas 1981* [posteriormente *Voragem*], e *Meditação sob os lajedos*.

Reitera-se aqui o destaque dado aos livros: *Cancioneiro para o Terceiro Mundo* (1979), publicado orginalmente na antologia *Escritores vivos de Pernambuco* (2001,

---

* "Retranca é um breve poema, de forma fixa, formado por onze versos octossílabos, distribuídos em quatro estrofes assim constituídas: um quarteto com rimas ou assonância nos 2º e 4º versos; um dístico com rimas ou assonâncias emparelhadas; um terceto rimado ou assonantado nos 1º e 3º versos e um dístico com rimas emparelhadas, de preferência consonantais. Seu criador, Alberto da Cunha Melo, batizou-a assim, em virtude de os onze versos estarem dispostos como a célebre armação tática de defesa futebolística." In: AZZI, Nilza. *O verso medido*. Teoria e Prática. São Paulo: Edicon, 2015, p. 64.

p. 131-148) e em diversas publicações jornalísticas; *Dual* (1981) — publicado nos livros *Poemas à mão livre* (1981, p. 165-174); *Soma dos sumos* (1983, p. 48-53); *Carne de terceira* (1996, p. 221-233) — e *Belo Monte* (2002), poema dividido em três partes: "Canto-chão", "Canto-gentílico" e "Canto-guerreiro", publicado em *O clarim e a oração: cem anos de "Os sertões"* (2002, p. 129-134). Trata-se de poemas de largo fôlego e trabalhados com especial afinco pelo poeta.

PARTE II — OBRA INÉDITA

Livros concluídos pelo poeta, que não sofreram quaisquer intervenções da organizadora, nem tiveram publicações anteriores de poemas ou partes, em livros ou outros veículos da mídia impressa.

A obra inédita imprime na *Poesia completa* uma gama inolvidável do trabalho estilístico do autor, com os tercetos dos *Salmos de Olinda* (1998), e uma experiência intersemiótica única na obra do poeta, em *Fícus-Benjamim do Parque 13 de Maio* (2006). Anota-se, ainda, o intimismo lavado de trabalhada ironia nos livros: *Pequenas confissões* (1991) e *Crônicas de além-bar e outras prosas* (2006), este, a última criação do poeta.

PARTE III — OBRA CONSOLIDADA

Nesta categoria, encontram-se livros nunca publicados integralmente, que perderam o ineditismo porque tiveram recortes publicados ou não contaram com a organização final do poeta e se encontram recompostos pela organizadora, a partir de poemas avulsos indicados por ele em seus originais e conjunto de pastas com respectivos títulos.

Dois livros assumem destaque porque, apesar de terem sido concluídos pelo poeta, não incidindo sobre eles suas comuns alterações, perderam o ineditismo devido à publicação de alguns fragmentos: *Capoeira das Juremas* (1979), que revela importante transição estética dos octossílabos brancos para o verso livre, na antologia *Soma dos sumos* (1983, p. 76-81) e *Poemas para o jardim da infância* (1981), que teve o poema "O boi também sabe comer", publicado na antologia *A cor da onda por dentro* (1981, p. 17)*.

Antes do descritivo dos demais livros, atente-se para esta observação do poeta:

"Qualquer coisa pode despertar em mim a ideia de escrever o poema. Faço sem demora a primeira versão. Quando iniciei a escrever eu começava logo a trabalhá-lo e isto poderia levar a poucas ou muitas versões. Hoje, não, depois da primeira, começo a bolar na cabeça o diagrama do livro completo e vou escrevendo livremente as primeiras versões e juntando-as (sempre levando em conta o livro que escolhi escrever). Com um volume de primeiras versões, aí começo o enorme trabalho de acabamento, uma a uma. É um inferno. Alberto da Cunha Melo." (In: MOURA, Ivana. 2006.)

---

* HORTAS, Maria de Lourdes. *A cor da onda por dentro*. Recife: Bagaço, 1981, p. 17.

Devido ao confesso construtivismo do poeta, é fácil, para qualquer estudioso, detectar algumas fases bastante claras em sua poesia caracterizadas por um conjunto formal de poemas. Assim, a dos sonetos, a dos octossílabos brancos, do verso livre, da retranca e da renka. Mas essas fases não eram sequenciais, porque o exercício poético de Alberto da Cunha Melo corria simultâneo e ininterrupto em diversas formas, especialmente o verso livre. Mas é importante observar o que anotou em *A noite da longa aprendizagem* (vol. I), em nota do dia 26 de fevereiro de 1978:

> "Não acredito em artista que não tenha controle sobre os seus materiais. [...] Antes de praticar o verso livre, procurei ter uma longa experiência com a métrica. Foram cerca de 10 anos de convivência com um único metro, o octossílabo, e só o larguei quando não mais significava nenhum interesse rítmico para mim, quando já não representava nenhuma dificuldade. Minha atual luta com o verso livre não é outra senão a de descobrir dentro dele uma regularidade pessoal, algo que possa ser sistematizado sem prejudicar a qualidade de expressão. Meu verso não pode ser tão livre a ponto de fugir completamente ao meu controle. Se isso acontece não estamos mais adiante daquilo que considero arte. Escrever não é deitar-se no divã do analista. Tenho grande admiração pelos artistas que percorreram, através da experiência concreta e individual, os grandes momentos formais da história de sua arte. Tenho grande admiração por um Picasso, por exemplo. Como transformar ou inovar aquilo que não conhecemos?"

Na verdade, o trabalho investigativo permite anotar que, mesmo priorizando as formas metrificadas, o poeta produzia simultaneamente poemas em versos livres, tercetos, dísticos, baladas, experiências com a poesia concreta e inclusive poemas visuais. Assim, formado um agrupamento de poemas identificados pela forma ou tema, o poeta logo concebia a estrutura de um livro, agrupando-os em cadernos, cadernetas ou em pastas. Quando os datilografava, nomeava o conjunto de poemas com títulos provisórios. Caso não fossem publicados, o poeta os armazenava e, à medida que surgiam novos poemas de temática ou forma semelhante, os arquivava.

No entanto, algumas vezes, à falta de propostas de edição ou paradoxalmente em função delas, eram abertas outras pastas, com o mesmo nome, replicando os arquivos cujos poemas passavam a merecer a seleção e a intervenção dele. Às vezes, também arquivava conjuntos de diversos poemas de vários livros em uma só pasta. Esses seriam aspectos complicadores que demandariam longo tempo da organização se o poeta não datasse a grande maioria desses poemas e, às vezes, indicasse o destino que deveriam ter. No caso das duplicações, o trabalho maior consistiu em selecionar a versão mais recente e os poemas avulsos foram organizados respeitando as indicações do autor, ou, na ausência delas, elegendo-se a data, a forma ou o tema conexo à sua criação.

Observar-se-á, no entanto, o pertinente e harmônico estado anímico do poeta reincidindo na diversidade de contextos abordados e datados nesses livros não concluídos por ele.

Todos os demais livros não concluídos pelo autor tiveram seus poemas publicados em antologias, seletas, revistas e jornais. Estão registradas em nota de rodapé essas incidências. Mas o volume de poemas inéditos — compilado pelo poeta ou acrescentado a partir da investigação que resultou nesta *Poesia completa* — denota um caráter inédito a quase todos eles.

O livro *Poemas finais* traz experiências ligadas ao vanguardismo brasileiro e incursões em variadas formas como a "balada". O poeta justifica o título: "[...] meu livro *Poemas finais* será póstumo, uma vez que abrangerá meus últimos poemas dispersos, isto é, não articulados num todo significativamente homogêneo."* Mas, em *O cão de olhos amarelos & outros poemas inéditos* (2006), ele inseriu pequena seleta desses poemas. A estes se reuniu uma quantidade surpreendente de poemas inéditos de variadas datas, indicados pelo autor em seus poemas manuscritos e nas anotações dos datilografados, coletados pela pesquisa empreendida para a *Poesia completa*. O uno nesse livro é a diversidade de experiências de um poeta de nascença, no pleno exercício do seu fazer literário.

Em *Voragem* (1983), encontram-se todos os poemas do livro *Poemas 81* — anotado pelo poeta como título provisório — e outros que formavam uma coletânea de temática bem diversificada, mas una na forma: o verso livre. Assim também se pode identificar o livro *Noticiário II* (1979), que mereceu o maior número de indicações em originais. Mas em *Diário de bardo* (1981) se acentua uma nota intimista pouco frequente nos demais.

"Eu nunca planejei minha obra dentro da lógica cartesiana de João Cabral. Por isso, a sintetização e a simplificação de meus textos, como tudo que escrevi até agora têm a ver com necessidades psicológicas que meu consciente ainda não conseguiu apreender totalmente, porque acredito que 'a Arte é sempre assunto da personalidade inteira' (como disse Franz Kafka)." (In: *Cronos*, jan./dez., 2004/2005, p. 324).

Mais do que ser um "assunto da personalidade inteira", a poesia de Alberto da Cunha Melo parece ser a matéria de que ele é feito. Tudo e todos que passam pela sua percepção são apropriados por ela. Assim, não poderia ser diferente com a experiência aplicada nas Ciências Sociais durante doze anos, matéria-prima do *Diário de campo* (1981). Na nota de 31 de maio de 1979, do volume I, do livro *A noite da longa aprendizagem. Notas à margem do trabalho poético*, o poeta deixa claro: "Mas, aqui entre nós, a sociologia é, para mim, apenas um aparelho de prospecção que serve à poesia como qualquer câmara fotográfica ou detector de urânio mais ou menos preciso. A sociologia é, para mim, apenas um meio de fazer poesia ou de não enlouquecer."

Tal afirmação pode ser aferida no original manuscrito do poema "Natal", inserido no livro *Poemas 83/84*, encontrado na página final do volume 14, da coleção Monografias. Planejamento sociológico para execução das tarefas de seleção treina-

---

* Idem. Vol. II, 1º de março de 1980.

mento e assentamento de irrigantes e técnicos dos projetos Gurgueia e Fidalgo. (Recife: Ministério da Educação e Cultura. Instituto Joaquim Nabuco de Pesquisas Sociais. Recife, 1978, vl. 14.)

PARTE IV — O ÚLTIMO GARIMPO

Poemas esparsos, originais e manuscritos, inéditos em sua maioria, reunidos em livros compilados exclusivamente pela organizadora. Não foram selecionados pelo poeta para compor os livros projetados ou não chegaram a ser finalizados por ele:

Por motivos distintos, houve intervenções necessárias na compilação de dois livros para reunir poemas, a grande maioria manuscritos, que não traziam as indicações do poeta e até contrariavam sua vontade.

> Fiz, no início, uns raríssimos sonetos e trovas, as duas espécies de poemas em que o velho se especializou, mas, agradeço aos cupins do tempo os terem devorado para sempre, a não ser dois sonetos e uma trova, em sua homenagem, depois de sua morte*. (In: *Cronos*, jan./dez., 2004/2005, p. 319.)

O primeiro, *Nascentes*, contraria a vontade do poeta conforme deixa clara a citação acima. Mas, graças a amigos do Instituto Histórico de Jaboatão, foi possível resgatar, além da trova e dos dois sonetos informados por ele, quatro sonetos publicados no jornal *Dia Virá* na década de 1960. No acervo de manuscritos, ainda foram encontrados três sonetos, um deles — "Revista IV" — foi identificado, posteriormente, como publicado em jornal também na década de 1960. Anote-se o soneto "Mudança de agenda": datado de 7 de dezembro de 1990, diferencia-se dos demais por engendrar um chiste. A seleção soma apenas nove líricas que, pela raridade, são de significativa importância para entendimento da estética de Alberto da Cunha Melo.

Reuniram-se, em *Primeiros octossílabos*, vinte raros poemas da década de 1960, a partir de originais, que restauram os primeiros exercícios do poeta a caminho da sistematização do metro octossilábico na sua poesia. Grata surpresa foi encontrar 29 poemas inéditos que foram reunidos em *Outras retrancas*, quando se pensava esgotados na seleta da segunda parte do livro *O cão de olhos amarelos & outros poemas inéditos* (2006). Igual surpresa nos trouxeram as *Seis renkas inéditas*, poemas de forma fixa trabalhados na primeira parte desse mesmo livro. Não se poderia negar status de livro à reunião desses poemas originais, que consagraram o poeta com o Prêmio de Poesia da Academia Brasileira de Letras em 2007.

Poesia das circunstâncias e *Pedra de toque* são livros em que a maioria dos poemas foi selecionada a partir de manuscritos e, embora algumas vezes datados, optou-se por reuni-los em separado, porque não traziam indicações do poeta quanto aos livros em que deveriam ser inseridos, nem constavam em quaisquer das pastas

---

* Refere-se ao pai, Benedito Cunha Melo. Os dois sonetos e a trova foram — após a morte de Alberto da Cunha Melo (2007) — publicados na orelha da coletânea *Benedito Cunha Melo. Poesia seleta* (2009), que organizara cinco anos antes.

abertas por ele. No primeiro, versos dedicados em variados momentos da vida social do poeta. Seu título diz respeito ao trabalho de investigação. O título do livro *Pedra de toque* faz referência ao trabalho final da pesquisa aqui empreendida em que os poemas são preciosas pedras em estado bruto que, na ausência do buril do poeta, o tempo cuidou de torná-los essenciais à compreensão da obra de Alberto da Cunha Melo.

O "CORPO"

Se em "Publicação do corpo" a disposição anímica do poeta exalta a descoberta de uma inovação estética na sua poesia, esta *Poesia completa* assume a sua busca da totalidade e propaga esse "corpo" na diversidade de todas as formas e temas em que se aninhava sua percepção do mundo, dos fatos, das gentes, dos bichos do que fosse, sempre apontando o imanente "corpo": "Doa-te: / corpo lanterna, / corpo lenha, / corpo linhaça, / óleos e anuns/ de dezembros chegados em vão,/ ainda/ pólvora/ açucarada,/ ainda conversa/ tensa e muscular,/ ainda vontade/ de conversar.*"

Esta apresentação intenta apenas descrever o trabalho empreendido para a compilação da obra do autor, esperando facilitar o caminho daqueles que se dedicarem a analisá-la e ser bússola para os leitores que, por acaso, se sintam instigados, além do deleite estético, a compreender este "corpo" uno e diverso, há 51 anos inexplorado em grande parte da sua completude.

Há uma verdade latente na poesia de Alberto da Cunha Melo, não apenas por ela residir em seu código genético — era neto e filho de poetas —, mas pela perfeita simbiose entre o homem e a palavra homem, um no outro, como se de poesia ele fosse feito. E este momento único da poesia brasileira, que a Record prima em publicar, parece reiterar seus versos e reerguer seu "corpo" com "mãos novas" a sacudir "as grandes árvores por perto".

Cláudia Cordeiro Tavares da Cunha Melo
Organizadora

40

---

* Do livro *Poemas à mão livre*.

PARTE I

OBRA PUBLICADA

CÍRCULO CÓSMICO*
(1966)

1. PUBLICAÇÃO DO CORPO

Quando distanciar-me das altas
nuvens, onde sempre habitei,
devo levar algumas delas
para que saibam minha pátria.

Após soltar de espaço a espaço
as cascas vivas da memória,
devo levar para a cidade
o corpo, esta palavra forte.

Só meu corpo vai realmente
pisar nos jardins e nos pátios
e com mãos novas sacudir
as grandes árvores por perto.

Vou conduzi-lo com o cuidado
de livro muito alvo na tarde:
É minha única esperança
de estar bem vivo entre vocês.

Só meu corpo sabe virar
todas as páginas do tempo
e só ele foi publicado
completo, para ser seguido.

2. O SÍNDICO

Ao amar o edifício, amamos
caixa de fósforo ao luar
do Trópico, onde são cremados
os amorosos, um a um.

---

* Esta é a primeira edição integral deste livro, após meio século da publicação de estreia do poeta. Com ele, inicia-se a sistematização do verso octossilábico, o mais raro em língua portuguesa. O poeta utilizou-o, em duas formas fixas distintas, também nos seguintes livros: *Oração pelo poema, Publicação do corpo* (1974), *Poemas anteriores* (1974-1989), *Yacala* (1999), *Meditação sob os lajedos* (2002) *e Outras retrancas* (inédito).

Perdidos nos altos problemas,
aterrissamos aterrados
de altos andares, no ascensor
que tarde nos economiza.

Ameaçados, não salvamos
os escapulários, que a infância
corre nas salas à procura
de escadas e botões de alarma.

Pelo edifício refratário
à solidão e, pura caixa,
de onde riscados sairemos
cada um com seu próprio incêndio.

3. NOTAS DE UM EXPATRIADO

Permanentemente de malas
empunhadas e com um adeus
implícito, como se fosse
um alísio, um vento para sempre.

Os planos podem desabar
tal um eucalipto de noite
sobre as casas, e é preciso
voar aos primeiros estalos.

Nenhum estrato, nenhum nimbo
se vangloria pelos ares
citadinos, sentimentais,
de o ter coberto longas épocas.

E segue como os sós, armado
de medo ou de revólver azul,
mas não atira para o céu
de só nuvens para destruir.

Apenas uma sombra extensa
de volumoso cobertor
cobre o areal, para que ele
seja bem-vindo no deserto.

4. ASTERISCOS

Como um suicida que deixa
uma carta em cima da mesa,
para descansar a polícia,
deixo o meu poema no mundo.

Minha dor lógica jamais
necessitou de testemunho
outro, que não fosse o meu corpo,
sob os ataúdes do Céu.

Pisei nas calçadas da vida
(de cabeça baixa) e gritaram;
desci sem nenhuma palavra
e eles morreram de vergonha.

O telefone negro toca
na sala interminavelmente
deserta. Que nova esperança
dirá um telefone negro?

Os meus amigos têm olhos
horríveis, diante de mim.
Mas não pergunto o que lhes fiz:
deixo o meu poema na mesa.

5. PALESTRA SANGUE

A moça que está ao meu lado
está ensanguentada. A gola,
os bordados da blusa, cobre-os
uma pasta de sangue vivo.

Folheia impacientemente
um figurino, a machucar
o alto das páginas, se move
constantemente do lugar.

Só em raros momentos ergue
a cabeça para a paisagem
medíocre, por sinal, três
ou quatro mórbidas colinas.

E desce novamente o olhar
aos manequins de luto, às linhas
sóbrias e tristes, de uma terra
que ela nunca visitará.

Pergunto-lhe pela extensão
do seu provável ferimento,
como é tão óbvio perguntar-se.
Ela ri: — Do meu ferimento?

6. O IRMÃO POETA

O Irmão Poeta tem a vaga
impressão que tenho do mar
e mora na primeira concha
se for aberta com amor.

Por outro lado, não aceita
dividir o espaço comigo
e logo procura abater-me
ainda no ar, em pleno voo.

Vive a catar (real detento)
uma brecha no meu poema
para escapar-se, na alegria
delatora dos fugitivos.

Se há poucas horas me reteve
com a mão recheada de espanto,
começa a mexer-se na cama
e pode arrancar os cabelos.

O Irmão Poeta gosta mesmo
é de devorar seu irmão,
é de ler o verso que escreve
e o dos estranhos e o dos mortos.

7. O LEVANTAR DAS VENEZIANAS

Há muito tempo não sentia
uma brisa tão confortante
como esta, que parece feita
por mim mesmo, para o meu corpo.

Vem-me novamente a impressão
de que o sol foi vencido e tudo
recuperou o desafogo
dos objetos libertados.

Chega-me também o alvoroço
humano, das folhas em festa,
e a alegria colegial
dos livros novos, das piscinas.

Tudo muito fácil e tão fresco
como um suave lençol de água
que cobrisse minha cidade
tão desumana, mas tão quente.

Por isso mesmo desconfio
de um Anjo a cavar suas fontes
aqui por perto — certamente
deves andar nas redondezas.

8. CONVITE NO VERÃO

O que me chama está feliz
com o estado de sombra das almas
e não é conduzido nunca
dentro de latas, como nós.

Possui anjos para abaná-lo
por todo lado, tem as águas
puras e altas, e só precisa
baixar os cântaros às nuvens.

Está tão próximo e tão dentro
dos ventos, que pode escolher
a brisa imaculada, aquela
que não saiu a passear.

Atravessa todas as tardes
os amplos terraços, convida
para o clima suave as aves
que sempre voltam por ali.

Possui as árvores, os livros,
unicamente para o sono,
nas horas necessárias: todas.
Tem tudo nas mãos, e me chama.

9. BREVIÁRIO DA PANTOMINA

Nesta época de economia
e de aflição, melhor fingir
de morto para os transeuntes,
porque no morto tudo sobra.

Deixá-los bater de repente
no meu corpo, como abalroam
casualmente na palmeira
em ruínas, e na verdade.

Autorizá-los a jogar
o dominó noturno, mesmo

sobre a memória do que foi
tão vivo no tablado negro.

E, se porventura, algum deles
desconfiar de minha morte,
eu tão somente deverei
pedir que não a considere.

Que só o morto-falso pode
fazer o sobrenatural:
a porta leve, a dobradiça
suave para os inocentes.

10. SALVAR DE LONGE

A solidão solta na noite
os seus pássaros mais audazes,
que infelizmente não trarão
nenhum sinal de vida além.

Vamos esperar uma volta
que não apontará ao longe,
vamos esperar que a manhã
diga que todos estão mortos.

E não corramos ao jardim
para a salvação de ninguém:
fiquemos nesta sala própria
para morrer-se tão somente.

Assim abandonar o tempo
dispendido em nos transportar
a nós mesmos, pelos corredores
de gases cobrindo a garganta.

Vamos discar no telefone
um número qualquer do mundo
e desejar felicidade:
mas bem de longe, bem de longe.

11. BILHETE A ASCENSO FERREIRA

Não foi o rio
que renasceu,
foi o teu gado
que enlouqueceu.

Derrubou cercas
pelos baldios,
que guarneciam
poços vazios.

Com tanto casco
e tanto dente
que água espirrou
do chão doente.

Como atraídos
por teu mistério,
bois invadiram
o cemitério.

12. NÊNIA A RAPHAEL PEIXOTO COM A LIRA DE JOÃO CABRAL

Aprendi com um poeta seco
e puro a cantar tua morte,
entre o canavial e o mar.

Jogo minha lança no escuro
e ela cairá certamente
na tua coxa, como um alvo.

Foste muito tempo o copista
único da "USINA BULHÕES",
também seu único poeta.

Seguias paralelo ao rio
e a pé, como ele, mas a pedra
não te feria o expediente.

Isso também eu aprendi
com o poeta de que te falei
e está conosco no poema.

13. PARA MANUEL BANDEIRA

O que morre jovem
faz o bosque chorar.
Nada faz.

O pássaro velho
poderá morrer,
porque já ensinou
o bosque a cantar.

14. OCIOSIDADE DA CRIAÇÃO

Não me cabe planificar
as novas cidades, por certo,
cabe-me apenas contemplar
e já é um grande trabalho.

Principalmente para mim,
que para isso fui apontado
lá do alto da infância, uma flauta,
uma flauta, como testamento.

Inúteis todos os traslados
de cartas que não voltam nunca;
porque em si nada conduzem,
além do tempo vão perdidas.

Vocês me obrigam a fazê-las
quando o sol morre sem cantiga,
e digo sem que ninguém me ouça:
— minhas rosas, estou morrendo.

Bato na máquina emperrada,
(com rasura) o óbito da tarde;
a minha obrigação na Terra
é só ler e olhar a cidade.

15. O TELEVISOR

Pelos competentes canais,
garanhas a alma, a ofertar
o preço falso e a propaganda
de petróleo e felicidade.

Dentifrícios resolverão
todos os problemas do Mundo:
os dentes alvos e o sorriso
ensaiado até o soluço.

Atrás dos bonequinhos: Deus
e a fala desproporcional.
O Senhor de Marionetes
move o perdão atrás das câmaras.

16. HELICÓPTERO (Geral de pouso)

Não caço o poema que fiz,
vivo do poema que faço,
que desce perpendicular
tal um helicóptero, na estrada.

Qualquer jardim, qualquer telhado
ser um campo de repouso
ou de pouso para a palavra:
rosa valente sobre a Terra.

A grande hélice lhe concede
o ar de pássaro, o vento próprio
que deve afugentar o leve
alheio, que não presta mais.

Esse helicóptero aterrissa
sobre a ojeriza geométrica
de mãos contadas, que o recebe
com réguas moles e com trenas.

Dele salta um homem cansado
de voar e de ser tão vão
pelo ar, o Poeta que agora
aponta a alma novamente.

17. HORA DE VOAR

O poema depois de pronto
ainda luta com o poeta
e vai crescendo na gaveta,
onde não cabe uma esperança.

Cresce em seguida no meu bolso,
muito menor para contê-lo.
O poema, depois de pronto,
quer-se mostrar, como as crianças.

Fica assustado no casaco
e parece que tem meus olhos.
(Eu lhe acendi o último fósforo
às duas horas da manhã.)

Dentro de mim se move alguém
sempre a julgar-se muito alto,
mas fica na ponta dos pés
quando procura ser notado.

Salva-me na Terra este grande
pudor de mostrar o poema,
como se fosse uma das partes
mais vergonhosas do meu corpo.

18. O PREÇO DAS CONCHAS

Só há tempo para rasgar
nossas roupas, sobre um rochedo:
as de baixo, as roupas do céu
descoladas pelo verão.

Estamos em cima da hora
mais alta, pedra debruçada
nas alturas, que não suporta
além de nós uma lembrança.

O amor à fuga tem o peso
das âncoras, levanta as mãos
para o rosto, sem tatear
nas ramagens de madrugada.

Caso desponte uma criança
de alguma parte, as grandes águas
são paisagem suficiente
para seu filho, fique certa.

Ele passará lá por baixo
sem saber da nossa nudez.
Ele buscará as primeiras
e últimas conchas da manhã.

19. PERFORMANCE

Quando iniciei o caminho
o mundo já estava escrito
e tudo era inocência: livros,
navegações, lápis e flauta.

As letras possuíam peso
de bola, de soldado e infância,
que eu segurava e reunia
no assoalho, cubos e cubos.

Mas se grudaram nos vocábulos
sopesados, de muitos quilos,

depois no poema pirâmide
bloco a bloco, sobre o meu corpo.

Que me enterra. Agora me afundo
carregado de ouro, no pântano;
mais tarde restará a mão
nos ares, separando um grito.

O meu sossego de menino
voará sábado, com os pombos,
quando a morte arrancar do corpo
amado os brilhantes cabelos.

20. CÍRCULO CÓSMICO

Livro-me tarde. Um deus facínora
rasga a cabeleira da treva
e emerge todo satisfeito
como uma rocha de entre as ondas.

Estou no patamar do mar
e suplico gesticulando
com duas bandeiras na mão:
uma rosada e outra vermelha.

Tudo realizado e pronto
e público e definitivo,
tal um diário oficial
grifado para a Eternidade.

Agora o deus mencionado
particularmente dirige
a mão de lâmina, o perdão
ridente como todo escárnio.

E levantado num rochedo
(no mais alto, naturalmente)
dá grande salto pirotécnico,
antes de afastar-se dali.

ORAÇÃO PELO POEMA*
(1969)

I

Escrevo de cabeça baixa
por que levantá-la depois?
Não o faça para ser visto
pelos que passarem na estrada.

Viver na mesma posição
mas deixando a alma sair
pelos olhos e pela boca,
como água a jorrar de uma estátua.

Este é o tempo em que Deus regressa
pelos quatro cantos da casa.
Vem desenterrar o poema
do meu corpo e gritar comigo.

Recebe-o diante do espanto
dos amigos que não o veem,
tenho gestos incompreensíveis
e digo coisas já remotas:

Senhor, protege meu poema
e obscurece com tua sombra
os versos mortos, as palavras
que sobram, o tempo perdido.

II

Senhor, dá-me a palavra brisa
irmã das fontes, dá-me agora
qualquer palavra que suavize
a minha vida, para sempre.

* Segundo livro publicado (1969) em separata da revista *Estudos Universitários* da UFPE. É composto de um único poema dividido em trinta líricas em versos octossílabos brancos. Foi republicado na íntegra em *Poemas anteriores* (1989) e em *Dois caminhos e uma oração* (2003). Também foi traduzido para o italiano por Katia de Abreu Chulata, com o título *Orazione per il poema* (2012). Sete poemas, escolhidos pelo poeta, foram publicados na coletânea *Soma dos sumos* (1983).

Dá-me uma canção que me salve
no tempo em que as canções morreram,
para tocá-la no piano
velho, cada noite mais alto.

Cobre várias vezes com a gaze
de tuas nuvens o vocábulo
ferido (como eu) na cidade
dos cegos, pisado por eles.

Levanta as brancas persianas
sobre a manhã — que só começa
quando ouvimos pronunciar
o nosso nome, uma palavra.

Dá-me novamente a esperança
de transmitir todas as coisas
novas, que a noite me disse
ou que teus anjos me disseram.

III

Quando pela noite repleta
de teus chamados, nas pequenas
vozes distingo tua voz
que me ensina a falar do tempo.

E certa noite me disseste
uma palavra que sufoca
todas as outras, mas não posso
pronunciá-la antes do sol,

antes que a vida amadureça
as esperas mais dolorosas,
antes que morram de vividas
as pequeninas locuções.

Seguro teu retrato: a túnica
inexistente já se move
ao vento do postal, com sombras.
Tua voz é mais verossímil,

surge como o vento noturno
que trouxe a página perdida,
e que me fez continuar
a luta, o poema parado.

IV

Talvez as palavras se esgotem
neste poema, e aqui terminem.
Mas tenho a mesa iluminada
ainda, não me abandonaste.

Estás tão perto que me assusto
ao tocar nas cortinas: todas
rudes e brancas como a túnica
que os pescadores te ofertaram.

Senhor, estou cansado, senta-te
aqui, é tua vez agora.
Vem terminar o doloroso
poema, que enfrenta as estrelas.

Faltam somente para o fim
duas estrofes corriqueiras,
e hás de encontrá-las para o filho
insone, operário três vezes.

Nada em troca receberás
a não ser um outro pedido
de palavras, de outras palavras:
matéria, prima do poema.

V

Deixaste-me um momento. Agora
ergo os braços para acender
velhas lanternas que não mostram
o perdido vocabulário.

Longe de ti o meu poema
vai esfriando como os rios
de outros países, vai freando
gelado, no meio da página.

Pergunto agora pelos ventos
arrogantes dentro da noite,
pergunto agora que umedeço
em vão o gesso do papel.

Sem ti, entrego-me de todo
às exigências do meu tempo,
e começo a estender a folha
vazia aos outros companheiros.

Quando decidires voltar
na alta madrugada, verás
o teu filho ainda parado
no último verso que ditaste.

VI

Tocam-me de repente o rosto
as lufadas de luz. Eu nada
vejo mas estou incluído
no tempo, na manhã que chega.

Voltaste como um grande amigo
e por trás de mim colocaste
as tuas mãos sobre os meus olhos,
mas não foste reconhecido.

Pouco depois, quando as palavras
fluíram fáceis, novamente,
eu compreendi que estavas perto
e meu poema foi crescendo.

Ó vento conterrâneo! ó nuvem!
passai depressa para os outros
poetas, mais necessitados
e mais sozinhos do que eu.

Põe-se a meu lado quem defende
da malcriada ventania
o meu poema crepitando
como chama em cima da mesa.

VII

De novo mergulhei a pena
na água, deixaste-me de novo.
A cesta de papéis à espera
do poema que não nasceu.

É tarde para desmanchar
a pose e tirar a gravata,
tudo já foi fotografado
de muito perto, por teus anjos.

Cheio de fogo e petulância
assinei o poema. Nem

de leve toquei o teu nome,
Senhor, no teu ombro de névoa.

Saí de casa desviando
todas as brisas para mim,
e fechei a única janela
do companheiro sufocado.

Dentro das brisas de setembro
tua presença era demais,
e foi bom que me abandonasses
um pouco, antes que eu te perdesse.

VIII

Ó eterno regressar de Deus
sobre os seres noturnos, todos.
Troco de roupa e de linguagem
para receber-te de novo.

Ir e voltar de tantas luzes
matutinas, de grandes tédios
roendo, como cães danados,
homens acuados no tempo.

Verão e inverno revezados
sobre as cercas insuportáveis
que avistamos do mesmo ponto,
à mesma hora, há longas épocas.

O cansativo e apaixonante
viver, cruzes acetinadas.
Ó sonho-atleta que venceste
todas as lutas conhecidas.

Competição no grande céu
de nuvens e andorinhas: todos
se viraram para o poeta
vivo, mas ele te apontou.

IX

Publicar-se depois da morte
é dar, pelas costas, um pão;
é jogar um ramo de flores
numa casa morta, e correr.

Pobre de mim que já mostrei
minhas palavras incompletas,
e escondi, antes de morto,
cartas nas mangas da mortalha.

Todas as tardes que me deste
foram consumidas na espera
de tardes que não prometeste
e meus poemas não trarão.

Jogo-me completo no rio
para engrossar a correnteza,
que entra pela casa das máquinas
e sai pelo quintal florido.

Senhor do tempo, dá que eu seja,
após todas as desistências,
um novo afluente a chegar
às tuas águas no verão.

X

Sei que falo destituído
de todas as conquistas do tempo,
ainda tenho as asperezas
de certas coisas intocadas.

Essas novas escavações
devem chegar até meu corpo.
Escuto apenas as pisadas
dos amigos na superfície.

Preciso ser tocado, ainda
que meu corpo de areia solta
seja comido pelos ventos
ao ficar em cima da terra.

Puseste minha voz sumida
numa sala subterrânea,
dá-me forças para cavar
por dentro e irromper num jardim,

ou a certeza de que serei
por um milagre descoberto,
quando os amigos resolverem
plantar aqui uma roseira.

XI

Tudo condenado a nascer
e essa urgência de terminar
o que será realizado
de qualquer maneira a seu tempo.

Com a velocidade vazia
de um cometa despovoado,
jogo na cesta de papéis
todos os convites da noite.

Dá-me a certeza de voltar
ao sítio, onde todas as tardes
velhos eucaliptos me ensinem
como estender as longas sombras.

Planta, ao meu lado, qualquer coisa
que demore a crescer, mas cresça
por dentro, como as criaturas
do teu reino desencantado.

Manda que teus anjos afastem
do tempo e de nossas cabeças
a nuvem mórbida que apressa
o trigo e retarda a manhã.

XII

Se escuto apenas o rumor
da chuva — não está chovendo.
Só chove quando estou molhado
e a planície despovoada.

Então desenrola o poema
tépido, cobre-me com ele:
o cobertor impermeável
contra o tempo, tempos depois.

Já não podemos confiar
no sol, um crédito suspenso,
e perco todo o meu verão
conferindo meus agasalhos.

Chuvas de pedra, são teus anjos
nos baleando das sacadas.
Chuvas de pedra, são teus anjos
sublevados, quebrando as telhas.

Quero estar longe, muito longe
desse começo de revolta,
numa estrada onde lá em cima
não há céu — estrada do céu.

XIII

Por que levarei adiante
este poema ameaçado?
Por que levarei esta vida
tão ameaçada também?

Poesia, poema, por quê?
Disso tudo possuis, senhor,
a chave no bolso da túnica
ou deste a algum anjo a resposta?

Seminovas meditações
sobre a palavra. Nós falávamos
longamente de nossa angústia
e eu tentava falar mais alto.

Poemas ditos e no fim
fazíamos o mesmo trajeto.
Nossas mães e nossas irmãs
olhavam-nos: "tudo perdido".

Quando as vozes ultrapassadas
falavam de tua existência,
nós escutávamos calados,
pensando em novas descobertas.

XIV

O poema ataca de noite
os seres desarmados. Com
requintes de perversidade,
ele aproveita a tua ausência.

Vem equipado, traz nos ombros
os instrumentos da tortura,
as palavras que não desistem
de entrar à força no meu sonho.

O teu ser é impronunciável
e estou cercado de palavras

que procuram, a todo custo,
passar à frente do teu nome.

A minha voz dentro da sombra
é revezada – escuto passos
e sei que algo me levará
daqui a pouco, não teus anjos.

Ainda é noite e sou jogado
às pedreiras do desencanto,
ao trabalho forçado, às grandes
injunções do tempo sem Deus.

XV

Os filamentos da desordem
emaranham minha esperança
e misturam todas as partes
de meus poemas terminados.

Mas eles não têm fim, repetem-se,
formam famílias numerosas,
criam asas, levantam voo
e tornam-se velhos no céu.

Dá-me, Senhor, essa humildade
de amá-los até mesmo quando
limitados pela exigência
do tempo e a ingratidão dos homens.

Se não conseguem reparar
peças do mundo, ficam vendo
o espetáculo – ainda é cedo
para remontar o boneco.

Sempre será cedo, que possam
antes dos outros escutar
alguns passos no quarteirão
e adivinhar a tua volta.

XVI

Senhor, este poema sabe
o número certo de mortos:
acaba de ler os jornais
do dia, e não está contente.

Olha teus anjos, mas não perde
de vista as patrulhas que rondam
as alamedas do teu reino,
como disse, desencantado.

Entra furioso no templo
para pedir-te explicações,
e tocar os sinos mais altos
e provocar tua inocência.

Volta sem flores do mercado
(para não falar noutra coisa
que magoa a forma discreta
de acusar o tempo que passa).

Segue furtivo e camuflado
como um lagarto, pelas folhas:
Senhor, este poema sabe
de tudo, e não pode dizer.

XVII

Sob o silêncio geométrico
do pátio novo, descoberto,
a Lacônia reconstruída
convoca os seres apressados.

Repartem uma só palavra
entre si, como se fosse a última,
porque não podem cultivar
outra rosa mais numeROSA.

Será o amor? (Ó que pergunta
ridícula para um poema).
É tua voz renunciada
pelos quatro portos do mundo.

Tentam, lacônicos, deter
o grande rio de vocábulos
com represas que têm apenas
a espessura da pobre página.

De tão fracos, são meus irmãos:
tão ocupados em frear
as velhas águas, que não sabem
quanto chove nas cabeceiras.

XVIII

Agora mesmo perguntaram
por que eu, altas horas do Século,
tal como um cão retardatário,
venho arranhar a tua porta.

Acharam fora de propósito
a maneira como me arrosto
contra tua túnica, rasgando-a
cheio de furioso amor.

Não sabem que te peço a nova
beleza despreocupada,
antes a qual este meu poema
será simples mata-borrão.

Que busco pegar a palavra
entre muitos homens na estrada:
despi-la dentro do ataúde
e fecundá-la novamente.

E nem ao menos compreendem
minha devida gratidão
à grande voz que nomeou
antes de mim todas as coisas.

XIX

A manhã não deve surgir
antes de meu poema acabar,
antes de encontrar a palavra
certa, para o dia seguinte.

Este poema é a resposta
que pedi e nunca me deram,
é o outro braço que faltava
para agarrar minha esperança.

Egresso de uma vida comum
e aparentemente perdida,
soube atingir o ponto alto
(não muito alto) do que sou.

Escadas retorcidas, trechos
de desespero organizado
e previsões, as mais absurdas,
emergem salvas como solhas.

Que esta vida e minhas palavras
sejam pedra na superfície:
sejam flores, mas endureçam
na hora de serem arrancadas.

XX

Logo mais baterão na porta
e partirão o meu poema,
e assim partido, seus pedaços,
embora vivos, se repelem.

Há uma fila interminável
diante desta velha máquina:
que venha o próximo, serei
substituído por mim.

Sinto-me verdadeiramente
na chegada, e todo caminho
em volta é caminho da volta
que de modo algum tomarei.

Depois de ti, dize-me, que outro
cume eu ousaria atingir?
O País dos Brinquedos? o Jogo
lúdico, cheio de ventosas?

Não vale a pena me afastar
antes do tempo, de mim mesmo,
e devo acompanhar-te, pois
longe de ti me decomponho.

XXI

Somente uma tranquila réstia
de teu vulto ainda consegue
tocar-me a vida neste instante,
e iluminar o meu poema.

E o que há de limpo, o que há de luz
(merecida, apesar de tudo)
entram pela telha quebrada
ou pela porta semiaberta.

Uma réstia na minha face,
atuante, imperceptível,

dá-me por alguns momentos
grandes vantagens sobre o mundo.

Eu não preciso de teu sol
inteiro, sobre a minha casa,
basta que venhas clarear
por alguns instantes a página.

E levantarei nessa hora
a canção que todos disseram
estar perdida, e está apenas
emperrada dentro de mim.

XXII

A multidão que me jogou
nesta aldeia tão afastada
não sabia que aqui estavas
à minha espera, há tanto tempo.

Todas as coisas arrastadas
com sacrifício para o quarto:
desta noite não sairá
uma só palavra vazia.

Tudo que havia para ser
levado o vento já levou,
e só resta o que restará
por muitos anos sobre a Terra.

Cabe-me apenas a meu jeito
copiar tudo que encontrei
germinando em volta dos templos
mortos, à minha revelia.

Aceitar a bandeira branca
da página, lutar por ela,
e plantá-la nos pontos altos
de minha vida até aqui.

XXIII

Conheço minha letra, escrevo
para mim, escrevo à vontade.
Mas cada dia sou de mim
mesmo, um diferente leitor.

Palavras lidas e vividas,
as únicas pronunciadas,
e tudo seguirá o curso
imprevisível das crianças.

Minha voz é o vocabulário
pobre ou rico deste momento.
Só meus sonhos serão forçados
a ver muito além de mim.

Mas tudo cresce sob a tua
luminosa supervisão.
Cabes em todos os poemas
dos três tempos imaginados.

Novas ideias, novas formas
por todo lado me comprimem:
mas eu defendo minha dor
e saio vivo da cidade.

XXIV

De repente, surge a vontade
de ficar nesta rua clara,
e comungar as alegrias
que sobem, bolas coloridas.

É a festa da grande estação
explodida em setembro, quando
todos se dirigem à praia
e me acenam dos caminhões.

Meu verso curto é pequenina
trena medindo o horizonte,
e é cansativo colocá-lo
tantas vezes na superfície.

Ó semicírculo do mar,
arco voltaico do verão,
não saberei ainda o que
falta, neste bojo de luz.

Sei tão somente retirar
do bolso o bloco de papel,
e anotar com as últimas tintas
do teu sol o sono do tempo.

XXV

Como um vento muito pesado,
cheio de lágrimas e cinzas,
o poema vai saqueando
a paz, o campo de algodão.

Mas não sabia que este mundo
precisasse tanto de música,
e que voltasse a ser um disco,
agora um disco musical.

Estou liberto para ser
devorado pela palavra.
Que houve contigo que me deixas
esquecer-te rapidamente?

Não tarda que eu tome o partido
do companheiro descuidado,
que julga poder enfrentar
sozinho um poema no mundo.

Daqui a pouco sairei
empurrando minhas palavras:
animais velhos, que só andam
quando sentem tua presença.

XXVI

A cem quilômetros por hora,
solto a direção do automóvel
para escrever alguma coisa
mais urgente que minha vida.

Devo portanto utilizar
o vocabulário econômico
do Século: é proibido
amar, fumar, pisar na grama.

Mas gostaria que restasse
algum tempo para dizer
no poema as palavras súbitas
de recompensa e remissão.

Ó meu Deus, eu quero escrever
a minha vida, não teu Céu.
Eu estou só e enlouquecido
como as ovelhas mais longínquas.

Dá pelo menos a esperança
de terminar o doloroso
poema. Dá isso a teu filho,
caído, e coberto de sal.

XXVII

Sob a chuva de outra estação
estas mangueiras não florescem:
lenta e definitivamente
me levantas, Senhor do Tempo.

Crescerão apenas as frutas
que o ramo triste suportar.
Todas as demais cairão
verdes, na pocilga assanhada.

Vamos suportar a demora
de Deus, a Poesia: longa
espera, longa paciência
ante os olhos que tudo viram.

Não tocarei as campainhas
de prata, mas com meus poemas
te alcançarei, Forma Azulada,
quando chegar a grande época.

Nem amaldiçoarei os pássaros
de minha espécie (não teus anjos),
mas aprenderão a cantar
com humildade os supremos cantos.

XXVIII

Na vigésima oitava parte
de meu poema estou perdido:
velhas palavras, como dentes,
apodrecem na minha boca.

Sabes de cor as pretensões
impublicáveis de teu filho:
o original que tens na mão
é cópia de um rebanho inteiro.

Aos gritos, mas cheio de amor
apesar de tudo regressas

com teus mapas acompanhados
de asas do último modelo.

E me apronto para escrever
como se fosse viajar
à noite, com tua lanterna
incidindo sobre meu sonho.

Tua luz vai forrando tudo:
cai como a chuva e vai tornando
navegável, por muito tempo,
este meu rio pequenino.

XXIX

O teu filho distanciado
da própria época não sabe
se é ontem ou se é amanhã,
qual o tempo que é, e que perde.

Julga às vezes pronunciar
a oração que foi omitida.
Mas desde quando o berro humano
te chama, entre pilhas enormes?

A Torre de Babel, de livros,
precipitada sobre a úmida
terra dos grandes alagados,
onde os homens baixo morreram.

Meu desespero submisso
parte a coleira de repente:
Dá-me a força de dominá-lo
ainda, pela última vez.

É o dedo inútil me acusando
diante de ti, que me conheces.
Pobre Terra, forca florida,
razão de ser e de chorar.

XXX

Senhor, nesta manhã de outubro,
ainda com o jeito de quem ia
reiniciar longa viagem,
meu poema chegou ao fim.

Agora todo meu trabalho
é procurar uma palavra
que te agradeça humildemente
todas as outras que me deste.

Entretanto, nem mesmo isso,
posso sozinho conseguir:
Dá-me, Senhor, essa palavra,
antes que chegue o último verso.

Que ela se espalhe como as brisas
dentro das minas, de repente,
e una-se sólida na hora
em que apertar a tua mão.

Quero morrer, quero alcançá-la,
e já começo a persegui-la
como se fosse uma serpente
que fugisse com minha morte.

PUBLICAÇÃO DO CORPO*
(1974)

PLATAFORMA
(A Ângelo Monteiro)

Algum amigo, talvez o único,
aconselhará o combate:
mude de amigo se não pode
mais, nunca mais, mudar de vida.

Da amada nem se fala, tudo
que ela deseja é para si:
mude de amada se não pode
mais, nunca mais, mudar de vida.

A poesia não é mais feita
de água, de colírio indulgente:
mude de verso se não pode
mais, nunca mais, mudar de vida.

Diante do nascente alugam-se
espaços claros e andorinhas:
mude de casa se não pode
mais, nunca mais, mudar de vida.

Uma terça parte dos anjos
já veste túnicas vermelhas:
mude de roupa se não pode
mais, nunca mais, mudar de vida.

APEDREJAMENTO DE TERÊNCIO

Algo no rosto de Terêncio
faz as crianças escalarem
o alto declive. E lá de cima
jogam trinta ou quarenta pedras.

---

* Vinte poemas, em octossílabos brancos, originalmente publicados na coletânea *Quíntuplo* (1974), prefaciada por César Leal.

Não há por perto um cajueiro
em que possa escudar-se, e as mãos
(construídas com a mesma carne)
são um escudo doloroso.

Deve, por enquanto, pular
e desviar-se dos maiores
seixos: a figura dançante
de macacão azul-marinho.

Felizmente, apanhou do chão
o livro que trouxera, e vai
colocá-lo diante dos olhos,
para salvar-se uma vez mais.

No dia seguinte, os meninos
não poderão sair de casa:
quanto mais a golpeiam, mais
sentem medo daquela face.

PITANGAS NA BIBLIOTECA
(A Carlos Alberto de Azevedo)

Tem a cabeça na almofada
e o livro nas mãos (vai deixá-lo).
Daqui a pouco voltará
à Grande Estante, ali tão perto.

Como se isso fosse possível
vai devolver o fruto à árvore,
por ser difícil devorá-lo
comodamente, no sofá.

Os volumes de cascas grossas
e de almas volumosas, não;
que é preciso subir na escada
alta e magra, para alcançá-los.

E retira da prateleira
(mais baixa) o mais frouxo exemplar,
como quem tira uma pitanga
que se pode colher com a boca.

Volta a repousar a cabeça
na almofada cheia de brisa,
para ruminar o miolo
do zero, o miolo do nada.

LIMITAÇÃO DE...

Madalena criava cães,
muitos cães, na casa pequena,
edificada num lugar
chamado "Morro dos Relâmpagos".

Ali não recebia cartas
nem perguntas embaraçosas;
mas todos os cães que fugiam
das cidades a procuravam.

E chegavam como detentos
fugidos das prisões do Sul,
arranhavam todas as portas
e davam voltas nos oitões.

Madalena por fim se abria
com todo amor aos novos hóspedes:
mas sabia cantar, matá-los,
quando o número se elevava.

Era um canto que parecia
um ganir dos céus, de sentenças:
ela começava a cantar
e metade deles morria.

BLINDAGEM

Como súbitas garçonetes
que me servem pássaros vivos,
eu possuo poucas palavras,
e só algumas submissas.

Não duvidem que sou capaz
de falar sobre Rilke ainda,
ou de localizar outro filho
de Deus, outra ressurreição.

Quem me ilumina é a perigosa
luz dos relâmpagos, e a voz
de meu poema tem um tempo
só: a duração do meu susto.

Dura apenas para contar
por alto as coisas que vislumbro:
um subtriste intercâmbio
de luz, que não fora notado.

Dura apenas para provar
que o mundo esconde alguma coisa:
todos receiam a risada
dos outros, e amam em silêncio.

ABSOLUTAMENTE

Antes de ser o que hoje sou,
fui um vento se despedindo
da planta nova que chorava
por mim, até a última folha.

Queria tanto demorar
dentro dos ramos o meu corpo:
fora da época, laranja
que cai sozinha para os homens.

Ao deixar a última folha,
não sabia que ela ocultava
uma armadilha para os pássaros
que viessem depois de mim.

Vejo agora se aproximarem
bandos escuros de codornas
em voo rasante: ou porque têm
suas asas cheias de terra,

ou porque não ousam voar
muito mais alto do que voam,
receando ficar tão longe,
como eu, dos dourados socorros

ESTÁGIO

Escorados nestas ruínas
e sem nos darmos à esperança
de levantar uma só pedra,
um ao outro nos denudamos.

Adormecemos nos recantos
baixos, baixios da desordem:
pelos que andam de fronte erguida
jamais seremos descobertos.

Um de nós sente tanto medo,
abre tanto os pequenos olhos,

que consegue ver e chorar
a mais longínqua ingratidão.

Novas datas serão marcadas
para os encontros, novas chuvas
num lugar obscuro do céu
se preparam para adiá-los.

Resistimos porque sabemos
que as ruínas não são tão belas
como se diz, e que a salmoura
do tempo as afogará.

O COMENSAL

Fale dos brancos guardanapos
tal se fossem altos negócios
a discutir, mas não descambe
numa complexidade ridícula.

Discretamente, você pode
anunciar-nos que os garçons
passam velozes, conduzindo
três mendigos dentro do prato.

Repita sempre que puder,
sem nenhuma pose, que os donos
devem aumentar esta sala
ou, então, juntar todas as mesas.

Antes de tudo, deverá
manter a naturalidade
do estômago, e só aceitar
a flor multívoca da couve.

Aguarde que todos terminem
de devorar os tristes pombos,
espere que rezem, e diga
novo absurdo sem gaguejar.

LEMBRANÇAS DO AMIGO JOSÉ VILELA

(Viver, simplesmente viver,
meu cão faz isso muito bem:
Quero dentes mais fortes, quero
a poesia que for possível.

A lágrima filtrada até
suas últimas transparências,
a dura limpidez no tempo
em que o barro escorre nas ruas.

Muito será feito por quem
não foi ainda acreditado,
pois vão plantando em volta dele
todo silêncio necessário.)

Essas palavras vinham de
teu mar, saíam da garrafa
maravilhosa, daquela moça
loura, que mangava de nós;

que podia ficar de pé
entre nós dois, e decidir
quem partiria no primeiro
ônibus, quando amanhecesse.

TRANSCRIÇÃO DO DIÁRIO
(A Geraldino Brasil)

Após o duplo expediente,
e como todo funcionário
que se preza, devo cuspir
no dia morto e regressar.

No desafio de sentar-me
sempre de costas para o sul:
tirar os sapatos, as meias
e colocá-los num batente.

Para maior comodidade
de minhas mãos, devo cruzá-las
sobre o peito (velho costume
de tratar os mortos aqui).

Terei ainda de prender
toda a alegria que meu cão
improvisar: a flor de ferro
que sai intacta de seus dentes.

Por que, sozinho no terraço,
depois do dia realizado
com tanto esforço, tanta infâmia,
ainda enfrentar o poema?

RELÓGIO DE PONTO

Tudo que levamos a sério
torna-se amargo. Assim os jogos,
a poesia, todos os pássaros,
mais do que tudo: todo o amor.

De quando em quando faltaremos
a algum compromisso na Terra,
e atravessaremos os córregos
cheios de areia, após as chuvas.

Se alguma súbita alegria
retardar o nosso regresso,
um inesperado companheiro
marcará o nosso cartão.

Tudo que levamos a sério
torna-se amargo. Assim as faixas
da vitória, a própria vitória,
mais do que tudo: o próprio Céu.

De quando em quando faltaremos
a algum compromisso na Terra,
e lavaremos as pupilas
cegas, com o verniz das estrelas.

TESOURA DE JARDIM

Podar as plantas inocentes
e recortá-las com cuidado:
para que possam projetar
sombras quadradas, como nós.

Por trás dos muros, a patrulha
imóvel, das árvores frias:
filhas medrosas, um só braço
mesmo florido não estendem

Cálices verdes e levados
à doentia perfeição,
à limpeza sem precedente
até na história das estrelas.

Embora próximas de um rio,
ficaram todas viciadas
na água contida, na distância,
e nem ao vento elas respondem.

Serão as filhas, as irmãs
de outras mais livres na floresta?
Podar as plantas inocentes:
nosso modo de abandoná-las.

AVISO PRÉVIO

Por motivos inconfessáveis,
antes de ajustar o papel
na máquina, o mundo me chama
(aos gritos) mas vou devagar.

Teus escravos têm outro jeito
de caminhar sobre o tapete,
e se curvam de outra maneira
às tuas novas injunções.

Não participo dessa urgência
com que te vestes para o fim,
e não me deves mais a casa
alta, diante dos nascentes.

Preciso apenas de um espaço
onde gravar uma palavra:
só não a gravo no teu corpo
porque ele dura muito pouco.

Ó terra, terra, que serias
sem teus poetas pequeninos,
que bebem tanto e cavam tantas
fontes na tua superfície?

CORRESPONDÊNCIA

Partem de mim todas as fontes.
Sem mim, que água beberás
de hoje em diante, quando o solo
rachar em cruz e te esquecer?

Uma grande disposição
para voltar já não me basta.
Onde encontrarás quem se afogue
por ti, ao invés de regressar?

Em viagem contínua, meus passos
cruzariam trinta desertos.

Como apagarás o meu rastro
daí, sem meu próprio socorro?

Mergulhaste profundamente
na multidão e eu te encontrei.
Quem distinguirá, entre as ondas,
a de teus cabelos no mar?

Certo orgulho sempre é possível
depois que o fel é retirado
da boca. Quando saberás
que ao menos isso é conquistável?

ACOSSADOS

Quando um sério negociante
dobra a esquina de nossa rua,
eu te solto apressadamente,
como se a ele pertencesses.

Cai sobre nós, quando te encontro,
uma chuva proposital,
que me expulsa dos teus cabelos
para um subúrbio bem distante.

E quando chove, uns meninos
surgem gritando na calçada.
A noite se enche de crianças
e gritam todas contra nós.

Não saem nunca das janelas
os nossos velhos inimigos,
que nos olham imaginando
como seriam nossas lágrimas.

Estão a postos, esperando
há longo tempo, a ao menor gesto
que fizermos, um para o outro,
saberão como provocá-las.

NA ALÇA DE MIRA

Só levemente ainda percebo
a existência destas mangueiras
bem defronte de minha casa,
a existência de minha casa.

Engraçado como dois olhos,
mais depressa do que dois anos,
apagaram a cor das coisas,
a presença forte das coisas.

Nenhum desprezo foi preciso.
Não é preciso destruir
com mãos pesadas este mundo
que me provoca, basta olhá-lo.

Bem-aventurados os nômades,
que partem um momento antes
de qualquer planta ressarcir,
de qualquer homem revelar-se.

Meus amigos, não me destruam:
não me olhem tanto, por favor.
E tu, que tanto me buscaste,
Amor, tira os olhos de mim.

A NOVÍSSIMA HELOÍSA

Lá no outeiro passaste muitas
épocas desaparecido,
e agora nós te perguntamos
embaixo, pelo que trouxeste.

A solidão não era lá,
e erraste ou teu cavalo errou.
Vê a cidade como está:
muito mais próxima do que a "alma".

Aqui as coisas são eleitas
autopastoras do seu tempo.
É agora um braço de mesmo
que move aqui todos os dínamos.

Deves regressar à cidade
que a dor e as ruas são mais públicas
do que o Céu: puxar para perto
uma cadeira no terraço.

E sentar-te, que ainda é cedo
para o fogo fluir das lâmpadas
como deve e, nesse intervalo,
soltar o livro e adormecer.

DESDOBRAMENTO DO APÓLOGO

A chuva que caiu há pouco
mudou meu verso e transferiu,
para um tempo de sol, o encontro
já tantas vezes adiado.

Essa noite a unha das brisas
vazava os olhos das estátuas,
e eu fiquei num canto da praça,
prisioneiro das neblinas.

Antes que os sonhos se enriqueçam
para as águas salteadoras,
todos os planos devem ter
um olho no mapa e outro no céu.

Os grãos dourados, já colhidos,
dependem agora de outras nuvens,
e os moinhos mais avançados
não se movem órfãos dos homens.

E o próprio rio que se vai
(a)moroso, cobrindo as pedras,
poderá estender ao sol
os seus calados habitantes.

OFFICE-BOY

Enquanto Eva, a recepcionista,
é massacrada ali num canto,
na sala de espera, procuras
construir aquilo que esperas.

Mas, como é óbvio, não somente
Eva seria castigada:
de vez em quando seus algozes
vêm espiar o teu trabalho.

E batem palmas apressadas,
derrubando as paredes prontas,
e não esperam nem te deixam
construir aquilo que esperas.

Então já foram abolidas
as outras formas de castigo:
a correia muda e molhada,
o aprendizado sob o mar.

Em lugar deles colocaram
as cadeiras em semicírculo
de espera, e as cigarras elétricas
às tuas costas, a cantar.

DEPÓSITO DE MUNIÇÃO

Só tua mão sabe encontrar
no escuro a caixa de analgésicos.
Inventa logo uma cantiga
de futura consolação.

Lá um dia compreenderás
por que às vezes se torna longa
e cheia de acontecimentos
a viagem de um quarto a outro.

Coisas simples, ditas outrora,
e sem nenhuma ressonância,
vão crescendo como o ruído
de multidão que se aproxima.

Quando teus olhos se renderem
ao imutável, que será?
Que será de toda a alegria
se foi pura imaginação?

Tudo já devia estar pronto
antes deste desesperar
com que arrumas as estantes
ou atravessas o verão.

POEMAS ANTERIORES*
(1974 – 1989)

Nota do autor: Estes poemas, de sabor simbolista e universo vocabular paradoxalmente coloquial/cotidiano, foram os que sobreviveram a uma seleção feita do que sobrou de todos os meus textos octossilábicos, em versos brancos, praticados por mais de uma década e suspensos por volta de 1974.

A seleção, feita pelo próprio autor, deverá ter sido mais idiossincrática do que eficaz. No entanto, não há escolha que não implique em algum risco. Em qualquer tentativa no campo da arte, esse risco está sempre presente.

* A publicação deste livro, em 1989, reunia *Círculo cósmico* (1966), *Oração pelo poema* (1969) e *Publicação do corpo* (1974) que estão publicados individualmente nesta *Poesia completa*. Essa fase não se esgotou com a publicação de 1989: o poeta fez uma nova seleção de inéditos para o livro *O cão de olhos amarelos & outros poemas inéditos* (2006), incluída também neste livro. Na parte IV, O último garimpo, o leitor encontra, ainda, o berço dos octossílabos brancos: poemas da mesma fase não selecionados pelo poeta anteriormente. Trata-se de seleta exclusiva da década de 1960, com vinte poemas não eleitos por ele para as edições mencionadas, mas onde já revelava o início da construção dessa fase. Mas é aqui, neste livro, que o leitor encontrará o maior número de poemas em octossílabos brancos: 103 líricas.

HEBDOMADÁRIO

Todos sem Deus, na expectativa
de que nossa felicidade
virá na próxima semana,
talvez no próximo navio.

Mas não ousamos anular
o meio século de vida
que foi, de sete em sete dias,
inocentes, nos devorando.

A sombra de algum edifício
escureceu os nossos rostos
e o monstro do quotidiano
nos cerca nas esquinas tristes.

Aos domingos tão esperados,
estendemos o nosso sono
além do habitual
e despertamos muito tarde.

Tão tarde que todas as moças
livres já estão no mar,
tão tarde que a segunda-feira
amarga já é pressentida.

ESCRITÓRIO DA MESBLA

Quando muito, nos permitiam
ouvir um assovio de fora,
mas não podíamos voltar
para um lado nossas cabeças.

Na grande sala não havia
um só momento em que tivéssemos
dolorosa oportunidade
de comparar os nossos rostos.

Um de nós ocultava sempre
um livro escuro na gaveta,
e o consultava nos instantes
em que devia descansar.

Outro, numa mesa afastada,
(menos erudito e mais triste)
colecionava no intervalo
selos de países distantes.

No escritório, só raramente,
íamos contemplar na parede
o gado manso que partia
na paisagem do calendário.

TEMPOS DAS LEVAS

Quando nas serras do Nordeste
o tempo verde troca as plumas,
o sol derrete grandes santos
de cera, altas virgens estáticas.

E não tarda que o cavaleiro
(morto) obedeça ao cavalo
e para os últimos rebanhos
só reste o verde de teus olhos.

Em que mês, em que calendário
caiu a chuva de janeiro?
Que ser maravilhoso solta
a neblina nos outros campos?

Partamos antes que rebente
a plantação de círios, a única
que conseguirá florescer
nas serras, rudes candelabros.

E as alpercatas rangerão
mais alto no corpo maior,
que submergirá no final
da linha, o começo dos pântanos.

ESTAÇÃO TERMINAL

O céu parece revestido
de uma camada de cimento:
deixo as marquises porque sei
que esta chuva não passará.

Se esperasse um tempo de paz,
nem meu túmulo construiria.

Começo e recomeço a casa
de papelão em pleno inverno.

Um plano, um programa de ação
debaixo de uma árvore em prantos,
e voltar à primeira página
branca e ferida pela pressa.

A poesia já não seduz
a quem mais forte ultrapassou-a,
libertando um pouco de vida
e luz, da corrente de estrelas.

Toda renúncia nos convida
a recomeçar outra busca,
porque algo a inocência perdeu
no chão, para arrastar-se assim.

EXIBICIONISTA

Quando seis sombras, todas seis,
caíram todas sobre ele,
riscando fósforos, gritava:
"estou aqui". E não o víamos.

Muito antes, em tempos melhores,
para chamar nossa atenção
punha cocares, grandes gorros,
mas terminava destruindo-os.

Ah, se pudesse ser ridículo...
Ao menos, era um modo eficaz
de existir no chão e obrigar-nos
a vê-lo, tantas vezes quisesse.

Se algo fosse, seria um livro
novo, mas de tão esquecido:
desses que nem a própria amada
consegue ler até o fim.

Com muito jeito, conseguiu
morrer em plena multidão,
mas o fez justamente nesse
dia em que todos pereceram.

UM CARTÃO DE VISITA

Moro tão longe, que as serpentes
morrem no meio do caminho.
Moro bem longe: quem me alcança
para sempre me alcançará.

Não há estradas coletivas
com seus vetores, suas setas
indicando o lugar perdido
onde meu sonho se instalou.

Há tão somente o mesmo túnel
de brasas que antes percorri,
e que à medida que avançava
foi-se fechando atrás de mim.

É preciso ser companheiro
do Tempo e mergulhar na Terra,
e segurar a minha mão
e não ter medo de perder.

Nada será fácil: as escadas
não serão o fim da viagem:
mas darão o duro direito
de, subindo-as, permanecermos.

ALTA RESIDÊNCIA

Pequenino e trêmulo ser,
que medrosamente apertaste
a campainha desta casa
de pedra: hoje eu te atenderia.

Ontem ainda era possível
recusar a tua presença,
simular um grande silêncio
até que, em prantos, te afastasses.

As quatro torrentes do Éden
puseram abaixo estas muralhas;
hoje, eu quero receber-te
em festa, e as torrentes não deixam.

Grito no terraço que estou
aqui, e ninguém acredita
que esta casa seja habitada;
ninguém quer voltar ao deserto.

Como estou humilde depois
que estou sozinho e a ninguém
posso dar a minha humildade,
como estou sozinho depois.

LENDO ÉMILE ZOLA

O sol esgota os objetos:
não me deixa dizer mais nada.
Transforma em plantas os fantasmas
que ontem dançavam no quintal.

Mostra a burra realidade
das coisas, o preço dos sonhos;
água laminada levando,
em ondas, o último mistério.

Tudo foi dito da maneira
mais cruel: um micro de sol
escreveu em poucos segundos
todos os livros que sonhaste.

Cada morto que descobrias
já tinha sido visitado,
não apontaste nenhum pássaro
que a floresta desconhecesse.

E esta verdade passageira
que te cumpria revelar
foi arrancada quando um garfo
de sol já ia penetrá-la.

ZONA DA MATA

Os guardas do canavial
ainda me apontam os rifles
e as balas de açúcar penetram
quentes, no peito da infância.

Infância doce, infância dura,
infância de cana 3X,
a marca pobre que apodrece
a dentadura das crianças.

Talvez não me escutem porque
falo de uma área já morta

ou porque o sol dá um aspecto
festivo ao infortúnio daqui.

Só com as botas-de-sete-léguas
chutaria a bola pesada
e cheia de ventos malignos,
fugiria deste lugar.

Já que não posso consegui-las,
sairei do canavial,
antes que os guardas me farejem
dentro das canas, como os lobos.

ANTIBIOGRÁFICO

É necessário para amar-me
não invocar o outro poeta,
mas simplesmente imaginá-lo
sem emprego, no meu lugar.

Vê-lo possuindo meu corpo
tão pequeno, louco e cansado,
a usar o surrado gorro
dos desertores do passado.

Contemplá-lo com minha boca
de nicotina e desespero,
de coramina e desespero,
de serpentina e desespero.

Situar o alto companheiro
no meu lugar, enquanto é tempo
pois galopam no calendário
as letras vencidas do encontro.

Para lembrar-me, todavia,
basta reler a biografia
de alguma asa, alguma sombra
pelo silêncio encadernada.

MÁRTIR LUTHER KING

Quando o sol precisar de ti
as nuvens te darão passagem:
vinte, trinta, quarenta apóstolos
também negros te seguirão.

Em tal altura pouco vale
teres às costas um cortejo:
já te protegem as estátuas
inumeráveis do teu sonho.

Urna fumegante, a cidade,
de tão longínqua, só merece
ser apontada como um branco
no pensamento da paisagem.

De um conjunto de jazz a música
tardia não te alcança mais,
água rasteira perseguindo
de beco em beco teu fantasma.

A paz, um crânio de borracha,
é chutado pelas crianças,
e até nas Montanhas Rochosas
negras florestas se levantam.

COLETIVO SUBURBANO

Nos ônibus, meus companheiros
são menos complicados: pensam
no almoço simples, nas mulheres,
no futebol e no chuveiro.

Eu, o suspeito; eu, a exceção
dentro do carro, nessa linha:
estou perdido, estou sozinho
e completamente perdido.

Bocejo na poltrona e só
duas vezes me descortino
diante da amada que, franzina,
desconfia de meus propósitos.

Somente na minha janela,
no vidro fosco, transparecem
garras de fumaça e de medo
que fumegam no vale em viagem.

Ao menos lá no terminal
deste ônibus existe Deus?
Impossível que não exista
e que existindo me abandone.

PROVISÕES

A palavra Deus está fria
como uma máquina ao relento;
é uma palavra que morreu
sem lã, na garganta dos pobres.

Amarrado a este tronco velho
e esperando que ele apodreça,
que grito agora tu darás
para aqueles que se aproximam?

Amanhã não é propriamente
uma palavra que te salve.
É um sonho que busca outro sonho
mais longínquo, para esganar-te.

É cedo ainda porque as chamas
da ventania não chegaram,
é cedo ainda porque insistes
em contemplá-las algum dia.

Vozes isoladas nos campos
murados não se comunicam;
e alguém, que de longe te viu,
entre espinheiros, fecha os olhos.

CONVOCAÇÃO

Eu poderia agora mesmo
guardar a voz, fechar a boca
e sepultar meus instrumentos
de canto, no vale defronte.

Pois todos os rios que rosnam
lá embaixo, cavando as pedras,
terão outra ingênua garganta
para cantá-los algum dia.

Amo, no entanto, o que nasceu
Do medo, este silenciar
Do medo, esta forma soberba
De conquistar uma cidade.

Se no desejo de cantar,
gaguejei na sala de vidro
a minha pedra, é só porque
errei de sala, simplesmente.

Errei de tempo, errei de vítima,
entre as ofélias que enterrei.
errei o caminho, o endereço,
mas o recado não errei.

CAMUFLAGEM NIETZSCHIANA

Eu não devia ter posado
tão inteiro nesta cidade.
Algo devia ter deixado
a salvo, dentro da floresta.

Tentarei na torre mais alta
ocultar um pouco de mim:
este modo de parecer
morto, que os outros não suportam.

Ao rés da cidade, lá onde
plantaram tantos eucaliptos,
eu vestirei as inflamáveis
roupas dos novos moradores.

Aproveitarei esta poça
de sombra, para disfarçar-me
e dar a última pincelada
cinza, no rosto perturbado.

Porque os subúrbios já começam
a mexer-se como os extremos
de um lago escuro, e alguma raiva
incendeia a franja dos morros.

MANUAL DOS EXILADOS

Só direi no idioma estranho
o necessário para a vida
na terra estranha: qualquer coisa
a mais, e haverei regressado.

Se aqui, neste bosque estrangeiro,
eu encontrar uma só árvore
conhecida, terei perdido
meu tempo, e minha viagem.

Mesmo o encontro vitorioso
dos colegas, que copiavam

minhas tristes dissertações,
apressará a minha volta.

Se não sorrir dentro das sombras
mais densas, do país longínquo,
virão repórteres da inveja
e anotarão o meu sorriso.

E em pouco tempo escutarei
vozes que saem da perdida
pátria distante, reclamando
meu corpo, para a cruz vazia.

EDGAR ALLAN POE

Pelo telefone é mais fácil
dizer-me adeus, ouvir somente
o soluço quase fantasma
que um gesto pode interromper.

A qualquer momento é possível
desligar o meu sofrimento,
estrangular, com os finos fios
de cinco cores, meus apelos.

A ciência soube tornar
menos dramáticos os tolos,
mais eficiente o trabalho
antigo da destruição.

Pelo telefone meus olhos
nada conseguem, minha boca
é somente o plástico morno
que afastas sem nenhum remorso.

Tudo será dado ou negado
a esse corvo de galalite,
escanchado em cima das cifras,
única língua que aprendeu.

RICOCHETE

Sabei que o poema saiu
há poucos séculos de mim
e, sob as gaivotas da tarde,
alguém o leu e o amou.

Quem terá sido? – Não importam
o rosto que tenho e o que não tenho
mas a palavra toda cheia
de sua força e sua paz.

Se houve o choro, não me cabe
desculpá-lo em noite nenhuma
e já existia nesse estranho
que há nos outros e me pertence.

E o movimento do vazio
modificando, não fui eu:
é o vento que bate em mim
e faz chorar o homem na praça.

ESQUETE DE NATAL

Os loucos querem penetrar
na lapinha (o presépio vivo),
e ela deverá conter tantas
figuras, quantos são os loucos.

Os enfermeiros promotores
da festa estão arrependidos:
são mil infantes e mil virgens
para uma única manjedoura.

Já que perderam tanto tempo
ensaiando os menos eufóricos,
resolveram multiplicar
por conta própria os animais.

E há mais carneiros e garrotes
do que existiam em Belém,
conforme o censo, ou o bom senso
dos evangelhos compilados.

Não ficará um só por fora
do quadro (sinóptico do mundo),
porque os loucos precisam ser
qualquer coisa, menos os loucos.

ESPÁTULA

Perseguindo uma pérola, abres
todas as conchas do oceano,
e vais secando vulgarmente
de cansaço em alguma praia.

Hás penetrado sempre e sempre
órgãos murchos e possuídos
de bailarinas, que somente
dão o nada a quem os penetra.

Com tanta avidez te inseriste
pelas áreas de muitos céus
buscando o sol, e achaste o teu
destino fálico e tão vão.

Antes te fosses ao pomar
ferir as frutas, simplesmente.
Ou para a mão de uma criança
ser o que és: punhal de brinquedo.

É melhor abrires o ventre
de quem te usa, na estação
em que os pássaros são mais novos
do que o último lançamento.

KAMA SUTRA

Não te debruces neste muro
onde as crianças se equilibram,
pois se faltasse uma só pétala
no teu corpo, eu descobriria.

Quem ama sabe onde se encontra
seu amor, não olha quem passa.
Fica entre folhas e entre sombras
e eu te colherei para sempre.

Perde a viagem, pois nem tudo
que acontecesse me dirias,
e talvez nesse espaço em branco
surgisse um rio de repente.

Guarda no estojo de alma e pedra
toda coisa por mim tocada,
se ela durar mais do que pode,
festejaremos o milagre.

Isto basta para morrermos
em paz, se esta morte existir:
não exigirei outras coisas
deste teu corpo pequenino.

QUESTIONÁRIO

Cai um silêncio de ondas longas
e sucessivas como a chuva.
E que silêncio será esse
que cai assim antes de mim?

Fauna marinha, gestos lentos
de anjos calados golpeando
um polvo em fúria que me espera
(sob os sonhos). Há quanto tempo?

Poucos amigos, tudo salvo,
ainda temos nossas raivas
e uma esperança ilimitada
nos setembros. Mas, até quando?

Caem livros silenciosos
das prateleiras: baixa a luz
morna e abundante sobre as capas.
Que foi feito de tanta noite?

A esperança nova se agarra
entre as barreiras e as ossadas
de nossos morros. E por que
morremos antes de salvá-la?

VITRINA

A fêmea que passou há pouco
e se deteve na vitrina
olhou o preço, o próprio corpo
e os homens todos que passavam.

Houve um momento em que tirou
o lenço, como dama antiga,
mas devolveu-o à sua bolsa
e olhou seu corpo novamente.

Nada de novo, exceto o cheiro
dos eucaliptos nas axilas
e seus dois seios apontando
dois vestidos atrás dos vidros.

Para comprá-los gastaria
doze noites e doze homens:
a alma é de seda, a carne não,
doze noites e doze homens

ao câmbio branco, ou em moeda
corrente para a loja próxima,
ou a próxima morte que encobre
com dignidade suas filhas.

A MÁSCARA

Eu tinha doze ou treze anos
quando meu pai comprou a máscara
apertada. Fez grande esforço
para ajustá-la no meu rosto.

No entanto, fui crescendo, e ela,
já opressiva em minha infância,
foi cumprindo a missão de torno
voraz, de prensa irreversível.

Nas noites de verão, que eram
tão temidas na minha aldeia,
as secas paredes da máscara,
com seus estalos, me assombravam.

Saía então a procurar
um amigo, um poeta, um pároco,
ansiando que me explicassem
o que diziam tais sinais.

Épocas turvas se passaram
até que ela, toda rachada,
pusesse, à mostra, pelas frestas,
algo do monstro que nascia.

EDIFÍCIO ITÁLIA (SP)

O concreto armado, com o tempo,
fica mais duro, mais eterno.
Em Tóquio, o Grande terremoto
não conseguiu danificá-lo.

Assim deve ser a poesia
de nossa época: um abrigo
edificado com cimento
e pedra, no esqueleto de aço.

Os velozes elevadores
(sem cabos) nos transportarão

depois dos últimos andares
ao heliporto dos extremos.

Quatro mil janelas abertas
asseguram todas as noites
a dosagem certa das brisas,
que faltava nos projetores.

A população flutuante
conhece apenas a fachada
deste edifício construído
tantos séculos depois dela.

DISCURSO DE NARCISO

Não quero filhos de madeixas
louras, ou de cabelos negros.
Estou gerando o meu poema,
estou gerando o filho certo.

Razão por que a minha amada
poderá ser um campo estéril.
É bom que o seja, eu não preciso
de terra, para germinar.

A geração de que descendo
pode estancar na minha face,
e no meu sonho receber
o seu último acabamento.

Já encontrou quem arremesse
dentro do sol ou no futuro
o disco heráldico, a tristeza
que não subia até então.

Já pode, garça perseguida,
refugiar-se à minha porta,
pode sumir-se confiante
como água no meu rosto ardente.

MESOPOTÂMIA

Perto da minha casa um rio
seguia rumoroso e pobre,
mas sempre havia quem buscasse
um seixo, um peixe, uma lembrança.

Eram meninos e eram homens
muito mais pobres do que ele,
curvados sobre a água escura
mesmo sob o sol de dezembro.

Pequenos caracóis, viscosos
abrigos de um destino só
na infância, a percorrer as léguas
de schistosoma e solidão.

À noite, eu pensava que o mundo
era composto só de rios
e de crianças que tentavam
a todo custo atravessá-los.

E ninguém me explicava nunca
que na verdade, em minha vida,
apenas um riozinho de águas,
sempre escassas, corria perto.

UM DIRETOR FALANDO CONSIGO MESMO

E serão mesmo estes papéis
os grandes acontecimentos
do meu dia? Que faz Elias
quando escapa de minhas mãos?

Todo céu está abolido
e não faz falta. Até à morte
os miseráveis me trarão
água mineral e café.

Que aproveitem melhor seu ódio
a mim, as unhas afiadas:
o assoalho de tacos rubros
não foi raspado esta manhã.

Antes de tudo, a disciplina
subterrânea das formigas,
trabalhando como os mineiros
e os vermes, no fundo da terra.

Oh, as águas como são belas
caindo em pleno expediente.
Limpem os vidros da janela:
chove somente para mim.

SEGUNDO DIA DE CARNAVAL

Ainda há pássaros cantando?
Será que os pássaros são cegos?
Caçadores dos quatro bosques
cardeais, encham os cartuchos.

Já não é possível morrer
em silêncio: os alto-falantes
dos vizinhos estão gritando
nos ouvidos do homem que morre.

Há marujos enlouquecidos
em volta dessa casa em chamas
e uma gargalhada expandiu-se
como uma pedra no pombal.

Passam blocos carnavalescos
e mulheres cheias de tochas
incendeiam homens molhados
de álcool, ensopados de azul.

Quando alguém pede para o morto
um só minuto de silêncio,
o porta-estandarte responde
que ele "tem silêncio demais".

REIS MAGOS

Como não pensar seriamente
nessa visita que fizemos
a Emmanuel? Perto da mata
ficava seu eremitério.

E para lá nos dirigimos
com esta pressa característica
dos habitantes de São Paulo,
com esta pressa sempre ridícula.

Nas redondezas, nenhum cão
guardava as frutas da floresta
e o casebre todo blindado
de tão longínquo, de tão pobre.

Longo tempo o chamamos, nada
parecia dar importância
à iminência de regressarmos
com os incensos apodrecidos.

De forma alguma poderia
estar ali à nossa espera:
já fazia em São Paulo tudo
que interrompêramos, buscando-o.

UMA EDIÇÃO DE "PAN"

No tempo em que os sonhos podiam
ser comprados, comprei teu livro.
(No frontispício, sobre um campo,
um homem simulava dormir.

O rosto, mensagem já morta,
recebia o toque festivo
das hastes lisas, dos capins
altos e verdes que brilhavam.

Era uma fácil descrição
de algum rebelde que ficara
acintosamente parado
sobre o cume de uma derrota.)

Reli-o muitas vezes, tudo
estava no começo e está:
certas manhãs bem poderiam
dispensar as outras vitórias.

Nenhum livro, nenhuma estrada
poderia levar mais longe
a beleza nova e sangrenta
que forçava nossas janelas.

METRALHADORA THOMPSON OU MORTE "T"

Quando há tempos deixou de ser
a simples marca de uma arma
tornou-se a marca de uma morte:
a morte Thompson, morte "T".

Pesada como uma criança
gorda, filha do fabricante,
não para de gritar enquanto
não devora o pente de balas.

Mineirinho morreu com ela
embrulhado em seu barracão

(se eu usasse rima talvez
fizesse disso uma canção).

A "velha Thompson" consegue,
quando a distância é favorável,
ensinar de longe um poeta
a repetir-se sem cansar.

Esta cantora diferente
canta para homens deitados:
quem se levanta para ouvi-la
não ouve a próxima audição.

DOIS POEMAS FRANCISCANOS

I

Assis não subiria nunca
o monte Subásio, no entanto
o mundo subiria nela
depois, como em mansa burrinha.

Há nela o cheiro medieval
de elmos, lanças enferrujadas
pelos armários, os porões
de um tempo longo e sem rumor.

Mas há uma brisa também
que vem do vale de Chiascio
e em dado momento nos lembra
túnicas dadas pelo vento.

Cidade úmbrica, a rudez
dos muros grossos a preside
pela Casa dos Pombos, pelos
quintais que foram cemitérios.

Os que a visitam, peregrinos,
colhem um ramo e se despedem,
os que a habitam para sempre
são chamados filhos de Deus.

II

A Úmbria é árida mas possui
um rebanho que nunca a deixa
e sempre um rio e uma carroça
que não terminam de passar.

Até parece que seus anos
são em séculos divididos,
para que as pedras sejam moças
e sejam eternos seus filhos.

É uma terra de silvados,
de outras plantas, de altas visões
de ciprestes (vivos) ainda
não desfolhados pelos poetas.

Não frequente, o céu aparece
com a novidade das brumas
emigrantes, mas é sempre o
céu limpo, fácil de se ler.

Uma viagem sem relógios
de sol, de pulso ou de luar.
Uma paz áurea-silenciosa
de campo sem ninguém. Itália.

VOLTA À ROTINA

Pelo menos de minhas mãos
estão mais perto as laranjeiras.
Eu não me engano: a terra, ainda,
é minha louca residência.

Sei que a eles não faltará
quem lhes faça justiça a tempo:
seus focinhos já têm o bronze
ávido, em fusão permanente.

Pergunto então: quem poderia
fazer justiça, por exemplo,
às minhas dunas, senão eu,
que as descobri e profanei?

Na praça, embaixo das marquises,
na calçada dos templos, voltam
aos assuntos de antigamente:
colheitas, preços e viagens.

De nada sabem. Sob as tênues
franjas de um mar já conhecido
as conchas voltam a ficar
mais numerosas (esqueceram-nos).

PAVILHÃO DAS ENFERMARIAS

Hoje, se eu me olhasse de longe
cairia no pranto. Mas,
estou tão dentro de mim mesmo
que meu cadáver me defende.

Por muitas mortes eu passei
e uma só não me convenceu:
a da espera, a morte sem soma
total, sem deve-haver, sem fim.

Uma coisa particular
é a dor, cercada de cuidados
que humilham (na enfermaria,
uma placa pede silêncio).

Silêncio, silêncio. Silêncio.
Os avisos nos corredores
não deixam margem para dúvida,
todos querem mesmo silêncio.

Hoje, se eu me olhasse de longe
cairia no pranto. Mas
estou perto demais de mim,
estou dentro da minha lágrima.

VELHOS SOLDADOS DA RESERVA

Os pacientes nada esperam.
E seu tempo, anódino, é tempo
de acender os velhos cachimbos,
remexer nos negros armários.

Nos alpendres, novas abelhas
formarão o mel demorado
e dos pesados uniformes
cairão, de fúteis, as insígnias.

Estão sentados, quase dormem
no grande alpendre. Quando há vento,
eles seguram coisas vagas,
mas não é o vento, é sua infância.

O mais alto então se levanta
e preside a saudade, forte.
E a morte que já coexistia
brinca de névoa em seus cabelos.

Nada esperam, e só procuram
passar em revista essa tropa
de sombras. Quase não se sentem
soldados, nos tempos de paz.

EXPORTAÇÃO

Ia um caminhão solitário
pela estrada da Borborema
e transportava todo o campo
de milho, para muito longe.

Não tinha pressa de chegar
ao mar, ao moinho do porto;
nem tinha pressa de deixar
a região ensolarada.

Rodava assim tão devagar
que muitos pássaros pousavam
(inutilmente) sobre a carga
coberta, e amarrada de cordas.

Um viajante, quando viu
que conduzia muitos grãos
ao cais, pensou que os transportava
para as gaivotas das Antilhas.

Mas alguém consultou as horas
e disse ao povo do lugar
que só os pássaros da terra
tocariam nos grãos sagrados.

O POETA NA ALVORADA
(A Benedito Cunha Melo, meu pai)

Abre o jornal meteorológico
e não encontra o que esperava:
o tempo bom, com nevoeiros
sobre a realidade da vida.

Passa o primeiro caminhão
com baforadas de poeira,
arremedando lá na estrada
a grande névoa que buscara.

Agora a fome ensolarada
(abrindo os braços) faz um cerco
ao velho avestruz, que procura
esconder-se dentro da luz.

Há longas épocas não beija
aquele rosto conhecido
que sai da fronha, e que o insossego
descarna como um bisturi.

O jeito é fazer o que vinha
fazendo às últimas manhãs,
e acorda o filho agoniado
para um novo dia de paz.

LÁZAROS

Quantas vezes precisarei
dizer-te: anda? Quantos séculos?
Ou precisas ser provocado
e insultado, para nasceres?

Teus sucessores, de um só salto,
invadiram tua cabine:
a ordem era subir, subir,
frio e desarmado, subir.

No entanto os outros, teus antípodas,
e dos que ali te sucederam,
estavam todos enganados
e cegos pelo sol mais próximo.

Às pressas, como quem descobre
no catre uma porta secreta.
Às pressas, como quem presume
que foi chamado por um deus.

A Escada de Jacó, já pronta,
com tantos lances quantos sejam
necessários para chegares
a teu pai, cada vez mais longe.

PLANO DIRETOR

Os flagelados deste ano
apontaram no fim da estrada:

é preciso tocar os sinos
com os sabres, para convertê-los.

Tocar bem alto, para que ouçam
também aqueles que teimaram
em ficar, lutando com as aves
negras, evadidas do sol.

Oferecer ao grande chefe
o rio que corre até o fim
do último filho, a última gleba
perfurada pelas neblinas.

Distribuir a legião
em linha curva pelas velhas
margens do lago, até cercar
de vez as águas prometidas.

E após doar-lhes a umidade
e humildade que nos restavam,
dar-lhes a vida que julgávamos
(como sempre) a mais desgraçada.

PERÍODO DE TESTES

Derrubei desastrado a caixa
de números: um calendário
que havia sobre a escrivaninha,
e o tempo se espalhou no chão.

Sempre sentado, o Diretor
empertigou-se mais ainda:
tão superior quanto o sol
daqui, de setembro em diante.

No assoalho recém-polido,
ou melhor, lambido por outros
mais apressados do que eu,
suditamente me ajoelhei.

Tentava em pânico ordenar
o tempo, refazer a data
que por acaso eternizou-se:
era dezenove de abril.

Diante de mim, o diretor,
duro e parado como um templo,
não disse a mínima palavra:
eu já estava liquidado.

TRADIÇÃO

Cheiro de campo no escritório
e em toda parte do país
há vaqueiros extraviados
laçando os ônibus da sorte.

À luz do parque, sobre as gramas
tão proibidas, um cavalo
(todo em bronze) relincha alto
pelas várzeas que já perdeu.

Um seio jovem tem a força
ainda turina dos cercados,
a endurecer-se no automóvel
que marca as fronteiras do além.

E somos governados todos
por um ex-dono de fazenda,
que está um pouco amolecido,
mas ainda sabe dar gritos.

O ex-fazendeiro tem a pata
dourada por cima dos vidros
e de repente tange um homem
como tangia seus novilhos.

TRÓPICO

O que há é isso: a tarde quente
coloca os monstros no terraço,
publica justamente a falta
de ar — as coisas que lhes faltam.

Todos respiram apressados
como se chegassem de longe,
acabassem de dar as últimas
voltas nos desertos privados.

Nasceram dentro dos cargueiros,
dos comboios de cana, em provas,
foram gerados quando a infâmia
lambia os lábios, satisfeita.

Ali conversam e ali sofrem
de todas as pontuações
do tempo, as vírgulas cravadas
na língua pobre, como tachas.

Limitados pelo sinal
da santa cruz e pelo sol
que os sonhos, feras predadoras,
não conseguiram devorar.

A VIZINHA

A moça devassada foge
de um céu sem acontecimentos.
Afia nas unhas e penteia
os cabelos até sangrar.

Manda buscar pelo correio
as águas raras do Oriente,
para tornar a sua vida
mais navegável, mais distante.

Agora sabe por que sente
medo e por que os homens existem
e leva a mão àquela parte
que arde, mas que a tudo responde.

Andando, sente a impaciência
de um presente bem embrulhado
que quer ser dado, ser aberto,
antes de chegar ao destino.

Agora sabe que possui
um corpo, e é melhor do que nada;
mesmo um corpo em perigo, vidro
à borda do seu paraíso.

LUDOTERAPIA

Se em duas décadas dois homens
revezaram seu infortúnio,
a infância de castigo sai
da cadeira, e tudo se esquece.

Não precisas recomeçar
a vida que, não sabes como,
a venceste sem uma lágrima,
uma faca, uma traição.

Não queiras reconstituir
o tempo em que um grupo de moças

discutia a cor dos teus olhos,
quem primeiro te conheceu.

Pois ele foi tão pouco, tão
misturado com os outros tempos,
que do cromo antigo do parque
não é possível recortá-lo.

Hoje, aquela que não conheces,
toda feita de agaves, chama-te:
e monta guarda numa estrela
onde uma criança estremece.

PRAIA SUL

Quando saía do banheiro,
punha muito talco no corpo,
como se saudosa das águas
ela se cobrisse de nuvens.

Depois chamava para junto
o gato branco, que a odiava
e se escondia em repentino
mexer de garras descobertas.

Ligava então a radiola,
torcia as mãos, roía as unhas,
e se estirava no tapete
todo bordado de dragões.

Muito assustada com o ruído
dos caminhões na tempestade,
se levantava, brusca, a ponto
de desamarrar os cabelos.

Tirava de uma estante um livro
e ia sentar-se no terraço:
tão ausente de si, que o vento
virava as páginas por ela.

SEMIÓTICO

Ainda no sono mais pesado
posso tocar na minha fêmea
e despertá-la: talvez possa
fazer o mesmo com a cidade.

Para tanto, devo possuir
um motivo mais razoável
que os incêndios, a invasão
das águas, o nascer do sol.

Não suspenderei uma tela
de fátuos, à face dos homens:
é bastante apontar com o dedo
o horizonte, e todos já sabem.

Se a palavra vier correndo
ao meu encontro, eu saberei
utilizá-la, é mais um passo
às armas brancas da manhã.

Porém se nada acontecer
que mereça esse abrir de pálpebras,
eu deixarei que todos durmam
em paz, se essa paz existir.

RELENDO CAMÕES

Exijo apenas o direito
de te ver até a exaustão,
um porte-de-arma para usar
meus olhos-cinza por aqui.

Teus meninos nunca se emendam
e, sujos, querem viajar.
A vida, esse leite estragado,
fica fedendo nas camisas.

Hoje, que lógico, que Lot
não olharia para trás?
Tudo é espetáculo, e as feras
já cobram para devorar-nos.

Eram tão grossas tuas mãos
que não podias ser suave
com ela, a miúda pastora,
diante de amor tão gigantesco.

Hoje, te arrasto para fora
do mar, para longe do mundo;
ó porção absurda, que sobras
tanto, sobre tudo que vês.

O ADESISTA

O tapete azul amansou-te
as pisadas de guerrilheiro:
uma carmelita descalça
calça mais ferro do que tu.

Usavas como cachecol
as serpentes de altas florestas:
agora estás que não amansas
nem mesmo as tranças de Luzia.

Mal tropeçavas nos cordeiros,
as areias te seguravam:
hoje escorregas tua força
no chão de cera dos acólitos.

Nas sobremesas a rigor
sepultaste as grandes palavras:
dentro de ti há uma criança
que não para de vomitar.

Subestimando nosso fogo
dormes nas tendas inimigas:
para abrigar-te das neblinas
dentro das nuvens te escondeste.

A JOÃO CABRAL

O grande mágico retira
do gibão as palavras brancas
e lisas, o ferro das jaulas,
a luz e os cactos acabados.

Agora o Nordeste discursa
em idioma vivo, e a caatinga
é irrigada com a saliva
salgada dos rios cortados.

Bate-nos com a realidade
mais nova do tijolo cru,
dos dentes quebrados, do estrume
invadindo a sala de estar.

E pode desdobrar a terra
de uma maneira semelhante
a todo livro: folha a folha
como o trabalho dos outonos.

O grande mágico decide
mobilizar as esperanças
mais calcárias — e agora a múmia
por si mesma se desenfaixa.

A MALA DAS GRAVATAS

Em meio à bagagem de núpcias,
a mala cheia de gravatas
era um mistério que pedia
desculpas por ser um mistério.

Uma gravata especial
para cada estado de espírito,
mas predominava a vulgar
forma das antigas espadas.

Afirmo, sem qualquer receio
de errar, ou ser considerado
um mau sujeito, que o modelo
não dizia toda a verdade.

Eram as cores, os matizes
das gravatas que me exprimiam:
verde-negras ou azul-cinza,
as de uso mais quotidiano.

Fui várias vezes advertido
desta falta de concisão:
estavam sempre em desacordo
com o céu que existia lá fora.

VOCAÇÃO DO OCEANO

Vejo por trás dos edifícios
os pedaços azuis do monstro
guardado (para as grandes coisas)
o mar espera a sua vez.

As ondas côncavas, erguidas
sempre defronte da cidade,
são os ouvidos que levantam
para escutar o nosso medo.

Contra um fogo desconhecido
as grandes águas se preparam:

pois nada significa o apelo
do iodo, no fundo do mar.

As reservas de sal, os peixes
e as pérolas não satisfazem
a majestade do Oceano.
Apagará o fogo atômico?

Talvez espere do outro lado
o grande alarma, como um pobre
monstro de estimação de Deus
guardado (para as grandes coisas).

OFERTA NA SALVA DA NOITE
(Para João Bosco da Cunha Melo, meu irmão)

Tu dormes, meu irmão, enquanto
teus sapatos e tuas roupas
(dobradas no espelho da cama)
te aguardam sem nenhuma pressa.

Noto pelo grande silêncio
que há na rua, que o último ônibus
há muito tempo já passou.
Quem foi o último passageiro?

Tu dormes, meu irmão, enquanto
pela brecha do teto um rato
escapa-se, e depois escuto
o ruído de alguém correndo.

Quando há pouco gesticulavas,
pensei que ias acordar.
Mas, não, porque já recobraste
o semblante novo dos anjos.

Dorme tranquilo, porque além
do meu poema, tu terás
a minha sombra, meu irmão:
serei a tua vigilância.

PREMONIÇÃO

Deixei crescer barbas e unhas,
sombras, cabelos e carvalhos,
minhas roupas beberam todas
as chuvas, meus olhos o arco-íris.

Agora o rio pode invadir
o que quiser – seu próprio leito,
não é mais o prisioneiro
do ministério dos meus sonhos.

O campo livre para tudo:
para o arbusto e para as colheitas
no fim do medo, onde a cizânia
cresce no rosto dos cadáveres.

A voz do rio poderá
ir adiante, anunciar
as últimas vítimas: cães
gelando os olhos dos canários.

Eu não me importo, já venci
minhas lutas particulares:
minha garganta já está
mais fria que a própria navalha.

REVELAÇÕES

Imagino um estádio. Vejam:
meu poema está começado.
Amadas vivas e visões
amadas, tomem seus lugares.

Talvez os mendigos que vivem
emboscados atrás das chamas
sejam de noite fuzilados.
Depressa, tragam-nos também.

Aproveitem todo momento
de amargura, para mostrar-lhes
que das paredes descascadas
pendem as presas do passado.

A terra infiltra-se nas unhas
ingratas. É mais um sinal.
Tudo, tudo que foi querido,
foi em silêncio conquistado.

E a virgem, ontem aclamada
santa, deposita seu fardo.
Todos ao vê-lo desiludem-se:
era somente o que buscavam.

PRIMEIRO SELO DO APOCALIPSE

O quanto mergulhares no espaço
mergulharei no teu espírito.
Ao invés da incerta profundeza
que buscas, coube-me buscar-te.

O primeiro selo, o selênico,
rompido. Quanto restarão?
Na Praça do Cruzeiro, os pombos
ciscam, calados, grãos de urânio.

Duplicada tornou-se agora
a nossa espera. Preparemo-nos
a partir de agora teus filhos
farão perguntas decisivas.

Cinco estágios para despir-te
do sobretudo de poeira
azulada, para arranhar
com unhas de prata a grande face.

Só agora será possível
chegar ao céu e maldizê-lo:
nem morto deixarás de ter
vergonha do planeta Terra.

O HOMEM DE BORRACHA

Eu batia na minha infância
doze portas atrás de mim,
e o homem de borracha passava
pela brecha da fechadura.

Por todo lado aparecia
o detetive sem chapéu,
e utilizava uma goteira
como a chuva, para alcançar-me.

Caso eu morresse e ele quisesse
um menino já sepultado,
chegaria ao pequeno corpo
por um buraco de formiga.

Ocultava-me e, no verão,
ressurgiam os companheiros
de farda azul, que me chamavam
o tempo inteiro do jardim.

Quando um dia fugi de casa,
como a esperança, ele esticou
o braço fino para mim
e segurou-me no horizonte.

PRIMEIRA CEIA

Impossível, não te reanimam
a água fresca, o entusiasmo;
eles agora se calaram
como convinha a teu destino.

Tinham a mesa tão repleta
que não pudeste colocar
tua oferenda, uma bandeja
de pobre furto enobrecido.

Procuraste-os porque os bosques
não aplaudiam, porque os guardas
não se ocupam de tua voz;
menor que a deles, menos autêntica.

Mas sempre humilde na recusa,
não te queixaste e não queimaste
o mundo simples que trouxeste
e que ninguém quis possuir.

A IMAGEM DO BARCO

Que faz o anacrônico barco,
feito uma letra, um altivo A
branco no mar e neste golfo
de transatlânticas gaivotas?

Visita os poetas do mundo,
feito um fonema esfomeado
com seu cordame e solidão
coroada, cheia de portos.

Bate nos alvos nevoeiros
da costa amarga, é sacudido
pelo sopro romântico, folha
só parcialmente raptada.

Nenhum poeta já o quer
porque poetas já não há

por estas águas e estas gentes
magras e subacorrentadas.

Ele se move e se navega
ainda completo sobre as ondas,
a oferecer o grande casco
ainda só pesado de sós.

O MATADOURO

Os animais estão morrendo
desde ontem: morrem na cozinha,
na sala, no campo — onde estão,
por falta de imaginação.

A gata, junto ao fogareiro,
é minha irmã que não casou.
Perto do fogo desde a infância
terrível, seus olhos me acusam.

O cão, que dá voltas na sala,
é meu irmão que enlouqueceu
entre as estantes: o menino
que só viu o mar uma vez.

O cavalo, que morde há tempo
a mesma touceira, é meu pai:
que alugou todas as choupanas
de taipa, e não saiu daqui.

Os animais estão morrendo
na cozinha, na luz do campo:
todos penetraram aos gritos
e berros, neste matadouro.

RUA AZUL, JABOATÃO, PE*

O menino ladrão de jambos
soube escolher a rua certa
para morrer: a minha rua,
e portanto será lembrado.

Com sua morte alguma fruta
amadurece sossegada,

* Foi na Rua Azul, do município do Jaboatão, Pernambuco, que nasceu o autor.

mas quem a colherá talvez
não a deseje tanto, tanto.

O pequeno corpo sangrado,
vestido e calçado de folhas.
Tudo me serve: o seu destino,
cartilha lida pelo vento.

Os instigadores de sempre
treinam seus cães para segui-lo,
e o sol provoca um mal-estar
no rosto branco dos culpados.

Mas, é fácil reconhecer
que, pelo menos, esses homens
mataram o menino errado
na rua certa: minha rua.

SOBREVIVENTES

Talvez tenha partido um dia
de Ômega explodida. No entanto,
não resiste tão bem ao sol
como os que vieram de lá.

Pouco se espera de alguém que
partiu da estrela tripartida
e não pode emendar-se aos cacos
da majestade que perdeu.

É apenas um retalho salvo
da túnica dourada, e só.
Ou um notável fragmento
da estátua desapercebida.

Sempre pedaço de grandeza
à procura do resto extinto,
sob o céu que já anuncia
novos ataques, novo enxofre.

Novos mendigos que abrirão
de a ponta a ponta o feltro azul,
mostrando o zênite, a vermelha
carne da estrela prometida.

CANTO MEDULAR

O canto medular agora
e antes que a flor tome o lugar
do dono (com Paz e estrovengas
rasgando rápido seu túmulo).

O canto sério publicando
o que amávamos ocultar:
as peças íntimas no arame
e os retratos na correnteza.

O canto circunspecto de hoje
e preso aos ventos medievais,
dos seus bonecos e ginetes
à grande hélice sacudindo-os.

O canto magro, sem a gordura
que o faz pesado no papel,
e onde ao pisar não escorreguem
as almas e outras invenções.

O canto piongo, sem a água
mais abundante do que ele,
sem matiz apagável e antes
de antes, o canto medular.

UM PRESO, NO INTERIOR

Pensar nas núpcias, este branco
alvoroço de fim de tarde;
pensar nas artes, na poesia
pronta para a ressurreição.

Tudo, nos mínimos detalhes,
deveria ser escolhido
na véspera, quando os agentes
dormem ou pensam que dormimos.

Que me falte o socorro, e nada
seja pedido até a morte:
apertando meu travesseiro
na boca, para não chamá-los.

Não, não precisam de mim,
mas minha ausência é imperdoável,
uma agressão muito maior
talvez, que pisá-los aqui.

Perder tudo que me restar
de tempo e de misericórdia:
virar o sonho pelo avesso,
brigar com eles na calçada.

COMEÇO DE CARREIRA (OU CORRERIA)

Cada dia mergulho mais
dentro possível da cidade.
Vou ver a posse dos adultos
e a passeata das crianças.

Aumento com meu corpo magro
a população de seus ônibus
e as filas ao sol, que se estendem
para o lado esquerdo do porto.

Muitas vezes em detrimento
de quem perde o lume nas léguas,
faço questão de me sentar
nos bancos sujos de seu parque.

Olho com muita gulodice
os livros doces na vitrina,
dou um estalo comovido
com meus dedos — e sigo em frente.

Não satisfeito, mando versos
ao diretor de um matutino,
para ler como novidade
meu velho nome nos domingos.

"UM CORPO QUE CAI"

Tal se tocasse a extremidade
do cabelo de estranha moça
o homem semeado tocou
naquele fio com muito medo.

Segurando-o, pôs-se a puxá-lo
de novelo, como a tirar
uma veia do grande órgão
que emurchecia pouco a pouco

(o coração). Mas preferiu
seguir de costas com seu fio

e contemplar o seu tamanho
e ver extinto o seu começo.

Dava-nos assim esse aspecto
de quem procura levantar
à distância, por trás das casas,
uma pandorga que caíra.

E só ele caíra — o chão
fez-se macio como o ar
e o mais souberam, tão somente,
a carne solta e o sangue em festa.

APRESENTAÇÃO DO NATAL

Anunciado desde a época
das grandes tribos, das roupagens
amplas e soltas do deserto
e antes do Cântico dos Cânticos.

Visto sob a forma de pombo
no alto cajueiro do pátio
ocidental, e sobre as tábuas
extraviadas dos mandamentos.

Pressentido no levantar
das lonas, para as litanias
dos salmos nos acampamentos
e na cruz loura da manhã.

Arauta se propaga a voz
alta na túnica dos ventos:
o Primogênito do Gólgota
será coroado e despido.

Mas, não agora que devemos
leve cobri-lo, e coroá-lo
só de avelãs. Hoje somente
basta que seja uma criança.

TEMPOS DE EXISTIR

Houve tempos em que eu pensava
que não vinha mais esta ávida
forma de suportar a vida,
que a poesia não vinha mais.

Ao reler meus velhos cadernos
(riscados, sem dedicatórias)
olhava sempre para os lados
como se não me pertencessem.

Os grandes acontecimentos
já surgiram com seus mentores
oficiais, suas legendas
impressas, como sempre, às pressas.

Eu não podia ser um deles
e nem tinha a bula secreta
que nos ensina a confiança
nas forças mudas do deserto.

Defendia a volta daqueles
que só venciam para si:
éramos tantos, que a vitória,
mesmo, deixava de existir.

ESTRATÉGIA

Por que raramente termino
um poema como este: cheio
de mim, de meus seres calados
dentro de casa para sempre?

Por que me deixo aprisionar
ao vale frio dos geômetras,
aceitando uma pobre régua
e um lápis negro, ao invés da morte?

No grande pátio do colégio,
eu deixava que alguém me atasse
à mangueira, só pelo gosto
de sozinho me libertar.

Agora tento proceder
da mesma forma: me entregando
com as roupas desfeitas e o olhar
estudioso sobre as cordas.

Depois de livre, tomarei
o caminho longo de casa:
sacudindo cinzas, chutando
sombras, pelas ruas desertas.

FUNCIONAL

Meu helicóptero é a imagem
do que eu gostaria de ser;
faz as coisas que meu poema
tanto quereria fazer.

Paralisando-se no espaço,
marca facilmente o lugar
onde um pássaro fez a curva
e onde uma nuvem acampou.

Pode descer em linha oblíqua
sobre um campo de margaridas,
caçar algumas borboletas
e subir reto como as árvores.

Com grandes hélices de prata
corta em fatias a fumaça,
e varre as folhas amarelas
antes que os ventos apareçam.

Pode salvar, uma por uma,
as gaiolas cheias de moças,
quando voar a poucos palmos
das janelas desesperadas.

CORRESPONDÊNCIA

Ler tua carta com cerveja
dourada, chamar o garçom
para erguer o meu corpo imerso
na espuma de tua revolta.

Tua carta cheia de vírgulas
nervosas, sobrecarregada
de víboras, não me perdoava
a fuga sempre repetida.

Em certo tópico, no entanto,
perguntas amorosamente
que faço agora, quem forrou
minha cama pela manhã.

Depois, chegas a oferecer
um pouco d'água retirado
da mais agônica cisterna,
antes do irônico "passe bem".

Mas penso que o lado esquecido
do mundo pode florescer,
se a semente não for assim
blindada, como nosso ódio.

MELINA MERCOURI (PHAEDRA)

Um copo de álcool e esquecimento
para Melina, antes do tempo.
Antes que penteie os selvagens
cabelos, fique pronta e limpa.

A morte não espera ao menos
que feche as pernas, se componha,
ou que apodreça no quintal
a última corda dos balanços.

Havia sempre quem tomasse
o que havia nas suas mãos
e saísse correndo. Sempre
alguém por perto na alegria.

Toda vez que estendia o braço
tocava, sem querer, nas chamas,
e não podia se esquecer
de onde estava, de que morria.

Um copo de álcool e esquecimento
para Melina, antes da morte.
Antes que mergulhe os cabelos
negros, na inocência da terra.

RUA VIGÁRIO TENÓRIO

Bacia com água, toalha,
mulher. Senta-te por enquanto
no meu colo, para imitar
minha noiva despedaçada.

Jazz e Jazz, música de longe,
a daqui não me toca mais,
cerquem-me todos os barítonos
e os saxofones da revolta.

Tragam todas as ferramentas
do tempo, vamos demolir

o mármore virgem, que vive
parindo ovelhas ofegantes.

Já está tudo amanhecendo
e os doze seres alarmados
sobem nos montes, proclamando
alto a destruição da noite.

Por que quebraram tantos copos
numa diabólica braçada?
Venham logo varrer o chão,
antes que cheguem nossas almas.

KNUT HANSUM

Eduarda perdia a manhã
e os dias claros de verão
com todos os gatos perdidos
deste e do mundo que há de vir.

Amava-os muito devagar
pelo assoalho e pelos baixos
divãs da sala, onde amolava
unhas e manhas docilmente.

Levava-os geralmente à tarde
ao pomar e, sob as mangueiras,
penteava-os horas inteiras
muito segura de ganhá-las.

Ganhava-os da enorme família
que possuía, das amigas
íntimas, de estranhos e pobres
que, sem saber, exterminava.

Soprava os pelos e as possíveis
manchas eslavas de ciúme
o soltava-os para atacar,
à noite, o amado Tenente.

BARCAÇA

Não devias descer assim
tarde, com a caneta na mão:
se o poema não virá mais,
sobe no barco e vai pescar.

Aqui é o Norte, aqui o sol
teimoso, como um pescador,
continua jogando a rede
na superfície saqueada.

Procura lançar com mais força
o teu espírito no ar
e absorver o quotidiano
de fumo, na espiral das chamas.

Ou toma novamente a página
velha, castiçal onde brilha
a paciência pela noite
(de tão bela) irrenunciável.

O que não deves é ficar
aguardando a boa vontade
dos velhos, ou que ainda te alcancem
os braços falsos do Infinito.

RETIRADA DA LAGUNA

Para os indefesos, a enorme
facilidade de morrer
é o atestado de inocência
muitas vezes apresentado.

Quando lutarão os que baixam
a cabeça e pedem passagem?
os que se escondem quando a luz
de uma lanterna se aproxima?

Foram eles que me ensinaram
a viver nesta sombra, a ler
no longínquo susto dos pássaros
a minha próxima aflição.

Mas não os acompanharei
na retirada até o fim:
ficarei aqui, com meus mortos,
para logo ser alcançado.

MAL-ESTAR-NO-MUNDO

Mal-Estar-No-Mundo é apenas
não estar onde se queria

estar. É pior. É não saber
em que altíssima montanha

mora o querido Bem-Estar-
-No-Mundo, onde o simples dormir
gera o amado despertar,
as formas altas de viver,

onde o banho, o sol, a comida
são desejados como as chuvas
pelos doentes milharais,
e as crianças acordam sozinhas

num horizonte sem escolas;
onde a pobreza é o nascente
e o poente das grandes raças;
e levantar-se respirando,

a cada manhã, é a proeza
maior de uma dor sem história,
onde este Mal-Estar-No-Mundo
é a única forma de se estar.

TENTAÇÃO NO BOSQUE

Quando o vento bater nas altas
folhagens da mata perdida,
nada mais salvará aquele
tão formal, no formol da vida.

Nada mais salvará aquele
que já caiu em desespero,
e os roedores apressados
pelo bosque, cavam seu túmulo.

Ele é parte da grande fila
unida pela sede comum,
e dispersada um pouco antes
de caírem as águas do norte.

Mas certo dia derrubaram
as estátuas da caridade
e os que o fizeram vêm correndo
morrer como ele na floresta.

Entrem depressa pela porta
da inquietação, da ventania.
Entre todos, apertem a mão
já mole e fria do seu ódio.

CONJUNTO DE POEMAS PUBLICADOS
NA COLETÂNEA INSERIDA NO LIVRO
*O CÃO DE OLHOS AMARELOS & OUTROS
POEMAS INÉDITOS* (2006)

MAR DE HOMERO

Cuido do mar do velho Homero
e não deste mar de banhistas
e folders do Departamento
de Turismo da capital;

Do céu oblíquo sobre a cabana
de taipa e besouros letais,
onde a chaminé denuncia
este raro dia de pão.

E, com incerta compaixão,
de uma estrela que se alimenta
de olhos de moça, se alimenta
de ossos leves de cotovia.

Das asas e cruzes quebradas
sobre o minado Campo Santo;
dos braços que erguem a pira
da prece na noite de Deus,

Do amor múltiplo e também
do mesquinho que se realiza
no susto inicial de dois rostos,
quando se cruzam sobre a ponte.

VIDA NOVA
(A Paul Valéry)

Agora ele sabe que a vida
não era a sua. Olha o outro lado
com mais tranquilidade e veste
seu alvo terno de domingo.

Saúda aqueles que o saúdam
em bicicletas, conduzindo
o peso morto dos jornais,
o leite e os jogos matutinos.

O Poeta está radiante
no alto de sua meninice

como se agora ele instaurasse
do mundo a cor oficial.

Por isso ao dobrar a avenida
dá gritos, como se ordenasse
que o arroz da homenagem, a chuva
e a cinza o façam germinar.

E depois para (que anoitece)
e ergue-se na ponta dos pés
para olhar o mar, sobre o muro
daquele novo cemitério.

FORMAS DE ABENÇOAR

Fique aqui mesmo, morra antes
de mim, mas não vá para o mundo.
Repito: não vá para o mundo,
que o mundo tem gente, meu filho.

Por mais calado que você
seja, será crucificado.
Por mais sozinho que você
seja, será crucificado.

Há uma mentira por aí
chamada infância, você tem?
Mesmo sem a ter, vai pagar
essa viagem que não fez.

Grande, muito grande é a força
desta noite que vem de longe.
Somos treva, a vida é apenas
puro lampejo do carvão.

No início, todos o perdoam,
esperando que você cresça,
esperando que você cresça
para nunca mais perdoá-lo.

MARILYN MONROE

Enquanto não se volta é bela
e útil aos quatorze fotógrafos,
que há vários dias a perseguem
por avenidas de Los Angeles.

Evita o cerco, se cercando
a si mesma com o próprio pânico;
joga dez cadáveres seus
em volta, e ninguém se aproxima.

A maior arma é a distância
(assegurada pelo medo
na hora precisa despertado,
sem agressão, nos inimigos).

Ao desviar-se dos canteiros
públicos, lembra-se de alguém
que comandava as guarnições
dos seus soberbos girassóis.

Lembra-se dele e continua
dando aos fotógrafos seu vulto
louro-azulado, que se perde
dentro das câmeras, queimado.

TERCEIRO POEMA FRANCISCANO

Agora os ramos desatados,
o cordeiro poderá sair,
o novo semblante e outro nome
próximo da água e da luz.

Simples, como a palavra leite
pela campina de manhã,
nem houve fogueira anunciando
ou grande estrela pelo céu.

Apenas velhos cancioneiros
falam de um boi e de um jumento
que legendários o cercavam
como ao Menino de Belém.

A água da pia batismal
da catedral de São Rufino,
quando estava um pouco salgada,
tinha brotado de seus olhos.

Francisco não era Francisco
logo ao nascer, era João
e só o amor transmontano
o explica, mas faz muito tempo.

AS SAIAS DA VIDA

Adiar a morte, adiá-la
até que realmente se torne
a solução do último soro,
o último parente a chegar.

Refugiar-se nos balões
de oxigênio, e utilizar-se
dos ventos antes odiados,
da vida em válvulas refeita.

Neste lugar tão afastado,
o silêncio foi dividido
em metros cúbicos de sono,
em centenas de salas mortas.

O desencanto de fazer
certas coisas diante das moças,
que assumiram todo o governo
de seu corpo, enquanto dormia.

Diz velho poema: "Amanhã
tudo mudará." Mudarás
até de deus se for preciso,
para só morrer amanhã.

REGIÃO PALUSTRE

Envolvido, logo ao nascer,
pelas faixas da Confraria:
alma entrevada, já sem asas,
na gaiola suja do corpo.

Alimenta as aves vizinhas
na mão aberta; a vida inteira
sempre a raspar do mudo chão
o esterco azul dos rouxinóis.

Sem ser evangélico, vai
ao templo pobre, ouvir a chuva
nos velhos zincos repetir
os tambores da retirada.

Vozes altas nos corredores
falam que é tempo de jogar
as crianças pela janela,
para aqueles que vão passando.

Conferir a cada palavra
o vezo, a virtude de ser
essa glória que surge súbita,
como um galho na correnteza.

REVISÃO DE BEETHOVEN

A lua sinfônica foge
afugentada pelos pássaros
e antes que os sinos enlouqueçam
ela surgirá no crepúsculo

Confiantes na nossa morte
e, quando menos esperarmos,
descerá em círculos cegos,
na alva geometria dos túmulos.

Todos seremos acordados
pelo pavor e sobre as frontes
raios moles escorrerão
como um estigma, para sempre.

Somos mortos incomodados
por camélias apodrecidas,
que as mãos amigas esqueceram
de retirar no tempo próprio.

Tememos que a lua sinfônica,
afugentada pelos pássaros,
desça até nós, com sua luz
podre, acordando os demônios.

REGATAS

Domingo é dia de regatas
no golfo Sul, vou para lá.
Vou perder mas vou apostar
cinco estrofes no barco branco.

Faz gosto vê-lo pilotado
artisticamente por um anjo,
que não se importa de ficar
atrás, porque o mar é seu fim.

E abre as asas transformando-as
em duas velas muito brancas,

quando o vento sopra a alegria
da tarde no rosto dos montes.

Não quer vencer, deseja apenas
navegar no mesmo oceano
que navegamos, conhecer
uma por uma as novas ondas.

E toda vez que algum de nós
passa-lhe à frente, manobrando,
o anjo-esportivo joga rosas
brancas no barco que o passou.

CARTAZ DE PUBLICIDADE

Tudo nos olhos: o que o mundo
sabe de mim e o que sei dele.
Em público, fechar os olhos,
para ser julgado no escuro.

As guitarras substituem
os tambores de execução.
Tocam tão alto: a consciência
já não pode ser escutada.

Um pequeno rosto não cobre
a paisagem enorme existente
atrás de cada condenado,
mas quem o olhará na paisagem?

O rosto encheu a sala inteira,
encheu a cidade, cobriu
os edifícios, e no chão
é mijado pelas crianças.

Muitos o viram lá nas cestas
dos sanitários coletivos,
nos longos muros dos presídios,
e passou boiando no rio.

PLATAFORMA II

Na rua, na repartição,
não me obriguem mais a falar
da festa, do próximo voo.
Que tem a minha dor com isso?

Só suas mãos se demoraram
no meu rosto desprotegido.
Ó macia maçã, crivada
por vinte e sete meteoros.

Tudo cabe no velho cálice:
o vinho verde ou a cicuta.
E é nele ainda que sorvemos,
de olhos fechados, o infinito.

Ela, uma pequena mulher,
chorava, quando não podíamos.
No tempo das revelações
já não amávamos como antes.

Ó Rainha triste de todos
os tempos, quando despontardes,
vou receber-vos como estou:
trêmulo, como o último deus.

UMA FALHA NO RITUAL

Por que o amor não continua?
Que força maior o extermina?
Dai-me essa força que extermina
o amor, e extermino as estrelas.

Por autogrades rodeado,
sou um puro sangue poético
dentro de um corpo tão pesado
que o amor dantesco não remove.

Quem primeiro cansou devia
em silêncio submergir,
não atrasar o outro, na inútil
ânsia de arrancá-lo das águas.

Outrora o que ela não faria
para agradá-lo? Quem não recorda
quando à distância suas rosas
pelo ar recebiam o amado?

Hoje só seu cão denuncia
o estrangeiro que vem chegando,
que vem de longe todo dia
e que nunca mais chegará.

COZINHEIRAS

Fogão aceso, testemunha
de nossas vidas apagadas:
quatro bocas ardentes todo
santo dia falam por nós.

Submetidas ao inquérito
dos apetites mais instáveis,
somos julgadas pelo humor
de dez estômagos vazios.

Neste lugar uma folhinha
de cenoura, longe da cesta,
poderá explodir em graves
e irreversíveis conclusões.

Chegam da sala de visita
elogiosas referências:
é bem provável que os estômagos
deles se lembraram de nós.

Porém a música que tocam
não se demora na cozinha:
passa depressa como a noite,
morta, pelos sonos pesados.

O LIVRO PROJETADO

Devo escrever aquele livro
que sonho ler desde criança:
um livro para mim, um guia
de escoteiro, um mapa de estrelas.

Alta parede sem limites,
minha estante bate no céu,
mas está faltando o volume
encadernado pelo sol.

Para escrevê-lo, é só filtrar
tintas aguadas, transparentes,
como do suor ou da lágrima,
ou tentar salobra mistura.

Simplicidade diabólica
de falar minha própria língua,
e não apenas projetar
no papel a borrada sombra.

Um livro, sem deixar de ser
um teto, uma casa de campo.
Um livro que segure a terra,
tábua de cima do caixão.

FORMAS DE DESPERTAR

Só aqueles que não me amam
ousam assim me despertar:
como se a manhã desejasse
erguer-se junto com meu ódio.

Naqueles tempos, minha amada
nunca me despertava assim:
em silêncio lavava o rosto,
por acaso me despertava.

Mas sempre desejando um tempo
que só viria depois dela,
fui um vagão de peixes mortos
entrando lento na cidade.

Quem chegar ao seu ponto alto
deve ali cavar o seu túmulo:
disseram-me, ou melhor, gritaram-me,
quando me dispunha a subir.

Este lugar, visto de longe,
ainda parece uma ladeira
fácil, dividida em degraus:
nem precisa ser destruído.

INCONFIDENCIAL

Para dois corpos que se buscam
a própria roupa é uma distância,
um modo antigo de dizer:
ainda não, ainda não.

A inocência do corpo, o sol
adivinhado na epiderme
das folhas quentes, das cortinas
intumescidas pelo vento.

O carinho domesticado
morde, às ocultas, a coleira.

Todos os gestos prisioneiros
no fundo verde da vontade.

Quando as fronteiras já estão
pelo próprio amor demarcadas,
o perfume da noite vem
adormecer as sentinelas.

A vigilância dos colchetes
é rompida sob o alvoroço
das peças caindo, pedras
de uma fingida fortaleza.

HÁBITO MARROM

Quanto mais atinjo meu tempo,
mais vislumbro o quanto ela é alta,
alta e gorda como a montanha,
a solidão que Deus me deu.

É tão alta que os próprios cães
vão atrás dela, quando passa:
alta, alta, alta, bem alta,
vestindo um hábito marrom.

Quando apareceu de visita,
em silêncio deu-me uma pera,
pois sendo muda e monocarpa,
veio ensinar-me a ser assim.

Depois, apontou-me as mulheres,
em preto e branco, barroquíssimas,
com nádegas mais luxuosas
do que o lombo das cachoeiras.

Mas, sob um pretexto qualquer,
por exemplo: a cor dos meus olhos,
deixou-me sozinho, na festa,
como perversa namorada.

UM CASAL MUITO CONHECIDO

Em silêncio mortal, mas juntos,
como duas casas vazias
de bairro pobre (que possuem
parede-meia, vão comum).

Seus olhos baixos, que procuram
no assoalho limpo de culpa?
A mão cheia de pedras não
pode apertar uma outra mão.

O que sonha, de certa forma,
está partindo para longe,
e se o faz em silêncio, parte,
foge com sapatos de lã.

Ah, nunca mais, entre os humildes,
aceitar o apelo da lágrima,
absorver com a estranha face
de esponja a salgada neblina.

Tudo começa a acontecer
quando se rompe a comunhão,
quando o outro, se fechando, fecha
a casa escura que buscavam.

O AVIADOR
(A André Gide)

É bem pouco chamar de pássaro
quem inventou as próprias asas,
e embora triste e tão pesado
vai na frente das andorinhas.

As borboletas e outros trapos
azuis a nada nos incitam,
e receberam por herança
a cor de que tanto se orgulham.

O que foi visto e possuído
morreu de ser a mesma coisa;
antes morresse de uma pane
nova, sobre as pistas do sol.

Antes fizesse a aterrissagem
forçada, nos campos murados,
capotasse cheio de fogo
para avisar aos companheiros.

Só assim continuaria
fora das rotas a voar:
voaria nas entrelinhas
dos soluços, nas entrestrelas.

UM ESTUDO DA PORTA

No alto da cabeça a cartola
marrom, e com roupas borradas,
gritava em plena Rua Nova
a sua idade e procedência.

O que mais atenção lhe dá
dá-lhe um delicado empurrão:
pondo novamente a sangrar
na testa o sinal de Caim.

Quem lhe deu estas pernas finas
e esta ambição, ao mesmo tempo?
Um esganiçado o examina
com pinças, como quem tem nojo.

A natureza sempre volta
a interessar-nos: qualquer posto
de gasolina sabe disto,
qualquer desordem nos convence.

Quanto mais somos menos somos
na orquestra sombria da terra:
subir só nos dá a vantagem
de morrer um pouco mais longe.

AFRONTA A H. G. WELLS

Vamos suportar a demora
de Deus, a poesia: longa
espera, longa paciência
ante os olhos que tudo viram.

Já deixamos a superfície
da Terra, para começar
a nossa vida nas estrelas,
mas um dia regressaremos.

Terão acontecido coisas
estranhas, nos lares de colmo
que abandonamos: violetas
invadindo a sala das armas,

tanques floridos pelos pátios
de estacionamento e abandono,
e poderemos libertar
os filhos, na terra inocente.

E cada um de nós voltará
à sua humilde profissão,
sob um céu que tenha ficado
mais baixo do que antigamente.

INFLUÊNCIA DAS VOZES*

Nunca fiz um poema limpo
como o avental de minha mãe:
sempre os outros e o pó dos Outros
puseram em mim sua presença.

Como na infância, há sempre um vulto
emergido de algum silêncio.
Para ajudar-me a escrever,
vem segurar na minha mão.

Mas rasgo tudo, rasgo o que amo
e vejo tudo realizado
nas outras mãos, enquanto fico
desconfiado de minha força.

Às vezes mostro a meus amigos
estas flores, peço-lhes água.
eles sorriem, são meus amigos,
mas também estão no deserto.

Já não preciso ser autêntico:
sobre uma só realidade
eis-me na terra como os outros,
sou os outros, e morro só.

ARTESÃ DO TEMPLO
(À tia Albertina)

Pranto mais litúrgico, a cera
não derramou sobre o assoalho
da Capela nova e suave
e mais rude que suas mãos.

Mágoa de minha tia que acha
poucas as flores do universo
e as faz de papel e de pano
entre suas santas de gesso.

---

* Primeiro poema publicado no *Diario de Pernambuco*, em 13 de fevereiro de 1966.

Podem lá fora os carvoeiros
morrerem negros pela estrada,
ela o sabe, mas ainda é fraca
para levantá-los: faz flores.

Porque é seu modo de ser santa
e jardineira aqui na Terra.
Ela não critica o Senhor,
ajuda-O, a falta é tão grande.

Se são aves que estão faltando,
ela se põe a trabalhar
no seu quartinho, modelando,
com muito amor, pombos de goma.

UM HOMEM NA REDE

Eu me dirijo ao homem frio
que me lê sem misericórdia,
e que me julga no silêncio
da tarde, entre duas mangueiras.

Na rede côncava, deitado,
solta uma queixa, que me atinge
e vai alcançar os primeiros
e últimos cárceres do tempo.

Tem como provas contra mim
alguma vírgula assustada,
algo que busca merecer
uma impossível salvação.

E de repente ri tão alto,
tão longe, que faz balançar
as duas árvores absoltas
desde a semente, desde o Éden.

Todas as coisas inocentes
são castigadas, quando o tempo,
embora curto, é dividido
entre o sono e a destruição.

A COMARCA DOS INOCENTES

Tudo, tudo tem o direito
puro e simples de acontecer,

mesmo estas altas alegrias,
farras de um deus por trás dos Andes.

A escola, o pássaro, a manhã
ocorreram a seu tempo, muito antes
do céu de agora: tão nublado,
tão sincero em sua tristeza.

Morrem depressa os que nasceram
no começo dessa estação,
e não esperam, sobem logo
no primeiro barco que encontram.

Não suspeitam que a Catedral
enrouquece por trás das árvores,
e ouviremos a voz dos sinos
quando o vento morrer na estrada.

Os que suportam esperar
partirão no tempo devido,
e alcançarão todas as coisas
novas que vão acontecer.

CANCIONEIRO PARA O TERCEIRO MUNDO*

Para Dom Helder Camara

Nota do autor: Este poema foi escrito na década de 1970, quando a classificação de países de primeiro, se-
gundo e terceiro mundo ainda vigorava, antes, portanto, da queda dos países socialistas do Leste Europeu.
* Poema longo, traduzindo em versos os indicadores do "terceiro mundo" fundados em estudos do
geólogo e geopolítico francês Yves Lacoste. Foi traduzido para o espanhol por Saulo Neiva e Javiera
Lavin, com revisão de Amaro Dornelas. Fragmentos deste poema foram publicados na antologia *Escri-
tores vivos de Pernambuco*, 2001, e no livro *Recife [é um] Porto*, 2014, além de revistas e jornais diversos.

01

Os povos mascates
vendem as sobras do céu,
das secas, dos saques
e das tempestades.
Vendem o lixo dourado
de todos os suis
nas esquinas dos cegos;
e, quando os cargueiros desovam,
na ferrugem dos portos,
sem pacotes de sonho,
os povos mascates
já não vendem mais nada,
compram viagens para dentro
de suas velhas
e provisórias derrotas
e, depois, voltam a vender
sapatos, pulseiras, colares
e esperanças de plástico.

02

Na vida malfeita,
ainda assim,
não há vagas,
falta o que fazer;
por isso, as legiões
de caçadores de calçada
(entre a loto e o assalto)
voltam sempre a crescer.
No mundo incompleto,
ainda assim,
aumentam-se os desertos,
e um pedaço de asa
apodrecida espedaça-se
entre pássaros negros
e os tais aventurados, os mansos.

03

As nódoas de riqueza
são chagas

que doem muito
nem nossa parte vazia.
Cada pepita de ouro,
cada peixe,
arrancado de nosso braço,
doem no corpo inteiro.
E, no entanto, nosso braço
não nos pertence.

04

Aqui,
o homem é a lenha
queimada para valer
as toneladas
de carvão-equivalência
dali.
Duas ou três
estranhas toneladas
de carvão-equivalência.
(ou qualquer energia
— inclusive a humana —
transformada em carvão)
fazem por ano
um homem dali
com as cinzas
de um homem daqui.

05

Dezesseis por cento
de todos
desfrutam
setenta por cento
de tudo.
Estes números falam
do trigo
e suas tempestades;
falam do milho
e suas multidões.
Os cereais não sabem
que dividem a Terra
e curvam, solícitos,
para todos os ventos
os seus pendões.
Os minérios não sabem

que separam os homens
e moram mudos
no mundo imutável,
como os sabres,
as colheres
e as agulhas,
como o certo
e o errado
no fundo neutro
do mundo.

06

Nossos sábios são poucos
e sugam com seus bicos
franceses, e catarrentas
gargantas saxônicas,
as luzes opacas
de estranhos poentes,
e se exaltam diante
de títulos e túmulos,
tal os filhos tardos
e abortivos de Zaratustra;
enquanto nas salas
de noturnas aulas
adormecem de sono
os que irão herdar,
de manhã a manhã,
as douradas correntes
do seu amanhecer.

07

Aprendemos a ler
a formação dos formigueiros
no leito pétreo dos rios,
anunciando mais cinza
na pele das folhas,
sob a eternidade do sol;
e aprendemos a ler
na pauta musical
dos caborés, corujas e bacuraus
o anúncio comercial
de nuvens inchadas
navegando silenciosas sobre nós;
e aprendemos a ler

no canto das cigarras
o desastre que a terra,
nossa única escola,
nos prepara;
e aprendemos a ler,
nos cadernos dos rostos
mais feios,
quando a lua, os celeiros
e os corações estão cheios.

08

As proteínas são o leite
de lendárias lobas,
ou radiantes veias
de plantas inflamadas?
Essas microforças
estarão no amido
de nossa farinha,
ou no latido
de nosso cão?
por que dizem tanto
que delas só temos
a mínima réstia
nas pupilas loucas,
na hora do amor?
Serão feito filhas
ou irmãs fugitivas
do sol, como as calorias?
Por que ambas detestam
os tetos baixos,
os homens cinzentos
e as crianças perdidas?

09

Bebemos
a água suja
na esperança
de sobrevivê-la,
de sobreviver aos homens
que a sujaram
sem vê-la.
Comemos
o cacto cinzento
na esperança

de que o sol
e os abutres
morrem de fome.
Respiramos o pó
dos cascos estrangeiros
e perguntamos:
quem são estes homens
que nos matam
antes de chegarem aqui?

10

Onde a fonte e a fossa,
em beliches da terra,
misturam seus lençóis,
erguem-se margaridas:
o sangue e os sonhos
em escombros,
mas, há um pouco de plasma
para os insetos,
com microssonares ligados,
afiando, afiando
finas agulhas,
no carbono da noite,
para a primeira, a décima
ou a definitiva transfusão.

11

Tantos somos
que a vida se torna
tão provisória,
que a vida contra a morte
só vai resistir
se for mais numerosa.
Precisamos nascer
mais do que morremos,
e os métodos que tentam
reduzir número
de natimortos
ou dos filhos que são
só herdeiros da história,
são esforços, enfim,
de controlar, lá no fim,
nossa tarda vitória.

12

Nosso inimigo
não é o trópico
inocente linha que divide,
entre os homens
a luz do sol;
nosso inimigo
não é o solo,
com vocação à pureza
de todos os desertos;
nosso inimigo
não é o céu
sempre descoberto,
como aqueles
que nada têm a temer;
nosso inimigo
são os homens
que não sabem dividir
entre todos, aquilo
que todos nós conquistamos.

13

Plantamos para longe
o açúcar mais branco,
a banana mais cheia,
o mais puro café.
Aprendemos a plantar
cedo, para muito longe.
Os planos estão satisfeitos
mas os homens choram
em suas choupanas de verdade.
Fizemos justiça ao metal
Que mereceu um visto para longe;
à planta mais eugênica,
demos-lhe uma embalagem de luxo
e um passaporte para a França.
Só os homens ficaram
com os filhos enfermos
e a terra longa
e alheia
para, sem fuga e sem amor,
continuar.

14

Viemos, finalmente, de um tempo
em que os punhos e os colarinhos
bordados cobriam alguns homens
de uma película angélica
e impermeável pelos turíbulos.
E, depois, tanta morte inocente
sob tanta noite estrelada;
tanta falta de Deus, tanta falta de ar,
para os povos terceiros,
soprando as cinzas, descobrirem
seu grande despertar.

15

Países deserdados
do mundo
uni-vos
num congresso de nações,
canções
ou extremas-unções.
Uni-vos num surto
de confidências
insolvências
ou independências.
Mas, uni-vos,
países deserdados
do mundo.

NOTICIÁRIO*

Aos meus amigos de geração, que me ajudaram a viver e a escrever este livro.

"De acordo com *O Norte* os seis cadáveres encontrados às 11h de segunda-feira do dia 30 portavam, além das marcas de balas, facas e punhal, sinais de queimaduras, estrangulamento e algemas, o que possibilitou a algumas autoridades paraibanas imediatamente descartarem a sua autoria sobre o crime, alegando que apenas em casos de transporte de detentos em presídio usavam-se algemas." (*Diario de Pernambuco* — Edição de 24/12/1978)

"Se a humanidade me concedesse a palavra para que eu pudesse expressar os meus próprios pensamentos, juro que falaria bem pouco. Mas, infelizmente, temem que eu também seja como eles, que usam as palavras apenas para esconder a própria incapacidade de pensar com lógica e justiça (...) Existem coisas que, em nosso mundo atual, só poderão ser vistas por olhos que ainda conseguem chorar..." (Lúcio Flávio Vilar Lírio, assaltante-poeta brasileiro, apunhalado enquanto dormia no presídio Hélio Gomes, no Rio.)

"Oculta sob vegetações ideológicas, a simples realidade." (Engels)

Nota do autor: Só agora tenho um pouco de tranquilidade para registrar os acontecimentos da semana, uma semana tão tumultuada quanto inesquecível para mim, pois o *Noticiário* ficou pronto e eu quase estourei de contentamento.

Mas, antes, é preciso dizer que a equipe "Pirata" disparou em trabalho, esforçando-se diariamente até quase a meia-noite, a ponto de preparar para receber capa todos os livros já "rodados", isto é, impressos. (*A noite da longa aprendizagem*, vol. II — 27/10/79)

* Os poemas deste livro foram escritos entre os anos de 1969 a 1978. É a quinta publicação de Alberto da Cunha Melo. Por dificuldades editoriais, a publicação foi precedida por *Dez poemas políticos*, um recorte deste livro que teve dois clichês (seiscentos exemplares) — o segundo, com dezoito poemas — esgotados rapidamente. *Noticiário* foi lançado em outubro de 1979, logo após a Lei da Anistia, de 28 de agosto de 1979, pelas Edições Pirata, editora alternativa que chegou a publicar mais de trezentos livros e teve Alberto da Cunha Melo como um dos fundadores. Na virada do século, o poema "Canto dos emigrantes", deste livro, foi selecionado, por José Nêumanne Pinto, para a antologia *Os cem melhores poetas brasileiros do século* (São Paulo: Geração Editorial, 2001). Faz parte da antologia bilíngue *Nantes/Recife: um olhar transatlântico* (2007), com tradução de Everardo Norões. No ano de 2006, Alberto da Cunha Melo assinou contrato de cessão de direitos autorais com o grupo musical Cordel do Fogo Encantado, que incluiu esse mesmo poema em seu álbum "Transfiguração", lançado em 8 de novembro de 2007. Mas o poeta não chegou a assistir ao show de lançamento, morreu em 13 de outubro desse mesmo ano. Com a interpretação de Lirinha e arranjos do grupo, o poema passou a fazer parte de shows, atingindo um público expressivo. Neste ano de 2017, foi inaugurada uma estátua, no Parque 13 de Maio, em Recife, em homenagem ao poeta, e na placa de inscrição foi inserido o "Canto dos emigrantes".

CONDIÇÕES NEM TANTO OBJETIVAS

Tudo isso aconteceu
enquanto os sóbrios
chegavam cedo em casa
para alcançar os filhos acordados.

Tudo isso aconteceu
enquanto os mansos
apertavam nas mãos
o cascalho de ferro
para não matar
os que matavam em paz.

Tudo isso aconteceu
enquanto os justos
consultavam "O Eclesiástico"
para dividir o castigo
em partes iguais.

Tudo isso aconteceu
enquanto o amor, o trabalho
e outras desculpas verdadeiras
se tornavam a ponte
para que isso acontecesse.

NOTÍCIAS LOCAIS

MAIS RESÍDUOS DA SCHUTZSTAFFEL (SS)

"Em todas as paróquias se escolherão um ou dois padres e dois ou três leigos, pessoas de bem, a quem se fará prestar juramento, e que farão buscas frequentes e escrupulosas em todas as casas, nos quartos, celeiros, subterrâneos, etc., com o fim de se certificarem se porventura não há hereges escondidos". (Concílio de Tolosa)

Quando a pátria
não é mais tangível
como a mudança
das folhas nas árvores
e das ânsias nos homens,
em nome dela
as árvores e os homens
começam a tombar:
Ó SS, S.O.S.
nessas noites
imerecidamente tropicais,
quando velhos tios
e parceiros de dominó
(morando a alguns quarteirões)
são menos esperados
do que os lúgubres alunos
de Nicolau Américo;
são menos esperados
do que todos
os súditos dos sádicos,
os sátrapas dos seikos,
os servos da segurança,
tudo conforme
a fúria dos fatos
ou o concílio de sempre,
o de Tolosa;
são menos esperados
do que Fleury, o carniceiro branco,
com seu incandescente
ferro de soldar
estalando nos pentelhos
da guerrilheira Marta;
são menos esperados
do que as caixas de algemas
no porto do Recife ou de Santos, onde
todo pobre é suspeito

e todo suspeito é culpado
no mínimo de ser pobre;
são menos esperados
do que os carros de choque
e o tilintar das medalhas
nos coletes à prova de povo,
do que o assalto dos tiras
nos bairros sem luz,
onde jazem as doutrinas
da segurança interna,
do que o rosnar dos ricos
e seus "pastores alemães",
numa terra invadida
pelos seus guardiães.

AOS MESTRES, COM DESRESPEITO

Dizem que meu povo
é alegre e pacífico.
Eu digo que meu povo
é uma grande força insultada.
Dizem que meu povo
aprendeu com as argilas
e os bons senhores de engenho
a conhecer seu lugar.
Eu digo que meu povo
deve ser respeitado
como qualquer ânsia desconhecida
da natureza.
Dizem que meu povo
não sabe escovar-se
nem escolher seu destino.
Eu digo que meu povo
é uma pedra inflamada
rolando e crescendo
do interior para o mar.

DIVAGAÇÕES SOBRE O MESMO MEDO

O medo cria músculos
e sólidos ossos
nas nuvens do céu.
O medo aumenta o perigo
e diminui os homens.

DE UM PROFETA LATINO-AMERICANO

Preparem os corpos
para os desertos
que vão ser bem longos
e não merecidos.
Nem as crianças sabem
de onde vem o fogo,
mas o fogo vem.
Se os homens de boa vontade
não têm boas armas,
os homens de boas armas
não têm boa vontade.
Agora, apenas
a normalidade repetida
já será a destruição.

RITUAL DO ESPANCAMENTO

Espancado para aprender
a espancar
e ser espancado,
espancado em nome de Deus
ou de um jarro quebrado,
espancado para falar
e calar
o próprio espancamento.
Espancado para aprender
que os homens aprendem
espancando e sendo espancados,
espancado para dizer
que não foi espancado,
espancado para morrer
pensando que o mundo
está povoado
de espancados que espancam
e espancadores espancados.

CHEGADA DE UM CAMPONÊS À RODOVIÁRIA

És tão pouco, tão pobre,
tão nada,
como chegaste até aqui?
Todos esperavam receber,
pelos ruídos que vinham do Nordeste,
alguma coisa coletiva

e numerosa,
alguma cerca majestosa.
Mas, chegaste,
criatura despedaçada,
uma após outra,
no teu humilde
e poderoso chegar.

CANÇONETA DO TERCEIRO MUNDO

Quanto aço
e ferro-gusa
faltam ainda
para meu povo nascer?

Quanto passo
de ganso
quanto gosto
de barro
faltam ainda
para meu povo crescer?

Quantos carros
de crédito,
quantas guerras
de escarro
faltam ainda
para meu povo vencer?

UM LIDE, PARA O CASO HERZOG

Os duzentos e vinte volts
acenderam os mercúrios
dos frios planaltos,
passaram a ferro
os capuzes dos crápulas,
iluminaram a pista
para o pouso belíssimo
de ansiosas sônias,
mas não revelaram
o nome e o sonho
que a milícia dos monstros
(desde os tempos de Deus)
tanto perguntavam.

ESSAS VELHAS SURPRESAS
(Ao padre e líder Romano Zufferey)

Fora do fogo,
não há saída:
porque fugir
é a pior
maneira de ficar.
Teus escuros
e falsamente apodrecidos
pedaços
envenenarão os abutres:
isso ainda é lutar.
Fora da luta,
não há descanso merecido
não existe despertar.

AS CONCESSÕES OU OS DEGRAUS DO PALÁCIO

Hoje, por teu filho,
amanhã, pelo filho
de quem usa teu filho:
quanto mais concedes
mais com sede irás.

INJUNÇÕES NA CENTRAL DE ABASTECIMENTO

Ah, se nossas laranjas
cobrissem a terra
e disséssemos, com orgulho:
vejam, fomos nós que plantamos
essas coisas douradas
e nosso povo está salvo.

Mas o trabalho perdeu
essa alegria maior,
a de justificar
nossa espantosa presença
sob a água e a luz
de ingratas estações.

O trabalho é agora
a grande justificativa
para o ódio acertar
(com mais ódio) seu alvo.

O DESERTOR SE JUSTIFICA

Primeiro, se envergonharão de mim
Depois, quando essa vergonha
for aspirada como o lixo
volátil das cidades cinzentas,
saberão por que eu temia
quando eles se divertiam,
e temerão muito mais do que eu
e pedirão meu trêmulo socorro.

EM QUATRO TEMPOS: A ORDEM
"Não temos desejos. Cumprimos ordens."
Fernando Bethlem, ministro do Exército (*IstoÉ*, 5/4/78)

A ordem
é obedecer
sem discussão
a ordem.

A ordem
é manter
sem discussão
a ordem.

A ordem
é lutar
sem discussão
pela ordem.

A ordem
é morrer
sem discussão
pela ordem.

ANTONIOS & ANTONIO'S

Essa lei sempre vence
com seus gazes
e suas coronhadas
no rosto dos antonios.
Ela sabe podar
as folhas que balançam
entre as altas voltagens,
ela faz voltar
para casa, vencidos,

os que sobraram
na fila dos antonios.

Qualquer metáfora,
qualquer símbolo
serve apenas para engordar
seus dispositivos.
Qualquer medalha em nosso peito
é sinal de que sucumbimos,
e não nos chamamos antonio.

AME-A OU CHORE-A

O calendário diz:
— o inverno começa hoje.

O oráculo dos órfãos
ergue uma bandeira molhada,
morta,
muito pesada para o vento,
muito pesada para os órfãos.
Impedida de tremular,
ela fala do inverno
com mais precisão.

NOS QUINTAIS, DEPOIS DOS QUARTÉIS

Os uniformes de guerra
estão lavados
com o sabão da terra
e as alfazemas
das moças pardas;
estão secando
desde o último sol
na memória do povo,
e não devem mais
contra ele
ser vestidos de novo.

RÉQUIEM A UM DITADOR

Ajeitou os óculos e disse:
queria estar velho
num terraço esquecido,

feito de tábuas soltas e azuis tardios.
Só assim,
nenhum povo assustaria
os primeiros abutres
para ver-me, trêmulo, na sacada,
e torcer pela minha agonia.
Ajeitou (mais uma vez) os óculos e disse:
não morri tarde,
morri antes de mim.

MACROPROBLEMAS E MICROSSOLUÇÕES

A fronteira sino-soviética,
o canal do Panamá
e o roubo do canário de Márcio
são três problemas para o mundo.
O mundo tem problemas
porque possui fronteiras,
canais e canários.

BAZUCAS PARA OS COLIBRIS

Arsenais da Otan e do Pacto de Varsóvia:
Ó delicados argumentos
para os pendões de milho
e os meninos
continuarem a crescer.
Os povos africanos
não planejam invadir
o Leste Europeu,
e as moças da Rússia,
como as outras escovam
seus cabelos pela manhã.
De que demônios
mais sanguinários do que nós
as armas que produzimos
nos protegem?

PELO RÁDIO DO ÔNIBUS, EM RECIFE

O pesado e pisado
ônibus de San Martin
anunciava pelo rádio
a reunião de cúpula do mundo árabe.

Ninguém, é claro, prestava atenção
No longínquo cerco aos palestinos.
Todos ali, como se diz,
Estavam também cercados
(o que aumentava mais ainda
o cerco universal dos palestinos).
Estes, em seus acampamentos,
ouvindo já próximo
o ranger de dentes cristãos,
não podiam preocupar-se
com os operários e enfermos
dos ônibus que fazem
a linha San Martin/Recife
(o que aumentava mais ainda
a solidão dos passageiros).

ABEL, O REFORMISTA MAIOR

Abel quer salvar a terra,
mas a terra se arma,
a terra resiste
e Abel se embriaga
para comovê-la.
Escreve cartas a Damasco,
telefona a Moscou,
leva mostras
de arroz calcinado
aos químicos da General Motors.
Mas Damasco, Moscou e os químicos
pouco podem fazer
e também resistem,
e Abel se embriaga
porque eles resistem.
Enquanto Abel se embriaga
Caim toma conta da terra.

MENINOS SERPENTES
OU EXPORTADORES DE RÃS

Os charcos da Zona da Mata
exportam rãs
para o Mercado Comum Europeu.
Dentro da noite pobre,
elas são caçadas pelas crianças
que dormem tarde
e conhecem o canto

das rãs adultas e gordas,
tipo exportação.
À hora em que Deus
é louvado
pelas outras crianças,
esses meninos (répteis e órfãos),
silenciam os pântanos.

PREVIDÊNCIA SOCIAL
(SEM COMENTÁRIOS)

Os humilhados têm nomes simples,
fáceis de decorar
e de esquecer.
Habitam o vestíbulo
de tudo.
Antes mesmo que os zeladores
Espanem as mesas,
limpem os cinzeiros
e abram as janelas,
eles já chegaram.
Antes mesmo que o sol
entre na sala principal
uma fila silenciosa
escurece o vestíbulo.

PERSUASÃO MUITO EXTREMISTA

Com as mãos recém-urinadas,
ele escreve o seu recado
para os amigos.
Sujo de si, talvez
seja logo entendido
e quatro ou cinco blasfêmias
ou risadas recolha
antes do entardecer.
A verdade é que desaprendemos
a ser grandes em tempos de paz
e tentamos ser novos
e outros:
o que somos já não serve
para iludir a filharada
ou amansar
a perversidade da Terra.

OBSERVAÇÕES DO TERCEIRO ANDAR

Os que não suportavam mais
e urravam
eram silenciados pelos motores
da fábrica de cerveja.
E tudo era um alarme só,
o da terra sendo trabalhada
contra aqueles que a amavam.

O carro fúnebre
chefiava o cortejo
anônimo e diluído
no tráfego das cinco.
A morte não faz hoje
o barulho de ontem,
mas os mortos,
como ontem,
continuam indiferentes.

PERGUNTA A TODOS OS CONDENADOS

"Os condenados são belos"
dizia Kafka.
Os condenados possuem
a beleza de ser
opção e desvio
na linha férrea do tempo.
Com eles bebo
em paz a minha cerveja
e posso cantar
minha inveja suprema
de não ser um deles.
Amo os malditos
e me deixo matar
pelos meus semelhantes.

ACONTECEU NA ALA NORTE

Que novo tipo de droga
escondida na lata
o prisioneiro aspira
noite e dia?
Cheira apaixonado
as fezes já velhas
do companheiro trucidado
pelo carcereiro
que agora lhe vem trucidar.

DILEMA DOS MORALISTAS OFICIAIS

Amanheceu:
os ascensoristas estão a postos,
a noite não destruiu a ordem.
Mas as crianças ainda podem nascer
e o mundo tentar tudo
outra vez.
Não vai ser fácil
queimar tanto joio
e poupar todas as mães
(sempre "santas")
e todos os pais
(sempre "honestos e trabalhadores").
Não vai ser fácil
encontrar um joio
com nome de joio
para queimar.

QUINTA ENFERMARIA NO FIM DO CORREDOR
(Lá meu pai se hospedou)

Finalmente, chegamos
à Quinta Enfermaria:
onde os tubos de soro
e de oxigênio
só chegam para dar
certa solenidade técnica
à morte.
Aqui, a dor
só é ouvida
se for capaz
de varar o sossego
e a morfina
das outras enfermarias.

OS CERAIS E SEU DESTINO

Esta falta de Deus
era mais esperada
do que esta falta de Homens.
Mas, que demônio
teve os testículos triturados
a ponto de seu ódio
triunfar sobre as balizas do Ocidente?

Não são mais festejadas
as notícias de grandes colheitas,
porque as notícias sozinhas
não fazem crescer as crianças.
E as palavras retornam
aos seus primitivos rumores
e são pesadas como o grão
que existe,
e o grão
que falta.

CEMITÉRIO DE ÔNIBUS DA CTU

Ônibus mortos, mortos,
abatidos com o peso do povo.
Quando as ervas, manchadas de diesel,
vos cobrirão fatalmente
na garagem esquecida
e fim de todas as linhas?
Qualquer metafísica se dobra
a essas ferragens fraturadas
e úmidas carcaças, onde o nome
do bairro humilde
vai-se apagando coberto
pelas hastes dos lírios silvestres.
Quantos quilômetros rodados
do subúrbio à cidade,
da cidade ao subúrbio.
Quantos quilômetros roubados
à viagem sonhada
que vossos passageiros
não puderam fazer.

O QUE NÃO ERA BELO

Antônio nunca recebeu
o Prêmio Nobel da Paz
e nenhum jornal de Estocolmo
jamais fotografou
seu rosto cinza, sua barba falhada.
Antonio bebeu, bebeu
para não explodir,
bebeu até perder, definitivamente,
a vergonha de correr
ou cantar.

Até receber calado
o primeiro escárnio
das mulheres sem dentes
e os murros do povo abandonado.

VOLANTE, NA MATA SUL

A foto dos três palestinos
enforcados no Líbano
foi encontrada no bolso de Inácio,
cambiteiro de cinco engenhos:
era um pedaço de jornal
que enrolava um pedaço de fumo
comprado na feira de Palmares.
Inácio, segundo o legista,
morreu porque tinha olhos castanhos,
e olhos castanhos fazem mal ao futuro:
as pessoas que os têm, diz a lenda,
geralmente morrem enforcadas.

NEORROMANTISMO À NORDESTINA

Com essa queixa, essa repugnante
baba a escorrer
no queixoso queixo,
é assim que um homem
começa a sobrar na terra.
Justamente quando começa
a dispersar em suspiros
sua grande explosão.

O PORRE DO COMANDANTE

Na mesa, onde as moscas agonizam,
tu bebes, gigante do desgosto,
como qualquer ferreiro doente.
Tu bebes, porque é esta
a única fraqueza permitida
a um guerreiro assim,
numa terra assim,
depois da derrota.

O SERVENTE: COMO DESCOBRI-LO

Às mesas limpas
ninguém presta atenção:
porque João só existe
quando não comparece
à repartição.

AS EMERGÊNCIAS TÃO ROTINEIRAS

Enquanto os feridos
são transportados às pressas
para o oxigênio e o plasma,
e suas hortas genitais
são expostas inteiras
nas passarelas do bairro sujo,
e o sangue borra seriamente
os colarinhos, as pastas negras
e os carros dos bebes;
enquanto a vida,
louça monstruosa,
racha-se nas extremidades,
tu bebes teu conhaque
com vergonha
de não ter feito mal a ninguém.

UM CIDADÃO CHATO MAS RESPEITÁVEL

Os impostos pagos em dia,
a casa pintada de branco
e a mulher dormindo
com as coxas marcadas
pelos dentes mais limpos
e pontuais do subúrbio.
Tudo funcionando:
o intestino, o relógio
e condicionador dos meninos.
Mas o mínimo sopro
dos ventos vizinhos
perturbará esse reino
das coisas compradas.

O EXECUTIVO ESTÁ ACOMPANHADO

De longo negro,
tua fêmea

passa entre as mesas
cercada
de olhos famélicos:
isto é naturalmente bom
para o cadastro bancário
ou a úlcera de estimação.
Fartas fatias
de presunto e melão
descem fácil
se descem
pela garganta vitoriosa.
Vences, agora, fácil
o que vences:
tua vitória é
ser visto somente.

REUNIÃO DA DIRETORIA: EXPECTATIVAS

Todos reconhecem
seu direito exclusivo de estar nervoso
e seus coices serão perdoados no fim do ano.
Quando cisma em calar-se,
seu silêncio é dissecado nas antessalas
com pinças longas de quem mexe
(de longe) nas entranhas
de algum cadáver radioativo.
E ele sabe disso.
Seu murro na mesa de vidro
pode interromper um destino.
E todos sabem disso.

NA MANSÃO DOS YORK

Três vezes por semana
a piscina é lavada
a sumo de limão
e os jardineiros se revezam
expulsando as folhas mortas,
desabraçando as parasitas.
Cada sala, cada banheiro
tem o perfume
de um bosque estrangeiro.
Esta casa é tão grande
que seus moradores
raramente se encontram.

ARGUMENTO ESTRANHO NUMA CASA DE TOLERÂNCIA

Seus dodges de luxo
já buzinam agora
para os portões dos fundos
da História.
Mas a raiva de certos séculos
enferrujou os ferrolhos,
modificou os mordomos,
forrou de ferro e fungo
o tempo da tolerância.
"Quem faz confusão
paga com o espinhaço",
diz-nos, do alto de suas omoplatas,
o leão de chácara do puteiro pobre.

INSTRUÇÕES PARA JANTAR NO HILTON

Observe com atenção
o teor de cristal
dos altos copos,
a virgindade das velas
e a limpeza das unhas do garçom.
Nem a face de Cristo
deve macular
a pureza de teu guardanapo:
tudo deve estar
como não estás.

O DIRETOR CHEGA AO RESTAURANTE

O motorista abre-lhe uma porta
e as mulheres a outra.
O vinho passou um século
esperando para mergulhar
em sua garganta,
e os garçons treinaram três anos
uma nova gentileza
para servi-lo.
Que coisa extraordinária
fez esse homem?

A CEIA DE MARIA, ÚLTIMA TAMBÉM

Cheiravas a ódio alaranjado
quando, para teus inimigos,
serviste o último jantar.
Os que iam morrer
receberam, no fim, vinhos e guardanapos,
e fizeram um brinde
à tua hospitalidade,
e prometeram ainda voltar.
Mas, nem sequer se ergueram
para socar as camisas,
nem sequer viram
tuas saias em chamas.
Um a um, foram emborcando
sobre a mesa: começaram
a ferver seus vinhos
venenosos,
a partir-se delicadamente
seus hipócritas cristais.

AS MULHERES, NA ENCHENTE DE 75

Sobre a lama e os inchados cadáveres
as mulheres passeiam excitadas.
Elas gritam, com seus shorts ligados
à delicada borracha,
que vida e seus despojos
precisam de raivosos
e altivos sobreviventes.
Elas mordem, para vingar-se,
a oblíqua haste dos vencidos
e os denunciam, sedentas,
e se recolhem, depois da catástrofe,
ao seu rancor milenar.

DEMOGRAFIA, SEGUNDO ELA MESMA

Ordem, mais ordem:
a massa deve fluir
como um grande pedaço de água
sem história, um pardo
farrapo de rio
que deságua no nada.
Ordem, mais ordem:
cada homem pensando

o que pesa na multidão,
cada homem crescendo
na ordem inversa
da quantidade de seus irmãos.

AS AMEAÇAS DO AUTOENCONTRO

Poucos, como você,
trabalharam o vazio
com tanta certeza triste,
com tantas garras de garça
com tantos zeros e zebras
pela frente.

De todas as coisas,
só buscava a alegria
e buscava tudo.
Houve muitas piadas,
muitos vermouths,
muitas mulheres,
só você mesmo não houve.

NA LANCHONETE DITA "ESTRELA"

O almoço rápido
desce em bolos, balas,
em filas, fungos
de ferro,
com tickets
de caixa,
sinais da cruz
e telefonemas soluçados.
O almoço rápido
tem o gosto
do gás branco
das botas
dos fugitivos.
Depois dele,
nem redes,
nem risos:
que cansaço
que infinito!

OS SUBSTITUÍVEIS: UM FLAGRANTE

Mulheres em chamas
jogam filhos
nos maridos repugnantes,
que rezam deitados
de tão bêbados
e a noite apenas começou.

Estas mulheres, estes filhos
e estes maridos repugnantes,
quando desaparecerem,
casais tranquilos habitarão suas casas,
já de muros mais altos,
e em cujas ruas a prefeitura
plantará fícus e flamboyants.

Como se nada tivesse acontecido,
como se o próprio abandono
baixasse à Terra com os abandonados.

JORGE, O PEQUENO MANETA

Decepada a mão direita de Jorge,
aos dois anos, quando ele
ousava enchê-la de arroz.
Essa mão solta, apertando
os grãos cozidos pelo ódio
e pelo ódio defendidos
ficou na mesa muito tempo.

Os irmãos mais velhos olhavam-na
como a um brinquedo sem graça
que a mãe, de um só golpe
e, de surpresa, jogara
sobre a mesa de fórmica.

Essa mão de dois anos,
incapaz de abarcar
um copo de sorvete,
segurou-os, um a um, pelas roupas
e arrastou-os para uma cidade
onde o horror toma o ônibus
todas as manhãs.

A ENFERMIDADE DE CYNTIA, DA BOITE COLOR

No corpo de Cyntia,
limpo e cintilante,
o cristal vazava
cinicamente o seu pus.
Pelos rachões do cristal
Cyntia se via
vazando escondida
sua fétida luz.

UMA ESTRATÉGIA COMO DESCULPA

Um passo a mais
nesse poço
é irreversível,
porque o resto é cair
na flora terminal
de todos os abismos.

Todo erro dos fracos
é um erro fatal.

ARMAS PARA A ALEGRIA CONQUISTADA

Com odes
ou ódios
defenda
a sua alegria:
tão mansa
tão muda
e medrosa:
menina excitada
na sela
de um cavalo ferido.

CÓDIGO ANIMAL, IMPRÓPRIO PARA HERÓIS

O esquecido heroísmo do corpo
pela sua unidade,
o subterrâneo recrutamento da luz
cozinhando por dentro
suas formas de adeus.
Tudo isso, e mais

a infinita vontade de vencer.
Há touros, pássaros e peixes
covardes.
Só o homem perdeu esse direito.

VINTE E TRÊS HORAS

Deveríamos estar em casa
ouvindo a mulher queixar-se
das crianças, das varizes,
do vento de agosto
quebrando suas dálias,
do seu corpo jovem
esperando o outro... verão.
Deveríamos estar com as mãos
em seus cabelos indecisos
e propondo-lhe o terrível
passeio de ônibus
à praia de São José da Coroa Grande,
em algum Domingo
depois da promoção.
Tudo isso seria possível
se a vida merecesse
uma agonia maior
do que o remorso
de não ter sofrido um pouco mais.

INSINUAÇÃO À PORTA DE CASA

Tudo que é grande
tem de ensanguentar a cabeça
para abrir caminho
nos bosques viciados
com animais e sonhos
de pequeno porte.
Tem de ensanguentar a cabeça
ou diminuir o seu ímpeto,
levando para o túmulo
a metade de sua grandeza.

PERÍMETRO E PERIFERIA

Uma terra feita
para mortos e matadores,
o habitat perfeito

para as soluçantes terezas
que abrem as portas de um mundo em movimento,
e se jogam no seco granito.

Com o sexo apodrecido
elas às vezes atacam
os bons rapazes da capital,
e dançam com seus longos de mescla
à beira de uma piscina noturna.
Altivas putas que empunham
os nossos pênis e batem
em nós com nossa própria culpa.

SOB AS CONTENTES CILADAS

A alegria, esta moça do campo,
arma alçapões coloridos
pelos caminhos;
a alegria, esta poça de canto,
prende caminhões perdidos,
pelos caminhos;
a alegria, esta lança de louça,
mata a atenção dos vivos
pelos caminhos.

ORGULHOS DE UM AUTODIDATA

Enquanto cavas tua própria fonte,
outros procuram os regatos
prontos, as chuvas automáticas.
Mas ardem mais, e morrem mais
os que ousam viver mais.

Eis a infâmia e sua justificação
ao alcance de todos,
para homens sem tempo, ocu(l)pados
em crimes mais perfeitos.

Teus dedos sangram
antes de tua fonte.
Profunda é a terra,
mas continua.
O último órfão
do último século
ainda pagará
os juros de tua cicatriz.

AS SUCEDÂNEAS SEVERAS

Limpas
ou manchadas de digitais,
alcançadas ou não,
elas perturbam.
Quantos olhos vencidos
deixaram de receber
esse brilho,
essa luz, esse cuidado luminoso
com a superfície das coisas?
De que ausências,
de que símbolos
elas são a madeira?
Quem as protege
da poeira e da chuva
que coisa ausente estará protegendo?
Ou, que rosto presente,
mais vivo
e mais completo do que elas,
estará sem proteção?

QUANDO MUITOS FICAM SEM ÓPIO

Os que mataram Deus
não tiveram ainda imaginação
bastante para inventar
outra coisa tão mágica
quanto aquele ser de borracha
que nos alcançava
em qualquer ponto da floresta.
Naquele tempo,
não se era tão pobre
quando se era
filho de Deus.

Só o Deus dos pobres
morreu.

HISTÓRIA DA PRINCESA ALEGRIA

Era uma alegria
que olhava sempre para os lados
e tinha medo
de ser uma alegria.
Quando se extremava,

guardiães a tangiam
para os becos baratos
e os portos desertos.

Nós, os zeladores
das ruas mais claras,
demos-lhe um nome
tão cheio de fel,
que só com ódio
conseguimos pronunciá-lo.
E, no entanto, ela é leve
como julgávamos nossos filhos,
e bela,
como julgávamos nossas amadas.

Ó Alegria
quando poderemos
nus e indefesos merecer-te?

A CHEGADA DOS PAIZINHOS

Eis o mal que fizeram hoje:
três copos partidos
e o tapete cortado.
Chegamos cedo
e somos o seu medo:
os criminosos chegam cedo
para punir as crianças.
Nosso castigo gigantesco
ensina-as a cometer
um crime de verdade.

UM CASAL MUITO AUTOSSUFICIENTE

Eles se bastam
porque são rasos
e pouca água os completa ou se bastam
porque não querem mesmo se completar?

Parafuso e porca
de uma máquina surda, ele e ela
não discutem que flores,
que homens, que junhos
ajudam, com seu amor,
a triturar.

Eles se alcançam
porque não tentam
outra coisa mais alta
que seu amor
alcançar.

AVALIAÇÕES A ZERO HORA

Hoje, não paramos no bar,
não cortejamos a moça da lanchonete,
não discutimos os defeitos do chefe
e, no entanto, não estamos
suficientemente leves
e livres para dormir.
O serviço ficou pronto,
a autoridade dos diretores
está salva.
Mas, como dormir
depois de um dia inexistente?

RUTE, A MUNDANA DO CAIS

Nem tudo e nem todos
estão perdidos.
Só Rute e o Ocidente
estão perdidos.
Quando o garçom
jogou-lhe uma cadeira
e expulsou-a da terra,
o Time silenciou
e "O Estado de São Paulo"
escolheu divulgar
as últimas olimpíadas.
Um dia
o sol explodirá
e os maus também desaparecerão.
Que consolo, hein, Rute?

BONDADE TIPO PRIMEIRA-DAMA

A bondade é, às vezes,
o simples temor
de ficar à vontade.
O simples temor

de partir a coleira
do animal já colérico
que nos morde por falta
de ração mais estranha,
de garganta mais nova
e mais baixa que a nossa.
A bondade é, às vezes,
simplesmente o medo
de morrermos juntos
do animal que somos.

SÁBIOS SONHOS DE SABOTAGEM

De repente, escutar
o que a brisa ou o rumor do tráfego
gentilmente souberam esconder:
sob risos ou discos de Pink Floyd,
estás visivelmente perdido.
O que antes era chamado limite
assume a sua temível
natureza concreta
de colibri ou exaustão.
Mas, antes de entregar a cabeça,
vamos enchê-la de sonhos:
alguns deles rebentarão dos estercos,
onde pastam com os cães
as magnólias enlouquecidas.

SEGUNDO POEMA SOBRE JOÃO CÂMARA

Objetividade perversa
contra o sonho delicado
de quem se distrai
com o fumo policrômico
dos incêndios alheios,
enquanto uma mulher
procura avidamente
um sanitário pela cidade.

Realismo anterior,
porque antes que o real
possa disfarçar-se,
cirurgia intestina
procurando o verão
lá dentro dos homens.

AS VANTAGENS DE SER UM SÓRDIDO

Só os sórdidos
amam a mulher do próximo
mais do que o próprio
bebem e babam
a boceta das bruxas
que abusam deles
e, às vezes, choram
como qualquer anjo.
Só os sórdidos
saltam os salmos
dos salvos
para ouvir os sujos
e os sórdidos.

A JACI BEZERRA, NUM PAPO ANTIGO

As caixas de anfetaminas,
as urnas e os mísseis juninos
se misturam nos quartos
das fêmeas enfermas,
nas bolsas dos fetos
fermentados pelo medo.

O dia está belo,
dizem os que vão para a praia.
Ah, talvez seja um crime
tanto desmenti-los
quanto fuzilá-los.

ORA, QUE PUREZA MAIS SUJA

A pureza é outra coisa:
é este modo de estar sujo
da lágrima ou do catarro
que não jorraram
dos nossos olhos ou de nossa boca.
É esse jeito de esponja
que morre pesada
e mais suja
mas morre maior.

UMA ETIQUETA MUITO REVELADORA

O conhaque aquecido
na mão direita
deve elevar-se lentamente
até os lábios
que, por sua vez, estarão
apenas entreabertos,
como os de quem diz
a palavra cedo.
Justamente porque
é realmente cedo
para os gestos mais largos
de cortar o faisão
ou desdobrar
o guardanapo
verde da permissão.

MORRA ESTE ANTIEDUCADOR

Para criar nossos filhos
interrompemos a aventura
e chegamos cedo em casa.
Quanto menos somos,
mais o mundo se orgulha
de nossa triste maturidade.

A ARROGÂNCIA DOS ENFORCADOS

Todos estão feridos,
os fortes, inclusive.
O que difere é como
feridos nos comportamos.
Poucos sabem que o choro
é também este
levantar de cabeça,
este modo de limpar o revólver.
Para todos, é sempre isto:
o oscilar do corpo para uma terra
ávida
por recebê-lo de volta.
Nem só aqueles que oscilam merecem misericórdia.

HOMEM SOZINHO NA BALANÇA

Sou pouco para tantos
pedidos de socorro
e pouco, muito pouco,
para ser socorrido.

Sou pouco para amar
os que têm merecido
meu pouco amor;
para prender, segurar
o amor que mereço,
pouco para suportar
ser tão pouco.

OLHANDO-SE NO ESPELHO DO HOTEL

Agora me lembro
do que sou:
nenhuma palavra alta,
nenhuma ousadia maior
do que a de esperar
que os outros não ousem contra mim.

Agora me lembro
do que posso:
posso o que não sonho,
o que não amo,
posso o que sou.

A PLEKHANOV, ANTES E DEPOIS DO EXPURGO

Falo do sempre
ou melhor
do que sempre nos acontece
e não me saio bem:
é disto que todos fogem
à procura da enésima
maravilha do mundo.
Não estou certo, nem errado,
estou sozinho.

A VERGONHA, POUCOS SABEM CONTÁ-LA

Cheio de vergonha,
gaguejo diante dos diretores

que nasceram só para assistir
à minha vergonha.
Verme perfumado, rastejo
com pedaços de terra viva
soltando-se do corpo:
envergonhado de ser verme
e ver-me sorvendo
suco de sânie e triturando
olhos azuis apodrecidos.
Tanta vergonha,
e nenhum gol na infância.
Tanta vergonha
e nenhuma face
feita para a fuga.
Tanta vergonha
e nenhum deus
para assumi-la por mim.

O CIDADÃO, MÁRTIR DO NADA

Renunciei a tomar
o décimo rum
e meus filhos não se salvaram.
Renunciei a tocar
a carne ansiosa de Carla,
quando tudo já estava pronto,
e minha mulher
não interrompeu o seu pranto.
Renunciei a partir,
enquanto a madeira do barco
apodrecia no cais,
e não salvei meu país,
Renunciei a romper
as artérias dos maus
e fui sepultado como um deles.

UMA SOCIOLOGIA DO MERCADO

Esquecido dos anúncios,
compro as coisas anunciadas:
a pasta branca do sorriso de Maria,
o detergente detetive
em busca do gérmen misterioso,
a goma de mascar
sucedânea de quem
não podemos triturar,

ou um tipo discreto
e menos bíblico
do ranger de dentes.
Esquecido dos painéis
sou, à distância, acionado:
as faixas de pedestre
e os sinais semafóricos
não me defendem propriamente:
eles visam a salvar
a caminho do consumo
o provável consumidor.

ALGUM SILÊNCIO PARTICULAR

Dentes trincados, contra o falso que procura borrar
o teu vestido imaculado.
Dá-me, na garganta de granito,
um silêncio cheio de poros
onde todos os sonhos
possam respirar.
Cansei de não ter cansado
o bastante:
quero dormir como dormem
os que tentaram tudo.

NOTÍCIAS DA ALDEIA (PERDIDA)

LAMENTO UM TANTO REGRESSIVO

Calei muitos
anos de calados dezembros,
quando o gosto da champanha azeda
combinava com todas as ânsias.
Calei muito
e não falaram por mim.

Aprendi sozinho
o que sozinho se aprende
do instante que não quer ser
mais que um instante,
e de nós, que nos matamos,
para ser esse instante.

Calei muito
e não fui reclamado:
minha voz não era a esperada.
Mas, o que disseram
durante o meu silêncio?

CANTO DOS EMIGRANTES

Com seus pássaros
ou a lembrança de seus pássaros,
com seus filhos
ou a lembrança de seus filhos,
com seu povo
ou a lembrança de seu povo,
todos emigram.

De uma quadra a outra
do tempo,
de uma praia a outra
do Atlântico,
de uma serra a outra
das cordilheiras,
todos emigram.

Para o corpo de Berenice
ou o coração de Wall Street,
para o último templo

ou a primeira dose de tóxico,
para dentro de si
ou para todos, para sempre
todos emigram.

NOS ESCOMBROS DA COMUNIDADE

Marchamos para o urro de Kiekergaard
e não para o ingênuo cantar
das lavadeiras de nossa terra.
Descobrimos que a vida
pode ser possível
que a vida
pode ser dividida
e começamos a despertar
para a caça sangrenta
do que ainda existe de vida
em nossa vida.
Mas, às vezes, despertamos
para salvar
os que se afogam
nas águas do nosso despertar.

REFUGIADOS DO COTIDIANO

As crianças sabem morrer
porque pouco aprenderam conosco,
porque não tivemos tempo
de estragar a sua morte.

Mas, alguém começa a reger,
onde quer que elas morram,
uma orquestra brutal.
E esta era uma noite
que prometia revelar,
uma por uma suas estrelas;
que prometia revelar,
aos seres extremos,
uma por uma suas estradas.

Onde, as cidades, as aldeias
sabiamente estagnadas
em sua inocência?
Para lá deveríamos transportar
os pequenos corpos arquejantes,
os pássaros velhos
e as folhas amarelecidas.

ALTAS SEREIAS DE SETEMBRO

Setembro vem depois dos ventos,
depois dos tristes noticiários de agosto.
Na minha terra os pobres saúdam
o início das colheitas de cana,
a estação pública dos banhos de sol
e abraçam as espumas:
brancas recepcionistas do Atlântico.

Setembro, na minha terra,
é o mês do mar,
o aniversário da esperança.

UM SÍTIO, PERTO DE LAJEDO

Tudo tinha sentido
quando a chuva e o sol,
não os outros homens,
diziam quantos filhos e espigas teríamos
nos próximos anos.

Tudo tinha sentido
quando nossas mulheres,
abrindo a porta dos celeiros
se enfeitavam, sem medo,
para a entrega noturna.

Tudo tinha sentido
quando éramos poucos
e envelhecíamos ensinando
a viver e plantar.

EM TAMPICO, QUANDO ELA EXISTIA

As crianças da aldeia
às vezes tinham febre
e os médicos, naquele tempo,
moravam tão longe
dos pobres, como hoje.
Mas as ervas cresciam
para salvá-las ou matá-las
como eles o fariam.
As crianças enfermas
bebiam o suco áspero
das ervas bravias

e esperavam o amanhecer.
O tamanho da aldeia
dependia do minúsculo corpo
que lutava no escuro,
o tamanho da terra
aguardava o final
desta luta
para voltar a crescer.

NOVIDADES NA ALDEIA PERDIDA

De tão previsíveis,
vestíamos com medo
uma roupa nova,
mas ali uma roupa e um homem
custavam a envelhecer.
Tão previsíveis
que uma festa sem os Silva
ou sem os Queiroz
tornava-os estranhos:
porque ali as festas
eram poucas, mas feitas
para todos nós.

OS KAAPOR

Acreditávamos no reino de Maíra,
um céu longínquo, que ficava
(depois soubemos)
na cidade de São Luís do Maranhão.
Para lá fomos
despidos, mas portando
os emblemas tribais.
E vocês nos prenderam
e vocês nos vestiram
com suas roupas compradas
e depois nos bateram
com seus bastões de borracha.
Quando Uirá, nosso grande chefe,
humilhado compreendeu
que aquele sofrimento
não era desígnio de Maíra,
afogou-se num rio
infestado de piranhas e piroques.
E só nos restou acreditar
que o reino de Maíra

é aquele onde Uirá,
nosso grande chefe,
agora está.

OS ANDAMANESES

Não precisamos ser
mais precisos que a natureza,
quando as árvores nos dizem
em que safra estamos,
quando as frutas e as crianças
nascem no tempo certo.

As árvores, nossas protetoras,
com seu luxuoso
calendário de cheiros,
seus milhares de olhos maravilhosos
presidem tudo por aqui:
marcam as horas em que as mãos
percorrem o corpo das jovens
procurando estrelas
que nunca se perderam,
marcam as horas dos rituais
fúnebres de nosso povo,
um povo educado pelas árvores,
que aprendeu a safrejar
em silêncio
para não acordar os lenhadores.

OS ESQUIMÓS
(Para os poetas esquimós Equeerko e Marratse)

Como somos poucos,
tentamos preservar-nos:
e a canção é a única
forma de defender
o nosso amor,
e a canção é a única
forma de reaver
as vísceras de urso
que alguém nos roubou,
e a canção é a única
forma de castigar
o que pecou,
e a canção é a única
forma de medir

o vencedor,
e a canção é a única
forma de batalha
que nos restou.

OS BOXIMANOS

Entre nós, as coisas
são mais
para serem dadas
que possuídas.
De mão em mão,
esta faca perderá o seu fio
e morrerá saciada
de tanto saciar.
O que mais deseja
é o que mais merece
a coisa desejada.
O que mais se desprende
daquilo que possui
é o que mais possui.

OS ZUÑIS

Ele não ganhou
nenhuma corrida,
e também não ficou
tão atrás, que chamasse
a nossa atenção.

Seu nome só era
lembrado por nós
quando estava presente.
Sua voz nunca foi
tão alta que calasse
as vozes vizinhas,
nem tão baixa, a ponto
que a aldeia exigisse
sua repetição.

Tão igual, tão único
em sua igualdade,
que um pedaço de nós
realmente partiu
quando ele morreu,
que um pedaço de nós

realmente existiu,
realmente partiu
quando ele morreu.

INSCRIÇÕES AO VIVO

Escreveu sua alegria
assim: "outubro",
e ninguém entendeu.
Ela era simples: ao arroz quente
deu a forma de suas mãos
e o amado achou-o doce,
e o amado nunca o esqueceu.
De pequenos
e constantes gestos
é que se faz
a grande saudação.
Foi assim que as palmeiras
e as crianças
conseguiram crescer
e suportar-nos.

HERÓI ESCOVANDO OS DENTES

Mandaram-me brilhar
e fui apenas
uma lâmpada jovem
de poucas velas e muitos vales
para iluminar.
Resolveram aceitar-me
tal simples vontade de luz
no céu dos antepassados,
mas com a cômica
e consequente cautela
dos que temem
sorrir com intensidade,
dos que temem
pagar com altas taxas
de colesterol
sua primeira alegria.
Muitos me amaram
com enormes mãos delicadas
e no fim gritaram:
— Nem mesmo este cordeiro
deve apodrecer tanto tempo
na mesa da misericórdia.

Ao sul de Mombasa,
em qualquer sul
eu teria o mesmo destino.

"PONTA VERDE", NO LITORAL DO NORDESTE

Ó noite, conte-nos de novo
sua história de barcos extintos
e essa chuvosa falta de socorro
na trêmula superfície do mar.

O primeiro rancor,
o primeiro roncar
de caminhões na estrada:
a morte seca:
a morte sem o elegantíssimo
cortejo das sardinhas.

Velhos cadáveres,
como doces relíquias espetadas
nas pontas verdes do mar,
voltam a afogar-se
e, de novo, a oferecer-se
à impiedosa falta de lembrança
dos homens.

A mudança, a mudança,
eis o mais recente
nome da pressa e da aflição

A PAZ ETERNA, PARA OS UTÓPICOS

Não moramos aqui,
mas onde o espírito
ou qualquer coisa mais leve
do que os dedos da amada
costuma habitar.
Numa casa só violada
pelas folhas da brisa
e o riso das moças
que passam na estrada.

NO ÁLBUM DE TEREZA MOTA

Quando a terra crescer,
vai mudar de nome:

talvez terrível, talvez Tereza.
Se estudar de mesmo
os senões dos sinos,
as lições da luz,
Tereza será o nome da Terra.

Os habitantes de Tereza
terão a pele colorida
que nunca vi,
e escreverão livremente os livros
que nunca escrevi.

A História dividida em antes
e depois de Tereza:
a vida recomeçada
em cada fósforo,
em cada pássaro,
em cada Tereza.

ALGUMA PRESSA NA CALÇADA

Às vezes, nos sentimos
acima desta agonia concreta
e cantamos poderosamente
sobre o majestoso granito.
Algo pode ser feito
desta massa comum
que tudo assimila e reduz
à sua própria matéria?
Alguma mulher infinita
(só duas ou três não são infinitas)
abrirá sobre os balcões
sua carne melodiosa
de tanto ser beijada?
As pessoas se descobrem
muito tarde:
só se veem
e se falam
(mesmo)
quando já passaram.

AS PENÉLOPES URBANAS NÃO TÊM AJUDA DOS DEUSES

Os meninos fazem
tantas coisas iguais

que espero tua chegada:
único acontecimento do meu dia.

Mas, quando o trinco
é aberto devagar
sei que não chegas para mim.
A noite já devorou
tuas palavras maduras,
teu modo antigo de chegar.
Teu alvoroço
foi substituído
por um certo respeito
pelas coisas distantes,
e eu queria ser amada
ou pisada
como uma coisa viva.

TIRANOS & CARAMELOS

Dai-nos as tardes
cobertas com o creme
das areias livres
das areias que cobrem
os corpos gigantes
dos tiranos mortos
e onde correm as moças
cheirando a caramelo.

Dai-nos as tardes
que os antigos cantaram,
onde cruzam no espaço
com o pólen dos jambeiros
as cinzas voláteis
dos tiranos mortos
e onde correm as moças
cheirando a caramelo.

DESEMBARQUE DE RUM

Os músculos negros
erguem as caixas de rum
e os sacos de raízes
quando a noite começa
a ter sede e fome
de simplicidade.

São fortes e brilham
os músculos negros
ao suspender as crianças
nos celeiros do norte,
quando até os insetos
conseguem perturbar
o sono dos sábios.

NINGUÉM DIGA: DESSE FILHO NÃO BEBEREI

Uma casa, um poema, uma ponte,
muita coisa sendo construída
e eras só a possibilidade de uma ânsia
enquanto os homens trabalhavam.
Ao secar o poço materno,
o pão já estava cortado,
as meias tecidas
e o jardim varrido.
Tudo parecia completo
e, no entanto, eras
nova tentativa do mundo
para completar-se.

APOLO XI, VISTO DE BRASÍLIA

É nova a nave antes
do primeiro voo,
mais nova ainda
se apenas projetada
na prancheta,
ainda mais nova
se apenas sonhada,
mais nova ainda
se nem pelo sonho pode
ser tripulada.

UMA SOPA CHAMADA TURBULÊNCIA

Estrelar alguns ovos
de serpentes nativas
e misturá-las ao sumo
de qualquer margarida
irremediavelmente pisada,
ao susto

de qualquer irmã
que bater no portão caído.
Acrescentar água das telhas
do último junho
passado na casa paterna
e levar tudo ao fogo
da alegria não permitida.

OPERAÇÃO FÊNIX: RELATÓRIO

As crianças sempre encontram
muita coisa para brincar
depois dos bombardeios.
Nossos trastes, só espedaçados,
ganham para elas
um novo interesse.
A ruína é apenas
outra ordem
difícil de aceitar.

AOS POETAS PATRIOTAS

Não me deram tempo
para amar minha terra:
dela só conheci
o que há em todos os hectares
sombrios da Terra.
Estive sempre em salas
onde o tempo e as mãos
eram mais vigiados
do que o céu pelos camponeses.
De minha terra só amei
o que os outros poetas
me contaram
muito tempo depois.

MUITO PRAZER, IGUALMENTE

Novos amigos
ou novos medos
de ofender
ou ser ofendido.
Novas esperas
ou novas formas

de assistir
ou ser assistido.
Novos ensaios
ou novos módulos
de a (ferir)
ou ser a(ferido).
Nova fraude
ou nova esperança
de encontrar
ou ser encontrado.

O QUE O EXPEDIENTE CAMUFLA
(Para Renato Carneiro Campos)

Tudo era adeus
e não sabíamos:
o olhar de admiração
para as moças do próprio bairro,
a urgência de dizer-nos
tantas vezes que estava
cansado de brigar
e a humildade repentina
solfejada no zênite
de sua agonia.
Tudo era adeus
e só escutávamos
a demorada saudação
de alguém que chegava
com seus incêndios e seus guizos
para conversar.

UMA CARTA QUASE IGUAL ÀS OUTRAS

A carta era curta
mas falava de certa planície
onde carcaças de touros
e tratores quebrados
disputavam a mesma desolação.
Nenhuma gentileza formal
borrava a escassa superfície:
só duras informações
sobre a última tarde de chuva,
e rápidas referências
a alguma moça assassinada
num motel da rodagem.
Quanto ao remetente,

a caligrafia ofegante
era a única (e involuntária)
concessão que fazia
à sua velha
e irrepreensível desgraça.

QUASE À MANEIRA DE JACQUES PRÉVERT

Apesar de tudo, de novo
fez que estava dormindo
quando ele chegou
machucando as plantas
e acendendo um cigarro
na porta da entrada,
como nos velhos tempos.

Apesar de tudo, bem cedo
chamou-o pelo maldito apelido
(nome de alguma planta ou pássaro)
e entregou-lhe as contas
da água e da luz,
como nos velhos tempos.

Apesar de tudo, na porta,
aceitou o beijo sem força
e as desculpas antecipadas
de que voltaria tarde, muito tarde,
como nos velhos tempos.

Apesar de tudo,
acenou um adeus sem graça
para o carro azul
salpicado de lama,
como nos velhos tempos.

CONVERSAÇÕES COM UMA MASOQUISTA

Eu disse: "acabou-se"
e ela entendeu uma rápida
passagem de abutres
sobre os telhados do Recife
e ficou tranquila.
Eu disse: "acabou-se"
e ela salpicou meus cabelos
de vinho suave
para chamar a atenção

dos proprietários mais próximos.
Eu disse: "acabou-se"
e ela, dilatando as narinas,
tocou-me, com a mão boba,
por baixo da mesa
e deu uma gargalhada.
Eu disse: "acabou-se"
e ela sentiu-se
mais do que nunca acompanhada.

ATUALIZAÇÕES DE PENÉLOPE

Remendei suas calças
de um jeito
tão disfarçado e tão manso
quanto no tempo
em que mansa e delicada
eu percorria o seu corpo,
mas ele não vai notar.
Chegará bêbado e triste
e vestirá os seus trapos
como se fossem os mesmos,
como se minhas mãos
não os houvesse tocado.
Foi um dia perdido,
dirá meu coração,
quando ele chegar
tropeçando nos filhos
e pedindo aos gritos
sua garrafa de alcatrão.

ESTES CIÚMES DOS COMEÇOS

Mal acabo de abrir um livro,
já te sentes sozinha.
E, raivosa, vais ao jardim
matar o tempo e as borboletas.
Não chames nunca de abandono
a todo passo
que não for dado
em tua direção.
Posso estar longe construindo
tua casa de pedra,
posso estar longe, construindo-te.

NO BAR DA LIVRO 7

Dois velhos boêmios cantam,
entre idas e vindas
ao sanitário do bar.
As vozes já não são as mesmas,
são mais baixas
e o tempo é mais curto.
Só cresceu mesmo
o motivo para cantar.

UMA SEMANA DE RUTE

Naquela semana,
várias vezes, Rute
mudou de rosto,
de rumo
e de cor:
do rubro ao firme,
do parvo ao verme,
do pânico à vergonha.
Na outra semana,
levantando o lençol,
Rute estava viva
sob o mesmo sol,
e todas as coisas
que a tentaram mudar
estavam vivas também
e a vieram saudar.
Danem-se, disse Rute,
não podemos ser
julgados pelo rosto
que temos na hora
em que alguém de súbito
aperta nossa mão.
Ainda que esse aperto
dure uma semana,
um mês, uma estação,
nossa face é a outra,
a que ficou escondida
entre as duas mãos.

A PAZ RELATIVA OU A CATÁSTROFE LEGAL

Um dia de paz no mundo:
houve apenas

os duzentos mil mortos habituais.
Ainda não foi hoje
teu passo em falso no tráfego
e chegaste em casa
com teus pães, tua pasta escura,
tua raiva muda do ministério.
Chegaste tão suado, tão triste,
tão bem,
que até notaste
a blusa nova de Bernardete
e o arranhão no joelho de Márcio.
Um dia maravilhoso,
com uma taxa justa de mortos.

UMA CONVERSA DE CASAL

Teus cabelos chovem sobre a tua inocência,
teus cabelos chovem sobre a tua tristeza.
O resto é tão pouco importante:
as varizes não operadas,
os dentes estragados
e o amor também.
Mas, existe uma luz
e ninguém a chamou,
uma luz, um remorso
que sentiste ontem.
Ontem faz tantos anos,
tantos medos,
tantos vinhos,
tantas vidas
e nasceste ontem.

É DIFÍCIL PUNIR O GATO CERTO

Quando começam
a procurar o culpado,
quando começam
a perguntar quem foi
que sujou com lágrima
o limpo assoalho,
tudo está perdido.
Quando as pessoas morrem
umas para as outras
as coisas que as cercam
começam a viver.

ASSIM, JÁ NÃO É FUGIR

Na rua de Luzia
ninguém os conhecia:
fecharam as portas
aos pedidos de arroz
e de socorro.
E era um amor
tão blindado
em suas cobertas,
tão surdo
e tão cerrado
em orgulhoso deserto,
que seus gritos de noite
não se ouviram
quando lá dentro se mataram
em silêncio
os que em silêncio se amaram.

ELA, NA AULA DE ANATOMIA

Quente, como um pedaço de grama
que escapou de um incêndio,
eu a sinto no toque
(só inicialmente) delicado
dos dedos.

Às vezes, apenas
pequena porta de borracha
aquecida,
ou apenas um olho
cego de aventura.
Mucosa comovente e sombra
sob a seda,
enquanto nova,
enquanto sede
de todas as sedes.

OLHEM OS INIMIGOS DELICADOS

As primeiras lanças
ferem mais fundo.
Depois disso, fora o furor,
há pouca coisa a esperar.
As primeiras lanças
doem mais longe.

A ingênua piada
era o primeiro escárnio,
era o primeiro ataque
e não sabíamos.
Como sorrir, agora, para os estranhos?
Nunca somos ou estamos
suficientemente
amados ou armados.

A POESIA ENTRA NA TERAPIA INTENSIVA

Teu amigo foi proibido
de acompanhar-te.
E, enquanto o enganavam na sala de espera,
uns homens vestidos de pombo
te violavam lá dentro.
Proibido de te assistir,
o poeta fica lá fora:
esperando a sua vez,
esperando que todos falhem.

O POETA ESTÁ NA PIOR, COMO DIZEM OS JOVENS
(Para Almir Castro Barros)

O poeta exige pouco:
a amada de poucas curvas
e muitos cabelos soltos
o salvará do porre fatal.

O poeta exige pouco:
o amigo ébrio
vai-se tornar a sua única
consagração universal.

O poeta exige muito pouco:
basta gostar de seu poema
e levantará a cabeça
para o dia seguinte.

A PRINCESA E O PLEBEU NO POSTO DE GASOLINA

Moça na moto
de cem cilindros
e as nádegas
esticadas no jeans

azulados de outubro:
dois olhos
brilhantes e pobres
acompanham esse voo
de ave raivosa,
ruiva e rasteira,
que só se estanca
nessas plagas
para comprar combustível
ao bombeiro adolescente.

JOSÉ TEOTÔNIO, JARDINEIRO PÚBLICO

Sob as árvores e sob as ordens
dos ventos de agosto,
José Teotônio trabalha.
Seu ofício, bem simples, é apanhar folhas,
cravá-las, no chão, com um espeto de aço
e recolhê-las com a mão.

Luta só, contra o outono
a velhice das árvores
e as ventanias.

AINDA O MAR OU TALVEZ A LUTA

Se ainda vives,
corre para o mar.
Vai ver o velho pugilista
peso pesado a estragar
os seus jabs na areia.
Não perguntes por que
ele investe e recua,
a ganhar e a perder
o mesmo espaço.
Se ainda vives,
vai logo aprender
essa bela e absurda
forma de lutar.

A UMBANDA, NOVAS LOUVAÇÕES

O mistério (que poderia ou não nos salvar)
refugiou-se nos subúrbios
sem coletas de lixo, sem sistemas hidráulicos,
sem reuniões de alto nível.

Refugiou-se nos tantans
das madrugadas sem soda,
nos tambores altivos
que não armam nem sustam
invasões invisíveis.
O mistério hospedou-se
nos frágeis templos de madeira,
o mistério fugiu
e abraçou
os abandonados.

CRUELDADE DE GALA, O PRAGMATISMO

O Secretário de Estado Henry Kíssinger
fez um hemograma na África
e tremeu de alegria com o resultado na mão:
outras mil horas de voo
sob o céu de dois hemisférios.
Naquele instante,
o melhor pastor de Sertânia
mordia melancólico
sua carne de sol,
enquanto a filha sonhava
com um vaqueiro dourado.
É Deus, pergunta seu rebanho,
quem preside esta catástrofe?
Isso mesmo perguntava
à cidade do Recife
um jovem de cabelos chuvosos.

NOVA DISCUSSÃO SOBRE O MEDO

Pelo temor de Deus,
suportávamos
o edital das cortes.
Por causa dele, obedecíamos
tantas ordens fatais.
Sem grandes esperneios, íamos
insones deitar
para que os adultos
fechassem seus negócios
ou trepassem em paz.
O temor de Deus acabou
quando o calibre das armas
um dia dispensou
o colorido discurso
do paraíso sem fim.

OS OTIS, FALANDO TAMBÉM DE SEGURANÇA

Porque nos enganamos,
porque suas reses não eram
a estranha e mansa caça
que procurávamos,
eles nos trucidaram
e sobre os nossos corpos
seus rebanhos continuaram a pastar.
Mas, éramos sua cerca
e eles não sabiam,
sua forte cerca
de papoulas pardas
e eles não sabiam,
e eles só souberam
quando foram também trucidados
pelas tribos de fora
que nos temiam.

REMINISCÊNCIA DE UM HERÓI DOMÉSTICO

Com Deus, ou sem ele,
o dia acabou.
Agora, vamos ao chuveiro,
às queixas da mulher,
sempre com razão
e sempre abandonada,
ou, em sonhos, ao mar de Okhotsk.
Talvez voltar
ao hotel suspeito
que abrigou certo estudante
muito inteligente
para os pais e as namoradas de subúrbio.

MEDITAÇÕES PARA ALGUM EXECUTIVO

Dizem que no Japão
os pedestres
além de pedestres são submissos.
E os pedestres japoneses perguntam:
— Ser educado é ser submisso?
Que a Santíssima Trindade
tenha pena dos povos educados,
reza um guarda-florestal
na Serra de Borborema,
antes de alimentar os seus porcos.

Ele coça, sem perturbar-se,
suas partes sagradas,
e os porcos não erguem a cabeça
para condená-lo.

"HELP", AOS PERIFÉRICOS

Londres, a antiga
capital dos estranguladores,
compôs esta música,
este ganido de socorro,
quando todos sonhavam habitá-la
É uma canção que os moços
cantam em São José do Egito,
aos domingos, bebendo
seu vinho barato e fumando
uma erva doce, crescida
à sombra dos cactos.
Londres pedia socorro
aos que nela buscavam
refugiar-se.

A CHANTAGEM DOS EXTREMOSOS

Não injetemos na terra
nossa impotência,
nossa raiva de nunca mais
podermos fecundá-la.
Ela um dia ofereceu
os bosques mais livres
para nossos filhos
e a noite mais cúmplice
para nossa fuga.
Que não seja mais
degradada
em nome de nossos filhos
ou de nossa fuga.

DOMINGO, NA MATINÉE

Não, não sou o cowboy solitário,
mas aquela nuvem de poeira
atravessando a planície:
me falta coragem de entrar em Abilene,
pedir um trago no balcão

e perguntar grosso pelo facínora,
bebo aqui mesmo e sinto medo da noite;
não tenho revólver com marcas na coronha,
nem cavalo ensinado que me desamarra com os
                                    [dentes
sou o índio sem rosto, que só sabe cair;
não sou o cowboy solitário:
não salvo Susan da quadrilha de Jesse,
nem do mau casamento,
mas brigo com os espinhos para espiá-la no banho.

QUANDO ALGO FOI DESLIGADO

O ruído de minha máquina
a bater um poema
despertou-te lá dentro: só assim a poesia
ainda consegue despertar.

QUANDO CHOVE NO PROGRESSO DO RECIFE

As alegres e núbeis
chuvas de janeiro
paralisam o trânsito
e tumultuam a cidade
que antes as recebia
com festas e frutas,
no tempo em que todos,
faziam parte da natureza,
no tempo em que as chuvas
faziam parte
da natureza de todos.

IMPORTÂNCIA DA GUERRA FAMILIAR

Agora,
sem os seres amados,
com seus choros e rixas
de prontidão,
podemos vagar à vontade
e, no entanto, não temos
coragem de vagar:
justamente porque,
sem eles, sabemos
que não há mais ninguém
para nos perdoar.

DUAL*

"Portanto, meus irmãos, temos uma obrigação, que é a de não viver de acordo com a nossa natureza humana." (Romanos, 8:12)

"O homem que quisesse viver em sabedoria e paz deveria adaptar-se à augusta ordem dos fenômenos da natureza e viver na natureza com a natureza." (Lao-Tsé)

---

* Este livro, do final da década de 1970, e de teor essencialmente filosófico, foi publicado pela primeira vez como parte integrante de *Poemas à mão livre* (1981), republicado na coletânea *Soma dos sumos* (1983) e no livro *Carne de terceira com Poemas à mão livre* (1996). Faz parte da antologia *Pernambuco, Terra da Poesia. Um painel da poesia pernambucana dos séculos XVI ao XXI* (1ª edição, 2005; 2ª edição, 2006; 3ª edição, 2010).

MORTO PELA SEGURANÇA,

a hegemonia interna,
que enverniza por dentro,
inferniza por dentro
a palavra estado;
e pela insegurança
de comprar na esquina,
a estas horas da noite,
uma ampola de coramina;

MORTO POR ESPARTA,

enquanto os negócios prosperam
e a terra enche-se de estranhos;
e por Atenas,
a cometer o engano
de cantar tão longe
de seus arsenais,

MORTO PELO OCIDENTE,

onde pôneis e jatos
só nos tomos da lei
conseguem chegar juntos
ao Banco Mundial;
e, pelo Oriente,
onde os bancos já chegaram;

MORTO PELO MUITO,

o mais, o mosto,
o gás de uma montanha
de laranjas apodrecidas;
e pelo pouco
o bago disputado
em soluços nos calabouços;

MORTO PELA PAZ,

uma branca de merda
com seus sete canhões
apontando meus laranjais;
e pela guerra que,
para destruir-nos
não precisa estourar mais;

MORTO PELA TRISTEZA,

esse modo de as margaridas
me pedirem socorro;
e pela alegria,
tão fora-da-lei:
camponesa na sala
do General-Comandante;

MORTO PELO TEMPORAL,

ou seja: o "se Deus quiser",
o "volto amanhã",
o "cuide dos meninos",
e pelo eterno,
que não data as cartas,
atravessa ileso as eleições de novembro
e não toma conhaques contra o inverno;

MORTO PELA UNIDADE,

que reúne
todos os alvos em um céu
e dá precisão ao meu tiro;
e pela multiplicidade,
que me parte em pedaços
fáceis de controlar
pelos deuses descalços;

MORTO PELO ESPÍRITO,

mero gás que retorna
à garrafa de coca
e procura explodi-la;

e, pela matéria,
tão órfã de síntese
quanto as moças de vinte
depilando seus pelos
nos subúrbios da ordem;

MORTO PELO RACIONAL,

sob as medalhas dos técnicos
e as migalhas do povo;
e pelo intuitivo,
o imediato
e ingente sentir
não digital;

MORTO PELO SONHO,

essa floresta afogada
nas folhas caídas;
e pela realidade,
onde os enfermos estouram
os tumores dos visitantes;

MORTO PELO NECESSÁRIO,

a condenação à luz
que enlouquece uma estrela;
e pelo acaso,
o tropeçar nos alarmes
e o esmagar as rãs
que circundam o cárcere;

MORTO PELO APÓSTOLO SÃO PAULO

a esmurrar-se no banho
para não masturbar-se;
e por Zorba, cuja dança adensava
a quantidade de sangue
nas extremidades dos servos;

MORTO PELO MAL,

algo parecido
com carne liberada
ou Santa Tereza anunciando
maiôs Poésie na TV;
e, pelo bem,
algo mais metafísico,
mais Jesus de prata
escondido na blusa;

MORTO PELO LAR,

que desaba todo dia
sem ninguém escutar;
e pelo bar,
onde o heroísmo se condensa
num laudo rotineiro
da polícia, ao passar;

MORTO PELA FÊMEA,

que me pede um jantar
e uma boa lembrança
e talvez peça muito;
e, pela outra,
que me pede a eternidade
e talvez peça nada;

MORTO PELA HONRA,

quando as fezes dos pobres
ameaçam o fulgor
do brasão tumular;
e pela desonra
dos que mudam tarde,
quando os linchadores
ávidos não sabem
por onde começar;

MORTO PELA SOBRIEDADE,

este assistir a seco
à própria extinção;

e pela embriaguez,
este banhar-se à noite
em doce ureia
ou receber sob o lençol
o coice de medeia;

MORTO PELA FALA,

escada que sai da boca
e deixa subir os demônios;
e pelo silêncio,
inseticida queimando
no fundo do quarto
para afastar um remorso;

MORTO PELA NORMA,

abutre que aqueço
à temperatura do corpo;
pelo instinto,
bomba de efeito retardado
sob o monte antigo
de brinquedos de barro;

MORTO PELA VIRTUDE,

essa tanga de velha
e desgastada platina;
e pelo pecado,
a notícia da única
e inexplicável
humildade de Deus;

MORTO PELO ÉTICO

mais Ártico, pelos ursos
mais Antárticos
e pelo estético dos cursos
majestáticos;

MORTO PELOS MORTOS.

POEMAS À MÃO LIVRE*
(1981)

A
Márcio e Lúcio,
dois meninos, a seis
mil quilômetros daqui.

(Rio Branco, AC
10 de novembro de 1980)

"Héléne de Ludinghausen, quem está dando cartas na semana social
do Rio, foi mais uma vez o centro das atenções como homenageada do
elegantíssimo jantar informal oferecido anteontem por Ana Luiza e
Gustavo Afonso Capanema em seu apartamento de cujo terraço se abre a
visão inteira da enseada de Botafogo.

Drinks na parte de cima, com direito, para os mais fanáticos, à exibição
do tape da final do último Flushuing Meadow, entre McEnroe e Borg, e jantar
no andar de baixo, em mesinhas, armadas ao redor de um buffet que era tão
bonito — centro enorme de flores brancas ladeado por candelabros e sopeiras de
porcelana chinesa — quanto gostoso — vitela, capeletti com trufas, taboule, etc.

De sobremesa, além dos morangos, mousse de chocolate, tortas e
pudins, o relato entusiasmado da homenageada de seus planos para a
promoção no Brasil, a partir do ano que vem, da etiqueta Saint-Laurent,
que pretende entrar com força no mercado nacional."
(Zózimo Barrozo do Amaral, *Jornal do Brasil*, 21/11/1980)

"Nada é realmente mais inumano do que relações humanas com base em
princípios morais. O homem que dá um pedaço de pão para ser caridoso, que
vive com uma mulher só para ser fiel, que come em companhia de um negro
para demonstrar ausência de preconceito racial, e que se recusa a matar para
passar por pacifista, é absolutamente insensível. Ele não vê realmente a outra
pessoa. Um pouco menos frio é aquele cuja benevolência decorre da pena e
que procura eliminar o sofrimento por achar a sua visão desagradável."
(Alan W. Watts, *A sabedoria da insegurança*.
Rio de Janeiro: Record, 1951, p. 125)

---

* A publicação original deste livro trazia, ao final, o poema "Dual", que nesta edição da *Poesia completa*
foi publicado em separado.

MANHÃS & MÍNGUAS

NOVA POESIA, GROSSEIRA NOVIDADE

Urgência
de mandar um recado,
que não exija
outra forma
demorada e dúbia
de perfeição;
assim tenso
e condensado,
como de radiotelegrafista
comunicando, trêmulo,
a invasão.

NEM TANTO A TÂNATOS

Essa vontade
tão aplaudida pelos mortos,
não é propriamente
de remissão;
mas de varrer,
literalmente, varrer
a alegria da terra;
pois ainda se fazem
muitos santos amargos,
que jantam e dormem
com suas virtudes
enfiadas no rabo.

REPORTANDO O CORRE-MORRE

Estamos sonhando
ou essa sandice,
esse corre-morre
ou disse-me-disse
estão acontecendo
a um palmo, dois palmos
do nosso nariz?
(Quem deu ordens à vida
para ser infeliz?)

AMANHECER SEM METÁFORAS

Nem todos anseiam
pelo amanhecer
(digo o amanhecer mesmo:
não essa coisa de poeta,
metáfora do nascer;
digo o amanhecer mesmo:
o sol e os inimigos lá fora);
nem todos querem
a hora de sair
e encontrar-se
(a cara lavada)
com a sua vergonha.

REVOLUÇÃO ENTREDENTES

A raiva a forçar
os velocímetros do combate,
e a ânsia
de partir a cabeça
na outra cabeça;
mas, por enquanto,
só as unhas roídas
e a caixa do fósforo
esmagada nas mãos.

O QUE O INIMIGO NÃO DEVE SABER

No meio da briga
a gente perde
a necessária distância,
e, como um general
engasgado com a espinha
de peixe barato,
a esquecer-se dos tanques
atravessando a ponte,
a gente começa
a ficar comovido
com os olhos
do inimigo estrangulado.

PROBLEMA DE LOGÍSTICA
(Para Eugênia Menezes)

Quando o cerco
é completo,
a boa tática manda
atirar primeiro
no desespero,
e ficar gelado
aguardando o pior,
e ficar calado
oleando o gatilho
de sua automática,
e ficar parado
esperando que eles
nos vençam em vão.

NO ARAGUAIA: LEMBRANÇAS

Sobre os rifles
semissepultos,
os ratos da mata
brincam de "se esconder",
e nenhum rosto
de moça amada
chora por trás das folhas:
a floresta
voltou ao ritmo
da orquestra de sempre:
nem parece que a vida
já aconteceu.

RECADO À TRISTEZA OBJETIVA

Quando a vida perde o sentido,
só a batalha,
só a batalha tem sentido,
e rastejamos armados
sobre seres de pele fina
desses que as moças
e os poetas delicados
salvam da poeira e da chuva,
e abateremos ex-meninos
em nome de outro
que jamais vimos.

INVASÕES DEMORADAS

Longa trégua:
tempo morno,
cerveja imprestável,
quando a coragem
(já sem objetivo)
esmurra os pequenos,
e vai embriagar-se
(sem perigo)
na barraca
do alto comando.

PATRIOTISMO A MEU MODO

Minha bandeira
é meu coração,
mas olho com amor
a pupila azul
da bandeira da pátria
procurando por mim;
minha pátria
é meu coração;
mas olho com pena
as pálpebras verdes
da bandeira da pátria
se fechando por mim.

ALGO NÃO TEOLÓGICO

Todos pensam
em defender
sua razão,
a de punir
os que se tornam
demônios amados
e coletivos;
demônios inteiros
e quentes, nas estradas,
(com suas correntes
recém-partidas
a balançar na garganta)
e voando a menos
de dois metros de altura.

AS IRAS AMÁVEIS
(A Ivo Tavares)

Revoltado com os touros,
esmagou com botas
de cano longo
as borboletas recém-nascidas,
e foi lamentar-se
durante seis noites
sob as chuvosas
mangueiras;
até partir
carregado de metralha
para cima de touros,
perfurando seus olhos
arrebentando com pedras
as grandes cabeças;
e, quando sucumbiram,
à súbita
e melancólica cólera,
regressou aturdido
ao chão borrado
de borboletas mortas,
e as sepultou com carinho:
com seu triste
e retardatário carinho.

NA TERAPIA INTENSIVA

Com seus torqueses
de gradativa compressão,
o sofrimento novo
vai tornando os ganidos
de ontem à noite
uma histeria sem sentido;
ajustando o capacete
de ferrosa rosca
às paredes do crânio,
até estalar
ou instalar-se
essa dor montanhosa:
tripudiando triunfante
sobre todas as outras.

LEMBRANDO "O ASSALARIADO"

A falta de música
e o ruído de alguém
vagueando a casa,
de parede a parede,
feito um carro enlouquecido:
é desses tempos
que se afastam
os vulneráveis
à menor cintilância,
entregando-se, dóceis,
aos azuis-cobalto
dos leitos volantes,
que mastigam e cospem
tantos corpos estranhos.

UTILIZAÇÕES DO BRANCO

Deu o branco
no teu desespero:
o branco pálido
que as armas brancas
sabem provocar,
o branco sal
nas feridas salpicadas
de areia branca,
o branco amnésico
das vergonhas contidas,
o branco do papel
sob a mão suicida.

31 DE JANEIRO DE 1980

À beira deste rio,
de lama iluminada
por luzes de mercúrio,
não sei que desgraça
a vida nos apronta,
que volume de vômito
ela prende no esôfago
para espirrá-lo
na hora do amor,
ou feio soluço
ensaia na sombra,
sem conter sua sanha
sem se contentar.

PRESSENTIMENTO NO BAR "RAÍZES"

Este bar vai fechar;
está tão vazio
e maravilhosamente calado,
tão bom para a gente
beber e pensar
em tarde de chuva
e chegada de moça
que não chegará;
tão cheio de moscas
e garçons a bocejar,
que a gente pressente
não mais beberá
(com moça ou sem moça)
outra vez, outra tarde,
neste mesmo bar.

CRÍTICA DA CERVEJA

Cerveja é boa
para esse gosto
de flor pobre na boca;
mas nos engorda
de água, muita água,
e sonhos de afogado;
por isso não é
bebida de gente
vaidosa, de homem
ainda solto na cama
com gatas apaixonadas;
principalmente porque
nos transforma em bois
pesados, criaturas
esmagantes, esmagadas,
coisas enormes e tristes,
sempre desabando.

AOS AMIGOS GRISALHOS

Os velhos amigos
estão morrendo:
nos fins de tarde,
chegam fingindo
uma alegria entredentes;
mas, cansam-se logo

e sentam-se vencidos;
bebem e falam
de coisas difíceis
como a política
e o plano da casa própria;
quando, queriam mesmo
dizer que estão morrendo.

JARDINS ESTILO VISCONTI

Direi dos jardins
totalmente decrépitos,
de apodrecidas pétalas
sobre corpos de rãs
apedrejadas pelas crianças;
onde o sol
explode os gases
dos serenos recolhidos
no côncavo das folhas
desabadas;
direi dos jardins
onde mórbidas moças
passeiam friorentas,
como se chovesse
eternamente dentro delas.

CODINOMES

Lúcia era o seu
quase nome,
quando os tiras
acabaram com ela
quase moça;
Matilda, o pedaço
de lâmina escondido
sob a dentadura:
o beijo armado,
a bendita dura;
Cristina, com dezesseis
batizou-se por baixo
com um velho de trinta e seis:
"Cristina (perguntaram),
que nome você tinha
quando foi amada
pela última vez?"
Carla dizia-se
carioca, "da Bahia"'

e falava com sotaque
de gente cara:
a calcinha lavada
Três vezes ao dia;
Sônia, de mesa em mesa,
abria sua blusa:
os seios altos,
plenipotenciários,
distraíam a atenção
do tempo sobre o seu rosto.

O LIXO DE BOA VIAGEM

Pelos de qualquer parte
de alguma moça;
muito papel higiênico
com merda e mênstruo
e restos de mingau de maisena;
caixas de fósforos;
tronco de boneco de plástico;
folhas secas de avenca,
arroz azedo,
caroço de manga e sapatos
ainda bons para o filho
do varredor do bairro,
preservativos de borracha,
vasilhames de uísque
e conta paga de noivado;
almanaque incompleto
de Mandrake e Homem Aranha
de vinil azul;
moscas
sugando um pedaço
de viandada da Swift,
cápsula de batom e poema
dominical entre tomates
apodrecidos — e uma rosa —
que só Rilke ou tua mãe
(santa, santa, santa)
poderia achar aqui.

LEMBRANDO PASOLINI

Um corte epistemológico
no baixo ventre
da senhora virtude,
ou, talvez,

um corte cesariano
a fazer pular,
da barriga das santas,
seis hereges
de rabo inflamado;
tudo isso é técnica
cognitiva de fazer
parir nos outros
o que os outros
(de fato) o são.

CONVERSA COM MINHA PERSONAGEM MARTA

As rosas respiram
pelos espinhos,
e os teóricos da não violência
desconhecem isso;
mas, não vou censurá-los,
pois conheci uma santa
que curava tudo,
até doença de marinheiro,
e arrancava espinhos
das rosas do convento
sem saber que as matava
de asfixia, juro.

COLUNISMO POLICIAL

O ancião José Bezerra da Silva
jogava sinuca e dominó
com seus velhos amigos
do bairro de Afogados:
era só o que fazia
depois de aposentado
pelo IPSEP (invalidez);
e quando deixou de jogar
sinuca e dominó
decidiu
passar o tempo
meditando, deitado,
numa velha rede;
mas um dia resolveu
deitar-se nos trilhos
que ligam o Recife
à cidade de Jaboatão,
e hoje foi notícia do Diário da Noite,
na coluna: "Mundo Cão".

PERGUNTANDO A UM DEUS QUE
NÃO BEBE COMIGO

Por que meu Deus
me deixa errar tanto,
ensanguentar tanto
a cabeça na árvore
de seu paraíso?
por que não me joga
num canto de beco
sem saída, num canto
de poço esgotado,
num canto
de poço esgotado,
num canto sem chance
de errar e sofrer?

GRANJA MODERNA

Brancas aves mortiças,
não sei se são aves
ou tristes hortaliças
mexendo-se à força
de injeções
de água;
cortadas aos milhares
feito feixes de couve
ou vegetais de curta
e esbranquiçada duração;
brancas aves sem força
de voo e canto, diferentes
das aves sujas e rebeldes,
mais vivas, mais loucas
e parecidas com a gente.

NA RODOVIA BR-101

O colorido do desastre:
os metais torcidos,
a nova organização dos corpos,
orgânicos, inorgânicos, superorgânicos,
e alguns olhos arrancados
misturam-se com restos
de pneus e pontas de cigarros;
tudo em bruto cenário,
sem despertar a piedade

dos ratos silvestres:
em festa, no meio dos escombros,
porque ali encontraram
pedaços de salame e sanduíches
semimastigados.

RETORNO DOS INVESTIMENTOS

Não penso no retorno
nem nos custos
de ter chegado até aqui:
queria mesmo
não ter chegado
até aqui:
porque lá, onde estava,
eu seria,
por simples falta de amor
ou de proteínas,
destruído com rapidez
francamente maravilhosa.

TEMOR PRATA

O tempo prata
tem a forma
de um rosto sozinho
a rachar-se na luz;
acomete sempre
os homens de trinta,
ao despertarem nervosos,
loucos de lucidez;
e não há amor
(ajoelhado,
com uma lágrima na mão)
capaz de afastar
o temor dos temores,
o temor prata.

NARCISISMO SEGUNDO PAULO, O APÓSTOLO

Nunca, de fato,
achei-me tão bonito
no espelho de barbear,
como ontem,

às sete horas da manhã;
havia, na têmpora esquerda,
um roxo hematoma
de três centímetros,
e o sangue
escorria, elegantíssimo,
pelas narinas ofegantes:
depois disso,
apaixonei-me por mim.

LIÇÕES DE FORÇA

Como não somos camponeses,
ao invés de lenha
trazemos, às costas,
um feixe
de horizontes queimados;
ao chegarmos sujos,
chutamos, no escuro,
carros e bonecos de plástico:
o comandante ferido
chuta cadáveres no convés
e olha o céu,
pedindo o resto da tempestade
(a tempestade desse barco
é o seu próprio comandante).

MÁGOAS MARINHAS — I
(Aos leitores de Rilke)

Mergulhar, mergulhar:
lá, onde ficam
uns escombros no mar,
e velhos ossos negros
(de moças) já se fazem
ancoradouros de navios;
tão fundo, que o barulho
das lanchas não desvia
o itinerário dos cardumes;
tão dentro do escuro
e do silêncio do mar,
que toda forma de vida
é uma forma de meditar.

MÁGOAS MARINHAS — II

Daqui a quatro horas
vamos inaugurar o perigo
florido, coroado
de chamejantes sargaços;
inaugurar a ameaça
dos barcos rachados
além da barra,
em pleno mar alto,
longe dos binóculos
da polícia marítima,
e dos ouriços (com espinhos
entrando nas unhas das crianças).

MÁGOAS MARINHAS — III

Os poetas e os petroleiros
poluíram o Atlântico
e, fora um resto de iodo,
algumas fêmeas cio(sas),
dois ou três bilhões
de ondas puríssimas,
muito pouco sobrou
para ser contemplado
às cinco horas da manhã,
e temos que engolir essa farsa.

MÁGOAS MARINHAS — IV

Com suas carnes franjadas,
os velhos se aproximam,
timidamente do mar,
do mar todo dureza:
caminhões e caminhões de granito
despejados na praia,
muitos grãos e grãos
de um só grito
contra o avanço dos velhos,
que não sabem, naquela praia apedrejada,
como caminhar.

MÁGOAS MARINHAS — V
(A José Luiz de Almeida Melo)

De ondas moças,
um mar de ondas,
um mar de moças,
no mês de março:
ondas de mar,
ondas de moças
andam a lavar
a louça limpa
de suas espáduas,
enquanto as areias
chupam as poças
e cobrem as moças
que não sabem nadar.

MÁGOAS MARINHAS — VI

Alguns foliões,
brancos de talco
e cheios de cerveja,
chegam, com suas fêmeas
de "topless", à beira-mar,
(sugadas, mamadas
pelos mil lábios
do Cabanga Iate-Clube);
mas este mar, um soleníssimo
pastor evangélico,
não muda sua litania,
e continua a pregar
o sermão chato
de uma vida sem samba,
sem quartas de cinzas
e tantos crânios
fraturados na rodovia.

INFORMAÇÕES PARA CADASTRO

De maior fracasso
meu fracasso me salva,
quando me enxota
para longe do palco
e da obrigação
de ser belo e limpo
feito faca lavada;

quando me deixa
apagado em meu canto,
apagado e vivo
feito uma mágoa perdoada.

COMEÇANDO A NÃO FINGIR

A nova frota
de caminhões "Mercedes"
matou três cabras
e aleijou um porquinho
nas estradas do Maranhão:
quando li
essa estarrecedora notícia
na primeira página
do Jornal do Brasil,
não dei uma de intelectual
fingindo defender
os fracos e oprimidos;
pelo contrário,
dormi a noite inteira,
com calor e tudo,
e, na manhã seguinte,
não comentei o fato
na Repartição.

VONTADE DE NÃO CHEGAR

Num instante, chegais,
outra manhã,
verão
e vontade de embarcar
no DC - 10 da noite,
para Aracaju;
quando as coisas boas
não acontecem mais
no coração humano,
e só restam os ruídos
do DC-10 da noite
das nuvens veladas
e os gestos náuticos da moça
mostrando a cadeira
que vira uma balsa
e várias saídas de emergência.

ELA

Que salto
por cima
de todos
os pactos;
que fuga
que alisa
todas as rugas;
que gesto
que apaga
o longe
e o perto;
que sono
que fim
de todos os sonos.

NEM O NOME

Adeus, coisas
de que não preciso,
atulhadas na porta;
adeus, coisas
que não pedi
a Deus, nem aos meus inimigos,
chegadas como um vento
a varrer vazios
no pátio desolado;
adeus, roupas
que não me vestem
por dentro.

TREINAMENTO DE EMIGRANTE

Ir para longe
é chorar mesmo
as últimas estradas
de árvores conhecidas;
é tomar um ônibus leito,
ou semileito,
ou alguma coisa
sem leito nenhum
e ir para longe;
sem comprar ida-e-volta;
nem haver no bolso

o dinheiro da volta;
isto é ir para longe,
é ir para longe, mesmo,
para não voltar.

NO AEROPORTO DE MANAUS

O Newsweek
chega ao Amazonas:
good morning, Newsweek,
você quer borracha,
músculos,
ou uma reportagem
sobre minha paixão
por certa moça
que fecha os olhos
quando a vida arde?
se quer mais dinheiro, Newsweek,
good bye.

QUANDO ESTAMOS FRITOS

A solidão injeta
cristais de gelo
nas artérias dos sós,
gelo que torna
paralíticas
as aladas mãos soltas
da alegria;
sorvete enfeitado
com estilhaços de vidro,
lambido a pulso
por um homem inteiro,
inteiramente espedaçado.

NOS ESPAÇOS FECHADOS

Capaz de tudo:
escarrar no vidro
à prova de balas
e apertar com força
a margarida apagada,
até que a sombra jorre
feito água de estopa;

pois sua frieza
tem duas polegadas
de aço surdo,
não adianta gritar
nem espernear contra ela.

MODOS DE CHEGAR

Chegar cegando-se
a todas as caras
vincadas de talhos
e olhando-te
de cima a baixo,
tentando predizer
o tipo de estrago
que tu, forasteiro,
vieste fazer;
chegar somando-se
ao medo ambiente
e só ensinando
o quanto também
estás estragado.

A GOETHE, O SEMISSOL

Com tua luz própria,
não sabias quantos,
sem querer, queimavas;
pois, quando acendias
teus volts de nascença,
os outros começavam
a fazer besteira,
a tentar acender
seus míseros fósforos
diante do enorme
e eterno meio-dia.

AMAZÔNIA OCIDENTAL

Poeira de faroeste
sobre casas de madeira,
(casas de faroeste);
e homens com cara
se Randolph Scott

olham a floresta,
como se olha um índio morto
de tanto correr
dos tratores da Ford;
olham sem medo
o ainda espadaúdo
gigante banguelo;
olham sem medo
e apertam
o acelerador de cadáveres.

OUTRA TERRA, DEPOIS DE PISÁ-LA

É isso aí:
belo desastre,
como iria
Zorba, o grego,
e só faltava
essa estrada brilhante
não ser uma estrada,
mas uma grande
e luxuosa serpente
sobre a qual, poéticos e burros,
caminhávamos
pisando nas escamas
venenosas, orgulhosos
de nosso novo tapete.

AS ESTRADAS PERIFÉRICAS DE RIO BRANCO

Nunca a estrada
foi de um barro
mais molhado,
onde os carros
rincham seus HPs
nos regos laderados
besouros loucos
agarram-se nas beiras
rasgadas
dos lábios
feridentos da estrada,
como se quisessem
possuí-la à força,
ou capotar os ferros
nas longas
e pegajosas coxas.

NORDESTINOS FAZENDO FEIO

Sou besta, muito besta:
basta alguém prometer
algum horizonte
de terra molhada,
e já me domina
toda a eternidade:
isso não é coisa
que homem de armas
pesadas, homem
com espinho velho
de facheiro nos pulsos
possa confessar.

A ANDRAJOSA SABEDORIA

É perigoso
o que sabes
e sentes,
no meio de gente
assim transtornada
e com medo
de que saibas e sintas
mais do que ela;
é perigoso crescer
sem correr dos sóis
que aumentarão tua sombra
sobre os infelizes.

ESTÁDIO DO NATURAL OU
LEMBRANDO HEMINGWAY

Grama de pisoteio
distribuída em massa
no solo,
milhões de brotos
unidos folha a folha
para o massacre
dos pés gigantescos,
onde vencidos
e vencedores
pisam com a mesma fúria
a delicada penugem
de dores
só existentes
aos olhos de quem se ajoelha
para vê-las de perto.

SOBRE OS AUTOPATÍBULOS

Resoluta fibra
do agave de longe:
colar de corda
usado na hora
em que a dor centrí (fuga)
vai ser amarrada
à "cadeira do dragão",
enquanto a garganta
comprida
se parte
e o enforcado obtém
a visão mais nova
das órbitas puladas,
a elegância dos abatidos
à distância,
por um rifle de longo alcance.

POUCO ANTES DO EXPEDIENTE

Toda manhã,
aguardava o ataque
e só havia o café,
o leite, o mamão
e os biscoitos na mesa;
mas, à espera do ataque,
nada se comia
e manhãs de míngua,
muitas e muitas
manhãs de míngua,
tornaram dispensável
o próprio ataque.

PREOCUPAÇÕES DE PRÉ-PACIENTE

Quando a pressão arterial
atingir o ponto crítico
e o clínico der de ombros
para a suada enfermeira,
e às nove horas
de uma noite de domingo,
com as bailarinas da Globo
gritando "é fantástico!"
e os anúncios da Gledson
mostrando nádegas
perfeitas, em azul-cinzento

não terei uma frase histórica
para os amigos:
mas eles tomarão
um porre sem remorsos,
na segunda-feira.

FUTEBOL NAS EXTREMAS
(A Benedito Cunha Melo)

Há certos momentos
em que a morte da gente,
se acontecesse,
seria uma obra-prima
de precisão;
a gente sabe
quando eles chegam;
mas, o coração,
jogador escarlate,
bate firme na bola,
e quer outra partida
de decisão.

NO RESTAURANTE TERRA

Que a alegria
deixe de ser
um bem escasso na terra,
e torne-se o ar,
a antimercadoria: o ar,
que ninguém tem remorso
de respirar.

A MORTE EXCITADA

Quando a vida vira
um filme chato
e demorado,
a gente
só o assiste até o fim,
porque a namorada
faz carinho escondido,
e a gente não pode
(de tão excitado)
levantar-se e morrer
tão exposto assim.

O CARNAVAL DE 1980

Carnaval é assim:
uma luta, uma mágoa
contra o seco silêncio;
o bater do corpo
sobre tantos limites,
toda fêmea lavada
de suores e prantos
que não secam mais;
essa caixa, esse ritmo
de algum Deus tremendo
com medo dos homens;
a vontade de abrir
a braguilha, a garrafa;
de rasgar as túnicas
dos profetas doentes
e fazer o estandarte
do mundo nascendo.

JOGANDO NA PONTA ESQUERDA

Ele joga tudo,
mas sabe jogar,
pois conta também
com a carta escondida
pelos parceiros
em algum lugar;
conta fé
com a falta de cartas,
pois conhece outro jogo
onde a falta delas
pode ajudar;
como jogador,
não perde jamais
pois perder é o jogo
que ele sabe mais.

ESCUTANDO O CORPO

O corpo sabe
de sua força
e escarra o ácido,
suporta o sarro
de bruxas bactérias;
convoca

seus gases
expelindo o excesso
de tóxicos porres
nas manhãs de ressaca,
tudo ele ensina
a quem sabe ouvir
tudo que ele sabe.

PRESSÁGIOS DE ANO NOVO

A terra limpe a terra
de tudo isso:
os ossos sujos,
os intestinos inflamados, etc. etc.;
mas atenção:
os carros novos,
os livros
recém-chegados
e, até mesmo,
(para não perder o costume)
alguns pés de boa-noite
sejam amados nesse dia
de terra lavada,
onde teu nome, tua sombra
não atravessem a praça
povoada de bicicletas,
nem turvem o despertar
desse mundo brotando
à revelia de teu asco,
com força fraterna
e fresca claridade.

APROXIMANDO-SE DA META

Justamente o lugar
que procurávamos,
com seus sonos libertos
e relógios enferrujados,
onde os que dormem,
por mais tarde que acordem
não se erguem apressados,
e os loucos de insônia
podem amaldiçoar
os dias e as noites,
até que o sono volte
e todos, por perto,
silenciem de amor.

REFRESCOS DE PRANTO

Admirável desordem
que me torna um vivo
pedaço de réptil,
coleando entre fragmentos
de cristal e folhas
neste começo de década;
admirável desordem
de prantos e prantos
congelados: ó refrescos
de pranto, quando
as multinacionais do desencontro
vos irão descobrir?
admirável desordem
de cidades nascendo.

A MALDIÇÃO (SEM LICENÇA DA PALAVRA)

Quando expulsei Deus
do meu inferno
(que fazia Deus no meu inferno?)
primeiro fui amaldiçoado por ele,
(às ocultas, como sempre, não ouvi nada);
depois, por uma tia
que nasceu e envelheceu santa
(sofrendo em paz, como os santos);
depois fui amaldiçoado
por dona Pinina
(que amava tudo, inclusive
o padre Cromácio Leão);
depois, não fui amaldiçoado mais,
pois já pertencia
ao santo reino dos animais.

AGENDA PARA UMA QUINTA-FEIRA

Comprar um barco
de quarta ou quinta mão
e pescar no estrangeiro
dois quilos de salmão;
visitar um poeta
cheio de aguardente
e levá-lo ao bom caminho
da barraca de "seu" Vicente;
pegar a mulher
que amo por dentro,

por baixo e por fora,
e lhe dar um jardim
antes que vá embora;
comprar um "Taurus"
calibre trinta e oito
e sair para ver
o luar do Recife
depois das dezoito.

A POESIA, NOVA (A)VERSÃO

A demônia
tem o rosto
de verso antigo
de oito pés;
é devorando-me
que ela (demônia)
dá existência
àquele que devora;
é me afastando
de todos os socorros
que ela (demônia)
sempre me socorre.

COMPARAÇÕES COM A CORDA

Sou uma corda
que só esticada
consegue cantar,
e que, quando deixada,
flácida, a balançar
a si mesma se estica
para cantar,
a cantar mais alto
quando mais esticada,
e se vai esticando
para cantar
cada vez mais alto,
até
par! tir! se.

O HOMEM QUE ASSOVIAVA BRAHMS

Aquele cara
assoviava todo dia,
às seis horas da manhã,

um trecho
de sinfonia de Brahms:
isso era coisa
realmente pedante,
se levarmos em conta
vizinhos cheios
de promissórias vencidas,
meninos gritando
nos ouvidos encerados
e outros honrosos
ferimentos da terra;
ele? nem ligava,
e danava-se a assoviar
a velhíssima
sinfonia de Brahms.

PARA OS CRÍTICOS LEREM NUS

Escrever nu,
como faço agora,
com as roupas mortas
ao meu lado,
e o sexo exposto
à visitação pública
dos insetos e da brisa entrando
espremida, por baixo da porta,
nunca escrevi;
portanto,
para ler-me
não se vistam
tanto.

CANÇÃO DE ME(NINAR)

"Xô! Xô! Pavão,
sai de cima do telhado",
mas devolve
ao apóstolo Paulo,
a tristeza e o sofrimento,
(as duas virtudes
mais burras do Ocidente)
que eu quero comer
meu amorzinho sossegado.

OS PROTETORES GRILADOS

Ô Deus dos cantadores,
que espedaça os dentes
mastigando duras estrelas (* * * * *)
quem mandou enrolar-se
numa cortina de motel
envergonhado dos amantes
mais assustados da terra?
quem pôs salmoura nos seus olhos
injetados de sol
e inútil suplica
pela sorte dos inocentes?

(* * * * *) Atenção, vanguardistas:
os asteriscos são estrelas
                    Nota do autor.

A SØREN KIERKEGAARD, O SEDUTOR, DE MOLINETE

Alcançou-a com a precisão
de um cálculo balístico:
de amigo a amigo
até chegar
ao amigo comum;
de encontro a encontro
até chegar
à aparência despistadora
dos acasos;
toda a linha esticada,
mas soltando
milímetros de falsa concessão
à força do peixe;
mas negando-se,
no momento da aceitação.

CONVERSANDO COM UMA AMIGA

As moças sérias,
como as outras, queriam
ficar descalças
e soltar os cabelos,
mas os poetas, principalmente
o poeta Manuel Bandeira,

sabe (ou sabem?)
que as moças sérias
não são sérias
e tristes
por causa dos cabelos
presos
ou dos pés calçados;
as moças sérias e tristes
(elas me desculpem)
são assim
porque não querem morrer
de verdade,
ou, de verdade,
baixar, contentes
suas calcinhas.

COTAÇÕES NO MERCADO

Fechemos a discussão:
só a beleza e a coragem
despertam paixão;
porque o resto
é muito edificante,
e muito digno
de consideração,
mas não chega
a estremecer as raízes
que os antigos plantaram,
em nossas vísceras,
com toda a precisão;
só a beleza e a coragem
(meu Deus, estou perdido!)
despertam paixão.

UMA DIALÉTICA CONHECIDA

É tão difícil
que os trinta e nove
graus centígrados
do maior amor,
no indescritível começo,
consigam queimar
o sábio medo
de se deixar
aos poucos submeter,

baixar-se, pegar
as coisas e correr,
tornar-se "aquilo"
(já sem amor)
para o amor não morrer.

TRANSCENDÊNCIA DE UMA "PENIQUEIRA"

Seria bela,
se possuísse um pouco mais
que a beleza,
e despertasse apetites
menos patriarcais;
seria bela,
se os filhos do dono
a salvassem, mesmo brincando,
de seu abandono;
seria bela,
se louças e cristais
não estragassem a vida
de quem os lava
entre cólicas menstruais.

OS AMANTES CARNÍVOROS

Os que nos amam
nos devoram,
e, devorados,
não podemos partir:
estamos lá dentro
dos amantes carnívoros,
de olhos injetados
e garras melancólicas
arranhando o crepúsculo;
estamos lá dentro,
triturados e mudos,
esperando a desgraça
desses seres
poderosos e trágicos
que nos amam.

OLHANDO MARTA, NA CAMA

Todo o corpo de Marta
está dormindo,
sem panos, ventiladores,
ou a mão do amado
a aninhar mais ainda
os pelos densos
se sua carne dividida;
seu corpo todo
transforma-se de vez
em toneladas de plumas
descendo, separadas,
a encontrar-se no túnel
tropical de um sonho,
na hora indicada
de alvoroçá-la com a língua
de apagar com a língua
sua pele em chamas.

MIMOS & LIMBOS

PROGRAMAÇÃO INFANTIL

Diante do foco
de luz azulada,
da radiação permissível,
ou seja lá que novo
eufemismos digamos,
os pequenos heróis,
com pasta de banana
e chocolate Nestlé
em suas barrigas,
se esquecem daquilo
que lhes preparamos;
se esquecem de que,
com a melhor das intenções,
nos livramos de nossos
mais temíveis
e merecidos vilões.

AO LADO DA GAROTA CHORANDO

Leve e aflita beleza,
e seda sob a garra
e gorro sob a chuva,
quem na hora do doce,
te empurrou?
quem rasgou tua blusa
na hora do recreio?
quem sorriu, quem zombou
de tua ignorância universal?

HORA DE BANHAR OS HOMENS FUTUROS

I

Ao anoitecer,
as crianças são mais espancadas;
nessa hora,
ouço mais gritos

na minha rua:
algumas, tão novas,
parecem bebês
chorando com medo
de ficar cegos,
por não compreenderem a noite;
e, prefiro pensar,
que foi só isso;
ou, então,
que choram de sono
somente.

II

Nessa hora expressiva,
quando os meninos se banham
e, na alegria da água,
são espancados
porque salpicam
longínquas almofadas;
nessa hora depressiva,
em que os empresários
lavam as mãos
ao levantar-se das latrinas,
e depois assinam
nossa demissão;
nesta hora, é uma pena,
só a tarde morre.

VISITA AO PAVILHÃO INFANTIL

Dana-se a fazer frio
sob o vestido sem mangas
da menina enlouquecida,
a agarrar seus ursos
e cães de pelúcia
com tanto medo de matá-los
que continua no frio;
a passar os pequenos
e gelados dedos
no focinho das feras,
a esconder do pai
as coisas mutiladas,
feito uma menina
ainda cheia de futuro.

UM DIÁLOGO E UM POEMA

Menina:
— quer ouvir meu segredo?
Menino:
— Quero.
Menina:
— eu voo.

Mas, não voou
porque as madressilvas
eram rapazes excitados
agarrando suas pernas;
porque Deus estava ocupado
com a fome de Bangladesh;
porque o céu estava nublado
e, com um céu assim,
as meninas não voam.

TARDE CHEIA DE ÓRFÃOS

Somos órfãos apenas
daqueles que amamos
e perdemos,
quando as faces ovais
dos seres amados
são quebradas com força
nos primeiros batentes,
quando os outros órfãos
se aproximam irados
e nos mordem a mão.

MEU VIZINHO, O MONGOLOIDE

O mongoloide
da casa em frente
consegue dançar
o dia inteiro
centenas de valsas
que só ele escuta:
mastigando as grades
do alto portão,
regendo uma orquestra
de suplícios no ar;
ensinando a gente

a dançar com uma perna
o som da TV,
e marchar com a outra
em algum pelotão;
deixando que os outros
sofram por ele
sua falsa aflição.

CONSULTANDO AS ESTRADAS

As meninas que saem
com vestido amarelo
não causam inveja
ao sol de abril;
mas a gente olha
tanto para elas
que o sol se ofende
e logo se oculta
numa caverna de nimbos:
até que as meninas
de amarelo passem,
e a luz antiga tome conta
de nossa vida desolada.

ÚLTIMOS ESPETÁCULOS

Com o tempo,
o rosnar contínuo
e rancoroso,
o bater com a cabeça
de sua presa
nas grades de cimento
já não amedrontam os vizinhos,
mas apenas os filhotes
a se esconderem atrás
de um leão sem dentes,
um leão que passa
a ressonar com desprezo
pelo circo sem graça.

DE VERA E DE BRINCADEIRA

I

— Para trás!
dizia o menino
com um revólver de pau.
E os companheiros,
fingindo medo,
levantavam os braços,
rendidos de mentira:
só, hoje, quando muitos
estão crescidos
e rendidos de verdade,
eu vejo a infância
como um túnel cheio
de gordos bandidos
que a gente, a socos,
por sorte,
ou socando a sorte,
consegue atravessar.

II

"De brincadeira",
os meninos altos
batiam com força
nos meninos baixos;
mas estes não choravam
porque os altos diziam
não bater "de vera";
era tudo, tudo
"de brincadeira",
e davam outro murro,
mais outro, mais outro,
até que
os meninos baixos
fingiam estar mortos
e os meninos altos,
"de brincadeira"
tudo de novo repetiam.

MARCELO: 11 MESES

A feira de flores
aguarda a morte
do menino Marcelo,
com cravos de vinte,

dálias de trinta
e rosas de cinquenta;
aguarda o último
plim-plim
do coração de Marcelo:
acometido de grave
insuficiência cardíaca,
conforme o pediatra
balançando a cabeça
com um cheque-forte na mão.

NA TERAPIA INFANTIL

A ironia não vai lá:
o sofrimento tem olhos
que afugentam o amanhecer
e faz os humanos
trancarem-se nos banheiros
para não ouvirem
o grito soprano
dos impacientes
pacientes amados:
em especial, quando
as crianças torcem
os finos pescoços
e varrem a sala
procurando nosso socorro.

MÁRCIO E LÚCIO

I

Por trás dos séculos,
dos eclipses,
das viagens espaciais,
há dois meninos,
(um de quatro, outro de seis)
a transpirar
no quarto minúsculo
decorado com vários
mickeys de aquarela;
ambos a perguntar
coisas tão difíceis
que nem o amor
ou a Enciclopédia Britânica
sabem explicar.

II

Os deveres de casa,
o "i" de "igreja"
com a bolinha em cima,
vocês já fizeram;
e, a estas horas da noite,
seus sonos sem mim
me pesam na estrada,
com todos os horrores
escondidos nos baços
das nuvens inchadas.

CRÂNIO & ESPINHO

NUMA EMPRESA MUITO PRIVADA

Buzinou
o Office-boy
chegou,
para abrir uma coisa difícil,
a porta do Opala Comodoro,
e carregar a caixa de fósforos,
ou algo assim pesado
que um diretor convicto
não pode carregar:
ó rato,
ó parasita à beira do Atlântico,
por que Deus te suporta?

ANOTAÇÕES SOBRE O RITMO

Com sua cabeleira
de azul metálico,
a ninfa tecnológica
diz-nos ser preciso
ritmo, para não enlouquecer,
e a própria destruição
deve ser ritmada,
obedecer a frequências
que deixam o cadáver
belamente embalado,
ou o pulverizem,
higienicamente, no ar;
essas coisas são
ritmicamente anotadas
por suas estenodatilógrafas,
(de longas pernas
balançando no abismo).

REUNIÃO: ACOMPANHAMENTO DOS TRABALHOS

Inviável,
é absolutamente
inviável

esse projeto,
falou o técnico
com seus gráficos
na mão;
inviáveis,
absolutamente inviáveis
esses cálculos,
falou outro técnico,
coçando a bunda
e olhando o relógio
pois a hora do "poker"
já passara em vão.

UMA ESCOLHA É UMA ESCOLHA

De porre,
efetivamente de porre,
chegou à repartição:
ele estava errado,
e os companheiros de escritório,
a mulher, os amigos,
o planeta inteiro,
todos, todos
estavam com a razão
enquanto ele
preferiu estar de porre.

ACHAQUES DE UM EXECUTIVO

O medo de tumores
levou-o àquela chácara
próspera e afastada
(condizente com sua classe
ascendente e perdida);
levou-o ao vinho tinto
recomendado por Borali,
médico de Pisa,
levou-o a olhar
com mais atenção
o fogo das mulheres,
o ritmar ofegante
de seus delicados músculos;
a tudo isso
o medo de tumores
malignos o levou.

FORA DA FILA

Meu horror não varre
a beleza da tarde
nem o mudo
sufocar dos mansos,
esmurrados por dentro,
sem riscar a pele
pelas ansiadas
unhas amadas,
sem deixar à mostra
os planos morrendo
no meio dos Árticos
e detalhados cronogramas,
sem jorrar dos olhos
as donzelas águas.

OBSERVANDO DA SALA DE ESPERA

Nos altos cargos,
a temperatura fria
congela as asas
das borboletas de acrílico;
é tão ralo
o oxigênio ao redor
que as pessoas colocam
telefones na boca
a vida toda (palavra)
e aguardam
com medo
a aterrissagem forçada.

NO RECREIO DO ESCRITÓRIO

Como se diz,
entre os funcionários,
devo até
as raízes do cabelo;
mas, alguém me fala
de belezas fantásticas,
como saldo médio,
cheques-fortes
e cartões de crédito,
animando-me a tratar
com o gerente do banco,
um rapaz preocupado

em operar três fístulas
na nádega esquerda
e uma verruga
(muito feia, por sinal)
no pescoço da mulher.

ENSAIO GERAL

Fina e finória
(diante do diretor),
ela apanha o clipe
de um jeito que, sabe,
terá, no futuro,
extraordinárias consequências:
com um simples clipe
caído (propositalmente)
no chão do gabinete,
e o busto de tenso
e explosivo látex,
a se descobrir-se,
ela faz um trabalho
impecável (ou pecável?),
de absoluta precisão.

RACIONALIZAÇÃO QUASE SIMPÁTICA
(A Domingos Alexandre)

Muita gente ama
ou vive,
a longuíssimo prazo,
pensando em corcéis
móveis e amores
como se fosse
terminar de pagá-los
no próximo milênio,
e só eu,
(só eu não) só nós,
meus amigos safados
e amigas putíssimas,
vivemos como se o cheio
ônibus que nos leva
ao trabalho ou à zona
fosse romper
a balaustrada da ponte
(o pior é...
que não a rompe nunca).

O INDIVIDUALISTA ABUSADO

Calma, senão
o universo explode
com teu suspiro,
e as estrelas
(confundidas com latas)
já não suportam
ser chutadas,
quando voltas
cheio dos esporros
do senhor diretor,
calma:
o traseiro do ilustríssimo
ainda não foi carimbado
com a sola barata
do teu sapato 40.

ODE AOS CONTÍNUOS

Os contínuos correm
com ofícios na mão,
acossados por campainhas
e pedidos dramáticos
de cigarro, sanduíche
de presunto com queijo,
descontos de cheque,
pagamentos da luz
e da água do chefe;
eles são o correio,
as flexíveis pernas
desse mundo perneta
de homens sentados,
que aprenderam contas
e nomes difíceis,
compraram carro
e abateram uma mulher,
numa sexta-feira
de porre e chifre, qualquer.

AUTORIDADE: SAÍDA TRIUNFAL

Autoridade é isso:
pentear-se assim
cauteloso, na tarde
da grande conferência,

o beijo da mulher
o "boa sorte" do filho
e, na última hora,
a espetacular descoberta
de um cisco
no lado esquerdo
da gravata amarela.

NAS PARAGENS EXECUTIVAS

O amor se arroga
(arrogante) o direito
de escrever o nome
da pessoa amada
nas costas do látex
divulgando as cotas
da Bolsa de São Paulo;
mas, será que é preciso
tantos cheques,
jatinhos
e cartões de crédito
para a gente ter
um amorzinho assim
tão completo e safadinho?

A AUGUSTO DOS ANJOS

No sábado, sim,
a gente deve morrer,
num sábado à noite,
com os amigos dispersos,
bebendo e trepando
em lugares tão loucos,
que não haja perigo
de serem avisados;
no sábado, sim,
porque nenhum deles
pedirá licença
ao seu diretor
fingindo sentir
uma "grande dor";
no sábado, sim, com enterro certo
na manhã de domingo,
um domingo claro,
(é claro) sem chuva
para que eles cheguem

escorrendo a mão
nas cabeças dos órfãos
e exagerando no braço
à radiante viúva.

DE BRASÍLIA, PARA O SENHOR

Reuniões técnicas:
duas mil, três mil,
vinte mil por dia,
para Miss Oratória,
que sobe na mesa
e mostra seios
recheados de luz;
tudo com água
mineral, cafezinho,
e telefones de Brasília,
arrastando da mesa
o orgulhoso diretor
de recursos humanos.

PAISAGEM ESTRATIFICADA

O baralhar barulhento
da misturadora de concreto
é dura música
para os que comem
numa hora espremida
debaixo das traves,
enquanto no bar defronte
certos homens falam
de antigas trepadas
à beira-mar
e bebem com fastio
vários salários mínimos
sem notar.

MODOS DE VER A NOSSA MORTE

Resolveu não sair,
mas apodrecer abatido
no quarto do hotel:
as camareiras têm chaves
de todos os quartos,

e, antes de ligarem-se
com a portaria,
avisando a descoberta
de um cadáver enorme
no apartamento dezoito,
tamparão o nariz
e fecharão, irritadas,
a torneira escorrendo:
"essa gente morre
tão relaxada", dirão.

CINCO DIAS DE UM ZUMBI

Atravessa a semana
feito um zumbi diurno
arrastando-se sem sangue
até o sábado salvador;
quando abre seu rum
e escreve umas cartas
sem, "prezado senhor";
compra tomates
e livros novos
que o possam ajudar
na aparência erudita,
própria de um zumbi
de nível universitário
que, às vezes, até
em si mesmo acredita.

ANÁLISE DE DESEMPENHO

Impraticável tarefa
de suportar as horas
estragadas, as pinças
das perguntas, a extrair
da língua
algo sábio ou gentil:
desse modo,
o trabalho perdeu
a força de arrancar
da terra fechada
as delicadas vagens,
e os dias perderam
o alegre significado
de colheitas chegando
e crianças crescendo.

CADÊNCIA DO JUGO

Poucos sabem
quando estão cedendo
ou acendendo
o cigarro errado,
levando água
a uma sede
menor que a sua;
quando no amor
e no trabalho,
por amor e zelo,
cedem coisas mínimas,
muitas coisas mínimas
e, nelas, o mínimo
que não deveriam ceder.

RUÍDOS AO AMANHECER

As sucessivas descargas
dos sanitários, ao amanhecer:
começando às cinco
no prédio cheio de quartos,
feito galos mecânicos
cantando sobre rios
as íntimas lamas
e as águas azedas;
são a lavagem matinal
dos que vão trabalhar,
diariamente,
com saudade da noite.

NUMA SALA DE RECEPÇÃO

Sentados nas roxas
poltronas de camurça
os clientes escutam
o barulho semi-inteligente
da máquina de calcular
e, de quando em quando,
esmagam a ponta
do cigarro no cinzeiro;
a recepcionista pede paciência.
("só mais um minutinho"),
sentindo-se encabulada

com seis homens fitando
seios que só faltam,
feito bolas, saltar
por cima do decote
da blusa encarnada.

HOMEM SEM LIQUIDEZ

Quando escolhi a mudança,
porque não suportava
a mesma baba azeda
do amanhecer,
não sabia que os bancos
me queriam em casa,
preso às duplicatas;
não sabia que o menor
movimento de liberdade
colocava em pânico
os oficiais de justiça,
acostumados a bater
na porta dos assustados;
não sabia que a vida,
quando quer abater-nos,
nos torna tão importantes.

A IDADE PRODUTIVA

Há dois anos,
contei as agonias,
os instalados transistores
no meu peito;
mas, enquanto contava
essas ninharias,
eram sete e meia
lá fora:
os ônibus estouravam
e os relógios de ponto
contavam,
(contagem regressiva)
ânsias de chegar
triste e cedo
ao trabalho.

SECRETÁRIA EXECUTIVA

Cheia de óculos,
alta,
politécnica
e poliglota,
na IBM colocando
o diagramado papel
e nas pautas
do almoço
(num piscar de cílios
negros, virgulados)
anotando em inglês
o novo endereço
do diretor presidente
que está em Detroit
maltratando seus ímpares
testículos grisalhos,
com aquela antipática
médica-residente.

TERRENO VAZIO NA ILHA DO RETIRO

A imobiliária
já o catalogou
no fichário de aço:
terreno desocupado;
mas, fora algum lixo
do bar ao lado,
ele está cheio
de canas bravas e tamarindos,
e, de todo o quarteirão,
ali somente,
nenhum monstro de vinte andares
esmagou as patas
de suas rãs,
ou expôs nos buracos
de tantas jaulas
seus vivos espantalhos.

UMA TEORIA DE CLASSE

Minha hipócrita
e piedosa classe média,
de carros, sorrisos

e diplomas emoldurados;
minha desapontada
legião de chefinhos
de ejaculação prematura,
sonhando com estrelas
menos tolerantes
que as aflitas amadas,
minha dialética
e esperdiçada classe morna,
quem sou eu,
minha classe perdida,
para condenar
tua salada verde,
tua falsa fome
de vida?

VITORIAZINHA RATEADA

A cabeça está firme,
e ele não faz feio
quando entra nos gabinetes;
olha de frente
os executivos colados
com fita adesiva
em suas poltronas;
a vontade não cede
um milímetro de luz
às ameaças nascentes;
mas, o terror de ontem
levanta os garfos,
e sobre sua amada
começa a pesar
algo mais
que um corpo magro
enfeitado por ela.

O ESPÍRITO DA SEGUNDA-FEIRA

Esses relógios atrasados,
cúmplices da claridade,
não deixam anoitecer;
enquanto os amigos,
calados, preenchem
os formulários do banco,
a semana se arrasta

feito pano de chão
encharcado de sangue
ou de luz (que também
vai apodrecer).

O CHEFE SE ENERVA

Sob a última pressão
bancária, judiciária
ou de muitas árias
cantadas por bichos
cozinhados vivos
em nossas caldeiras,
sai um esturro
do Diretor Financeiro,
atravessando facilmente
a delicada porta de vidro,
fazendo cair as xícaras
da bandeja de João,
e indo perder-se
no sanitário dos fundos,
onde Rosa, a datilógrafa,
há duas horas,
lê e relê, masturbando-se
uma carta misteriosa.

CARTA DE IMOBILIÁRIA

Prezado cliente:
adquira nosso lote
de terreno à beira-mar,
em área enobrecida,
já sem pescadores,
com suas mulheres
e sujos meninos
para banhar;
já sem caçadores
com seus bichos pulguentos
para caçar;
já sem amoladores
de facas, tesouras
e outros instrumentos para cortar;
já sem os casebres
que empobreciam a paisagem:
pode comprar.

TÉCNICAS DE DOCUMENTAÇÃO

Novos expedientes,
com números, barras e anos
absolutamente corretos,
pedindo verbas, propondo convênios
e demitindo pessoas,
(inclusive as que querem
mesmo ser demitidas);
documentos que viverão
uns anos de arquivo vivo
outros de arquivo morto,
dentro de padrões
da teoria
dos sistemas
para técnico (ou homem) nenhum
botar defeito:
maravilhas do nada
a interromperem a vida,
com seus carimbos de autoridade delegada.

PROMOVIDO CHEGANDO EM CASA

Ora,
se o aparelho
de ar-condicionado
e o Maverick do ano
cobrirem os gastos
com os travesseiros mordidos,
dê outra lambida
nos bagos do chefe
e diga, à noite,
à sua mulher,
que ele não é tão mau,
como seus companheiros
costumam dizer.

PREPARANDO UM DURO COQUETEL

Espremem seu cérebro
feito se espreme
um limão maduro
dentro de uma dose
extra de prestígio
junto a todos os órgãos,
inclusive aqueles

em que o leitor está pensando;
depois disso, resta
o papo com a moça
que sabe pintar, cantar
e comer contente
ameixas secas
com água gelada;
mas, o dia está aí,
com suas olheiras
de seis horas em ponto,
e o cérebro-limão,
com menos suco que ontem,
vai ser espremido
(não há dúvida)
com vigor redobrado.

SENTADO NO TERRAÇO (DO PALÁCIO)

Funcionários assíduos,
os bem-te-vis cantam
nos jardins do palácio,
e, sobre as capotas faiscantes,
dos Opalas negros,
eles dão seu show
de coral ondulado
à rigidez das sentinelas,
aos ouvidos selados
dos que discutem lá dentro
a maneira mais fácil
de pisar sem rastro
o tapete da história.

DESPACHO PÓS-EXPEDIENTE

Se o Pai Eterno
ainda tiver
coragem de mostrar
seu rutilante rosto
ao povo amedrontado,
dirá, com toda a voz
e todos os carvões:
as ideias brilhantes,
querubins cravejados
com dez mil pirilampos,
nascem longe, bem longe,
das Repartições.

ANÁLISE DE PLANEJAMENTO

Os retóricos equívocos
nas mesas de reunião
quase sempre dão certo,
ou acariciam com gozo
a penugem da autoestima;
se não salvam o país,
pelo menos tornam
um economista feliz.

DISCUTINDO A AUTOPROGRAMAÇÃO

Doa-te:
corpo lanterna,
corpo lenha,
corpo linhaça,
óleos e anuns
de dezembros
chegados em vão,
ainda
pólvora
açucarada,
ainda conversa
tensa e muscular,
ainda vontade
de conversar.

CLAU*
(1992)

* **Nota do autor (conforme edição original de 1992):** Entre meus vários textos inéditos, que amareleciam no eterno outono das gavetas (o único outono que os poetas do Nordeste brasileiro conhecem), estava este livro, em sua grande parte escrito nos anos para mim contraditoriamente mesclados de turbulência profissional e êxtase amoroso. Muitos destes poemas foram escritos no estado do Acre, onde trabalhei, entre 1980 e 1982, ora como executivo, ora com sociólogo. Foi Joselito Nunes, diretor da Imprensa Universitária da UFRPE, que anonimamente tem publicado (para honra daquela Universidade) os melhores nomes da grande poesia popular nordestina, bastando citar Pinto do Monteiro, Jó Patriota, Pedro Amorim, Dedé Monteiro, Canção, Lorival Batista, João Furiba, e um dos grandes parceiros de Luiz Gonzaga, Zé Marcolino, que teve a audácia de me convidar, a mim, um poeta "da praça", um "poeta pracista", para apresentar ao Conselho Editorial da UFRPE um texto poético. Aceitei, escolhi este livro, e creio que escolhi o mais oportuno.

O que se vai ler não são poemas meramente dedicados a uma única mulher que eu quis conquistar, a pintora Cláudia Cordeiro, a quem chamo na intimidade de Clau e com quem divido a minha vida há mais de uma tumultuada década. Eu os fiz depois de pretensamente senti-la conquistada, como a natural irrigação do corpo para manter-se ativo e receptivo, como se fosse um trabalho ininterrupto de conquista. São, portanto, mais que dedicados, pois procuram ser a minha visão completa de uma mulher em particular, além de pretender ser o relato expressivo de nossa convivência e de nosso encontro até agora intenso e duradouro.

Quanto ao título deste livro, ao ser divulgado entre minhas obras inéditas, alguns bons amigos, acostumados com a inconstância amorosa dos artistas, aconselharam-me a mudá-lo, por considerá-lo muito personificador. Eu o mantive por acreditar que a poesia, além de ser uma ânsia pela verdade absoluta, é a singularização ou a personificação máxima dos seres e das coisas (deste e de outros mundos). Se a filosofia nos diz que o ser repete a espécie, é possível que falar na grandeza de uma única mulher é referir-se à grandeza de muitas outras mulheres que vivem, trabalham e amam neste planeta assustador.

1. SINAIS

Ainda não acredito
no teu corpo tão perto,
nos teus cabelos cobrindo
meus olhos com medo
de te assumir, de te perder;
ainda não acredito
na tua voz vazada
em vento leve
de arvoredo distante;
ainda não acredito
que chegaste; depois
de passar tanto tempo
esquecido que havia,
atrás das folhagens do mundo,
uma possibilidade de ti.

2. PRESSENTIMENTOS

Aqui dentro,
pouca coisa ia bem;
mas, tudo, o cair das barreiras
sobre caixas de gente,
o apertar das têmporas
sob as chapas quentes
das baixas marquises,
literalmente, tudo
já era aguardado;
no entanto,
fora o amplo desastre,
havia aqui dentro
umas visões,
um furor de montanha
agoniada pela falta
de certas estações,
e havia um homem
com fome de alguém
que não tinha corpo
nem nome.

3. SURPRESAS

E quando julgavas
que teu corpo secara
as quentes resinas,
que não mais havia
sobre a pele espaço
onde a vida pudesse
com faiscantes unhas
riscar sua ânsia
de novos achados,
que não existia
floração mais viva
sob a copa exposta
ao sol permitido,
quando assim julgavas,
dos bilhões de corpos
um só bastou
para a terra inteira
tilintar suas vagens,
despertar brincando
feito a queda mais nova
de uma velha cascata.

4. DÚVIDAS

As castanheiras amazônicas,
de tão altas,
poderiam avisar-me
quando apontasses na distância,
mas não acredito nessas árvores
que nunca te viram
e jamais tocaram,
mesmo com a sombra
na tua sombra inclinada
para onde pensas
que fui.

5. ACENOS

A amada escreveu
que viria amanhã,
e todas as manhãs
a ficaram aguardando,
sentadas nas colinas,
até que o amado

as mandasse descer;
a amada telefonou
dizendo que viria
num dia de domingo,
e todos os domingos
elevaram seus copos,
até que o amado
os mandasse descer;
a amada chegou
e todas as manhãs
subiram as colinas
e todos os domingos
elevaram seus copos,
mas, aí, o amado
não os mandou descer.

6. DEFESAS

Algo para embalar-nos,
acima da noite
que transpira
por todas as sombras:
a certeza de que estás
realmente chegando,
com teus pentes, lavandas
e arsenal de cantigas
contra a fuga dos sonhos
e a sabotagem
das sedes pressentidas.

7. CUIDADOS

Ela ainda não chegou,
mas, quando chegar
estarei no aeroporto,
de camisa nova
e verde,
esperando-a;
estarei mais feio,
mais velho
mais cansado de esperá-la,
mas estarei
de camisa nova
e verde,
esperando-a.

8. ANSIEDADES

Enquanto os puristas
pedem chope sem "colarinho",
eu peço espumas
todas as espumas,
inclusive as do mar;
peço nuvens (nuvens!)
e nevoeiros,
todos os nevoeiros,
inclusive os mais cegos
da vastidão polar;
peço tudo que cubra
este sol a mostrar
horizontes cheios
de voos chegando,
este sol que escreve,
com seu maior raio
violeta e vilão
que você não está
em nenhum dos ventos,
em nenhum dos voos
que aqui pousarão.

9. ENSAIOS

Ainda não sabia
que de teus cabelos,
de muda melodia,
escorreriam o cântico
das águas profundas,
que tudo em ti cantava
pois era tão somente
começo de manhã
e tua luz inteira
sobre o meu destino
apenas começava.

10. IMPULSOS

No Acre
sob 40 graus
acima de zero,
abro os livros
pegando fogo
e os solto,

querendo que voem
sobre a mata maligna,
e me deixem em paz,
lendo só o que sou,
a 40 Claus
centígrados.

11. DESCOBERTAS

A floresta tem
todos os bichos,
todas as madeiras,
todas as borboletas,
rios gordos, rios magros,
igarapés
e índios tão santos
que não querem o céu;
tudo tem a floresta,
mas penso no teu corpo
e sua mata diminuta,
que uma só borboleta
poderia cobrir.

12. LIÇÕES

Amantes verdes,
que ainda não sabem
andar nas calçadas,
dançar nas feiras,
e cantar nas estradas,
têm muito que aprender
com amantes que estouram
seus tumores na multidão,
têm muito que aprender
com o ódio fervente
de amantes que não
se mataram com fúria
na devida estação,
e têm que atravessar
o ranhento rio
dos sonhos defuntos,
pois só chegam inteiros
na outra margem,
se chegarem juntos.

13. VESTÍGIOS

Quando ela me disse:
"Meu corpo é um nervo só",
eu comecei a vê-la
latejando nos ônibus
do meio-dia,
latejando na praça,
onde são quebrados
os finos braços
do infinito socorro;
eu comecei a tê-la.

14. VISÕES

Era aquele vestido
de cinza-metálico
que eu queria te dar
no mês de setembro;
com aquele vestido
de efeito solar
sobre os zincos do Acre,
passearias, à tarde,
com teu homem ferido,
entre árvores úmidas,
cães perdidos e nuvens
de borboletas negras,
a cobrirem de luto
a nossa paisagem.

15. PEDIDOS

Nunca me diga,
ó minha amada,
que você me colheu
naquele ramo
só visitado
pela pedrada;
mas sempre diga
que me lavou
com a doce lavanda
em ondas caídas
dos olhos de oxum,
no sol tropical,
que você me tornou
para a sua vida
seu amor final.

16. RESISTÊNCIAS

O que ontem
era alegria
em dispersão,
cristal ameaçado
sobre a mesa,
a um metro e meio do chão,
é hoje um riso
acumulado,
sem força de explodir
no rosto amado,
é cordame
de barco, que se estica,
tentando devolvê-lo
ao porto antigo;
é lume a incendiar
novos cardumes
de estrelas caídas
e apagadas pelas águas
do mar.

17. ÊXTASES

Tardia amada,
que chegaste
quando me pensava
que não ardia,
ainda amada,
apesar de tardia,
ainda uma terra
a se irrigar,
ainda sacrário
a baixar sua seda
e me abrigar.

18. AMEAÇAS

Toda vez que subo
nessas minhas
altitudes máximas
(além do nível do bar)
e mergulho de cabeça,
tripa e tudo
nessas minhas
profundidades (também) máximas

(além do nível do lar),
o rosto de Clau
está lá em cima
e lá em baixo
me deslumbrando, sozinho!
— Quem é Clau?
(pergunta um burríssimo
PhD em estética)
e ninguém pode salvar
seus pobres alunos.

19. SUBLIMAÇÕES

Um casal oprimido
de nus diante
da janela aberta;
aberta, sim,
mas só para a noite
e uns grandes pássaros,
difíceis de entrar
em qualquer poema,
uns pássaros feitos
de aquarela negra,
que voam para longe
do casal oprimido.

20. INVASÕES

Mesmo a sós,
sem sossego
os sós:
sob o teto
dos bares
ou dos lençóis;
no leme
dos cargos
ou no volante
dos girassóis;
ansiando nos fios,
se estão longe,
ou, céleres-úmidos,
misturando seus sais;
sem sossego
estão
se estão juntos
ou sós.

21. ESCOLHAS

As sereias que Homero
soltou pelo mundo
concentram-se lá fora,
sob um pé de acácia
pingo de ouro,
e cantam, em coro,
antigas marchinhas
de carnavais sepultos;
com suas máscaras
de metal azulado
e vozes de soprano,
vêm resgatar-me
para um tempo sem ti;
mas, levanto da cama
e fecho a janela,
para adivinhar
o que diz teu sonho.

22. CRISTAIS

Amar
é brochar
calado
quando longe
do ser amado.

23. APEGOS

Pela manhã,
a alguns minutos
de minha entrada na mata,
Clau juntava
roupas simples, trastes
que a gente carrega
quando parte sozinho;
mas sua vontade
era mesmo meter-se
entre aquelas camisas,
sabonetes e latas,
ser alguém sob a mesa,
escondido na festa,
ou transformar-se no pássaro
mais clandestino da floresta.

24. CIÚMES

Todo amor
que se preza
é presa fácil:
porque se dando
despreza
todo o perigo
da surpresa;
todo amor
é um ânimo
sobre o frio das almas
e o fio das lâminas,
é um louco
sonho
de esfera
tentando atravessar
a corda bamba;
é doce fera
na varanda,
mas tão vigiada
que se desespera.

25. DESAFIOS

Entre tantos monstros
que se estrangulam
no verão estrangeiro,
vão os dois
para um só fim,
são os dois,
um só vulto
e, cegos para os monstros,
atravessam o tumulto.

26. ALIADOS

Enquanto discutíamos,
eu e Clau,
o cerco lá fora
ouvíamos Chopin,
em plena clareira
da mata amazônica;
e lá fora havia
um certo gigante

de barro queimado,
que tramava e bebia;
mas Chopin, revoltado,
tocava o "noturno"
e tudo dormia.

27. AFAGOS

Depois de banhar-te
com a água mais fria
das três da manhã,
e depois de enxugar-te
com aquela toalha
da cor da romã
eu te acalento, assim,
como se não estivesses
só de passagem,
mas, como se chegasses,
e, para sempre,
de uma longa viagem.

28. REFÚGIOS

Só o amor é refúgio
contra este imenso
mal-estar no mundo;
quando lá fora,
cada sujo talo
de inveja crepita
sob túnicas cinza
de folhas apagadas,
quando só o amor,
afogado socorro,
abraça o outro
pedaço de tempestade.

29. NOBREZAS

Vista-se de jambo,
a cor irmã
do sangue velho,
e das frutas
caindo abandonadas

no lamaçal
da delícia degradada,
porque esse traje
de machucada mortalha
tem a cor da vida
que vamos, juntos,
ressuscitar.

30. INVEJAS

Na sua terra, amor,
deve ser junho,
deve ser chuva,
deve ser de manhã;
carambolas de cajás
esforçam-se por mostrar-se,
entre folhas molhadas,
para serem escolhidos;
só eu estou longe
de seu junho,
de sua chuva
e de sua manhã,
só eu posso
esgueirar-me entre as folhas
da distância,
para ser colhido.

31. CROMOS

As belas mulheres
nas estradas surgindo
são árvores em fogo,
girassóis ou Cláudias
nas estradas surgindo;
são fontes as mulheres
que nascem nas planícies
feito castanheiras
nas estradas surgindo;
são vontades de fogo
com glacês de nuvens,
as belas mulheres
nas estradas surgindo.

32. SENTENÇAS

Amor só é bom no começo
e não devia nunca
deixar de começar,
ser pura tentativa
e lingerie molhada
sob a mesa, no escuro
de tolerantes bares,
ser sempre essa mão
sem jeito, na hora,
de tocar a outra mão,
de chegar escondendo
humilhações do dia,
e nunca humilhar
quem dança sobre o muro,
a olhar com inveja
esse amor do presente,
sem saber que esse amor,
que é feito de começos,
não tem fim nem futuro.

33. ELOGIOS

Com teu corpo e teu rosto,
outra moça
não seria infeliz;
outra moça pisaria na praça,
mais firme flor
e definitiva princesa;
com teu jeito
de sorrir, às vezes,
quando esqueces o fracasso
de todas as juventudes,
outra Cláudia
encheria de graça,
um encontro de pesadelos,
sem teu modo
de cobrir de silêncio
meu ódio do mundo,
outra amada
não me faria feliz.

34. ORGASMOS

Quando a amada
se joga assim,
assim no auge
de seu carnívoro esplendor,
eu cresço tanto
que poderia
arrancar esta casa
e levá-la, de vez,
a alguma fronteira,
onde os tomateiros
espalham no chão
seu riso vermelho,
onde as amadas,
amadas assim,
amanhecem coradas
de amor satisfeito,
amanhecem querendo
(mesmo)
o amanhecer.

35. MEDOS

Se me abandonas,
quem mais estará comigo
nesta franja inflamada
da primeira floresta?
quem mais achará,
ao menos compreensível,
essa vontade de rio,
que pula as pedras,
e continua a viagem?
quem mais cortará
meus cabelos e unhas,
contente de esculpir-me
para a hora do amor?
quem mais baterá,
ofegante, na porta,
sem saber se estou?

36. LEMBRANÇAS

Aqui, nesta distância,
com seu fuso horário,
e o sol

tão órfão de ventanias,
lembro-me de Clau
dormindo,
dos seus cabelos
um dos seus seios
cobrindo,
do seu corpo na cama,
ao adivinhar-me,
se abrindo.

37. ACORDES

A companheira nasce
quente e repousada
das cobertas azuis,
mas, seus cabelos,
ainda aninhados
com os fios de noite,
a seguram com calma,
e ela não consegue
abraçar com força
seu amor inteiro;
e vai pegando-o
devagar, sem pressa,
intumescendo-o feito
uma luz cautelosa
entre grãos de terra;
a chocar, com seus dedos,
as inchadas sementes.

38. CAPITULAÇÕES

Quando junto de mim,
com essa alegria
de papoulas rosadas
e essa luz de cristal
nos olhos limpos,
minha amada me apaga
dentro dela,
e durmo assim
feito folha feliz
entre folhas tombadas.

39. POSSESSÕES

Devo falar da maravilha
que, entre soluços, me acontece
neste março, neste mor março;
da triste maravilha molhada
que não é bebida em prece,
mas engolida com toda
a infinita pressa
dos que não olham para trás:
súplice maravilha,
penteando-me por dentro.

40. CONFLUÊNCIAS

Não te amo contra Maria,
contra Tereza,
contra Luzia;
eu te amo amando
todas as Marias,
todas as Terezas,
todas as Luzias
que moram em ti;
eu te amo
a favor de todas
que não amei
como a ti;
eu te amo amando
as duzentas Marias,
as trezentas Terezas,
as quatrocentas Luzias
que moram em ti.

41. SUGESTÕES

Quero dezembros,
sou louco por dezembros
e por uma mulher
chamada Cláudia,
filha de oxum,
a de cabelos montanhosos,
de longa paciência
para suportar
minha vontade de morrer;
quero dezembros de verdade,
fins de dezembros,

com as pessoas correndo
atrás
de suas almas perdidas.

42. CATARSES

Delicada sombra
que me lava
com esponja de sombra;
delicada sombra
que se lava
no chover das sombras;
delicada sombra
que lava
todas as sombras;
sombra delicada,
minha sombra.

43. SUTILEZAS

O amor maior
é o amor escondido,
é amor guardado
entre grade e postigo;
o amor maior,
ora quer quebrar
ora proclamar
seu brinquedo esquisito;
o amor maior
ou diz muito
ou não diz;
é de todo amor
o menor aprendiz.

44. SENTIDOS

Cláudia pinta
diretamente com a luz,
a luz branca,
a branca denúncia
de sua luz;
lanterna caçando
uma fera
chamada "iralágrima",

descascando a sombra
ou a farsa
que sob o rímel
e o código
flui.

45. MIMOS

Eu te amo tanto,
que, se o bem,
todo o bem,
for você dormir,
eu me esqueço de mim
e te acalanto.

46. INTIMIDADES

O suor nascente
faz seu busto brilhar,
folha recém-nascida,
mesmo sob a pobre
luz fluorescente,
e me pede um cigarro
aceso e começa
a brincar e a dizer
ser dona das tardes
que morreram sem sol:
agora, todo o ritmo
do corpo e da vida
é menos ofegante
é mais compassado,
e enxuga com o lençol
os pequenos riachos,
que correm nas espáduas
do seu homem cansado.

47. DISPUTAS

Trabalho e amor
disputam o meu corpo:
o amor só quer
o corpo descansado,
para o devorar,
e espera um pouco

a raiva do dia
de uma vez partir
e o sangue voltar;
mas, quanto à tristeza,
o amor não dá
a mínima para ela,
mexe aqui por baixo,
mexe aqui por cima,
e faz no coração
a mais bela faxina.

48. INDECISÕES

No começo, de bruços,
com as coxas juntas,
a esconder-se do meu olhar,
não me deixava ler,
escrever ou partir,
e eu saía assim,
sem dizer a ela
o que ia pedir,
e ela ficava
sem saber, talvez,
o que ia me dar.

49. MANHAS

Embora aberta
aos duros assaltos,
ainda coberta
de sobressaltos;
depois, certa
de que o receio
é de não ser assaltada;
agora,
mais aberta
porque certa
de quem vai assaltá-la.

50. ACORDES

Tudo é esquecido
assim que o amor
resolve-se em doçura

e entrega sem recibo,
assim que me prendem
os úmidos
e delicados alicates,
lá dentro da vida.

51. ATLETISMOS

Como se um fosse
o mar do outro,
nadamos os dois,
a metade da noite,
um no corpo do outro,
e ficamos, depois,
tão calados e imóveis,
feito mares vazantes
a esperar, um do outro,
a primeira onda,
para, um no outro,
de novo mergulhar.

52. PUDORES

Ao falar de nós,
ela sempre receia
que o poema fale demais,
e fiquemos nus
nas bibliotecas
e salas de estar
dos poucos amigos
que lerão;
seu receio é tanto,
que o poema fica orgulhoso,
como se não fosse
(como nós)
desaparecer.

53. LENDAS

Sobre Clau,
tenho muitas lendas,
e só uma delas
não vou contar,
pois é tanto lenda,

ouvindo-a ou lendo-a,
que parece verdade
de arrepiar;
e a verdade, diz Eliot,
com toda razão,
nem essa lenda de Clau
pode suportar.

54. TOPOGRAFIAS

Sob duas
altíssimas serras,
uma planície se estende
até alcançar
a movediça terra
de açúcar calcinado,
onde, em breve excursão,
minha tensa vontade
sem sossego
se enterrará.

55. ANÁLISES

Fora de teu amor,
eu seria um sujeito
mais triste e mais eu,
e, menos suspeito,
talvez não maldissesse
o orgulho besta
deste emudecido país;
mas,
fora de teu amor,
eu não suportaria
ouvir nas calçadas
que "a vida continua",
e saudaria os amigos
com as mãos geladas.

56. ARROUBOS

Com suas águas-de-colônia
e as mãos altas
a desatar os cabelos,
a amada parece competir

com as castanheiras
de cinquenta metros de altura:
vejo-a lá em cima,
porque ela tem o tamanho
do meu desejo
mais aflito,
e meu desejo
tem o tamanho
do infinito.

57. CONFISSÕES (DE CLAU)

Quando penso em ti,
tenho os seios
infláveis,
até ao toque
dos meus próprios cabelos;
quando toco em ti,
tenho a pele
e o pelo
inflamáveis,
mesmo que durmas,
com teus sonhos
e sedes
insondáveis.

58. ESBOÇOS

Tudo em você
é completamente:
é a manhã mais tórrida,
feita de azulejo
e luz somente;
é o sol forçando
a janela fechada
de uma moça doente;
e, mais ainda:
é cantiga cantada
por Clara Nunes,
mas acompanhada
por Vivaldi ou choro
de uma estrela cadente;
tudo em você
é morrer ou viver
completamente.

59. COMPARAÇÕES

Mulher é melhor
com ar de sílfide,
mas de cabelos indomáveis
feito antigas
cintilações de sarças,
feito um clima
de clareira,
feito Clau,
sem nada dessas damas
montadas nos seus lordes,
e tudo que pareça
o mais puro salitre
das distâncias
e a abismal sabedoria
dos fiordes.

60. GAFES

Sendo um péssimo suicida,
ao invés de matar-me,
jogo no balde de lixo
um poema enorme
cheio de rimas e lombrigas internas;
ligo o vídeo e assisto
ao "Touro Selvagem"
de Martin Scorsese;
pego uma laranja-pera,
e mastigo com raiva
seus bagos acadêmicos;
e, se Clau aparece,
com os seios descobertos,
em alta superintendência,
podem ter a certeza
de que, nessa história,
só a laranja morreu.

61. HEMISFÉRIOS

A saia marrom
cobre a metade
da amada,
divide seu corpo
em dois hemisférios:
o de cima
é feito de ar,

céus e nuvens altíssimas;
o de baixo,
mais próximo
do entardecer dos barrancos,
lembra telhas, tijolos,
e tudo que prende à vida:
é de barro
e fornalha.

62. REPETIÇÕES

Um amor bem final:
que não pensa mais
nas madrugadas velhinhas
cobertas de xale,
tossindo, tossindo,
até o amanhecer;
e não busca mais
as mulheres sozinhas,
bebendo, bebendo,
até o amanhecer;
um amor bem legal
bem legal, bem amor,
e ponto final.

63. ESTÁGIOS

Na mais absoluta
radiância do amor,
que, a cada segundo,
vai cegando o perto,
o longe e os céus
somente inventados
pelo sonho de voo,
é aqui, amada,
cercados de apelos,
que iremos deixar
nosso claro recado:
o amor e a alegria
são um só pecado,
entre dois pesadelos.

64. ARAGENS

Durável sorriso
de coisa nova,
desembrulhada, às pressas,
pelos que acabaram
de renascer;
inoxidável sorriso,
à prova de sombras
que rondam, raivosas,
um resto de infância;
amigável sorriso
sob quentes rajadas
de vento terral,
sob a inconstância
do bem e do mal.

65. DEFINIÇÕES

Clau não é uma árvore,
não tem ramos
torturados pelos ventos,
nem folhas que já nascem
em seu precipício;
Clau não tem heras
ou limos que possam
torná-la antiga:
é começo dela
e das coisas
que jamais
cansam de começar.

66. QUOTIDIANOS

Batendo ovos
na cozinha,
levantando espumas
das claras com sal
e farinha de trigo,
Clau começa a cantar
um samba de Vinicius,
enquanto o rádio grita
o resultado das prévias
que derrubou um Kennedy,

mas sem interromper
"tristeza não tem fim..."
e a bela omelete
que ela faz pra mim.

67. SONOS

Ó companheira,
ressona em paz,
depois do sol,
depois das seis,
depois de todos
os sons e sinos
de "Angelus"
que não cantam mais;
ressona aberta,
feito um livro largado
sobre as cobertas,
bem junto do amado
que o leu demais.

68. CONTRADIÇÕES

No teu modo
azul-melancólico
de pedir desculpas
por não ser uma nuvem,
eu noto a antiga
contradição dos amantes:
como agarrar com força
o que amamos
terno e frágil,
e, como amá-lo tão frágil,
se o queremos eterno?

69. AMENIDADES

Prometi a ela
este poema sobre o antúrio,
flor da família das claucláudias,
e ele surgiu nesta manhã
de elevadas palpitações
e montanhosas agonias;

falo da volúpia
de uma flor tropical,
com sua vagem entreaberta,
a querer e a temer
a quente visita
do vento terral.

70. PROFUNDIDADES

Só lá dentro
a vida perde
a elegância e se arrepia,
porque, na superfície,
minha amada
é um bosque homogêneo,
sem ventanias
ou motosserras raivosas
a agitar suas copas;
na superfície,
minha amada
nem parece um bosque,
parece mesmo
minha amada.

71. ACERVOS

Este amor de mesmo
é tão desajeitado,
tão sem pose de anúncio
de marca de cigarro,
tão rasgar-se, tão fúria
nervosa de agradar,
tão fracasso novo
quando a intenção
de dar-se é tanta
que se esquece
de se dar de verdade;
tão ânsia de dizer
e medo de estragar
a luta do outro
por nos conquistar;
tão vontade de ligar,
não ligar, desligar,
tão sério moleque
a dizer "me mate"

e tão "vida, se abra
e me aceite também",
tão alegria paga
sorriso a sorriso,
e tão lembrança, tanta,
que nunca se apaga.

72. COLHEITAS

Alguma fruta
caiu no teu sonho,
enquanto dormias,
pois eu senti,
ao abraçar-te no escuro,
cheiro de carambola
amadurecida no pé,
de carambola madura,
lavada pelas chuvas
que caíam em teu sonho,
enquanto dormias.

73. SINESTESIAS

Entre as puras
paredes de granito,
és só seda,
sede
e espera do infinito,
e nenhum homem,
mesmo forrado
das luvas mais dóceis
das nuvens mais alvas,
ousará tocar-te;
nesse tempo altivo,
ó montanha delicada
ou delicada folha,
com a pele coberta
da penugem infantil
de alguma açucena,
tão nova que seu perfume
ainda não sabe falar.

74. PAISAGENS

A dúctil cambraia
de sua blusa
dava às brisas
e aos ventos de agosto
o direito de boliná-la,
quando, no terraço,
espera uma estrela;
só a entristecia
os cabelos crestados
pelo verão prematuro,
e a demora daquela estrela
que, por sinal,
não prometeu que viria.

75. NOITES

Clau desperta aturdida
quanto a ficar
agarrando-se aos fios
de um sono
que se desfiou,
ou se erguer defendida
contra um mundo que,
mais esperto que ela,
nunca lhe pagou;
ora fala como quem
já despertou,
ora me pede uns cinco
minutos a mais
de um sono
que se acabou.

76. CONTEMPLAÇÕES

Daqui a pouco,
quando as sombras domésticas
recolherem-se aos sótãos
e aos troncos gordos
dos velhos arvoredos,
vai amanhecer:
jogaremos as redes
mofadas e frágeis
sobre as águas verdes,

e o sol, dominado
pelas brisas atlânticas,
não doerá, como antes,
em tua pele queimada
pelos dedos em brasa
de teu homem triste;
e a vida, esperada
pelas luas castanhas
de tuas pupilas,
se oferecerá como o milho,
ou as coisas que ardem
de tanta alegria.

77. RESISTÊNCIAS

Teu corpo no banho:
tuas mãos passeando,
cheias de espumas
sobre a pele dourada;
teu corpo altivo
feito uma chuva
solene, a se distender,
tão lavado e vivo,
tão forte que retarda
seu próprio entardecer.

78. AVANÇOS

No meio desta Luz
peneirada pelas copas
dos grandes fícus,
esfriadas pelas breves
brisas transatlânticas,
devo baixar estes braços
agitados dentro de mim,
e sentir que me alcanças
com dedos tão longos
que me tocam na infância,
e esquecer o futuro
bater de asas
de nossas sombras.

79. DESPRENDIMENTOS

Para descrever-te,
estou sempre descansado,
sempre com os olhos
de quem dormiu tanto
que acordou lavado
por subterrâneas
e sombrias águas
de ontem,
e fazendo jorrar
(para tua sede)
todas as nascentes.

80. INOCÊNCIAS

O mar inocente
não sabe de nada:
que te deixou
essa cor roubada
ao sol poente,
que estavas dentro
das ondas mais altas,
quando era maralto,
que tenha, sequer,
ficado mais belo,
depois de tocado.

81. ETIQUETAS

Amo-te com uma ânsia
tão desastrada,
como os que amam
com sua vida
já estragada,
como os escombros
de uma árvore
amam a semente
já germinada.

82. ABRAÇOS

Há mais de um tempo,
não sentia por perto
esse cheiro de azul

que o céu descoberto
solta pela varanda,
quando a manhã começa
a tirar seu vestido,
a se desnudar;
esse cheiro lavanda,
que era sempre sentido
quando erguias os braços
para me abraçar.

83. PRESSÁGIOS

Tánatos tempos
de cerco e ansiedade,
quando a sede de sonho
só recebe o vinagre;
quando o riso da amada
se apaga
por longas semanas,
sob a azáfama
dos ventos zangados,
para ressurgir,
feito a grama,
sob os tonéis abandonados.

84. AUSÊNCIAS

Como ardes
carne
que me alarmas
neste 41°
pavimento da vida;
sobe até mim, amor,
porque já queimam,
uma por uma,
as pilhas do sonho;
sobe até mim,
dispara para o meu
inferno, amor,
tua escada magirus.

85. LEITURAS

Porque um
era a surpresa do outro,
todas as manhãs

amanhecíamos juntos
porque amanhecíamos
com outro;
livres líamos
todas as manhãs
o livro novo
que éramos
um para o outro;
porque amávamo-nos,
como desconhecidos,
amávamo-nos.

86. ECLIPSES

Ninguém partiu
ou ficou abandonado:
o amor se foi
como quem foi ali
comprar cigarros,
tinta que se foi,
no muro esquecido,
descascando calada;
o amor se foi
devagar feito sombra
a voltar para a árvore,
devagar feito féretro
atravessando a cidade,
feito estrela fátua
a se apagar
na própria claridade.

87. FÚRIAS

As samambaias
germinam em todos,
cobriram tudo:
quando nós estamos
no fundo do abismo,
elas estão lá,
entre pedras umedecidas,
à nossa caça
enfeitando felizes
a nossa desgraça;
e, quando nós estamos
na fértil colina,
onde a amada espera

o prometido mel,
elas estão lá,
enfeitando felizes
nosso pobre céu.

88. MINÚCIAS

"Uma dor bem final",
disse-me ela,
a explicar a agonia
do pássaro que pintava,
esganado pelas garras
humanas de seu irmão;
"um amor terminal"
disse-me ela,
mostrando o bico aberto
e as penas eriçadas
do pássaro agonizando,
que ela mesmo pintava.

89. ATRITOS

Nunca nossos rostos,
congestionados, gritaram
um para o outro;
sempre nosso amor
soube separar
o que havia entre nós,
e o que o mundo, incomodado,
introduzia;
sempre, sempre, sempre,
um de nós se imolava,
enquanto o outro, a seu tempo,
renascia.

90. PRENÚNCIOS

No amor, os primeiros
sinais do fim
não são sequer
sinais de desamor:
a ira, a púrpura
parietal da ira,
sob a seda e o cetim,

a patada dos cílios
da pétala dada,
o silêncio-armadilha
a caçar no outro
o que falta ou aquilo
que há de ruim;
no amor, os primeiros
sinais do fim
são sinais da falta
(até delicada)
dos sinais de amor.

91. DISTÂNCIAS

O tempo é outro:
de outra,
ou de outro,
e não acontecer nada
é o melhor
acontecer do dia,
de salão em salão
até a cela
da amada fria,
a desabar, sem saber,
de sono a célebre
escada que fazia;
não acontecer nada
é acontecer o fim
do ar, do dia,
de tudo que ardia.

92. IMPASSES

Depois dos raios
caídos lá fora
é justo que, feridos,
estejamos distantes,
agora;
é até previsível
que o volume de sonho
ou de sangue
não seja o de outrora;
só não compreendo
é este mundo parado
esperando que o outro
faça o gesto esperado.

93. SOLIDÕES

A amada deitou-se
debaixo da árvore
da copa mais alta
e mais densa,
e desceu sobre ela
uma noite pesada,
parecida com a noite
de criaturas que partem
a soluçar sob a chuva:
caía sobre ela
a noite inesperada,
sem socorro e sem mim.

94. RENDIÇÕES

Ah, esses dias
em que a possibilidade do luto
traduz-se em gosma,
náuseas e raiva do sol,
e o amor se aproxima
completamente indefeso,
como quem pede água
a um pelotão de fronteira,
como quem se despede.

95. SAÚDES

Sei que a coragem
é, às vezes,
um descuido da sensatez,
e confesso meu medo,
medo de que toda
essa euforia triunfando
seja a última
visita da alegria
ao amor se acabando.

96. ORFANDADES

Com uma lampadazinha
na ponta do pincel,
Clau pinta seu trópico,
cobrindo-o de verdes

escuros e de bronzes,
e desdobrando-o
em velhos telhados
franjados de folhas,
século a século,
até onde
não existia mais onda,
até a verdade
afogada nos ontens
a mais triste
e órfã de horizontes.

97. EXORCISMOS

Vou tomar um banho
de sombras velhas,
dessas que desciam,
que pingavam das árvores,
nos antigos quintais;
depois, suportei
a morte de teu amor,
como um banho do tempo,
como suas águas idas
sobre o sonho
e a matéria esquecida.

98. BALADAS

Chovia, chovia,
as chuvas que sonhamos
caíram num só dia:
sobre as capotas negras
dos Mercedes, chovia,
sobre os capotes cinza
dos vigias, chovia;
tudo estava chovendo:
era chuva de noite
e chuva de dia;
e perto de nós,
nem templos, nem casa,
nem bares, havia;
sonhamos, talvez,
com chuva demais,
o sonho parou
e a chuva não sabia:
chovia, chovia.

99. ALTERNÂNCIAS

O amor começa
com piano Chopin
e, no meio, enlouquece
com guitarras elétricas,
e depois vai voltando
à flauta de Pan,
a marcar o cansaço
de um velho Arlequim,
e depois se esquece
que ritmo toca,
e vai tocando
como pode
o seu fim.

100. ESCOLHAS

Mais vale ter
o rio limpo,
para pescar,
do que a mera
promessa de peixes
a se multiplicar;
mais vale ter-te,
sem o amor antigo,
que buscar um novo,
com o perigo
de perder-te;
mais vale ter
o aroma leve
da breve rosa,
do que a eternidade
duvidosa.

101. FINAIS

Após tantos fins
e tantas cinzas
e tanto fogo azul
queimando os "sins",
após todo após,
todo depois,
todo amor que foi tanto,
tanto quanto

foi amor vezes cem,
feito Petrarca
foi o amor de Laura
e mais ninguém,
meu amor fez mais gols,
fez cento e um,
e, embora seja,
agora, amor nenhum,
se Petrarca é da história
universal,

eu sou de Clau.

A RURAL TAMBÉM ENSINA
A SEMEAR A POESIA*
Cordel (1992)

Em tempos de CPI,
faço o meu depoimento,
numa sextilha mais fraca
que ordenado sem aumento,
sobre a edição prematura
do meu livro em lançamento.

Só mesmo no enxerimento
ganharei pra Lourival:
Eu fiz poesia com Cláudia
e paquerei com a Rural,
em menos de quatro meses
nasceu o meu livro *Clau*.

Clau é com U, não faz mal
nem na rima sou racista
doidice foi dar carona
a este poeta pracista,
onde se publicou Pinto
sou sempre paraquedista.

Não há bardo que resista
ficar tão perto do sol,
ainda mais com Jó ali,
a acender seu girassol,
depois que o P.C. Farias
roubou o meu guarda-sol.

Foi nesse fogo de escol,
que me jogaram, ligeiro,
com Pedro Amorim, Furiba,
Marcolino, o viajeiro,
e, para me assar de vez:
Cancão e Dedé Monteiro.

---

* Folheto de cordel publicado para divulgação do livro *Clau. Poemas*, em 1992, no aniversário de 50 anos do autor.

Esse foi o time inteiro
que a Rural já publicou;
nesse time, nem reserva,
eu acredito que sou,
quando muito sou gandula,
pego a bola que sobrou.

Mas, não pensem que eu estou
depreciando meu aço
toda face da Poesia
tem seu dia, seu espaço,
ela é como a rosa verde,
que não existe, mas faço.

Alguns a pegam no laço,
outros com pinças, no escuro,
está no tempo passado,
está no tempo futuro,
na pontinha de uma estrela,
no buraquinho de um muro.

A sua origem, eu juro
ter visto e vou relatar:
foi quando o homem parou
para pensar e plantar
que a poesia começou
pela terra a germinar.

Bem antes de rebentar
o seu canto de magia,
antes dos cantos guerreiros,
um canto maior surgia,
era o cantar das colheitas
que a natureza tecia.

Essa origem da poesia
no mundo: rural explica
porque uma universidade
do campo agora publica
tanto a poesia que brota
quanto a que o pranto fabrica.

Virtude que só se aplica
à Rural do nosso Estado,
com projeto de extensão
pra analfabeto e letrado,
doutor cheio de hemorroidas
e fazendeiro tarado.

O livro, que ora é lançado,
morava numa gaveta.
Joselito vendo o pobre,
naquela paisagem preta,
disse: — Posso publicá-lo,
caso o Conselho prometa.

O Conselho foi porreta
e aprovou o desvalido.
Walmir, o novo Gutemberg,
dos mestres o preferido,
não se equilibrou no muro,
tomou logo o meu partido.

Ele foi logo seguido
por Elizabeth, que faz
num dia a composição
e por Helena, que traz
seus zelos de revisão
e caminhou tudo em paz.

Jerônimo, o contumaz
amigo de Joselito,
encarregou-se depressa
de fazer o fotolito:
ele fotografa até
a sombra azul de um mosquito.

Mas quase nada foi dito
sem dizer do Luciano,
que domou um off-set
depois que Járder, bom mano,
gravou em puro alumínio
minha poesia, sem dano.

E não faltou nenhum pano
para fazer o enxoval
deste livro, que hoje faz
seu desfile inaugural:
Doutora Branca brigou
e ele saiu no Jornal.

Desejo que o livro *Clau*
seja lido sem pudor,
como se ele fosse o frade
e você, seu confessor:
comemoro cinquent'anos
com esse livro de amor.

Agora, peço um favor
a este Império Violeiro:
perdoe quem faz devagar
o que o outro faz tão ligeiro,
galo bom canta melhor,
quando canta em seu terreiro.

Poesia é um atoleiro,
um arco-íris total,
uma brisa à beira-mar,
um quente vento terral,
uma vestal traiçoeira,
um demônio cordial.

É fêmea parindo sal,
macho apontando pistola,
menino perdendo as aulas
somente para jogar bola,
poeta pensando o verso,
outro solto na viola.

É castigo que consola,
arquitetura e improviso,
só se pode falar dela
com coração e juízo,
ora é feita pra cantar
ora o silêncio é preciso.

É um ar de Paraíso,
que todo mundo respira,
às vezes, sem dar valor,
é feito alguém que partira,
por não ser acreditado,
sem dizer qualquer mentira.

Mas, resumindo, ela inspira
a confiança encantada
para a alma que está sozinha,
na própria sombra amarrada,
e para a dor da matéria,
que teme ser explicada.

Eu vou mudar de toada,
sem sair do mesmo céu,
para agradecer a João
e ao amigo Maciel,
nem mesmo o tempo constrói
amizade tão fiel.

São feitos do mesmo mel,
favos do mesmo cortiço,
e decoraram meu texto,
sou ruim nesse serviço,
violas vivas vieram,
para aumentar o feitiço.

Espero que todo o viço
dos juazeiros rebente
nos planos dos que protegem
poesia escrita e repente,
no coração Joselito
que na Rural se pressente.

Quanto a mim, estou contente
e de gratidão repleto,
todos querendo abraçar
este meu corpo inquieto,
feito alegria suprema
que tem piso e não tem teto.

De tanto amigo dileto
eu me sinto devedor
que agradeço, de uma vez,
ao magnífico reitor,
governador deste campus,
e ao mais liso servidor.

Mas, pitu e lambedor,
não fazem mal a ninguém,
diz um ditado, e eu digo:
quem é muito nada tem,
por isso, ao professorado,
quero agradecer também.

Bode novo com xerém
tornam a vida sadia,
o meu livro só saiu
porque estudantes havia,
se não houvessem estudantes
nem a Rural existia.

FIM

Agosto de 1992

CARNE DE TERCEIRA*
(1996)

"... Não falte nem sobre nada."
Quintiliano (35-96 d.C.)

---

* Este livro inaugura a forma fixa criada pelo poeta, a "retranca". A publicação original — *Carne de terceira com Poemas à mão livre* — reproduziu o livro *Poemas à mão livre* (1981) que, nesta edição da *Poesia completa,* está publicado à parte em sua versão original.

UM DIA

Manhãzinha, banhar-se
na água de flor,
que pétala a pétala
o sereno juntou;

miúda alma, fino fio
que acende a galáxia;

manhãzinha, na lauda
pré-escolar:
a casa de sol, a árvore, e

a infância a entrar
no jardim da distância.

*

Amanhece, o corpo
a sentir sobrar-se:
planta a consentir
uma rama dobrar-se, e

a colher de si
sua própria flor;

amanhece, a camisa
violeta-avelã:
o tênis tamarindo, e

na calçada, a garça
ainda não alcançada.

*

De manhã, sob o céu
varrido, várias vezes,
pelas vassouras verdes,
dos coqueirais,

ardem cios em sonhos
sob os aventais;

de manhã: a alegria
de meia-idade
é sol do meio-dia,

a explodir na vagem
madura, que se abre.

*

Amanhecido, a mesa
sem gordura e sem sal,
depois as palavras
cruzadas, no jornal;

se chove ao amanhecer,
volta a adormecer;

amanhecido, do terraço
vê os carros fugindo:
do Fisco, da devassa?

vida ex-caça, rara peça,
já sem preço e sem pressa.

*

Tardezinha, antes
do pré-escolar:
solúvel é a luz
dos seios, o leite

do sol a coar-se
na cambraia do cosmo;

tardezinha, a pátria
é coca gelada, após
a aula de ginástica;

já em casa, o nirvana
é a torta de banana.

*

Entardece: o som
de balas da bateria
abafa a dúvida entre
o surf e a biologia;

e a solução é pegar
a onda da tarde e passar;

entardece: a garota
lembrada num jato
cai no assoalho, gota a gota:

sagradas, só as espumas
das ondas quebradas.

*

De tarde, no escritório,
chega até às máquinas
um sono que sobrara
das férias, na chácara;

vem a pé, a trazer
uma água, um café;

de tarde, chega o fax
com seu microalarde
dentro da eternidade, ou

põe-se em outro Babel
um rabo de papel.

*

Entardecido, um gorro
cor de abacate, chinelo
com forro e os bolsos
cheios de caramelos;

chega ao parque das vizinhanças
mais um folguedo das crianças;

entardecido, o sol que se põe
a ele apenas se assemelha
pelas cataratas irmãs

de seus olhos, que veem mal
o que não é essencial.

*

Noitezinha, uma lua
sai da blusa e oferece,
no silêncio de seiva,
a glicose da prece;

sem passado, ele dorme
o seu tempo enorme;

noitezinha, já fez
os deveres do dia:
não parar uma vez;

não se deixar deitar,
sem antes se cansar.

*

Anoitece, visita
ao colega do prédio:
uma fita pornô
entre obras do colégio;

vai saber o que a vida
faz lá dentro, escondida;

anoitece, nove damas,
lambendo os lábios com as línguas,
vêm nuas, à sua cama,

jogar seus finos anzóis
sobre as ondas dos lençóis.

*

De noite, na garagem,
seu Fiat rumina,
e a Penélope de short
põe sopa na terrina;

pela brisa, trocou
a sua suada camisa;

de noite, vem da amada
a energia da cereja,
da família das rosáceas;

no terraço, a aragem
e o abraço selvagem.

*

Anoitecido, do tempo
abre a última porta,
mas poderia fazer
a viagem de volta;

ainda cobre a amiga
a carne anoitecida;

anoitecido, examina
a trave da janela,
uma chuva bem fina

já começa a cair:
é hora de dormir.

ADÁGIOS

Tenha sempre na agenda
uma excursão futura;
quanto à data, é nuvem,
só não mude a moldura;

levante âncora, antes
que as águas se encantem;

pense estar no convés
do alto transatlântico,
de tantos nós, tantos pés,

que no instante de embarcar
já se sinta distante.

*

Mesmo a regra adotada
por livre vontade,
quando vira rotina
infesta a liberdade:

aquele passo em falso
era um novo compasso;

mastigue o passarinho
que faz de sua busca
um redundante ninho;

seja a ovelha perdida,
a que nunca é vendida.

*

Nem o império dos mansos
aceite de presente:
ao calor das ovelhas,
desovam as serpentes;

nem coroa apertada,
com jeito de granada;

se o emissário falaz,
na ponte do fosso,
vier propor a paz

por uma bagatela,
bombardeie a capela.

*

Preso no corredor
polonês das estantes,
melhor confessar
nunca ter lido Dante;

sessão boa é a da brisa,
aonde se vai sem camisa;

quem não se rebusca se acha:
diga "não sei" e receba
uma aula de graça;

seguir sábios não humilha,
não é humildade, é guerrilha.

*

Intermitente sangria,
o ridículo invade
a memória se, em saltos,
vagueia vazia;

e, como o sargaço
ele toma o espaço

de sua pescaria,
inflando de vaias
as velas do dia;

mas, sob o ridículo, a arte
ferra o seu espadarte.

*

O futuro era hoje:
e o ponto de partida
a borda da cisterna
de rãs envelhecidas;

na água do inverno passado,
como um rio encaixotado;

o futuro é, súbito,
a sede acumulada
em alguns metros cúbicos;

para trás, sempre indenes,
correm os rios perenes.

*

A ironia, quando atira,
só o faz de emboscada,
ou com Magnum, abafando
o estampido na almofada;

vive a cravar os caninos
na palidez dos meninos;

ou a brincar, tarde inteira,
com alguém que não sabe
ser parte da brincadeira;

é covarde e simbolista,
só sugere, nunca arrisca.

*

Quando o próprio invisível
torna-se um critério,
uma lente maior
devasta o mistério;

encapuzar o dia
não é boa liturgia;

nem o dogma é gado,
que se pode vender
no estio prolongado;

nem se mede com a cruz
o diâmetro da luz.

*

Esconda, feito um cão,
sob algum arvoredo,
seu osso de alegria,
perigoso segredo;

ficar contente, assim,
atrai coisa ruim;

sobre o monte pleno
de viúvas oliveiras,
solte o contentamento;

ri melhor que o vizinho
quem sabe rir sozinho;

*

O trabalho não é
(lembrem-se os liberais)
sequer uma das três
virtudes teologais;

quando não liberta
é víscera em ofertas;

seios orientais
a murchar nos balcões
das multinacionais;

sem recíproca opção,
primeira maldição.

*

O dogma do mercado
é o céu do capataz,
o orgasmo sem susto
de saquear em paz;

é acreditar que a fera
por si se regenera;

no rebanho, trocar
o pastor por marchante
ou, então, faturar

nas estações chuvosas
a entressafra das rosas.

*

Guarda-livros, guarda-costas
do durad'ouro poder,
diz-se estado, o estado mesmo
sempre finge não o ser:

a besta que não é vista
enfaixada, na entrevista;

estar longe ou estar atrás
é sua víbora tática
de avançar, cada vez, mais,

feito rio sujo que invade,
pelos bueiros, a cidade.

*

Antes, foi chá, pele e trigo,
e, entre pioneiros, o fumo;
depois, fabricada em templos
e abençoada por Juno;

hoje é meio-fim, finanças
de outra fábrica de lanças;

eis a história da moeda,
numa edição capa dura,
versão revista da Queda,

já nomeada por um crítico
obra-prima do neolítico.

*

A oficina da Lei
tem gala executiva,
sem manchas de graxa
ou retraços de estiva;

o lugar cheira a pinho
e bouquet de bom vinho;

se ao fundo orquestral,
resolve dançar nu
um inciso penal,

ele é logo coberto,
se houver justos por perto.

*

É fácil descobrir
o tipo perdedor:
ali, na última fila,
longe do professor;

numa festa, é o sem-prato,
e não sai no retrato;

quando adulto, deseja
que a velhice se apresse,
corra em sua defesa;

o perdedor é a dobra
de lã, que esconde a cobra.

*

Palavra gorda, na sauna
do tempo, a modernidade:
numa das mãos, o controle
remoto, a fácil vontade;

fim da aura, fim do fim,
fim do não e fim do sim;

boina-verde sobre a franja,
brilha na aldeia em ruínas
o espantalho da mudança;

muda só a ordem-unida,
sob a História enlouquecida.

*

Amada a ferros, a mais
inviolável das julietas:
pelos seus dotes, a morgue
encheu todas as gavetas;

só é nato o que é selvagem
no dono desta pastagem;

sem nova partilha, o horror
entregará todo o arbítrio
a um deus esquartejador,

que só ouve a muda prece
da carne, quando apodrece.

*

O amor, gesto de azul-cego:
tem jeito de não ser,
olha o outro, tão assustado,
que quase o põe a correr;

se o quer seduzir, e avança,
mais o atropela que alcança;

o amor, sabor escarlate:
é assalto no semafórico,
dura o vermelho do ataque;

o amor, gosto de aquarela,
jaz na tumba da janela.

*

A morte, em qualquer casa,
da cidade ou da aldeia,
mora anos sem mostrar-se:
tenuíssima teia;

no porão ou na sala,
paciente se instala;

mas, às vezes, estoura
sua sublocação
e age como invasora:

ocupa a casa inteira
a dona verdadeira.

*

Ora sanha geômetra,
ora mixórdia mítica,
escolhida ou imposta,
toda norma é política:

rege todas as flautas,
dentro ou fora das pautas;

mas, antes dessa trama,
outra já movimenta
suas seivas e ramas,

e faz nascer cada ave
com sua própria clave.

*

Ilusão em conserva,
carne cristalizada,
são as formas que a fé
assume, ao ser criada;

apólice de custo
módico, contra o susto;

sem votos, os eleitos
do Paraíso brilham
em diferentes leitos;

deixam que a fé, solteira,
remova a cordilheira.

*

Chamar-se de esperança
qualquer tipo de espera,
é fazer-se da presa
a esperança da fera;

ou, do lucro anual,
graça celestial;

toda esperança embaça
o verniz da folhagem
no entardecer da praça;

sequer ensina a alguém
a não ser de ninguém.

*

Não a esmola que se rende
ao pranto alto, o sim coagido,
mas a autóctone piedade
a renúncia sem recibo;

socorrer, às escondidas
de si, as sombras cuspidas;

ágape nas catacumbas,
a caridade só cava
as almas já muito fundas:

almas limpas de atrativo,
feitas do grão coletivo.

*

Sem qualquer informante
e aparelho de escuta,
ela o encontrará:
na cripta ou na grupa;

muitos são os seguidos
e todos abatidos;

se, bando de meninas,
as horas vão correndo,
é que ela se aproxima;

com seus braços abertos,
a reger os desertos.

PRESSÁGIOS

Quando, só por acaso,
abrindo um velho tomo,
cai a pétala seca,
sem conhecer-se o dono,

algo enorme morreu
e ninguém percebeu;

hoje é trapo de asa
que uma brisa franzina
arrasta pela casa:

cinza de hóstia e horror
num pedaço de flor.

*

Era todo promessas
o céu de quarta-feira,
mas as nuvens se foram
por aquela ladeira,

irão encher os rios
de quem morre de frio;

mas aqui, no curral,
já sem gado, só nasce
cogumelo fecal:

"o sonho voltou", clama
alguém de olhos em chama.

*

Bem cedo, tropeçou
num cachorro abatido
a tiros, na calçada,
e chamou o marido:

"molecagem de bando",
disse ele, barbeando-se;

quando forem baleados
todos os cães da rua
e o dobermann importado

começar a gemer,
não há barba a fazer.

*

Ninguém viu, mas lá fora
o silêncio passava:
com seu porte vulcânico
e informal, de uma lava;

cruzou toda a avenida
sem dar sinal de vida;

sem ser visto, escolhia
os que iriam com ele,
no final do dia;

Venceu toda a batalha,
sem mover uma palha.

*

Quando, sob as marquises,
abre-se vaga ao escuro,
uns pedaços de sombras
enrolam-se em casulo;

romeiro ou invasor,
não se distingue a cor;

a honra familiar,
sem véus e proclamas,
foi comida ao chegar;

até que a fome os vença,
o "crime não compensa".

*

Agora, toda a prática
pode ser esquecida,
sua suada astúcia
não é mais exigida;

tudo mudando tanto,
que azedo ferve o pranto;

como um livro brochado
cai nas mãos, por engano,
e só lido ao acaso,

quando menos balança
o carro da mudança.

*

Submergem os nenúfares
dessa indefesa dama
inventada pelo dono,
predador do que ama;

agora, é par e páreo
no córrego diário;

com seios cor de vinho,
de lã ou de mangaba,
broca o próprio caminho;

foge-lhe o falso jade,
cresce-lhe a humanidade.

*

Seu espaço de um vão
não cabe tanto nome,
tantos sonhos crescendo
e, por isso, ele some;

vai sair com a turma
em pigmeia patrulha;

na TV do hospital,
bandido não tem vez,
só o ator principal;

já o micromaquiavel
aposta mais no cruel.

*

Perto da linha férrea,
entre o regato e o aterro,
tarde da noite, passa
o mais secreto enterro;

faróis baixos, no escuro,
chega um carro ao monturo;

só fica o tempo fixo
de um passageiro frio
ser jogado no lixo;

quando chega a alvorada,
ninguém sabe de nada.

*

Dezenas de cartões
não foram respondidos,
parece que os amigos
estão bem escolhidos;

os que têm telefone
são os que mais se escondem;

na rua, algum aceno,
se fazem, é tão breve,
que chega a ser obsceno;

mas lembram assessores
a coroa de flores.

*

Volta, preso outra vez,
o velho reincidente,
e o que diz lá de fora
causa medo na gente;

estranho: aqui não há
onde mais degradar;

mas, desgraça vicia,
cada uma com sua marca,
seu nome de fantasia;

e ele regressa à sua:
sólida cela nua.

*

Sem água para a pele
cinzenta se lavar,
e lá no ponto, o ônibus
de fogo a demorar;

desvela-se o proscênio
do inflamável milênio:

o espírito absoluto
dissolve suas banhas,
sem sentar-se um minuto;

mas, no fim do roteiro,
o ódio engulha no espelho.

*

A estrela federal
BR cento e treze:
longo traço de giz,
no alto do quadro-verde;

às vezes, a borracha
de algum túnel a apaga;

ela é uma das rotas
das jamantas fantasmas
que rolam pelas grotas,

onde outros motoristas
jazem sob canafístulas.

*

Perdeu todo o interesse
pelo encontro ao acaso,
a conversa à deriva
no serão inventado;

a comida, sem nome,
mata apenas a fome;

qualquer livro, ao passar,
só é mais um dublê
para o horror de pensar;

nem partir quer mais não:
dorme lá na estação.

*

Silhuetas negras chegam
aos quadros abstratos,
e aos azulejos
dos claustros, dos lavabos;

cruzam-se pernas negras
sobre os vidros das mesas;

bandos negros, de spray,
fazem dos monumentos
suas tábuas da lei;

era deles a vida
que não foi dividida.

*

Roubaram-lhe as castanhas
antes do amanhecer:
má infância, mau sinal,
nada mais a fazer;

para o jogo do sábado,
nunca foi escalado;

não sabia o que brilha
e aquilo que sabia
açulava a matilha;

má infância, má rota,
más batidas na porta.

*

Aqui, só chega o outono,
em folhas arrancadas
dos romances de Proust,
que voam das sacadas;

outono de ambulâncias
recolhendo as crianças;

são folhas pequenas,
que só dúzias vestem
uma só açucena;

onde se importa o outono,
outro é o nome do sono.

*

A terra, em novos blocos,
tenta se revender,
dispõe-se em vários covos
ou balcões, a escolher;

faz as reses sem asas
voar das covas rasas;

rasga a malha mais fina
das tarrafas fiscais
e abre a última cortina;

foi em blocos que um dia
a terra inteira ardia.

*

Medo de ter deixado
aberta alguma grade
e, tudo já trancado,
o próprio medo invade;

medo de um novo Iago
na passagem do cargo;

de matar por asfixia
(travesseiro de penas)
o sonho de um só dia;

De sorver-se em poeira:
Lágrima em chão de feira.

*

Nova ordem mundial:
primeiro, vem o saque
agiota-automático,
e depois o massacre,

se o nativo mais alto
não dividir o assalto;

a grande carniceira
corta a limpo, com laser,
a carne de terceira;

sem sangue, nada mal
seu balanço anual.

*

As horas que vão de uma
às três da madrugada
são horas da Besta
das Fúrias encarnadas;

quando assume o domínio
o grupo de extermínio;

arrancados do leito,
apenas porque têm
a cor dos suspeitos:

na "ocorrência" de algozes,
os mortos mais ferozes.

*

"Planto tulipas turcas",
disse a moça, modelo
de uma lavanda verde
que posa nua em pelo;

a garota do caixa,
com sua cabeça baixa,

ouviu-a sem dizer nada,
deu-lhe o troco e voltou,
sem tulipas, ao nada;

depois, seu ódio mudo
tomou conta de tudo.

*

Cinquenta e oito é a média
de uma existência, à espera
de outro pleito, outro poço,
nesta terra-tapera;

gatos perdidos miam
nos açudes vazios;

"tudo isso Deus quis",
dizem as carpideiras,
"tudo isso Deus quis";

Deus, sempre a desejar
só a morte, neste lugar.

*

Como Kant, metódica
e fria pancada de ar
assusta, toda tarde,
os que vão se operar;

silenciosa maca,
no corredor, ataca;

no hospital, o arvoredo
abre alas nas sombras
para passar o medo;

o enfermo mais antigo
olha pelo postigo.

YACALA*
(1999)

Para
Bruno Tolentino
o Poeta-Tutor

"Vê como a dor te transcendentaliza"
Cruz e Souza

Nota do autor: Ao conceber este poema, seu personagem central não era nomeado. Depois de tê-lo iniciado, ao folhear por acaso o livro *Estudos sobre a poesia popular do Brasil*, de Sílvio Romero, deparei-me com a seguinte nota de pé de página: "Aqui dou, como espécime lexicológico, algumas palavras cabindas, com seu significado, tais como as aprendi e pude escrevê-las: tuya-fogo; combo-cabra; çuço-galinha; unquento-mulher; yacala-homem (...)" e seguiam mais 36 vocábulos africanos. Apaixonei-me pela palavra YACALA, que me surgiu bela, eufônica, luminosa. A partir daí, ela ganhou maiúscula inicial e com ela batizei meu personagem, tendo no espírito o Homem, em seu sentido universal.

No entanto, a etimologia do vocábulo me intrigava. Telefonei para o antropólogo Roberto Mota e ele disse desconhecer qualquer língua ou dialeto cabindas. Mergulhei nos livros do século XIX da Biblioteca do Conselho Estadual de Cultura. Vários autores falavam sempre em escravos "congos ou cabindas". Para Nina Rodrigues, "cabinda" era apenas "uma denominação regional, direi antes aduaneira, dada aos escravos embarcados em Cabinda" (território de Angola, atualmente). Mas, para aumentar minhas dúvidas, a Mirador Internacional trazia o verbete: "Cabinda: relativo ou pertencente aos cabindas. Língua dos cabindas. Nação banto ao leste do Congo superior."

Fora do livro de Sílvio Romero, em parte alguma eu encontrara o vocábulo YACALA, e continuava confuso sobre a sua etimologia.

O socorro veio quando adquiri o *Dicionário Banto do Brasil*, do professor Nei Lopes, lançado recentemente. No entanto, não foi o próprio dicionário que me socorreu — ele não registra o vocábulo —, mas o autor. Descobri seu endereço no Rio e lhe passei um fax, contando minhas dificuldades. Ele respondeu-me dizendo que a omissão se explicava pelo fato de seu livro só abrigar vocábulos "que entraram e efetivamente circularam no português geral do Brasil". E, gentilmente, deu-me a seguinte aula:

"Os africanos conhecidos como ka-binda ou ba-vili (cabindas ou cambindas, no Brasil) são um subgrupo dos ba-kongo (congos) e por isto são às vezes referidos como congos-vilis. Seu governante máximo foi, historicamente, um vassalo do Muene-e-Kongo (Manicongo), o rei do Congo. E a língua falada por eles, o vili, é uma variante dialetal do ki-kongo (quicongo), a língua mãe do grupo. Em quicongo, o vocábulo "yacala" (pl. ma-kala, ba-kala ou, no dialeto quicongo do sul, a-kala) significa homem, marido, namorado etc".

YACALA é, portanto, uma palavra quicongolesa.

* *Yacala* é longo poema narrativo, que teve uma edição do autor impressa na Gráfica Olinda (Recife/PE), em 1999, com tiragem de apenas duzentos exemplares, formato 18 x 26 cm, em papel Chamois Bulk, 90 g/m, em tipo Bodoni, corpo 18, numerados de 1 a 200 e assinados por ele. No ano seguinte, 2000, a Editora Universitária do Rio Grande do Norte (EDUFRN) imprimiu uma edição fac-símile, com prefácio de Alfredo Bosi, em tiragem limitada para o lançamento do livro na Universidade de Évora. Posteriormente foi inserida no livro *Dois caminhos e uma oração* (2003).

001. EXÓRDIO

Levamos fogo, não esponjas,
ao trono sujo de excremento
disputando o mesmo vazio
de uma estrela no firmamento;

jarros negros e estrelas, tudo
é uma busca de conteúdo;

ou somos renúncia ou cobiça,
atravessando esses planaltos
feitos de cinza movediça;

mas todos estamos em casa,
como os voos dentro das asas.

002

Yacala Cosmo, diz a crônica,
quando criança malnascida,
acharam-no na porta uns monges
e o criaram às escondidas;

foi um certo abade erudito
quem lhe deu o nome esquisito;

cresceu, portanto, no mosteiro
mirando o mar e altas distâncias
numa luneta de escoteiro,

mas a seus pés, dia após dia,
um chão de garras florescia.

003

Viu-se entre monges cor de terra
a decorar seus catecismos
e, pelo lodo das mangueiras,
a escorregar para os abismos;

onde seriam suas amas
criaturas feitas de chamas;

seu mestre, espécie de templário
que, de hora em hora, descrevia
a cor do mar em seu diário,

ao morrer, deixa-lhe de herança
esse evangelho da mudança.

004

Escondeu-se, na adolescência,
sob os cantos gregorianos,
naquele teatro de treva
onde sombras de dois mil anos

pelos corredores penetram
e caem como roxa coberta,

sobre seu corpo guarnecido
por uma escolta de onze cisnes
a carcereiros promovidos

e com ordens para acordá-lo
se em sonho a alegria tocá-lo.

005

Numa "noite obscura da alma",
mas de gala para as estrelas
deixa um Salmo pela metade
e sai do claustro para vê-las:

diante do mosteiro, o mar
o convidava a se afogar;

nessa noite, já um noviço,
das profundezas foi içado
por um cruzador do infinito:

a morte, às vezes, por desfeita,
não toma posse, quando eleita.

006

Cheio de latim e de grego,
vagou pelo baixo vernáculo
de poça em poça descansando
entre as frestas dos obstáculos,

como quebrado cata-vento,
por mais dois anos ao relento;

mas, dos números um fanático,
aceitou ser o faxineiro
na chácara de um matemático,

onde salvou todos os livros
da poeira, de tanto abri-los.

007

Depois de limpos e de lidos
os volumes da velha chácara,
a nado pôs-se a atravessar
um curso de ciências exatas,

espichado em horas remotas,
numa hospedaria sem portas,

quando, num lixo de hospital,
encontrou um rolo de dados
em voz radiocelestial

e, de astronúmeros, a vida
calçou-lhe, então, outra avenida.

008

Mas, certa noite, claro choro
de saxofones, em surdina,
puxou-o em ondas para um beco,
entre sobrados em ruínas,

onde a luz coava os sussurros
de fêmeas negras junto aos muros,

dando início à quadra venérea,
onde nas coxas das strippers
o êxtase dele se apodera

e a matemática mais pura
recolheu-se à sua clausura.

009

Yacala tarda a compreender
que a alegria não tem história
e toda festa sabe a um súbito
curto-circuito na memória;

mas, trégua nas trevas, a orgia
tornou-se a sua liturgia,

e ele a exerceu subindo escadas
de tábuas meio apodrecidas,
junto com novos camaradas,

para beber, à luz minguante,
a última gota dos instantes.

010

Tanta mudança é outra rotina,
pensa Yacala, a um novo corpo
toda manhã em sua cama,
como na estrada um novo posto

de gasolina, onde abastece,
paga, urina e desaparece;

voltou, então, a examinar
esta outra herança inesperada
vinda de um lixo hospitalar:

papéis infectos e sudário
de algum cadáver solitário.

011

Toda matéria, ou toda força
sofre de eterno desperdício,
quer ser azul e temporária
e as borboletas sabem disso,

e depois delas, sabe-o agora
Yacala, este neto da aurora,

a estagiar entre doutores
do éter, caçadores de estrelas,
e a lhes dizer, nos corredores,

ter descoberto um som estranho
no universo, o som do seu sonho.

012

Apagado o fogo acadêmico,
regressou ao manancial
daquele rolo de cem metros
de seu papiro sideral;

encontrado no mais moderno
lixo dos doentes internos,

e os números viraram astros,
quando seguiram pela nova
rota dos seres abstratos,

e um deles, uma estrela harpia,
rasgando a órbita, crescia.

013

A sua hipótese era um só
mistério a abrir outro mistério
e foi mandada, em hologramas,
ao competente ministério,

que enviou, por fax, atrasada,
meia lauda de gargalhada:

ainda era cedo, ainda ouviria
por velho radiotelescópio
os anjos de sua confraria

tocando, apenas, a epiderme
do Todo, a fingir-se de inerme.

014

Leva um lápis, tal se levasse
o miúdo motor da semente,
autônomo lápis, jamais
de outros motores dependente;

um mero lápis, o mais tosco
e antidinástico, no bolso;

Yacala o tem como amuleto
encontrado entre dois jazigos,
no cemitério do mosteiro;

é uma esperança de grafite
tudo que estoico se permite.

015

Emprega os dados descobertos
entre restos hospitalares
para medir de outras estrelas
suas fornalhas nucleares,

comparando-as, sempre, à daquela
a cada cálculo mais bela

que as chamadas supergigantes,
e que cresce enquanto se vai
ao contrário dos viajantes;

mas como em toda parte mora
nunca essa estrela vai embora.

016

Debruçado sobre uma estrela
a crescer à luz de seus cálculos,
mal sabia da outra raiando
no seu corpo sem o espetáculo

dos assédios, sem o alarido
do vento a forçar os postigos;

quando a morte não dá sinal,
pensa-se em décadas inteiras,
quando não se pensa imortal,

com paciência, se procura
escolher a vagem madura.

017

Contrair-se ou desintegrar-se
explodindo sua energia
eram os únicos epílogos
que o mestre Yacala conhecia;

mas, cálculo a cálculo, o engano
foi deixando de ser seu dono,

quando descobre a desgarrada
da série cósmica, essa estrela
pelo sem-termo condenada,

que a luz das outras incorpora
a seu rosto universo afora.

018

Foi em agosto, quando o vento,
todo em galas de temporal,
vaiava no mar as barcaças
em formação de funeral,

que Yacala, com sua mochila,
mudou-se para a palafita;

a casa anfíbia já estava
mergulhada nas ventanias
e nas águas tanto ventava

que as anchovas, largando as presas,
fugiam para as profundezas.

019

Com seus cálculos, instalou-se
na palafita de concreto:
um laboratório em escombros
no manguezal a céu aberto;

sobre a lama e seus predadores,
cuidaria dos dois tumores:

o que engordava lá no espaço,
na mesa lauta do universo
com seu luminoso cardápio,

e o que, quando a carne o aperta,
abre, lá dentro, suas pétalas.

020

Acostumara-se a estar sempre
treinando para o desenlace,
para a recepção do castigo
a quem não deu a outra face;

nômade puro, pouco traz
para nada deixar atrás;

chegou navio de cabotagem,
que atracou em pontas de pedras,
onde o objetivo da viagem,

cumprido em partes, se extinguiu
de podre nos portos vazios.

021

Se todos têm seu território:
o mendigo, a sua calçada;
o cão, a sombra de seu dono;
a rocha, a serra; a planta, a mata;

Yacala, o garoto sem berço,
hoje tem o seu endereço;

hoje, sóbrio e sombrio, habita
no entroncamento de três mundos,
no tardo berço, a palafita,

a nave-mãe da frágil lâmpada,
seu voo de sonho sobre a campa.

022

A palafita de concreto
era antigo laboratório
de pesquisadores do Atlântico
e agora nem o transitório

equipamento para o abismo,
as conchas ocas de marisco

e folhas secas de sargaço
lembram mortos mergulhadores
de olhos crescendo no ar escasso,

agora, seu novo inquilino
cria uma estrela sem destino.

023

A tapera, o computador
que arfava com dificuldade
e outros brinquedos eletrônicos,
sucatas da universidade;

os móveis, o fogão, a cama
e alguns lençóis com ideograma,

tudo isso um reitor lhe cedeu,
certo da breve sobrevida
do agonizante Galileu;

mas ele aceitou com assombro
esse luxuoso abandono.

024

Reciclando os dados do lixo,
busca Yacala, sobre a lama,
traduzir em cifras exatas
a voz do cosmo em voz humana,

domar a luz ou convertê-la
numa só e única estrela;

sem os galões da profecia
e as graças da revelação,
outro jamais rastrearia

aquela estrela sem fronteiras
a engolir galáxias inteiras.

025

Como um bando de dançarinas
tomam, no palco, seus espaços,
as dores chegaram de longe,
mas sem demonstrarem cansaço;

do sono, longo desperdício,
irão livrá-lo desse vício

a varrer um terço da vida
para debaixo dos lençóis
sem haver um deus de visita:

tange-lhe o sono a dor carmela
com sua papoula amarela.

026

Asas lá fora já ruflavam,
antes de tudo acontecer;
casas de lama se fecharam
para não ver acontecer;

se os dias contados corriam,
lembrar e esquecer lhe doíam;

já não era tarde nem cedo,
era o precipício do tempo
mostrando o último lajedo;

finado o vício de dormir,
só o sonho vai resistir.

027

Yacala, já senhor das horas,
refaz os cálculos, sozinho,
da estrela cega, a estrela pródiga,
sem uma órbita, um caminho;

tumor maligno do além,
não é a estrela de Belém;

explicá-la em lúcida tese,
não a faz menos invisível,
pede uma outra catequese,

a do amor, em novo calvário,
regressando ao fogo primário.

028

Gorda de luz, a sua estrela
quase rompeu a fina rede
de cognição, onde Yacala
a tinha, entre quatro paredes,

e ele, no mesmíssimo dia,
golfou sangue dentro da pia;

"um mau sinal", pensou, "porém
inútil, se for verdadeiro,
e se falso, inútil também';

e só viu tinta sob tinta,
quando a alegria foi extinta.

029

Yacala nunca nomeou
a quem, na morte, legaria
a sinopse da cavalgada
de sua estrela doentia

(de cada raio cada vértice
é uma metástase celeste),

assombra-lhe a miniatura
do astro doente dentro dele,
que se expande na carne crua

e reduz tudo a decimal:
do cosmo à lesma no quintal.

030

Pelos seus cálculos, a estrela
saqueia infernos, paraísos,
de céu em céu, e sua massa,
de numerosos sóis perdidos,

de galáxias espiraladas,
elípticas ou deformadas,

sua massa cresce de somar
a luz de todas as auroras
do horror, do horror a inaugurar

o inchaço da nova cobiça
que o medo mais e mais atiça.

031

Até onde Yacala chegou
pouquíssimos ali chegaram,
é muito longe esse lugar
onde as ondas o abandonaram;

nessa distância, andando a esmo,
ele esbarrou consigo mesmo;

dono do seu próprio deserto,
já nas porteiras do vazio,
ali no eterno, ali bem perto,

ao longo de uma região
onde seus mortos já estão.

032

Pensa no fim, na foz do fogo,
sem esperança, ao fim da tarde,
para furtar-se do pavor
que lhe desperta a eternidade,

enquanto o faz, não sabe mais
localizar em seus anais

onde essa agonia termina,
depois do episódio menor
da vida, este sopro de cinza,

depois deste sol desertor
que não tem mais onde se pôr.

033

Sem parentes, com ex-amigos
espalhados em suas cruzes,
Yacala, agora, só contava
com um lírio negro entre as urzes

dos signos, na terra baldia
em que sua alma se torcia;

chamava-se Bai, era negro,
da negritude de Yacala,
e conheceram-se bem cedo:

era o marujo do navio
que o tirou do mar, por um fio.

034

Uma vez por dia, mestre Bai
sobe os degraus da palafita:
vai levar sardinhas, tomates
e muito café, na visita;

do ex-marujo resta a mesura
e aquela faca na cintura,

mas, à diferença de Yacala,
é mudo mesmo, seu silêncio
não é aquele de quem cala,

mas o silêncio anterior
onde a própria voz começou.

035

Às vezes, Bai alonga o olhar
ao velho amigo, em sua mesa
com laudas pesadas de números
e sua máquina sempre acesa,

vê nele o mesmíssimo náufrago,
mas noutras águas afogado

agarrando-se à luz sem órbita
pelas campinas siderais
em sua cavalgada mórbida,

cego, nem ao aceno de Bai
Yacala responde mais.

036

Mas o amigo lembra-lhe o estágio
turístico, no Observatório,
para onde levou mestre Bai,
ainda com voz, de timbre exótico;

com a farda dos zeladores,
Bai desfilava entre os doutores;

ele e Yacala eram dois pretos
pela gratidão reunidos
na mesma história, mesmo gueto;

agora o amor e não o acaso
juntou-os, de novo, no ocaso.

037

Bai ostentava a mansidão
da sombra, mas a do rochedo,
e, como este, todo em silêncio
blindado pelo musgo negro;

visitava Yacala sempre
como quem visita um doente:

ao levar-lhe o modesto almoço,
era se a um cão acorrentado
alguém levasse a água e o osso,

era gesto cuja elegância
maior só é vista à distância.

038

A cada três horas, Yacala
bebe seu copo de café,
até para sentir-se inútil,
ele precisa estar de pé;

deve acender-se na vigília
a presa débil, na coxilha,

ainda está longe de verter
em língua humana sua dor,
para que todos possam ver,

no menos radiante tentáculo,
sua estrela de puro cálculo.

039

Há vários dias já desperto,
o astro-matemático vai
exercitar-se olhando o céu
quando, sem força a noite cai;

mas na luneta não relaxa:
o céu noturno é uma página

ou a tomada parcial
do vertiginoso espetáculo
de um suicídio sideral,

onde cada estrela liberta
ao abismo do Todo regressa.

040

No início, trata-a como cria
ou como dócil nebulosa
toda envolta de gases cinza
e de poeira cor-de-rosa;

quando famélica captura
estrelas verdes e maduras

e corpos mortos, sem calor,
a levar no voo os baldios
canteiros de estrelas em flor,

sente que, há décadas, a ronda
com a velocidade da sombra.

041

A intervalos sempre menores,
chovem no seu corpo as agulhas
da dor, quando a vagem da morte,
lágrima a lágrima, se debulha;

lá para as três da madrugada,
a temperatura desaba,

e quem não pôde morrer antes
já não controla seu esfíncter:
morte longa, morte humilhante;

nessa hora, Yacala enrubesce,
ao ser tentado pela prece.

042

Já não se volta quando Bai
chega trazendo-lhe a marmita,
sempre a suar naquela roupa
sem bolsos, usada e torcida;

Yacala não perde um minuto
para olhar seu amigo mudo;

se sua estrela, luz cigana,
soltou-se da órbita, Yacala
soltou-se da órbita humana,

a do próximo cujo espaço
tem a distância de um abraço.

043

A uma súplica de Yacala,
pintaram as quatro paredes
internas, da única sala,
invariavelmente de verde;

não por querer belo por dentro
o seu túmulo de cimento,

mas para usar o giz barato
sobre esse verde, quando o sono
for atacá-lo no teclado,

e a dor, sem mudar de suplício,
for adotada como um vício.

044

Pedra de gelo sobre o corpo
e banhos quentes a ferver:
precisa do incômodo máximo
para jamais adormecer;

por onde vai, foram-se os solos,
foram-se os lados, não há polos;

entre a pilha bruta de dados,
abre-se o véu do ininterrupto
que nunca será calculado;

não há paradas, não há gares,
nessas distâncias estelares.

045

Para os mais velhos, as escadas
vão ganhando novos batentes;
as estradas, novos quilômetros;
as lembranças, novos ausentes,

por isso, Bai anda bem mal,
arquejando a cada degrau

que diariamente o conduz
ao refúgio do seu amigo
e tocaia da grande luz;

senta-se um pouco e fica olhando
o tempo, lento, os separando.

046

O infinito, abismo do amorfo,
para todo o aquém vai cegá-lo
enquanto a dor já extrapola
o seu ofício de acordá-lo:

estrela interna, raias tontas,
vai expandindo suas pontas;

corta por dentro o matemático,
a pôr as mãos pelas paredes,
contorcer-se como um lagarto

ou como solitária ovelha
atacada por uma estrela.

047

Com o afã dos retardatários,
o terral estava soprando,
mas não abafou o barulho
de algo na sala desabando;

(mestre Bai havia saído
e nada viu do acontecido),

e foi o primeiro desmaio
a jogar, repentinamente,
o cientista no assoalho;

logo se ergueu, mas no seu rosto
nasceram sombras de sol-posto.

048

De folhas frias recoberta,
palhas secadas pela lua,
era a casa do grande Osório,
nos mangues abertos sem ruas,

única parada de Bai,
quando à palafita ele vai,

e esta ficava tão distante
das palhoças do povoado,
de vida sempre na vazante,

que parecia, ao longe, o gorro
de alguém gritando por socorro.

049

Yacala rompe, sem saber,
todos recordes da vigília,
ao completar vinte crepúsculos
e auroras em sua guerrilha

movida a cálculo e café;
sempre a singrar contra a maré

de tempo e espaço apodrecidos,
onde as infâncias dos humildes
estão imersas no castigo;

onde a grande massa estelar
do sonho nos pode esmagar.

050

Enquanto uns perderam seu norte,
Yacala perdeu seu sul;
no bolso, a bússola quebrada
rasga o mapa do absoluto

na fronteira do desperdício:
ali florescem rotos lírios

sobre os leirões da carne morta,
que seu pranto vive a regar,
enquanto o mau cheiro o transporta

do cálculo, dogma proscrito,
à indiferença do infinito.

051

Sobressaltam-lhe as compulsórias
golfadas de sangue na pia

e desses surtos mestre Bai
foi testemunha certo dia:

tomado de susto e assombro,
por impulso, tocou-lhe o ombro

para tirá-lo do estupor,
quando seu corpo já não tinha
uma vaga para outra dor;

mas, em troca, um olhar vazio
atravessou-lhe como um fio.

052

Do passado, mantém os hábitos
da disciplina e dos asseios,
mas a água lhe escorre nas espáduas
como se fosse em corpo alheio;

deixou a crespa cabeleira
crescer-lhe em copa castanheira,

com seus alvinegros matizes
aumentando o porte da sombra
nas paredes, com seus limites

tirânicos, ou seus alarmes
sobre o terror da eternidade.

053

Um dia inteiro se acabou
sem mestre Bai aparecer
na palafita à beira-mar:
hoje Yacala vai saber

que seus submersos instintos
quanto mais fundos, mais famintos;

não está na mesa a vasilha
com seus tomates e sardinhas
e o café forte da vigília;

esta noite, o sono a cavalo
pula os mangues para atacá-lo.

054

A ausência súbita de Bai
ocorreu na quinta semana
de trabalhos na palafita
e foi sua filha, Adriana,

negra como o pai e mais alta,
quem levou a notícia infausta

da morte profana do amigo
àquele deus de tabuada,
dentro da desgraça escondido,

lá onde a mensagem da moça
chega aos pedaços, como louça.

055

Aos pedaços, soube Yacala
que mestre Bai chegara ao fim;
e, sem voltar-se para a órfã,
murmurou: — por que antes de mim?

mas, sem esperar a resposta,
continuou ali de costas

a grafar ondas de algarismos
brancos pela parede verde
e foi quando Adriana viu nos

bastões de giz rubras estrias
que só mais tarde entenderia.

056

Mestre Bai deixou Adriana
à custódia de seu amigo
e ela começou a habitar
esse estúdio quase jazigo;

Yacala mostra-lhe com o dedo
aquele quarto de arremedo,

úmido e único dormitório
dessa oficina onde a vigília
improvisou seu oratório

para um santo profetizar,
sem fé, seu martírio estelar.

057

Enquanto Yacala rastreia
a sua caça nas alturas,
Adriana ali retomou
suas sabidas desventuras;

caçar o pó, desfazer teias
de aranha pela casa inteira;

um varre o céu e o outro a terra
e ambos sonham estar fazendo
algo sagrado, enquanto esperam

encontrarem-se a si, nesses ermos,
sem caminhar para si mesmos.

058

Adriana fora à cidade
fazer as compras quando Yacala
pisou em algo quebradiço
como uma lâmpada queimada;

ao voltar-se, a sala fervia
de crustáceos das cercanias;

"é um espasmo alucinatório
da vigília", pensou Yacala,
mas pouco tinha de ilusório

o sangue nas pernas, nos braços,
e esses mortos sob seus passos.

059

Além dos jeans e dos cosméticos,
revistas, discos e retratos,
Adriana levou bem pouco
para aquele estranho orfanato;

logo arrumou o dormitório
e a cozinha, seus territórios;

depois de assear a latrina,
deixou aos cuidados do caos
Yacala e sua oficina;

mas só nos cantos brilha como
um vaga-lume nos escombros.

060

Ela pouco sabia do homem
que dias e noites vagueia
do computador à parede,
feito um vírus dentro da veia;

não era um galã de novela
o seu companheiro de cela,

mas tinha plena liberdade
de deixá-lo, com a luz subindo,
afogar-se na claridade;

e sair, a acender a cobiça
da carne verde e da carniça.

061

Indiferente ao novo aroma
das lavandas, das avelãs,
que se espalha na palafita,
Yacala atravessa as manhãs

a transmitir ao seu resumo
cálculo claro, denso humo;

porque viver é distrair-se
com o corpo, a moeda, o poder,
porque viver é só trair-se

e fazer parte da paisagem
como a ferrugem da ferragem.

062

No sofá, no canto da sala,
ou melhor, no extremo da cela,
Adriana olha aquele vulto
de bata verde, magricela

de andar manso, balbuciando
línguas mortas, de vez em quando;

e, ao dar-lhe a diária bandeja,
Yacala come a se curvar,
quase a esconder-se sob a mesa,

tal se aplicasse um curativo
sobre a vergonha de estar vivo.

063

No início dos tempos, Adriana
armou-se toda de recato:
saía do banho já vestida
e fechava a porta do quarto,

fazendo o tipo governanta,
dessas severas, quase santas;

são medidas desnecessárias:
ele não vê, sob a bandagem
vestal, a carne solitária;

e esse descaso, mais e mais,
lhe acende os brios animais.

064

Opresso em sua redução
teórica, Yacala agora
ao pressentir as malaguetas
da dor, intestinas esporas

da vigília, anda mais rápido
da parede para o teclado

e digita como um possesso,
ante uma atônita Adriana
que não entende tanto excesso

de vida inútil nesse velho
e ensandecido escaravelho.

065

Quando Adriana se flagrou
lesada pelo desvario
e extraordinária indiferença
do matemático, partiu

para testar a radiosa
e quente máquina de rosas

do próprio corpo, muito cedo
chamado por um lusitano
de formoso pêssego negro,

e dia a dia, de mansinho,
foi-se despindo em seu cantinho.

066

Habituando-se a ver sangue
nos bastões de giz e na pia,
nem por isso perdeu a graça,
nem despediu sua alegria;

fez dela a guarda dos instantes,
sua cerca de diamantes;

mas, se estava em seminudez
e o companheiro agonizava,
desistia, por timidez,

de estar nesse templo a mostrar
seu busto negro lá no altar.

067

Se aos quarenta Bai ficou mudo,
Adriana era só calada:
sua mãe estranha morrera
quando a paria na estrada;

tinha o porte dos eucaliptos
que as noites grafam em negrito;

sorria com os olhos redondos
do pai, tinha nádegas altas
e pernas e braços mais longos:

carne de ave e formas filhas
da África e suas armadilhas.

068

Quando atraída pelo caos,
a moça finge uma limpeza
e esquece o vulto de Yacala,
para olhar tudo sobre a mesa:

gráficos e mapas astrais,
luas em filas, funerais

da luz pela enorme garganta
e uma bela estrela escolar
desenhada com cinco pontos;

depois as manchas, talvez fotos
feitas por satélites mortos.

069

Aquela estrela de Yacala,
que ao céu e a si mesma consome,
seria uma estrela anormal
ou uma estrela agonizante,

para os ex-amigos teóricos,
imperativos, categóricos;

feito semente, nela mora
o outro Yacala, o viajante
que às próprias vias se incorpora,

como um novelo de energia
que engrossa enquanto se desfia.

070

Que nebulosa deu à luz
essa estrela dos céus enfermos
ou se ela estourou a placenta
do cosmo, para o autodesterro,

são perguntas abandonadas,
falcões cegos dentro das matas;

tenta ultimar essa exegese
de outra missão devastadora
da luz que jamais apodrece,

não apodrece, é bom dizer,
mas tudo faz apodrecer.

071

Pelas brechas dos microssonos,
as apneias vão jogando
susto após susto, quando Yacala
sobre a mesa vai emborcando;

a parada respiratória
tornou-se, então, obrigatória

para ele deixar a banqueta
sem cambalear, como um preso,
aos empurrões de uma escopeta;

beber café até voltar
ao seu antigo mal-estar.

072

Mortas as feras, os roçados
cheios de espigas e canções,
todas cumpridas, as promessas
feitas nas outras estações;

quanto às mesas de sacrifício
foram os velhos seus artífices,

assim julgaria Adriana,
se do seu fulgor consciente,
ao ver Yacala na choupana

de concreto, trocando o dia
pela sua estrela vazia.

073

Antes da morte, usando as mãos,
Bai outorgara à sua filha
uma inesperada missão,
mais que missão, uma armadilha:

ser guardiã daquele ser
que não queria adormecer;

"é um homem manso", disse Bai,
com suas mãos grandes e negras,
e acrescentou: "manso demais";

hoje, Adriana sabe, ao vê-lo,
que não se escolhe o pesadelo.

074

Preso a esses gráficos celestes,
a essas teclas, bastões de giz,
Yacala busca dissecar,
como afiada bissetriz,

a duríssima amêndoa do ódio
propulsor do seu astro pródigo,

a espalhar malignas auroras
na alma sombria de Yacala,
tumor da vida, ígnea flora,

pondo seu ser em sintonia
com todo cosmo em agonia.

075

Café e golfadas de sangue
dia e noite se revezavam,
em rubro-negro ritual
que a fé e o fim concelebravam,

enquanto avança na parede
a malha fina de uma rede

de pura álgebra sideral
para capturar uma estrela
impune como um vendaval,

enquanto o tempo pula valas
dentro do peito de Yacala.

076

Mesmo de dia, a palafita
mantinha as lâmpadas acesas,
lembrando a muitos pescadores
as desagradáveis surpresas

dos faróis da guarda-costeira,
com sua lancha de algibeira

que multa a rede e o espinhel;
por isso mantinham do prédio
uma distância de quartel;

mas diziam ver um finado
de asas verdes sobre o telhado.

077

Procuradora de Yacala,
Adriana fora à cidade
receber do mestre seu dízimo,
a pensão da universidade;

pelo caminho, borboletas
de azul-metálico, das ermas

capoeiras, almas de sementes
que não puderam germinar,
cobrem-na toda, de repente;

para um suntuoso espetáculo,
veste o manto de azul-metálico.

078

A parede do lado sul,
como as outras, sempre coberta
de tantos signos, tantos números,
amanheceu quase deserta:

apenas solitária série
escapou de toda a intempérie;

e Adriana quase pressentiu
que algum resumo "o professor",
entre estertores, conseguiu:

enquanto a luz guardar segredo,
nenhum sono pode vencê-lo.

079

Se Adriana falava pouco,
Yacala era a voz mais vazia
do mudo, morto e amado pai,
e essa mudez só se rompia

quando à Adriana suplicava
mais café ou nova toalha,

e era uma súplica tão crua
que compensava a indiferença
diante da moça quase nua:

beleza solitária, serva
a se bastar dentro da treva.

080

Quando Adriana leva às ruas
seu corpo esplêndido de arqueira,
nem os pesos tiram-lhe o porte
longilíneo das cumeeiras;

no cabelo de corte esférico,
leva um diadema esotérico,

vai, como na época do pai,
buscar comida para um lobo
que da caverna nunca sai;

mas mostra aos monstros, no caminho,
como chegarem ao seu ninho.

081

A vagem, no ponto, deseja
ser debulhada com cobiça,
antes das chuvas, pois as águas
encharcam os grãos, desperdiçam-na;

assim, Adriana, uma tarde
foi cobiçada de verdade

por cafajestes de uniforme
dessa cor de barro cozido
na água cheia de coliformes;

na volta, ao tomar o seu ônibus,
olham-na de longe os demônios.

082

Certa manhã, Adriana ouve
ganidos soltos, sem cadência,
como de cão velho, ou gemidos
cansados, de sobrevivência;

abrindo a porta, um cão de nada
arquejava em meio da escada:

pelos da cor cinzento-chão,
tremia muito e, ao recolhê-lo,
chamou-o, brincando, de "Sertão";

mas, sua alegria a interrompem
sons de carro dentro do mangue.

083

"Sertão", desde o início, sentiu
temor diante de Yacala,
aquela sombra sem odor
com os olhos cheios de água rasa;

de manhã, segue de Adriana
o cheiro de água-de-colônia;

desce com ela até a praia,
nas marés altas de setembro,
a latir às ondas, com raiva

da covardia desse mar
que um latido faz recuar.

084

O corpo magro de Yacala
é disfarçado pela verde
bata, salpicada de giz,
enquanto o rosto é pura máscara,

todo borrado dessa alvura
de giz, de cal, de sepultura;

mas Adriana não mais ri
dessa mistura de palhaço
e matemático a infringir

toda a harmonia universal
com sua estrela de quintal.

085

Na pele de Adriana, o negro
vulcânico, o negro solene
da limusine oficial
do senhor vice-presidente;

no corpo, o traço mais montano
de um Modigliani africano;

na pele de Yacala, o negro
cinza, de abafados carvões,
negro do negro sem emprego;

no corpo, a curva simetria
da dor em arco se estendia.

086

O sono, esse vício ancestral,
expulsou um terço da vida,
que poderia ser bem outra
com as armas todas da vigília;

então, falta um terço de tudo:
da festa, da prece, do estudo;

e é no pedaço desse terço
de tudo, nas noites de opala,
que o cientista paga o preço

de ter sumido tantas eras
na água parada das esperas.

087

Yacala colocou uns jarros
nos papéis e abriu a janela:
a linha do mar era cinza,
não passava nenhuma vela;

busca no mar, contínua homilia,
novas injeções de vigília;

mas uma ânsia de velejar,
largar o rastilho da estrela,
começa logo a incomodar,

e fecha-se em seu epicentro
onde a viagem é para dentro.

088

A vida levanta-se cedo,
dilata os olhos da inocência,
joga da torre velhos anjos
e quebra os braços da indulgência;

é sempre a mesma, de era em era:
não tem pressa, mas não espera

que a bilionésima Adriana
tenha estômago para vê-la
regendo todas as matanças,

como um deus a escandalizar,
sem a própria mão decepar.

089

Essa luz, anticlaridade,
não estava lá no Cruzeiro
do Sul, contemplado na infância
pelas janelas do mosteiro;

com toda a certeza não era
uma estrela-babá, de chinelas,

fiando à mão um enxoval
para estrelas recém-nascidas,
dentro do berço sideral;

mas essa luz cega o seguia
emboscada em sua alegria.

090

Yacala chega à solidão
maior, não a do anjo caído,
mas a da impossibilidade
suprema de ser socorrido,

após subir até a borda
do desfiladeiro, sem corda,

após seu estágio de náufrago,
que abre a garganta para as ondas,
esmagado pelos abraços,

para chegar ao pão comum
da solidão de cada um.

091

Expulso o sono, seus vazios
enchiam-se de alucinações
ou pesadelos de vigília,
que lhe chegavam em frações

de luz, de altíssima voltagem,
abrindo as portas dessa vagem

de onde saltam grãos de demência
ou seus profanos replicantes,
visões de alternada frequência,

a inaugurar outro episódio
da luz, dando tréguas ao ódio.

092

Numa visão, passam planetas
com oceanos de granito
e altas colunas de esmeraldas
sob chuvas de meteoritos,

e outros do tipo artesanal
com seus arbustos de cristal;

planetas velhos, bisavós,
cheios de frio, a disputar
a última réstia de seus sóis;

no fim planetas bem dotados,
por muitas luas cortejados.

093

Noutra visão, passam quasares,
vultos vagando entre as esferas,
todos com máscara estelar,
seguindo o enterro da matéria,

mas o cortejo não avança,
atingido pela matança

de tudo, holocausto do pó,
absorvido pela distante
metástase da estrela-mor,

que varre o universo tão bem,
para o desfile de ninguém.

094

Numa visão, abre-se um pátio
sideral, entre gases e rochas,
onde a piscar, como lanternas,
entram bandos de nebulosas,

nuvens sem água para as chuvas,
chales dispersos das viúvas

regiões sem Deus do universo,
e outras da cor do pôr do sol,
que entram no pátio, já deserto,

dançam ao som das agonias
dos céus em suas cercanias.

095

Noutra visão, surge a galáxia
Cláudia, alertada por gritos,
vem acalmar suas vizinhas
ameaçadas do infinito;

leva a energia do perdão
à mais nova constelação,

mas ela própria não supunha
que, atrás de si, a estrela solta
já estendia longas unhas

sobre os indefesos semblantes
de suas filhas mais distantes.

096

Numa visão, novas estrelas,
como redondos pães de trigo,
desaparecem na fornalha
daquela estrela do castigo;

em suas órbitas, escravas,
eram colhidas como favas;

outras, na própria sementeira,
eram caçadas com mais fúria,
por serem todas jardineiras

da luz, da matéria em delírio,
almas dos cravos do martírio.

097

Noutra visão, a estrela cava
a grande falta, a grande perda
juntando todos os abismos
numa só cova gigantesca,

onde, luz cega de nascença,
tateia em busca da presença

da mais extinta das plateias,
para mostrar, por entre as chamas,
como de cósmica Medeia,

a vulcânica vulva, em vias
de devorar as próprias crias.

098

Numa visão, a da eutanásia
mais universal e sem termo,
a luz em fúria vai sugando
as legiões de astros enfermos,

as lavas e lamas sidéreas,
toda a escuridão da matéria;

passado o surto convulsório,
leva também a estrela Núbia,
dália de azul radioativo,

quando brilhavam de incerteza
as suas pétalas acesas.

099

Noutra visão, o eclesiástico
céu, dividido em falanges,
some em corredeiras de fogo
e, lá no fim, perde seu nome,

quando essa estrela de Yacala
passa e destrói, vala após vala,

brotos de luz a renascer,
sob o esterco de luas mortas,
e astros velhos a se esconder

com tanto medo nas cavernas
que já apagam suas lanternas.

100

Essas visões eram sem ritmo,
não tinham regularidade,
e ocorriam como trovões
no discurso da tempestade;

eram pesadelos a voar,
sem um sono para pousar;

seu visionário não dormia:
movido a café e visões,
no seu trabalho prosseguia

à flor da fúria, pois em paz
a razão pura nada faz.

101

Na parede do lado norte,
voltou também o verde-oliva,
e apenas diminuto gráfico
substitui a outrora viva

malha de signos inquietos,
meticulosos como insetos,

a transmitir nova esperança
àquela moça emparedada
de estar no final a vingança

desse negro em autossenzala
com o nome de todos: Yacala.

102

Adriana um dia atravessa
o caos, o vulto de Yacala,
e apanha do chão um caderno
pisado, bem longe da mala;

abrindo-o ao acaso a moça
leu, entre outras frases soltas:

"nojo de usar o sanitário;
estas sempre repugnantes
pausas, no meio do calvário";

a moça fechou o volume
e abriu seu vidro de perfume.

103

Cálculo a cálculo, Yacala
chega à estrela pantagruélica,
sozinha na ceia, a servir-se
da massa muda, da evangélica

energia transubstanciada
em anjos e astros, nas caladas

rotas dos tristes firmamentos,
essa energia concentrada
em rochas, lágrimas, adventos;

calcula quando frente e verso
no Todo estarão submersos.

104

Para chegar à sua fórmula,
mais e mais rápido trabalha,
grafa com giz, bate nas teclas,
travando as últimas batalhas,

do computador às paredes,
Yacala tece suas redes,

porém, um segundo desmaio
derruba repentinamente
o cientista no assoalho;

mas desta vez uma Adriana
em prantos estende-lhe a sombra.

105

Todo dia sem alegria
é um dia perdido, é um dano
a mais na hélice da esperança,
movida a pó, ano após ano;

e é desses dias em aberto
que Yacala faz seu incerto

diário da luz em extinção,
enquanto rastreia no espaço
a estrela da destruição:

enquanto não lhe sopra a fé,
é uma torre de pó em pé.

106

Não procura, como os artistas,
ordenhar os seios das nuvens,
subir montanhas de Albertina:
sem massa, sem peso, só cumes;

e algemado ao cálculo bruto
do cinza, da treva, do luto

que aquela luz enraivecida
vai deixando por trás de si,
Yacala assombra-se à medida

que se descobre na caçada
da própria chama projetada.

107

Quando mudar é, simplesmente,
ser no outro ser, sob a promessa
de assustadora eternidade,
que a alma do cosmo atravessa,

que gorjeios de anjos essa gente
suporta ouvir eternamente?

bem-vinda estrela do escarmento,
que atrai os astros como o ímã
da carne atrai o sofrimento,

cisma Yacala, sob a sanha
do anjo da cólera em campanha.

108

Em suas idas à cidade,
logo ao sair do manguezal,
Adriana passava sempre
no povoado do Pontal,

e olhava, atenta, aquelas redes
secando ao longo das paredes,

jangadas velhas e catraias
nas caiçaras a encardir
e os pescadores, nas calçadas,

mudos, a olhar o mar defronte,
juntando ventos no horizonte.

109

Fernando, no seu bar-palhoça,
de paupérrima freguesia,
ao ver Adriana passar,
não pensava em Deus, nesse dia;

sente mais força na barragem
do grão inchando-se na vagem,

e respondia ao cumprimento
daquela fêmea a intumescer
toda a massa, como um fermento,

depois, voltava aos afazeres
de servir álcool aos fregueses.

110

Em voo rasante, de passagem
por céus distantes, duas águias
ou dois cometas, Lúcio e Elsa,
apareciam nessas praias

com luz de festa, a copiar
o sol do caderno escolar;

apareciam nos invernos,
para levar aos pescadores
o som dos abraços fraternos,

e esse som, de altíssima escala,
chegava às sombras de Yacala.

111

Quando puras, ciência e arte,
ainda virgens no ataúde
(por falta de oportunidade)
fazem da falta uma virtude;

falta dos corpos em pedaços
na equação muda dos espaços;

mas esse equívoco Yacala
só pressente tarde demais,
quando o universo faz as malas

da piedade, pondo apenas
da vida as pétalas pequenas.

112

Porque a verdade, quando inútil,
alarga certas cicatrizes,
e não é cardápio na mesa
desforrada dos infelizes,

Yacala sofre a descoberta:
sua verdade não liberta,

é de remorso mais despida
que o Absoluto, um cadafalso
cravejado de margaridas,

é "fogo amigo" na batalha:
derrete todas as medalhas.

113

Desde a calçada do mosteiro,
a vida foi uma demora,
uma fila indo para trás,
recuando até ficar fora;

pelos horários perseguido,
foi falso seu tempo perdido;

chegou tarde, mas chegou antes
da nova contagem de corpos
limpos, nos vácuos radiantes,

antes de a própria estrela magna
evaporar a última lágrima.

114

Quando se acaba a bateria
do walkman, Adriana mata
a náusea a sondar os enigmas
das notações de Yacala;

lê o perfil do pesadelo
sem atinar ser o modelo:

"Alegre, porque distraída
dos inimigos emboscados
nos extremos de cada vida";

chama o cão e tenta lá fora
respirar seu eterno agora.

115

Colocou ferro nos seus números,
blindando-os contra a fantasia,
mas a verdade, sem retórica,
nem a si mesma convencia,

e seu projeto foi bater
lá onde o céu pudesse ler;

dentro dos templos consagrados,
não morava nenhuma dúvida
que contratasse seus trabalhos;

chegou tarde, perdeu a sorte,
o último meio de transporte.

116

Qualquer pássaro, quando cai
morto, de qualquer altura,
as plumas reduzem a queda
a uma batida quase muda,

mas Adriana percebera,
nítido, esse ruído de cera;

e foi o terceiro desmaio
a derrubar, subitamente,
o cientista no assoalho;

ergueu-o com virtude tardia,
usando, agora, a força fria.

117

Adriana já imergira
no seu sono paradoxal:
no rosto imóvel, só as pálpebras
azuladas davam sinal

da vida assistindo, lá dentro,
suas águas em movimento,

quando o latido do seu cão
despertando-a levou-a à porta
que deixara entreaberta (ou não?);

lá fora, um vento de naufrágio
desembarcava seus presságios.

118

No dia seguinte, não longe,
Adriana pensou ter visto
um esquisito carro preto
de capota branca, escondido

numa curva do manguezal,
entre a palafita e o Pontal;

sentiu que estavam a segui-la
os fantasmas de farda ocre;
quando a noite veio da vila,

o medo aumentava à razão
do tamanho da escuridão.

119

Agora, só quatro resumos
a giz manchavam, como estigmas,
o verde-oliva das paredes;
e trabalhando esses enigmas

com frêmito, Yacala ruma,
enfim, para a última súmula;

mais do que nunca, sem notar,
no esplendor negro de Adriana,
o medo pálido avançar:

não só a estrela do eremita
rondava a sua palafita.

120

Noite de nimbos: as corujas,
escondidas atrás dos ventos,
espreitam, junto dos rochedos,
os camundongos sonolentos;

e aquela estrela de domingo
atravessa a noite dormindo:

só o cão escuta as pisadas
subindo os degraus de concreto:
pisadas leves, menos altas

do que as batidas e o furor
de Yacala, no computador.

121

Adriana entrara no sono,
quando a porta fez-se em pedaços;
a morte, sem modos, queria
ganhar em dobro pelo atraso;

agora, estavam à paisana
os caçadores de Adriana;

só não contavam com o negro,
alto doutor, vestindo bata
e em pé, diante da parede;

mas, depois de muito surrá-lo,
dão-lhe de graça um intervalo.

122

Por hábito, sentam Yacala:
pulsos doendo nas algemas
e riachos de sangue no rosto
deformado pelos edemas,

para ver Adriana transida
já completamente despida,

a ser gasta em revezamento
por quatro vermes, e largada
em sangue e urina no cimento,

e depois, já meio amolecidos,
calando à faca seus gemidos.

123

Yacala olhava, mas não via
os emissários da justiça
mergulhando na carne nova
como rapinas na carniça;

não via ainda, não descera
totalmente de sua estrela,

julgava outra alucinação,
que alguém houvesse trocado
um sinal de sua equação,

ou que novo distúrbio em Sírius
causasse mais este delírio.

124

Quando Adriana, no estertor,
gritou bem alto: Y-a-c-a-la!
no olhar turvo do cientista
miúda centelha se instala:

luz de vela a chegar de longe
às pupilas do quase monge,

aprofundando-se na treva,
que encrespa o pelo e alonga as unhas,
insegura em sua caverna:

de onde ele está não desce, agora
que a estrela próxima estertora.

125

Morta Adriana, inunda a sala
a explosão do fogo profano,
e antes que aos olhos de Yacala
voltasse todo o brilho humano,

o cartucho de uma escopeta
jogou-o longe da banqueta,

sangrando, uma sombra sangrando
sombras vermelhas no assoalho,
que se alaga, sombra sonhando

a milênios-luz do seu alvo,
onde cresce o fogo sagrado.

126

Ao segundo tiro, a janela
do norte foi espedaçada,
e entra um bando de ventanias
levando toda a papelada

de Yacala: suas sinopses
e vários atestados de óbito

de galáxias recém-nascidas,
além de súmulas e gráficos
de sua estrela enlouquecida:

folhas brancas no mar, no mangue,
todas salpicadas de sangue.

127

Agora, o grupo de extermínio
nada mais tendo a saquear,
repartidos todos os trastes,
já começara a se afastar,

quando chega até os ouvidos
do líder um baixo ganido:

era "Sertão", ou seu fantasma,
a farejar pelo assoalho
as frescas papoulas de plasma,

e tão cercado pela morte
que foi deixado à própria sorte.

128

Pelo ar, espalhou-se o convite
dos mortos, casa franqueada:
urubus entravam e saíam
pela janela espedaçada;

lá dentro, em júbilo, uma orgia
de asas pretas escurecia

um velório de carpideiras
que não carpiam, só cavavam
a carne, como em fins de feira;

no meio, um cão, entre destroços,
disputava os restos dos corpos.

129

Três pescadores de xaréu,
vindos da colônia do Paiva,
do pequeno barco avistaram,
a quarenta metros da praia,

a nuvem funerária, o bando
de aves pretas sobrevoando

o mangue, a casa de concreto,
e pensaram ser algum peixe
apodrecendo ali por perto:

"é outro mero", diz Zacarias,
quando o barco se distancia.

130

João, o Cabral dos pescadores,
olhava cedo esse hidromel
brilho das águas, procurando
novo cardume de xaréu,

e, ao desviar o olhar das maretas,
também notou as aves pretas

pichando o céu com suas danças,
onde um trecho da palafita
vaza o verde das vizinhanças;

mas, como bom pentecostal,
volta ao seu mundo de água e sal.

131

Foi o jangadeiro Gilvan,
homem de índole escoteira,
que, ao ver as aves, arriou
a vela e jogou a fateixa:

sentiu algo maior no ar
que a perversidade do mar;

de repente, jônica vaga
joga um molhado fragmento
de papel em sua jangada;

mal o recolhe, vê as margens
do mar cobertas de mensagens.

132

Já caminhando sobre as dunas,
Gilvan começa a recolher
aqueles papéis salpicados
de sangue e signos, sem os ler;

vai colocando no seu saco
plástico todo o mapa abstrato

do céu, em pedaços na areia,
nas folhas de cera de mangue,
nessa manhã de maré cheia,

esquecido das aves frias
que o fitavam nas cercanias.

133

Rude apóstolo do oceano,
gari descalço, carmelita,
Gilvan apanha o lixo humano
até chegar à palafita,

e o horror cósmico, feito halo
de enxofre, veio coroá-lo:

à sua entrada, as aves tortas
como seguranças da treva,
voaram todas para a porta,

e o que veria, pela frente,
mudou-lhe a vida para sempre.

134

Depois que as aves debandadas
pela porta e pela janela
quase jogaram o pescador
ao chão dessa fétida cela,

descobriram para seus olhos
a última nudez, a dos ossos

de Yacala, Adriana e seu cão,
desarrumados como partes
de estrela pobre pelo chão:

ainda há carne e se despede,
enquanto há carne o homem fede.

135

Retendo o vômito, Gilvan
levou a mão às narinas
e, após afastar-se, assustado,
da sala da carnificina,

desceu às pressas os degraus
rumando à vila do Pontal;

mas eterno gari marinho,
ainda apanhou alguns papéis
que foi achando no caminho:

um sol sem asas, franciscano,
fugia lento do oceano.

136

Com seu saco de estrelas mortas
ou profecias de papel,
o pescador chegando à vila,
como ao tribunal chega o réu,

irradiava o medo pânico
que sai dos ventos oceânicos;

mas, recuperando a postura,
joga o saco cheio de luz
na caçamba da prefeitura:

da estrela-mor todo o sumário
vai nesse carro funerário.

137

O cão, pelas aves rasgado,
já nasceu desaparecido
e nenhuma cadela guarda
as sementes dos seus gemidos;

ao lado da moça, no chão,
que o batizara de "Sertão",

às bicadas das aves pretas
vai se limpando desse lodo
chamado vida, greta a greta;

mas, quanto mais leve, parece
que, sob os pássaros, se mexe.

138

O sul do Atlântico recorda-se
de Adriana, a alta princesa,
que caminhava com seu cão
nas praias dessas redondezas;

pelos macios grãos de areia,
sua alma de loba ainda passeia,

e os pingos de água-de-colônia
dos seus cabelos inda chovem
sôbre os canteiros das insônias:

morre a beleza com tamanho
para olhar de frente o oceano.

139

Mais oculto em sua tocaia
que sua presa nos sertões
infinitos do firmamento,
quando se abriram os portões

gerais de todos os infernos,
de Yacala foi-se o caderno

da caçada à estrela crescente,
dele se foram as vigílias
e a memória mais eloquente

de quem, numa trilha de lava
a luz suprema procurava.

140

Nos anais dos tempos perdidos,
não existe tempo de paz:
uma estrela devora mundos,
nenhum deles a satisfaz;

findou-se a heroica agonia
de quem, desperto, a perseguia,

a medir as chamas com a mão,
para alcançar uma alegria
consciente, esplendor da razão,

livre como garra celeste,
que no Todo desaparece.

Este livro inóspito
fecha, com o primeiro,
meu círculo cósmico.

MEDITAÇÃO SOB OS LAJEDOS*
(2002)

Para Pedro Vicente da Costa Sobrinho (Pedro Virgulino), companheiro no sonho socialista, apenas prorrogado; para José Nêumanne Pinto, a enorme fraternidade poética, sempre inesperada; e para Clau (Cláudia Cordeiro), a Décima Musa, este livro é dedicado.

> "Que aldeia é esta em que me perdi?"
> (Franz Kafka, *O castelo*)

Nota do autor: Certa vez, um ex-amigo me censurou o hábito de escrever "notas do autor" para a maioria de meus livros. Seria justa sua censura caso as notas objetivassem convencer inutilmente alguém de possíveis qualidades expressivas dos meus textos, e não apenas satisfazer a curiosidade de leitores que, como eu próprio, interessam-se por conhecer algo do processo de criação e organização dos livros que leem.

Os livros de poesia (e não só eles) são como viagens, umas com roteiro certo, como as dos homens de negócio e as dos turistas, e outras sem rota determinada, como as dos aventureiros. Ao primeiro tipo, o de viagem planejada, pertence, por exemplo, meu último livro, *Yacala*, um poema narrativo. Este que o leitor tem nas mãos pertence ao segundo tipo, e a angústia do personagem perdido, da epígrafe de Frank Kafka, o explicita muito bem.

Assim como o agrimensor kafkiano fez várias tentativas para chegar a um Castelo não muito bem definido na bruma, cada um destes poemas foi também uma tentativa de chegar a um lugar desconhecido, sem endereço. Esse lugar ou esse Castelo pode ser a perfeição artística, e a aldeia, meu próprio universo, que se vai tornando estranho à medida que tento penetrá-lo com mais profundidade.

No entanto, a aldeia do agrimensor e a minha aldeia nada têm a ver com a "aldeia global" do Sr. McLuhan, a da homogeneização tribal. Nossa aldeia, como diria o grande místico Huberto Rohden, é o próprio universo, uno e verso, uno na essência e diverso nas suas manifestações existenciais.

O agrimensor de Kafka não conseguiu chegar ao seu Castelo, nem sequer realizar o trabalho que pretendia, delimitar o seu território, assim como eu sinto não ter chegado ainda "àquele poema", e nem mesmo ter alcançado meus últimos limites.

Para os que se interessam em saber o que, no plano das intenções estéticas, almejava o autor, eu diria que dar continuidade ao que o poeta Bruno Tolentino costuma chamar de "poesia do pensamento". No meu caso, isso corresponderia ao de confeccionar peças únicas, como uma canoa indígena cavada no tronco de uma árvore, sem encaixes, sem colagens. Tentativa de arte enquanto expressão singular da essência cósmica, ou, menos enfático, de raciocínio lírico compacto.

Olinda, 5 de janeiro de 2001

* O poeta conquistou com este livro, em 2003, o 4º lugar do primeiro Prêmio Portugal Telecom de Literatura Brasileira. Em 2006, 47 poemas com a mesma forma, a "retranca", não publicados em 2002, fizeram parte da coletânea do livro *O cão de olhos amarelos & outros poemas inéditos* e estão inseridos aqui. Outra parte de 28 poemas inéditos está publicada na Parte IV, desta obra, com o título *Outras retrancas*.

EMBARQUE

AEROPORTO

Tempo gigantesco é um dia,
para quem perdeu a viagem,
o endereço para onde iria,
seu bilhete, sua bagagem,

para sua alma não vadia,
tempo gigantesco é um dia,

para quem sonhava distância
da própria história e não consegue,
sem asco, lembrar-se da infância,

mesmo com Deus por companhia,
tempo gigantesco é um dia.

ANÁFORAS

A palavra sabe doer,
quando esfria o sangue no rosto,
assim de surpresa, navio
atropelando o próprio porto;

sabe degolar a sereia:
chamar de gorda a moça feia;

sabe emudecer os aplausos
que aconteceram anteontem,
depois de décadas de atraso;

sabe matar pelo distrito,
sem deixar marcas do delito.

CASA VAZIA

Poema nenhum, nunca mais
será um acontecimento:
escrevemos cada vez mais
para um mundo cada vez menos,

para esse público dos ermos,
composto apenas de nós mesmos,

uns joões batistas a pregar
para as dobras de suas túnicas,
seu deserto particular,

ou cães latindo, noite e dia,
dentro de uma casa vazia.

FRAGMENTO DE UMA POÉTICA

Não desejar este cristal
de geométrica beleza,
lágrima congelada, sol
viúvo da sombra, esta acesa

volúpia de lavar o espaço
da lama viva dos teus passos;

não suplicar em tuas preces
pelos lírios de luz e vidro,
que não cheiram nem apodrecem;

aquém e além é cedo ou tarde:
teu limite é tua verdade.

LIÇÃO DE CASA

Terminado o maldito dia,
e lá vem a literatura,
oportunista, faturar
metáforas desta amargura;

saturar de sal uma lágrima
que não seria derramada;

e lá vem seu jeito vaidoso
de não sofrer como os demais
e reinar no fundo do poço,

quando a dor pura, mais solar,
abre as portas para gritar.

FALAR, FALAR

Se conviver é conversar,
este falatório sem pausa,
onde o silêncio é mais temido
que palavrão dentro de casa,

faz da vida inteira um entulho
de vozes de bar, de barulho;

neste metralhado lugar,
tão atulhado de palavras,
que não se pode caminhar,

onde do corpo só a paz
do amor calado satisfaz.

O DESENHO

Como a tentar reconstruir
o semblante de um criminoso,
desenhava, diariamente,
no mesmo horário, o mesmo rosto,

e embora não ficasse mal,
sempre o rasgava, no final;

mesmo perfeito, o rasgaria,
porque a gana de refazê-lo
continuava, no outro dia,

como se o que buscasse, então,
não fosse mais a perfeição.

ARS, ARTIS, ARTE
(Para Huberto Rohden)

Abstratizar a matéria
ou materializar o abstrato,
é a forma de, toda vaidosa,
a arte posar para um retrato

que a revele, sem fantasia,
como de Deus a última cria,

neste espaço sem extensão
do Infinito, e na Eternidade,
este tempo sem duração;

e sua vaidade? vai findar
estátua submersa no mar.

RODIN

No seu estúdio, dava peso
ao leve e leveza ao pesado,
dava abstração ao concreto
e concretude ao abstrato;

seu sonho velho ou sua meta
era o de modesto poeta,

que não quer apagar Homero
e outras montanhas de seu mapa,
e começar tudo de zero,

como um poeta, ou uma lágrima
na pedra dura da palavra.

COMPULSÃO

Se jamais gostou de escrever,
já não sabe por que escrevia,
ou continuava a escrever
esta coisa sem serventia,

este verso antigo e simplório,
feito rubrica de cartório;

mas, ah!, ele aprendeu agora
que foi seu jeito de acenar
quando a alegria foi embora,

de chamá-la, depois de ida,
como quem chama a própria vida.

NA ALDEIA

RUPESTRE

A luz acende e apaga as cores
desta fragílima floresta,
mas, faz alto diante da rocha
nascida em cores, dessa fresta

onde a luz bate e reverbera,
como a pupila da pantera

devolve ao susto essa faísca
concentrada de azuis letais,
apagando a luz inimiga:

mas tudo vive e é cosmo puro,
asa de inseto no monturo.

AS MOSCAS
(Para Franz Kafka)

Ninguém se livra, facilmente,
de um comissário de polícia,
como quem tange, displicente,
aquela mosca na camisa;

mas, com gestos suaves, de moça,
tange-se, aqui, um homem-mosca;

basta, às vezes, silenciar,
e ele se arrasta, já sem asas,
para bem longe deste bar:

que o verbo aqui se faça carne,
antes que seja muito tarde.

TRÓPICO
(Para Ferreira Gullar)

Quando tua alma, sob o sol,
torna-se rasa, se dispersa

sem seu centro, sombra de abelha
a se apagar sobre uma pétala,

é que a mais doce epifania
se apura na colmeia fria,

ali, no outro lado da terra,
onde o corpo da moça branca
nada conhece dessa espera

estranha, pelos céus cinzentos,
quando atacados pelos ventos.

TOCAIAS DO MAL

Devasta sempre devagar,
como quem está construindo,
como a noite recolhe o último
resto de réstia em dia findo,

sempre sem pressa se derrama,
onda arrastando-se, de lama,

para as cisternas, os baixios
daquelas almas sem socorro,
onde o amor deixa seu vazio,

que hospedará, neste verão,
o Mal e sua legião.

TERAPIA SOLAR

Quando o doente terminal,
que alguém levou à beira-mar,
esperava a manhã, o sol
demorou muito a despontar;

mas, quando raiou no horizonte
do grande mar, ali defronte,

deslocou-se tão lentamente
quanto o enfermo, na sua maca,
agarrando-se à areia quente,

porque a morte, naquele dia,
o aguardava na enfermaria.

SAQUE & MASSACRE

No esplendor da força, este sonho
de incontrolável desperdício,
esta enganosa eternidade
feita só de tempo perdido:

na época da capinação,
uma festa de outra estação

abafa todos os massacres
no território feito herança
sucessiva de antigos saques;

enquanto as almas mais divinas
jogam dominó nas esquinas.

PROMISCUIDADE DOMÉSTICA

O indecoroso acompanhar
das rugas e gorduras do outro,
e sempre os olhos vasculhando
cáries e verrugas no corpo,

na mais estúpida nudez,
a não desejada, a prenhez

da vergonha imemorial,
que termina por abortar
o anjo caído, no quintal

onde, não se vendo, as raízes
envelheceram mais felizes.

PARQUE 13 DE MAIO

As pupilas velhas disparam
seu rancor nos jovens casais,
que se abraçam no parque em festa,
por entre pombos e pardais,

pálidos de ressentimento,
aqueles anciãos se sentam

vencidos, nos bancos de pedra,
enquanto a noite, muda arqueira,
já lhes aponta a negra fecha,

por não saberem, na partida,
que obscena é a morte, não a vida.

O PENITENTE

Sempre rezava, antes do sono,
uma a uma, as longas preces
decoradas, desde menino
sem horizontes do Nordeste;

só para si, sempre em surdina,
cantava antigas ladainhas

pelos próximos, os distantes,
ex-amigos, ex-inimigos;
cantou até aquele instante

em que o céu surdo o convenceu
a dizer, apenas, "meu Deus".

FILHO DO FIM

Enquanto a aventura do amor
distraí-lo do temporal,
o filho do fim, sem saber,
demora a sentir-se mortal,

mas se a morte surge-lhe, acesa,
a vida muda o prato, a mesa,

e o filho da voracidade,
como a criança come um doce,
vai comendo a imortalidade:

o céu possível, sua essência,
é só morrer nessa inocência.

"NUVENS DE PÓ"*

Onde, amor cego, surdo e mudo,
brisa sem folha, enlouquecida,
braços de Deus na correnteza,
amor da vida pela vida,

---

* Título de livro de Benedito Cunha Melo, meu pai.

amor de coisa por seu nome,
amor do homem pelo homem,

onde te encontras, nesta hora,
de alta pressa sem endereço,
quando a alegria se evapora?

talvez nas nuvens passageiras
de pó, a formar cordilheiras.

NO HOTEL AMÉRICA

Cruzam-se aqui uns condenados
com suas faces de sessenta:
nunca se viram, pouco riem,
e alguns, com pastilhas de menta,

tentam disfarçar o conhaque
rotineiro, contra os achaques;

quando às vezes se cumprimentam,
evitam olhar-se nos olhos
que, como barragens, sustentam

águas e adeuses de um lugar
que não pretendem revelar.

NESTE INCERTO LUGAR

O essencial é assustadíssima
e soberba ave, como um galo:
só duas mãos, dentro da treva,
sem ruído, podem pegá-lo,

ou surpreendê-lo nas ruínas
do ser, nas vazadas retinas

dos natimortos, nos verões
sem fim da terra saqueada,
onde os que tiram nada põem,

onde uma vida, por mais breve,
dura sempre mais do que deve.

NEM SOBRADOS, NEM MOCAMBOS

(Para Gilberto Freyre)

Nasceu no tempo dos doutores,
cercado de paredes finas,
para que o baixo sol do trópico
grelhasse as almas mais franzinas,

empilhando-as nestes caixotes,
nestas prateleiras da morte,

todas nos bairros populares,
primos dos fornos crematórios,
não dos mocambos, não dos lares,

mas onde em jarros nas janelas
gritam as flores amarelas.

NATAL DE 1999

Longe do Olimpo, um deus nascia
roxo, a gritar, como os humanos,
um deus sem flâmulas nascia,
para os perdidos e os insanos;

nada tinha do deus heleno
o deus menino sobre o feno,

era um deusinho de brinquedo
no quintal do Império Romano,
era o deus do povo com medo,

um deus sem sorte, palestino,
e sem teto, desde menino.

MORTES

Esta morte demora tanto,
gasta-se tanto, pela estrada,
que, à sua chegada, parece
não ter morrido quase nada;

aquela é só rastro escarlate
de algum monótono desastre;

esta outra está sempre no horário,
bate seu ponto, e vai embora
como passivo proletário;

mas todas deixam sempre o seu
jeito de que nada morreu.

ODES AO CINZA

I

Tempo bom é tempo nublado
e de chuva, dias inteiros;
sangrando aqui muitas barragens,
enchendo ali muitos barreiros,

e dos raios de sol, ausentes,
depois de inchadas as sementes,

gigantescas sombras das asas
de anjos guiando as frentes frias,
sobre as lavouras, sobre as casas,

onde camélias cor de vinho
se abrem nas coroas de espinho.

II

Vocês do frio nunca entendem
que o inverno é o nosso verão,
e no mais úmido de nós
toda água é sonho, salvação,

o melhor de Jorge de Lima
é Zefa em lágrimas, neblina,

meu avô solto no terreiro,
todo molhado, madrugada,
a enxada no punho guerreiro,

é minha terra no dilúvio,
longe de todos, e de tudo.

III

Quando ondas e ondas sucessivas
de chumbo lajeiam o céu,
uma alegria muito cinza
vai-se chegando à cor do mel

dessas terras tão encharcadas
pelas lágrimas atrasadas

de certo deus correndo atrás
de suas ovelhas perdidas,
perdendo todas as demais,

dessas terras que, ardendo tanto,
fervem na face nosso pranto.

IV

Nas regiões de terra velha,
cheias de rochas e cascalhos,
nos rostos e açudes vazios,
abrem-se fendas, como talhos

quentes das febres ancestrais,
onde a maleita avança mais,

o sonho de água, sobre a serra,
de água nas várzeas e nos brejos,
de água afogando, pela terra,

duna por duna, este deserto
de Deus, que nunca está por perto.

V

Não grassa aqui o frio da morte,
morre-se em brasa, de estupor,
sob o céu sem misericórdia
deste azul ameaçador;

e nestas dunas, sem camelos,
galopam só os pesadelos,

pisando o pó das esperanças
entre branquíssimas carcaças
dos zebus, o deserto avança:

sob o azul belo, mas vazio,
nas areias somem os rios.

VI

Amar o cinza, essa indecisa
cor entre o nada e a escuridão,
a tonalidade imprecisa
do vômito, do último não;

é amar a sombra nos retratos
e o voo das moscas sobre os pratos;

é ter piedade do nada,
do chão, da lágrima suja,
do pardal morto na calçada;

é amar, também, aquele incerto
céu de chuva sobre o deserto.

VII

Aqui, o céu seria um mar,
mar de águas doces, cristalinas,
em cujas margens um pomar
florescesse sob as neblinas,

e o sol celeste só seria
fotossíntese da alegria;

nestas águas celestiais,
iluminadas por relâmpagos,
deusas das chuvas, as vestais,

anjos da guarda dos vaqueiros,
lavam as asas nos terreiros.

LIVRO DE HISTÓRIA

Curvado, a limpar suas lanças,
sob o pardo toldo espartano,
do céu flamejante protege-o
inflamável teto de pano;

assim, um guerreiro de Homero,
da ilustração do livro velho,

ficou gravado nas lembranças
das incontáveis gerações,
a limpar o sangue das lanças,

enquanto em chamas o céu arde,
como um guerreiro de verdade.

GORDURAS DAQUI

A metade gorda do mundo
senta-se no ônibus e expulsa
a companheira de viagem
que acreditava estar sepulta,

e ela soluça, alma perdida,
em pé, lá no meio da vida,

enquanto a outra, a tal metade
mais gordurosa deste mundo,
chega ao destino, nesta tarde,

em que uma seca palha humana
só de esperá-la já se inflama.

FUTUROS

Quando o futuro foi-se embora,
com seus cumes, suas escadas,
ele continuou a sorrir
delicado, em sua desgraça;

algum livro, às vezes, relia,
se aberto pela ventania;

ah, quem manteve esse sorriso,
raiz pulsando entre os destroços
deste gorado paraíso?

ah, que sino lá dentro toca,
já esquecido da derrota?

FINS NÃO ANUNCIADOS

Quando os prazos forem vencidos,
deves rasgar todos os planos,
e entrar na festa, a fantasia
de transcendência dos humanos:

este fim de prazo não foi
anunciado, nem depois

que o amor deu sinais de cansaço
numa noite comum, a noite
de lua e pão nos seus espaços:

quem finda esses prazos na vida
não bate em portas explodidas.

FILHOS DO NORTE

Durante toda falsa infância,
caíam dos céus chuvas demais,
na terra inteira e, agora, quando
deve chover, não chove mais;

meninos sujos, nessa rua,
brincávamos com a lama crua;

quando anoitecia de vez,
dentro do copo de café
molhávamos o pão francês;

lá fora um deus, por trás de um muro,
devorava nosso futuro.

FEIRA DE JABOATÃO, 1950

Era o prato alto de feijão
com farinha, baixa etiqueta;
numa porção de bife ao molho,
rubra pimenta-malagueta;

sob a tenda de lona dura,
o essencial é uma fartura;

Deus tratava aquele inocente
com esse luxo da ignorância
que não vê nada diferente,

com pura alegria animal,
que faz da vida o menor mal.

EXTREMA-UNÇÃO DE LUZIA

Pelo temor da eternidade,
perguntaste ao teu confessor
por que a existência sempre fora
desperdício de tanta dor,

por que a morte, tão esperada,
não era céu, não era nada,

e chegava naquele dia
de chuva plena no roçado
de feijão-de-corda, Luzia,

quando molhado, o amor guerreiro,
dançava, aos gritos, no terreiro.

EXTREMA-UNÇÃO

Vive demais a vida, às vezes,
e por tanto tempo rasteja,
como arrastada por seus vermes
uma apodrecida cereja,

que antes de pó, mesmo de lodo,
prende-se ao ralo deste esgoto;

e quanto mais se pensa finda,
não importando a sua idade,
vem animá-la a dor: ainda

tenta agarrar-se à carne viva,
como incansável parasita.

DINHEIRO

Agora é como o ar e, como o ar,
quando não falta, não se sente;
mas arma em volta uma atmosfera,
uma saúde diferente

que atrai para si as vontades
gordas, súplices plumagens,

a apoteose e não a prece,
numa dourada abstração,
que do seu vácuo se abastece,

que de si mesmo, do vazio,
fez-se deus, quando o outro partiu.

DEVERES E VIRTUDES

Teu dever apodrece as iscas
no sábado de pescaria,
risca o CD do teu Vivaldi,
quando o domingo principia,

é seletiva maldição
caindo ao leste do Sião,

a vida toda compulsória,
marcha forçada para o nada,
pano de fundo desta história

que faz, agora, menos rude,
da escravidão uma virtude.

CRÔNICA

Plantou mascarados adeuses
e matou-se num dia assim,
de um sol assim, nada especial,
quando o cão danado, um mastim

ladrava na sua mansão,
a mais alta do quarteirão,

onde a amada, na sua esteira,
mais borracha punha no corpo
para o encontro de quarta-feira,

indiferente ao estampido
de bala, entre tantos latidos.

CONDENSAR/CONCENTRAR

A vida aqui fala bem claro,
mas sem a eloquência da lágrima;
como a renda, como a poesia,
é uma linguagem concentrada;

é cloro na água da piscina
da cobertura, lá em cima,

onde Clara, uma pós-donzela,
posa nua para o helicóptero
que faz evoluções sobre ela;

e a luz do sol, como toalha,
só existe para enxugá-la.

COMA

I

Desenganaram-no tão tarde,
que seu amor foi descansar;
mas ele estava muito longe,
milhas e milhas, no alto-mar;

o monitor, junto da cama,
como um sismógrafo, acompanha

a breve química da carne
acomodando-se, montanha
a desmanchar-se pela base;

ele? bem longe deste asfalto,
milhas e milhas, no mar alto.

II

Como é raro morrer dormindo,
sempre costuma aparecer,
antienfermeira, uma agonia,
sob as luzes do amanhecer;

vem reduzir a agonizante
quem sonhava, no último instante,

estar fisgando o seu merlim
no mar azul, a muitas milhas,
nas primeiras férias sem fim;

vem cortar a linha, no mar,
para sua dor começar.

COIVARA

Aridez em todos os rostos
insones, nesta madrugada;
findo o pranto torrencial
que ensopava nossa mortalha;

não tarda o azul, trágico signo,
emoldurar o sol maligno;

não tardará raivoso monge
dos derrotados suspender
nossa viagem para longe;

agora a morte põe a mesa
e emudece nossa tristeza.

CIDADE

Onde o dinheiro sempre falta,
Deus sempre costuma faltar,
para que gritemos por ele
sob o zinco do céu, sob o ar

cheio de gases de carbono,
onde só levita o abandono,

para que Deus se sinta vivo,
mas vivo de tanto faltar,
como o dinheiro prometido

ou nuvem prenhe quando, perto,
aborta fogo no deserto.

CAMPO-SANTO

I

Ali, certos restos mortais
são tratados como destroços,
quando desocupam as covas,
para queimar todos os ossos;

covas-rasas dos indigentes,
sem cruzes, sem flores e sempre

lá nos fundos do campo-santo,
aonde só vão uns passarinhos
pobres de plumas e de canto:

ossos de muitos, na fogueira,
iluminando a noite inteira.

II

De óculos escuros, entraram
no miserável cemitério,
e vestiam, sob a canícula,
as roupas pesadas do império;

mas era o enterro de Luzia,
sem turíbulo ou litania,

moça sem qualquer capital,
filha de sino de capela,
não de bronze de catedral;

de onde veio então a sombria
corte de estranhos que a seguia?

"BLADE RUNNER"

I

É tempo de morrer: as chances
não percebidas, se voltassem,
e agora fossem percebidas,
talvez no pranto se afogassem;

porque se foram as esperas
e os prazos longos; restam meras

oscilações arteriais
entre jornais não desdobrados,
cochichos, sombras e sinais

de que alguém (se alguém ainda te ama)
vai ficar ao lado da cama.

II

"Hora de morrer", disse o androide,
um dourado ser ariano,
sentindo o tempo digital
de sua vida se acabando;

tempo de pétala, de pústula,
de pressa frívola, de dúvida,

destes fáceis jogos verbais,
coroas de lama e de louro
sobre os cabelos dos mortais;

hora de o ser voltar aos seus
eflúvios cósmicos de Deus.

HOSPITAL PÚBLICO

Enquanto agonizas, assistem
aos Jogos Pan-americanos
no refeitório do hospital,
e ninguém vem mudar os panos

molhados da última batalha,
manchas de sangue por medalha;

só o mais velho dos internos
vem-se arrastando até teu leito,
com o severo olhar dos cegos,

para conhecer, nesta tarde,
o dom da vida, quando parte.

BARÔMETRO

O ar da treva, de massa negra,
poderia empurrar com a mão;
mas, se o tenta, inflama-se tal
uma parede de carvão;

sente-o nos ossos, incisivo,
como algum barômetro vivo,

e, num relâmpago de cores,
ou farinha de borboletas,
mostra, às vezes, seus esplendores:

as formas altas da aflição
dançam melhor na escuridão.

AVE ANO 2000

Só agora sabemos, quando
outro século bate à porta:
tudo tocado pelo Homem
tem o cheiro de coisa morta,

e o som do réquiem, som da nênia
dos morteiros sobre a Chechênia,

e dos vagidos africanos
sobre as favelas tropicais,
som de escopeta de dois canos,

anunciando-nos, com susto,
que ainda impera César Augusto.

AQUI E AGORA

Trabalhas para viver um
dia, talvez, igual a este,
manter a textura da sombra
em que, por fim, te converteste;

teu trabalho prolonga, adia
o desenlace da agonia;

quando uma incerteza acalenta
teus meninos, dentro da noite,
ela consegue tornar lenta

esta matança, pobre filho,
de tuas bonecas-de-milho.

APÓS FILME DE ALDRICH

"Vamos voar para longe, amor..."
disse Catherine Deneuve
a Burt Reynolds, o detetive,
quando nas trevas ele esteve,

mas o fim do século ainda
não tinha sua farsa finda,

e a esperança de amor vazava
manhãs por frestas das janelas:
de Deus a luminosa lava

ainda era o asfalto dos caminhos
onde pisávamos, sozinhos.

ADOLESCÊNCIA

Em cada seio, esta energia
do sol mais tenso, mais contido,
faz da morte mera prosódia
de uma palavra sem sentido:

quanto mais viva, mais se engana,
pobre alma, pétala na lama,

que só no engano a gloriosa
lâmpada breve dos mortais
pensa brilhar mais que uma rosa

ou essa lasca de lajedo
que da eternidade tem medo.

A CARCAÇA E A FÉ

Quando a força do corpo esfria
e assume a sobrepalidez,
voz interna vem aclamar
da imensidão a sua vez,

vem enganar a carne antiga
com alguma alma escondida

dentro do corpo devastado,
como se embala uma criança
quando o balanço está quebrado:

e algo na face se ilumina
como dois faróis na neblina.

BRASIL, 1999

Atavismo dos deserdados,
esta falta de esconderijo
faz deles todos, mesmo em fuga,
alvos imóveis do inimigo;

são como lêndeas, entre as unhas,
abatidos sem testemunhas;

filhos de todos os desterros,
a se esconderem, uns nos outros,
quando jogados nos aterros,

por não verem, a céu aberto,
tantos predadores por perto.

METAFÍSICA DO CAPITAL

O capital pirata invade
esses portos de poucas luzes,
quando apodrece a consciência
e a madeira de tantas cruzes,

metafísico e digital,
é a nova persona do Mal,

do Apocalipse sem o fogo
que previu o apóstolo João,
do suspiro de Eliot, do jogo

ou da competitividade
que devasta o amor e a verdade.

MORTE SOB CONTRATO

Sua morte, sob encomenda,
ajustada a si como roupa,
não prêt-à-porter, contra entrega,
mas bala a bala, gota a gota,

era, no entanto, igual à vida
que antes viveu, sob a medida

da ordem, da métrica demência,
a que distribui a matança
de acordo com a procedência

e o cadastro da freguesia
da morte, a crescer todo dia.

O FÃ

Entre teus íntimos demônios,
que conspiram sob disfarce,
o maior deve ser aquele
ali, que mais alto te aplaude

e vibra, quando o estéril ódio,
em júbilo, assume o seu pódio;

depois, dá foros de vitória
à tua longa passividade
de filho pródigo da História,

ou de outra coisa mais abstrata,
e sempre impune, que te mata.

ORGASMO

Todo corpo, em seu esplendor,
divide em duas esta vida,
mas este êxtase existe mesmo
para ocultar uma descida

da carne, no único momento
em que do cosmo é instrumento;

truque do eterno é todo amor:
toca por baixo o fogo alto
que aquece o sonho ao sol se pôr,

porque logo devolve aos dois
o nada de antes e depois.

PAIDEIA, HOJE

A fita métrica e a balança
na pupila, varando a rua,
a separar os transeuntes
pelas formas, pela gordura:

não mais medido este sol posto
que ainda luz atrás do rosto;

nem mais pesada aquela lágrima
que, entre rugas, alguma gota
de suor às vezes disfarça,

que até a pedra, o arvoredo
disfarçam, quando sentem medo.

PROVÍNCIA

Só a certeza desse abraço
diurno, noturno ou vespertino,
vivo lá dentro, é uma alegria
pulando a corda do destino,

pois o Senhor faz maravilhas
de um amor que tanto se humilha,

amor de bruços ou de joelhos,
no escuro dessas redondezas,
sem cama oval e sem espelhos,

mas, enquanto aceso na carne,
como é dos grandes, ah, como arde.

GENTES E BICHOS

JAMES CAMERON

Os cavalos dos carrosséis
movimentando-se, no parque,
davam mais fogo às labaredas
que os cobriam, no fim da tarde,

quando a inocência se vestia
com as asas curtas da alegria,

asas de voo tão limitado
que a não levaram para longe
do futuro recém-chegado,

com sua fúria, seus anéis
de fogo sobre os carrosséis.

HOMENAGEM A "UNFORGIVEN"
(e a Clint Eastwood)

Cuidando dos porcos, das crianças,
William Munny apenas era
aparentemente homem frágil,
mas de disposição severa;

então seu anjo, sua Cláudia,
falece um dia de malária;

e seu demônio lá desperta,
em sua treva interior,
vendo-o tão só e a porta aberta;

e ele regressa para a vida
que estava só adormecida.

O GATO CINZA

Um gato cinza, um certo gato
esmagado no calçamento:

os carros, passando por cima,
deram-lhe o aspecto, no cimento,

de massa amorfa e colorida,
uma nódoa, depois da vida;

mas o corpo achatado, ex-corpo,
pôs-se a secar, cinzenta mancha
só preservada pelo couro

de, possivelmente, algum gato
cinza, que morrera no asfalto.

METAMORFOSE

As borboletas são as flores
que, enfim, conseguiram voar,
mas, vivem a rondar as plantas
como quem ronda o antigo lar;

há sempre, pelo ar, um jardim
de rosa múltipla e jasmim,

e há, talvez, a vontade enorme
em tudo de perder seu peso,
ter a leveza de quem dorme,

ser a lembrança no abandono,
ou luz de estrela se apagando.

MÍRIAM

Com falso louro no cabelo
e vago cheiro de limão,
vais ao mercado, com teu corpo,
moeda de curta duração:

como a certas frutas suspeitas,
dedos te apertam, nesta feira,

os seios moles, tuas nádegas
cuja altivez se compreendia
há dezenove anos atrás:

hoje, em teus olhos, pobre Míriam,
somente as lágrimas cintilam.

MELISSA

A vida toda era ficar
sob uma marquise, sentada,
a mexer nos longos cabelos,
sua beleza mais intacta;

fazendo e desfazendo as tranças
de suas madeixas já brancas,

se passavam gentes e carros,
seus olhos baixos, no vazio,
só viam pontas de cigarros:

era uma sombra muito calma,
uma sombra virando uma alma.

MARINA

Marina, dois anos doméstica,
marcou os patrões para sempre:
comia uma "farofa d'água"
com a charque assada, somente;

o dia inteiro, essa menina,
como novíssima neblina,

estava sempre em toda parte,
com longos dedos invisíveis,
organizando a brevidade

daquela casa tão cruel,
como se varresse seu céu.

VIDA PEQUENA

Este braço velho, engelhado,
é um braço de sessenta anos,
não disputa queda-de-braço:
se não esmurra os desenganos,

já sem força, mais leve abraça
o corpo amado nesta praça:

passou a vida maltratando
velhas máquinas de escrever,
e agora, já se aposentando,

braço de náufrago, ele acena
o adeus a esta vida pequena.

CAFÉ DA MANHÃ
(Para Maria José Velozo de Melo, minha mãe)

Chegaram e pediram pão,
o pão dos simples, sem manteiga,
e duas xícaras de café,
na manhã calma, quase meiga;

era um casal de certa idade,
vindo de longínqua cidade;

e todos viram, neste Norte,
que aqueles dois, no fim da vida,
naquela mesa de bar pobre,

não se pegavam nem beijavam,
mas como riam, como se amavam!

LUZIA

Desgovernar-se é sepultar
sem flor a última alegria,
é encher de suspense e grito
a paciência de Luzia

que vai, do fogão para a cama,
sete séculos por semana:

desgoverna-se quem injeta
no verde essa gangrena azul
que adoece o sangue da festa

e a dignidade da alegria
que, sob os escombros, luzia.

HERÁCLITO

Não só o rosto de Tereza,
Tereza inteira e este arcebispo,
o fragmento do asteroide
Franz Kafka, tudo é irrepetível,

e a cada ano a Terra, doente,
circunda um sol bem diferente;

não há, pois, um plágio perfeito
desse vento vindo do nada
a erodir o chão dos eleitos;

e eis o castigo original:
ser impossível ser igual.

GARRINCHA

A fama, Fúria, esmaga aqueles
que só buscavam seu lugar,
que chegaram antes do tempo
ou demoraram a chegar;

feita de louros radioativos,
essa coroa dos cativos

da luz calcina o calendário
menor, o da vida em neblinas
de Deus, em contas de Rosário,

é o fim dos astros, estertores:
que só engorda os bastidores.

CRIANÇAS NO SEMÁFORO

Meninos dopados, meninos
limpadores de para-brisas,
cercando carros, sem saberem
o que fazer com tanta vida,

carros que rosnam nos sinais
contra os da frente, mais e mais,

contra esses bandos de garotos,
camisas enormes, nos joelhos,
como uns espantalhos sem rosto;

tudo isso diante dos sóis
e dos céus, diante de nós.

"COTÓ"

No princípio, pensou-se em câncer
de pele, trabalho do sol,
quando sua chaga começou
a cobri-lo, como um lençol;

mas, ela era tão colorida,
nem parecia uma ferida;

quando tornou-se luminosa
tatuagem de raios cósmicos,
ele brilhava na palhoça,

já notável pelo abandono:
é assim que nascem os anjos.

COLEGIAIS

São todos eles imortais
e onde estiverem lhes transborda
voraz a vida, com seus volts,
sua guitarra de mil cordas;

tanta energia é uma cegueira,
manhã sem fim, a vida inteira,

até que a tarde se anuncia
ao primeiro tremor das mãos,
até que o corpo não sacia

mais o outro corpo e a noite eleva
sua alta parede de treva.

TOP MODEL

São horas e horas nos espelhos,
para aumentar seu esplendor,

para que a atávica beleza
seja maior aonde for,

mas, não vai longe, o colorido
dos outdoors é destruído

por uma luz muito maior
do que o brilho dos refletores,
a luz do tempo, a luz do sol,

e os peitos flácidos da musa
vão ter a terra como blusa.

CHRISTOPHER REEVE

Tetraplégico, o Super-Homem
de Nietzsche, o de brincadeira,
crianças do século sangrento
botam asas de bananeira

para voar sobre o telhado
daquele Apolo congelado;

quantos astros fogem da rota
para agora brilhar no túmulo
desta esperança natimorta?

já dobraram todos os sinos
do Super-Homem dos meninos.

CÉSAR LEAL

Pelo irmão Dante acompanhado,
em céus de escombros, céus antigos,
onde os enxames das estrelas
extraíam luz dos abismos,

o poeta das terras mortas,
aos novos anjos abriu portas

enferrujadas pela sombra,
tocando alto seu "tambor cósmico"
contra a luz rastejante, contra

aqueles tempos tão mesquinhos,
que cortavam rios e caminhos.

CAVALO DE CARROÇA

Em frente à loja, lá no Agreste,
um cavalo pende a cabeça
e espera, sob o sol a pino,
que alguma nuvem apareça

no céu forrado de correias
em chamas, como suas veias,

que as moscas deixem de boiar
na água cinzenta de seus olhos,
ou volte o dono a chicotear

esse corpo, essa coisa ruim,
pela estrada que não tem fim.

BÊBADOS DE OLINDA

Deus, essas trêmulas ovelhas
são as ovelhas mais amadas,
são as folhas mais indefesas
nas poças sujas das calçadas;

perderam a noção das horas,
essas amazonas de esporas,

a ferir os flancos dos pôneis
amarelos do Apocalipse,
que do pasto queimado somem:

luzes nos olhos do delírio
tremem, muito mais, que as dos círios.

A UMA MEGERA

Mal-amada que mal amou
fazia seu mal a varejo,
dando mau cheiro, mau humor
a todos, como um percevejo;

sem merecer sequer um tiro,
pela insignificância do estilo;

meio inchada, meio pamonha,
seu mestre, o Demônio, resolve
dar-lhe o castigo da vergonha

de rezar a Deus por um gato
morto, ao lamber seu retrato.

A UMA FORMIGA

Levo-te da mesa à parede,
cega luzinha temerária,
ó hipótese de uma dor,
sempre, sempre, desnecessária;

esmagar-te não dá remorso
e, por isso mesmo, me esforço

para afastar-te desta mesa:
meu poder de destruição,
garra de fogo sempre acesa,

não te poupará outra vez,
ó ser, minúsculo talvez.

A QUINTO HORÁCIO FLACO

À medida que envelhecemos,
as Milenas ficam mais belas
e, quanto mais belas, mais fogem
pelas campinas amarelas,

só nos restando murmurar
assim, com esta falta de ar:

adeus corpos da cor do chumbo,
do cobre, do enxofre, da pétala
rósea dos esplêndidos mundos,

onde o tempo finge-se enorme
e esmaga tudo quanto dorme.

ANA VAZ

De pássaros, pássaros nórdicos
parecem feitos estes ninhos
de sombra, estes teus arrepios
de penugens sob um carinho;

também nórdica a claridade
fantasmagórica, da tarde,

alto ectoplasma de metal,
a curvar-se sob o governo
do teu coração tropical,

da metafísica do fogo
sobre o fácil, o fútil e o jogo.

A LOPES GAMA

Garfando a lagosta, o ex-amigo
de olhos de vidro te difama,
com certa classe, com pesar,
como quem lamenta, ou quem ama;

duas garfadas adiante,
outro assunto no restaurante

já tomou conta dos convivas,
e tu saíste da berlinda,
da ordem fatal das coisas vivas;

mas lá fora, ao soar teu nome,
o que disse de ti não some.

A EGÍPCIA

Era uma moça de subúrbio
e daquela beleza leve
que a menor pétala do lírio
às vezes tem, quando amanhece;

mas uma simples balconista,
sem os tiques de toda artista,

o que produzia um efeito
simplesmente devastador
a quem tivesse esse defeito

de sempre amar o belo puro:
esta Cleópatra sem futuro

A BRUNO TOLENTINO

Conrad abraçou o tufão
e Bruno à voragem se inclina:
com o ar febril dos carmelitas,
abre o hábito de Katharina;

embora lágrima ao relento,
secando à porta de um convento,

não teme a eriçada pelúcia
de tantas onças recheadas
de papel-jornal e de astúcia;

tampa este abismo de opereta
com uma asa de borboleta.

TÔTA

É uma cadela de três meses
que pesa menos de dois quilos,
tem a cor cinza dos acasos
e alma elétrica dos esquilos;

sua alegria é a da torneira
a vazar água a vida inteira,

do amor liberto, transbordando
da amostra grátis de seu corpo,
sem nunca saber até quando,

da lição cósmica a emanar
do perdão úmido no olhar.

MISTÉRIO EM OLINDA

Aquele negro beija-flor
que, neste bairro, ninguém viu,
pela tarde inteira pousava
e voava daquele fio,

também negro, da telefônica;
e era janeiro, nesta atlântica

e empedrada praia do norte,
onde o beija-flor todo negro,
nesse estranho código Morse,

dizia, em vão, no entardecer,
o que nos ia acontecer.

O SURFISTA

Equilibrado sobre a folha
que desliza como uma lágrima
pela face daquela onda,
a mais esperada, a mais alta,

ama esse instável chão do mundo
que lhe falta a cada segundo,

e as paredes de transparência,
que almas e corpos atravessam
ao sol da súbita inocência:

na praia, fêmeas o esperando,
como um presente do oceano.

SUICÍDIO DE ANDRÉ

Lá dos fundos desta fazenda,
ela só sai para a faxina,
para segar os ramos secos;
mas, certas vezes, se ilumina

no êxtase súbito da aurora
antecipada, como agora,

quando sua lâmina rebrilha
sobre o esplendor da adolescência,
cadela solta na matilha,

sobre o ex-menino, por castigo,
a desenhar o próprio abismo.

ROMÁRIO
(Para José Nêumanne Pinto)

Até parece estar no banco
Romário, o perigo parado
do réptil, no chão do inimigo,
para algum bote inesperado,

com toda uma ética malandra
vai calando toda cassandra

que anuncia fogo no sonho
menor de um povo abandonado,
povo adiado, povo estranho,

que troca a inútil liberdade
pelo mais belo gol da tarde.

QUANDO MARTA FICOU SOZINHA

Quando a alegria foi embora,
Marta só ouviu o ruído
do vento forte na janela
e, no chão, estalos de vidro;

fechou a janela, a cortina
e voltou à sua rotina;

não compreendia, nesse tempo,
que o reverso de uma alegria
não é a tristeza, é o silêncio;

e as semanas ficaram longas
e caladas, sombra após sombra.

PARA JOÃO CABRAL
(Elegia com sotaque imitador)

O diplomata João Cabral,
de profissão sendo estrangeiro,
fez da língua materna a casa
que faria, como engenheiro;

porque sempre morava longe
de seu deserto, de seu mangue,

sem notar que, à biografia,
a que dedicava seu asco,
devia toda essa poesia

de cassacos e retirantes
mortos, sem o velório de antes.

NO BAR DO PEPA

Com dois reais dentro da noite,
como ela irá atravessá-la?
inteira e triste sob o sol
ou estendida numa vala?

toda de preto está vestida,
já pronta para a despedida,

mas não sabe de quê, de quem:
amigos e amigas ocupados,
na sobrevivência, não vêm

vê-la, não vão telefonar,
e Deus não bebe neste bar.

O APÓSTOLO

Que fazia Manoel Caetano
toda noite naquele bar?
ia beber, sempre sozinho,
mas, ninguém podia notar

que ele rezava, em seu cantinho,
pelo bêbado, seu vizinho,

a vomitar, numa outra mesa,
pelo engraxate de dez anos,
já quando a noite perde a acesa

luz do bolero de Ravel
e Deus já dorme no seu céu.

PROFESSOR OSÓRIO

A vida lerda, a morte rápida
eram toda a filosofia

do velho professor primário,
há quarenta anos, nesta vila;

mas a morte chegou-lhe torta,
lâmina cega, em sua rota:

tão devagar, no fio da vida,
nova Penélope a tardar
o seu bordado de ferida,

que ele gemia à luz da vela,
quando Ela entrou pela janela.

PARDAIS

I

É muito difícil fazer
um poema sobre os pardais,
porque são eles tão comuns
e tão todos e tão banais,

tão miseráveis passarinhos,
com aquela cor dos próprios ninhos,

feitos desses rostos de palhas,
tão sem encantos seu piar
de comedores de migalhas,

tão punhados de cinza tão
sombras do nada em multidão...

II

O pardal tem a cor do sujo,
da poça d'água do caminho,
dos pés descalços pelas longas
beiras de estrada, passarinho

sempre a viver ao rés do chão,
como o mendigo ou o enxergão;

se uma estátua de general
está suja, no amanhecer,
rápido culpam o pardal;

quando outra ave come o trigo,
o pardal recebe o castigo.

O QUARTO EVANGELHO

Já pertinho do fim, Francisco,
cansado de viver, já velho,
curva-se, no meio da noite,
às laudas do Quarto Evangelho,

e encontra um deus sem limousines,
que não se compra nas vitrines,

que vem, coroa de cardeiros,
salvar deste arame farpado
os enlouquecidos cordeiros;

um Deus, dos nascidos sem Deus,
fará de Francisco um dos seus.

RETORNO

CORDEIRO DE DEUS

Poucos o escutam, quando o Mal
abre suas asas, lá fora;
e muito poucos acreditam
que vai entrar a qualquer hora,

transpor, gangrena do monturo,
o metro e meio deste muro,

tão diferente das muralhas,
com seus anjos de prontidão;
e entrar, no faro dessas palhas,

à luz da estrela delatora,
como um lobo, na Manjedoura.

LAJEDOS

Limpos, inorgânicos mundos,
que não apodrecem nem fedem,
após brevíssimo esplendor,
como os seres salvos do Éden,

corpos de gesso, de granito,
que não se deslocam nem gritam,

como eu gostaria de ter
esse mentiroso repouso
de seus átomos, e de ser

lápide, lousa sobre a cova
onde a podridão se renova.

CORES

Vermelha, negra ou amarela
é toda a terra, em tons incertos,
e só são brancas as areias
soltas nas praias e desertos;

mas a cor da vida é a do ferro
sujo de sangue, se não erro,

a do raivoso ferro em brasa,
machucado por mil martelos,
quando o perdão foge de casa;

cor do demônio interior
que se torna nosso senhor.

CARPE DIEM

Ao sol louco da juventude,
súbita, a dúvida desperta:
entre esporrar-se na alegria
e erguer uma casa de pedra;

mas, os anjos de olhos de brasa
já nasceram com esta casa,

com sua juventude inteira
a subir, salmão premiado,
a sua própria cachoeira,

enquanto os anjos deserdados
põem suas asas no mercado.

EROS

Ó noite dos amantes em fuga,
noite dos fluidos, dos incêndios,
quando delicadas mulheres
erguem-se Fúrias dos milênios,

todas elas com a mesma face
que o demônio tem, quando nasce,

que a miséria tem, quando sonha,
mulheres e homens a pedirem
que o deus tardio não se oponha

a essa alegria da matéria
em fogo e em fuga sobre a Terra.

VORAGEM

É quando teu voo perde altura
e, lá dentro, toda a bagagem
em teu nome são velhos planos
em chamas, antes da voragem,

que a tua vida vira, então,
uma loja em liquidação:

tudo com preço de mentira,
pois o teu mundo é o mundo todo
em pane, quando te retiras,

e submerges, como uma ilha,
antes ou depois da partilha.

SEGUINDO HORÁCIO

À medida que envelhecia,
foi-se minguando em passarinho,
a beliscar sua fatia
de pão, encharcado de vinho:

precisava dessa leveza
de folha seca sobre a mesa,

que o vento, vindo da janela,
como arcanjo das cercanias,
dispersa, chama de uma vela

tão fácil de ser apagada
pelo sopro de Deus, ou por nada.

NEOESTETICISMO

Chegamos ao tempo do corpo,
que nos humilha ou envaidece,
tempo do gesto e da ginástica
da nova tribo, em nova prece

dessa modelo seminua
que desnuda nossa feiura:

ai de quem não tem as medidas
de altos apolos, nem as curvas
traiçoeiras dessas dalilas:

hoje, a beleza transitória,
se revezando, faz a História.

SCHOPENHAUER

Para cada sonho uma lápide
sóbria, como o próprio cortejo,
depois disso, treinar seu cão
para morder qualquer desejo;

rasgada a farda da alegria
que, na batalha o distraía,

agora a dor, em tempo célere,
pode estender, com dignidade,
sua cólera à flor da pele,

para sarjar com sua lança
tantos tumores da esperança.

PARA AUGUSTO DOS ANJOS

Só amo as noites e as manhãs
detesto as tardes, coisas mornas,
cheirando à luz apodrecida,
à treva implume, às coisas mortas,

porque só vingam no crepúsculo
canto sem voz, carne sem músculo

que, à sombra suja de uma cruz,
sente assanharem-se seus vermes
uma poça de sangue e pus:

só amo o que é definitivo,
enquanto sonho, enquanto vivo.

MONTURO

Neste devoluto terreno,
ergue-se o matagal selvagem,
de carrapateiras e urtigas
e algumas flores sem linhagem

que, breves, em sua alegria,
morrem com o sol no fim do dia;

terra verde, esperando o preço
que abata as folhas, broque os caules,
e dê-lhe o status de endereço,

fogo verde, cheio de graça,
dançando ao vento da ameaça.

A NOVA REPÚBLICA

Não vale a pena envelhecer
nesta tua pátria em ruínas,
e os talhos no rosto são fendas
já terminais de estradas findas;

escombros dentro, escombros fora,
que o vento varre, o vento escora,

como a estes reinos de Platão
feitos de sânie e de soberba,
jorros de sangue e abstração:

não vale a pena envelhecer,
só testemunhar e sofrer.

NE: 1997-1999

Quando saiu de sua vila
pelo deserto encurralada,
onde as crianças já bebiam
suco de cactos, pela estrada

de ossos, João Pedro dos Santos,
curado de todos os espantos,

para outra vila não seguia:
caminhava por caminhar,
nesse turismo da agonia,

onde traçaram o roteiro
sem volta, para um povo inteiro.

FIAT

O amor, o amor nunca é demais:
se sobra, é no tempo perdido
que ele brotará no deserto
qual semente do Paraíso;

pólen no ar, mora no vento
e entre as dobras do pensamento,

feito a maldade, ele não dorme,
quando a neblina esfria a noite
e o temor de Deus nos encobre;

ele tem a força da luz:
fecha a ferida e seca o pus.

NATUREZA

É natureza a falha azul
no olho de vidro da boneca;
pulsa o grafite em cada linha
desta figura geométrica;

é natureza o raio laser,
tudo que o cálculo fez à

grama abstrata, ao teorema
que se borda no monitor,
feito carinho em carne trêmula;

é natureza até, suponho,
a sombra do nada, a do sonho.

MONISMO

Um planeta todo de mármore
negro, de mármore polido,
tinha acabado de nascer,
súbito, do ventre explodido

da estrela Semíramis, grávida,
que se perdera da galáxia;

era negro e brilhava tanto,
como um abismo de carvão
cravejado de diamantes;

era o recém-nascido sonho
de luz e treva se abraçando.

WERTHER, DE GOETHE

Só a vida aspira ao repouso
ou quer morder-se na carótida,
mas tudo por dentro se move,
pois não existe coisa morta:

uma rocha recém-formada
sente-se bem-aventurada

em sua existência de estrela,
mas depois de sentir a vida,
não quer ganhá-la, mas perdê-la;

o que tem alma não tem paz:
tudo tem alma, nada jaz.

ERGONOMIA
(Para Norberto Loureiro)

O grande trabalho é do amor
sem bronzes, sem assinaturas,
no ar do espaço, na hora do tempo,
pólen de Deus nas criaturas;

a palavra quase sem eco
a injetar humos no deserto,

mãos de franciscos, de terezas,
que repartem, ocultamente,
suas migalhas sob as mesas;

ou energia sem fronteiras
que acende todas as estrelas

CONJUNTO DE POEMAS PUBLICADOS
NA COLETÂNEA INSERIDA NO LIVRO
O CÃO DE OLHOS AMARELOS & OUTROS
POEMAS INÉDITOS (2006)

ECCE HOMO

A ordem é feita para ti,
quem quer que sejas, se pequeno;
ela preside em cada mesa,
em cada ceia, ó Nazareno,

enquanto uma cruz apodrece,
afogada na falsa prece

do invasor, com vestes talares,
a elevar o cálice cheio,
pingando sangue nos altares,

quando a inocência em cinzas some,
invocando teu santo nome.

FAZENDA NOVA

Perto dos cem, Antônio Melo,
meu avô materno, em seus linhos,
tornou-se, em seu sítio, o primeiro
segurança de passarinhos;

de uma cadeira de balanço,
lá na varanda, sem descanso,

vigiava um Pau d'Arco e brandia
a bengala na meninada
que matava tudo que via;

já morto (dizem) nas visões,
lutava contra os gaviões.

SÚPLICA

Diga-me, mestre do universo,
como viver sem alegria,
como incendiar minhas roupas
e poupar estas cercanias;

ensina-me a morrer sozinho,
sem incomodar meu vizinho,

a dizer um adeus tão raro,
a ponto de pensarem, mesmo,
que fui ali comprar cigarro,

ou mostra, de uma vez, a rota
da alegria, após a derrota.

SUICÍDIO

"O suicídio é toda a morte que resulta mediata ou imediata-
mente de um ato positivo ou negativo, realizado pela própria
vítima. Mas esta definição é incompleta (...)"

Emile Durkheim

É o orgasmo do desespero
abraçado à sua aflição,
no fundo do poço, sem rãs
e sem avencas, no verão:

ou é a fruta mais madura
porque vingou lá nas alturas

onde a piedade não alcança;
lá no alto, escondida nas folhas,
aonde não chega uma criança,

nesta árvore, onde o sol, mais triste,
doura as frutas da superfície.

RECIFE REVISTO

Recife, o fantasma holandês
dentro de ti, ainda a te impor
a honra de teres conquistado
o teu próprio conquistador,

cidade sempre dos biscates,
dos retirantes, com mascates

a importunar a burguesia
camareira dos macieis,
e com ácida maresia,

a faminta de liberdade,
a comer o ferro das grades.

MARIA NINGUÉM

Era uma jovem do Araripe
e de grandes olhos aflitos,
como se chegassem de longe,
assustados por muitos gritos;

o seu nome ninguém sabia
e era chamada de Maria,

que morava lá no porão,
cheio de brinquedos quebrados,
daquele velho casarão:

Maria só, Maria sem
Amor, só Maria Ninguém.

MENDIGO NEGRO

Ó criatura tão no fim
e, sob a cinza, este carvão
de cruzes, lenha ameaçada,
vestíbulo da escuridão;

o atual senhor dos escravos
deu-te vinte e cinco centavos

e tu, desgrenhado espinheiro,
naquele mar à beira-bar,
agradecendo seu dinheiro,

saíste da história num minuto,
sombra das iras, deus de luto.

ALIENAÇÕES DA MORTE

É algo realmente difícil
a gente se imaginar morto,
o corpo sempre está ali,
como se fosse o corpo de outro;

ninguém consegue, mesmo ao ruir,
ver a morte dentro de si;

neste velório, falsamente,
o morto é sempre aquele quase
inquilino, longe da gente,

mas, farta desse simular,
a morte assume o seu lugar.

ATRAVESSANDO O PARQUE

Estão trabalhando no parque
onde o cheiro da morte é verde,
o da grama sendo cortada,
o dos talos sentindo sede;

pombos continuam a morrer,
sem uma pluma aparecer,

como se houvesse um cemitério
invisível, dentro dos ares,
que os apagasse (falo sério);

saindo do parque, a cidade
está em lágrimas, é tarde.

VARRENDO O SALÃO

Qualquer vida é longa demais
para quem não pode escolhê-la;
luz que termina, mas prossegue
como o cadáver de uma estrela;

são demais os quase sessenta
anos sem trégua, só tormenta,

sobra de festa a apodrecer,
enquanto os convivas se banham
na luz louca do amanhecer:

que faz a dor, sem endereço,
como uma velha sem seu terço?

POETAS
(Para Ivan Junqueira)

Somos tantos... quem nos germina
pelos asfaltos e ladeiras
onde a agonia vira cinza
anônima, vão da madeira

mais vagabunda do quintal,
vaga fatura no hospital?

século a século semeados
pelos demônios de Platão,
somos por eles vomitados

nesta República: martírio
que não vale uma dose, um lírio.

RELATÓRIO

Sua passagem resultou
neste relatório final:
nada para si, para os seus,
para a pobre terra natal;

sua alegria, pequenina,
foi-se nos bares, como urina,

e as esperanças de vitória
de bem-estar, velhice calma,
foram só lapsos de memória;

do grande amor, este Mar Morto,
resta-lhe a vergonha do corpo.

TÍLIAS

Para as tílias e para tudo
que vive, toda vida é a última,
e, como se disso soubesse,
ela nos bate, nos insulta

na culminância da alegria,
tal martelo na chapa fria;

ah, a deliciosa ignorância
dessas velhinhas de rosário,
a debulhar uma esperança

de não ser esta, de partida,
sua única e última vida.

ENIGMA

Esta rocha, torso de fêmea,
uma imperceptível penugem
já começa a cobri-la, ao sol
morrendo, com jeito de nuvem

de ouro espalhando-se na pele,
de uma alegria em pó, mais leve

que as lanternas dos pirilampos;
quando dos anjos as falanges
iradas velam sobre os campos,

alguns amolam suas lanças
nesta rocha, antes das matanças.

FISIOLATRIA

Cisnes ou porcos, nossos corpos
e pobres corpos, sempre são
julgados, a cada minuto,
por um deus grego em extinção;

só das almas, nesta cidade,
não julgam treva e claridade:

o corpo, às vezes, na emboscada
do tempo, ajoelha-se diante
do anjo rubro, descendo a escada,

mas ele acena e vai embora,
com seu pincel, com sua aurora.

ENFARTE

Um ódio compacto, granada,
obus, ogiva, coração,
se com mais rosas o camuflas,
mais aumentas sua explosão;

que toda vingança envelheça
como os cabelos da cabeça

e não faça mal a ninguém,
somente, talvez, só àquele
que a escondia, só a quem

morre de os ódios esconder,
do mal que nunca quis fazer.

O ÚLTIMO SÁBIO

O grande espírito tem fome,
muita fome de disciplina,
a impaciência de seu voo,
nos céus, nem o fogo domina;

é preciso chegar de longe
a regra, a túnica de monge,

e estas correias de cilício,
freios de luz das suas asas:
sabedoria e sacrifício;

a enumeração deste nada
em que toda a vida se acaba.

"PISTOLEIROS DO ENTARDECER"
(Para Sam Peckinpah e Fernando Monteiro)

Já não podemos nos matar,
um ao outro, no entardecer,
e, sentados nestes barris,
já começamos a entreter

os jovens, com nossa mentira,
enquanto o sol, morrendo, estira

pesada sombra de rochedo
sobre os esqueletos do estio
e os que, tangidos pelo medo,

montam de chicotes, em riste,
os cavalos do Apocalipse.

DICIONÁRIO
(Para Mário Hélio)

Virgílio de todos os poetas,
do rapsodo da caatinga
ao beato do experimento,
abafado em sua carlinga;

irmão mais velho, toda vida,
desapartando nossa briga;

é aquele gordo, na estante,
que falava, pausadamente,
sem mostrar-se nunca ofegante;

morto, virtual se desvela,
fantasmagórico, na tela.

NOITES NEGRAS DE OLINDA

Perigosas noites de Olinda
que chegam do mar, como os ventos,
e vão subindo pelos montes,
pelas paredes dos conventos,

almas das negras violadas
na mata, e não nas almofadas,

como as sinhazinhas de outrora,
cevadas a leite de coco,
mas também tocadas a espora

de prata, quando eram boninas,
como as mulatas nas colinas.

GUARDA PALACIANA

Os vigilantes do palácio
comem, todos, lá na cozinha,
onde sempre lhes dão café
com pão e alguma margarina;

são presos do lado de fora
que se revezam, a certa hora,

com outros presos, afinal
não se esvaziam as guaritas
nas margens deste pantanal,

e, quando a lama eleva o nível,
eleva as vagas dos cativos.

CONFISSÃO DE VELHO BOÊMIO

Toda vida devia ser
uma festa sem fim, velório
festivo da morte do tempo,
fogueira de azuis, crematório

ou, mesmo, hospital de lembranças
dos que nunca foram crianças,

e pularam toda a pureza,
ao invés de pular a corda,
dançar nas horas da beleza;

dos que hoje morrem sem saber
que festa acabam de perder.

CLASSE MÉDIA

Poucos mortais, em meio à fuga
digital, já se aperceberam
perder o domínio dos olhos,
que seus olhos enlouqueceram:

já não se fixam nas coisas
definitivas, como lousas

do enorme cemitério-escola,
sempre a estender-se para além
desta metrópole, onde mora

uma classe cheia de garras
e adoecida pelas farras.

ANÔNIMOS

Bem-aventurados os muitos,
em seu tranquilo anonimato,
que sequer se sabem anônimos,
como a moldura de um retrato

que vi numa aldeia esquecida
do semiárido, a subida

do inferno cíclico da terra:
uma moldura de madeira
queimada, despojo de guerra

havida no sertão sem nome,
quando o nome de tudo era fome.

SETOR DE OBRAS RARAS

Aqui, todo tomo é sagrado,
e espanado pelos pincéis
(folha após folha, verso a verso,)
das sacerdotisas fiéis;

aqui, as larvas, entre os gênios,
afogam-se no nitrogênio;

aqui, procuram seu rincão
as cópias únicas dos sonhos
que não tiveram reedição;

aqui, o tempo nunca passa,
nem termina a sua devassa.

THEY SHOOT HORSES, DON'T THEY?*
(Ao modo de Eliot)

Sim, e não se matam cavalos,
se fraturados, na corrida,
e por que a deixam se arrastar
sangrando, na dança perdida?

Era um filme com Jane Fonda...
Bolsa afogada pela onda

---

* "E não se matam cavalos?": filme dirigido por Sydney Pollack, sob o título brasileiro *A noite dos desesperados*. Olinda, 22/4/2004.

de ambição, entre duas guerras,
quando a fila de ovelhas negras
se curva, na Corte da Terra:

o filme acaba com um tiro,
o mundo (Eliot) "com um suspiro".

LEMBRANDO ÉVORA
(Março de 2004)

Lembrança do vinho e do pão,
uma saudade medieval,
sem esperanças de regresso
a Évora, lá em Portugal;

evorenses não conheci,
rondei a cidade e não vi

quem nela tivesse nascido;
só viajantes como eu
entre muralhas distraído;

mas, Deus, alguma coisa morta
abriu-se em luz atrás da porta.

FREI DAMIÃO: DEUS EX-FÁBULA
(3/6/1997, véspera do sepultamento de Frei Damião)

Era um Deus seco, Deus das secas,
que anunciava nos serrotes,
com seus sermões pelos sertões,
para seu coro de garrotes;

onde a desgraça corta fundo,
mostra ao rebanho o outro mundo,

e as devotas veias de arame
se avermelham nas labaredas,
na hora de impor-se à terra infame:

eis o terror medieval
a varrer o nosso quintal.

BRENNAND

Nas formas das chamas, as formas
cozinham a mais de mil graus
a carne elástica da terra,
do cosmo o barro seminal,

arcaicos monges, todos nus,
se erguem do solo para a luz,

e criam a vila dos druidas,
com musas de sexos enormes,
num horizonte de margaridas;

aquela vila choca os ovos
do amanhã de todos os povos.

A RUA
(Maio de 2003)

A rua tem olhos profundos,
que varam todas as paredes,
e seus ouvidos são antenas
caçando rumores com redes

invisíveis, pelas esquinas,
com aquelas malhas tão finas

como as que arrastam os cardumes
de tainhas recém-nascidas,
como as que arrastam os ciúmes

da legião de deuses mortos,
que apodrece em todos os portos.

AINDA NO PARQUE 13 DE MAIO
(Fevereiro de 2004)

Ele atravessa, todo dia,
aquele parque, devagar:
mesmo sem carga, vai pesado,
como quem nunca quer chegar;

o portão dá para a avenida,
os carros, as moças, a vida;

mas, temendo a longa Via Ápia,
vai invejar, ali no tanque,
a alegria de uma tilápia;

não é só inveja, apenas viu,
tarde, que vida se extinguiu.

UMA LENDA

Certa moça vinda da mata
e que ninguém a conhecia,
sorria tanto, meu senhor,
que lhe chamaram de Alegria,

e os seus tão belos dentes brancos
muito encantaram os barrancos,

onde moravam seres tristes
daquela aldeia, senhor,
que só cultivava só alpistes

para bichos e passarinhos,
todos expulsos dos seus ninhos.

ESPECULAÇÃO IMOBILIÁRIA
(Abril de 2003)

Os mais belos jardins do mundo
serão, para sempre, os baldios,
nos lotes, esperando preço,
e, de romantismos, vazios;

onde nascem plantas estranhas,
ninguém sabe de quais entranhas:

as antirrosas e antiorquídeas
e as hastes verdes soluçantes,
entre trepadeiras ofídias,

todas, no esplendor do abandono,
e ameaçadas por seu dono.

ALÓGICO
(Abril de 2003)

Este cheiro de folhas mortas
é cheiro de árvores nascendo,
ou da mãe terra a cozinhar
as energias de dezembro,

quando as gordas mangas-espadas
curvam os ramos: nesta casa,

ninguém pode morrer dormindo,
tem de acordar para morrer,
que agonizar é seu destino;

ouçam os pássaros, lá fora,
eles cantam o aqui e o agora.

BOEMIA

Parece ser ótima a vida
dos que não desejam morrer,
mas é só hábito, a espera
do que lhes possa acontecer,

como um sinal da eternidade,
que devem temer, na verdade;

temem é chamar de calvário
o sangue engrossando nas veias,
e este mal-estar, bem diário,

que a noite viva, no seu bar,
consegue, em parte, camuflar.

PADRE REGINALDO VELOSO
(Fevereiro de 2002)

"Todo anjo é terrível (...)"
Rainer Maria Rilke

Todo santo é alegre: imerso
na alegria da santidade,
chega de ônibus, sorrindo,
a uma favela da cidade,

a uma terra úmida de pranto,
como quem dela está voltando;

todo santo é, mesmo, um artista
mambembe, do palco de Deus,
é um esforçado trapezista,

sabe cair: sabe voar,
fazer das alturas seu lar.

DOIS DEMÔNIOS
(Para Alfredo Bosi)

O demônio de dentro sofre
de insônia, dorme muito pouco,
para que nenhum dos cordéis
de tua alma faça-se solto,

mas se ele cochila uma hora,
assume o demônio de fora;

e assim, toda resistência,
em duas frentes, leva o tempo
inteiro de tua existência,

e rouba-te as horas de amar,
que dão aos santos seu altar.

A ODE À...
(Agosto de 2001)

Quase tudo, neste universo,
tudo é natureza, suponho,
e só dela estão afastados
nossa dúvida ou nosso sonho:

este automóvel sob uma árvore,
que difere, de qualquer ave

no ar onde voa, indiferente?
Só da agonia de saber-se
mortal, o homem é um doente;

mas, antes disso, a juventude,
saúde cósmica, o ilude.

ALMA DE PEDRA
(Junho de 2002)

Tua casa, toda de pedra,
nunca mais será construída,
mas cavando seus alicerces
edificaste a tua vida,

e este teu sonho de granito
não será breve, como o grito,

de algum desânimo supremo
que te derrubou no deserto,
no último fôlego, no extremo,

mas alguma invisível laje,
com a alma de pedra de uma ave.

UNI-VERSO
(Julho de 2002)

O último amigo é, sempre, aquele
que não querias conhecer,
e vais conhecê-lo algum dia
antes de tudo acontecer;

esse encontro breve e simplório,
em algum bar, algum velório,

não será nada especial:
acaso no ocaso, cada um
verá no outro o seu igual;

e, por que, muitos, num só corpo,
só és um só depois de morto?

CARMA
(Julho de 2000)

Caio não pode agradecer
a nenhum Deus por ter nascido,
porque da vida só herdou
o seu pedaço apodrecido;

e, se da sorte revoltado,
um desconhecido pecado

o sacerdote lhe estendia
sobre aquela mesa deserta
e seu rosto sem alegria:

se nenhum deus é seu amigo,
basta a vida como castigo.

POMBO NEGRO
(Março de 2004)

Sob uma acácia, um pombo negro
de cabeça baixa morria;
acima, o ensombra o céu de folhas,
ao lado, o sol do meio-dia;

seguro estaria, se morto,
e não morrendo ali exposto,

mas, ao ver o imóvel martírio,
o velho gari, docemente,
o põe num canteiro de lírios;

ele era um ponto negro, no ar,
quando se pôde publicar.

EXEGESE DO BAR
(Abril de 2002)

É o Bar templo da liberdade,
o último, onde pode o cigarro,
e onde o grito livre de gol
ecoa, como a tosse e o pigarro,

lá, todo cantor de seresta
é só uma voz dentro da festa,

e no silêncio permitido
pode mentir o perdedor,
como nunca houvera mentido;

e o mendigo, roupa doada,
bebe a cerveja mais gelada.

VIOLEIROS-REPENTISTAS
(Olinda, 20 de abril de 2004)

Aqui se canta em sol maior,
pelas vozes dos repentistas,
vozes vazadas dos arautos,
sangrando as lavas dos artistas,

vêm todos das terras da sede
cantar em "cantos de parede",

ou beduínos festivais,
bares à beira dos açudes
ou teatros das capitais:

eis os Simônides da Raça,
vestindo a seda ou a couraça.

MONISMO
(Para Isabel Moliterno)

Não há vazio ou sombra morta,
tudo que vemos é só luz
na rocha, a mover-se por dentro:
comemos luz, bebemos luz;

toda energia é uma só,
que vem do Todo e chega ao pó,

e Deus é essa bateria
de luz única e inesgotável
que sai do Todo e se irradia

nas fezes, ramos de carvalho
lágrimas de cera ou orvalho.

JUPY
(Dedicado a Nicanor Francisco Jesus, amigo de Jupy, abril de 2002)

Era um cão de olhos amarelos
que já não se mexia mais
para arrancar os sanguessugas
e outros insetos infernais,

ali no canto, respirando,
respirando, só respirando,

ele deixava-se ficar
ao sol inteiro, na calçada,
que a sua cruz era seu lar,

e nada olhava aquele cão,
olhava o chão, olhava o chão.

ANUNCIAÇÃO

Bela, a sem rosto de teu sonho,
esteve contigo na mesa,
quando sentiste a mão suave
acalmando a tua tristeza,

mas não lembras a cor da pele
de cada dedo, longo e leve,

a passear na tua mão,
ali, crispada na toalha,
a segurar teu coração:

a mulher do sonho, sem face,
era, de Deus, outro disfarce?

BELO MONTE

"E eu sei?"
(Resposta de uma prisioneira de Canudos a cada pergunta do general Arthur Oscar)

"Avança! fraqueza do governo!"
(Grito de guerra dos jagunços)

CANTO-CHÃO

I

Onde Cristo ainda não nasceu,
com seu orvalho, seu alento,
lá bate o martelo de um Deus
surdo, do Velho Testamento;

onde, ao invés de flores e ninhos,
coroas-de-frade e de espinhos,

ali, chegou o Conselheiro,
com alpercatas de couro cru,
e a resistência do cardeiro;

lá longe, onde só chega a lança,
não da justiça, da vingança.

II

Belo Monte, grande umbuzeiro,
lá, entre serras, isolado,
arrastando no chão as ramas,
sem a poda do sol, do gado:

pátria solar dos indigentes,
vagem, estojo de sementes

que germinaram nos rochedos
mais duros dessa vastidão,
limpa de vícios e de medos;

nova Atlântida, pardo ataúde
de Canudos, sob um açude.

III

Tabuleiro dos penitentes,
o sol em brasa os cauteriza:
um anjo queimaria as asas
pousando nessas rochas vivas,

e os desfolhados espinheiros
se agarram, brigam o ano inteiro,

enlouquecidos pela luz:
lágrima e orvalho se evaporam,
seca a ferida antes do pus;

aqui é como, sem um grito,
tudo aspirasse a ser granito.

CANTO-GENTÍLICO

I

Eram todos eles de um tempo
governado por deus terrível;
e, feitos de lenha e de rocha,
todos sem carne, só espírito;

na sua terra de promissão,
era de fogo o seu pendão,

um certo tipo de estandarte
que tremulava lá por dentro
de suas almas, sem alarde,

atiçando no olhar a fé
de quem reza ou morre de pé.

II

Não há brancos nem pretos, todos
pardos, parece terem vindo
de algum sagrado cataclismo
de folhas maduras, caindo

umas sobre as outras, no chão
comum da miscigenação;

há, em todos, o mesmo brilho
de alguma estrela interior,
e o desespero talvez filho

de um fantasmagórico rio
que só corre à noite, vazio.

III

Eles não tinham uma terra
fofa, como os homens do Sul,
e ainda seguiram esse árido
profeta de túnica azul;

só temendo o vento Nordeste,
o "vento da seca", da peste,

amavam as coisas remotas,
móveis toscos, santos de pedra,
velhos abismos, velhas rotas;

era, para eles, a alegria
festa de Deus, na romaria.

CANTO-GUERREIRO

I

Três volantes policiais
perderam homens, aos milhares,
e igual sorte também tiveram
três expedições militares;

mas a vitória do Arraial
não é vencer o litoral,

é ser apenas esquecido,
com suas forjas, seus curtumes,
seu deus severo, seu castigo,

o que quer, de fato, esse povo
é ser inventado de novo.

II

Cinco mil soldados atiram
contra cinco ou seis mil taperas,
mas não era guerra de iguais,
guerra de feras contra feras,

mas só taradas invasões
ao pombal, pelos gaviões;

em meio aos pombos, Pajeú
não respeitou a artilharia
e atracou-se de corpo nu,

caindo varado, no chão
corpo a corpo contra um canhão.

III

De baixa estatura, o soldado
sádico tenta, em vão, levar,
ao pescoço do alto jagunço,
o laço da forca, o colar

que, ao lado da degola, espera
os guerrilheiros da tapera:

o jagunço toma-lhe o laço,
coloca-o no próprio pescoço,
presidindo seu cadafalso;

fechada em si, aquela gente
sabia morrer diferente.

IV

Um desidratado cadáver,
há três meses, braços abertos,
abraça o sol: é de um soldado
deixado atrás, pelos desertos,

tem da múmia a postura clássica,
quando algum vento a desenfaixa;

perto dele, o cavalo morto
parou com as patas dianteiras
sobre um rochedo, a meio corpo:

dentro do silêncio, a intervalos,
vagens secas davam estalos.

V

Todo sonho, quando afogado,
vira, sem saber, uma lenda;
assim ocorreu com Canudos,
nossa Atlântida: nesta fenda

sertaneja, some a semente
de outra nação e de outra gente,

nela, a honra militar morreu
na hora em que menos deveria:
quando a República nasceu

enlameada, sem pudor,
nas mãos do próprio defensor.

O CÃO DE OLHOS AMARELOS*
Renkas/Poemas
(Olinda, 2005)

Para Pedro Vicente Costa Sobrinho
e José Nêumanne Pinto

O PRESENTE

O que hoje recebes
e não podes pegar, guardar
em panos e papéis laminados,
é imperecível,
presente onipresente.
Estás com ele na chuva
e não temes que se desfaça.
Estás com ele na multidão
e não o escondes dos mutilados.
O que não existe para os homens
deles estará protegido,
o que os homens não veem
não poderão espedaçar.
Eis o que não te denuncia
porque não tem face
nem volume para ser jogado no mar.
Eis o que é jovem a cada lembrança
porque não tem data
e série, para envelhecer.
O que hoje recebes
Não pode ser devolvido.

---

* Concluído em 2005 e publicado em 2006, este livro conquistou o Prêmio de Poesia da Academia Brasileira de Letras Inaugura, na obra do poeta, a forma fixa "renka", e reúne poemas, então inéditos, das formas fixas de fases anteriores: retranca, octossílabos brancos e em verso livre de variadas datas. O poeta recebeu a notícia da premiação pouco antes de sua morte, em outubro de 2007. Os livros da coletânea inserida na segunda parte do volume estão descritos na segunda nota do poeta, na página 80 da publicação original: "Aqui se encontram amostras dos originais engavetados e representativos das várias fases de minha obra. Estão juntos uma seleção de textos inéditos escritos em octossílabos rimados, estruturados em uma forma fixa a que chamei de *Retranca* (I); poemas dos livros de títulos provisórios: *Noticiário II*, *Poemas 83/84*, *Poemas 81*, *Diário de bardo* (II), *Poemas finais* (III); e de minha primeira fase em octossílabos brancos (IV)."

Nesta edição, o conjunto de poemas foram reintegrados aos livros originais, com indicação sobre a procedência de sua publicação — "Conjunto de poemas publicados na coletânea inserida no livro *O cão de olhos amarelos & outros poemas inéditos*" —, concluindo, assim, uma prática que o poeta iniciara em vida.

NOTA DO AUTOR

Denominei, logo na capa, de renkas os poemas deste livro. A renka é uma forma extinta de poesia japonesa, descendente de outra mais antiga, a waka. De acordo com Luís Antonio Pimentel, "a waka tem na parte superior versos de cinco, sete e cinco sílabas e, na parte inferior, dois de sete. (...) No século XIII, com o evoluir da waka, surgiu um novo tipo de poesia que se chama renka (poema em sequência). Tornou-se hábito dois poetas ou mais comporem, alternativamente, em 17 (5-7-5) e 14 (7-7) sílabas métricas um poema tipo waka, dentro de um tema sugerido pelo predecessor. O número preferido para o grupo poético era de três pessoas e dez o número ideal de alternações." Em seu desenvolvimento, a renka é um poema paralelístico. Mesmo que eu e o leitor não conheçamos o idioma japonês, podemos identificar as repetições. Vejamos três estrofes de uma renka composta por três poetas, transcritas por Earl Miner, no seu ensaio *Poesia comparada*:

Sogi	—	Yuki nagara
		yamamoto kasumu
		yūbe kana
Shohaku	—	yuki nagara
		yamamoto kasumu
		yūbe kana
		yūku mizu toku
		ume niou sato
Socho	—	yūku mizu toku
		ume niou sato
		kawakaze ni
		hitomura yanagi
		haru miete

Além do paralelismo evidente, lembre-se de que dos três versos iniciais da renka originou-se, sem título, o terceto solitário, autônomo, da estrutura atual do haicai. Diz Pimentel: "Em pleno século XIII, no período Ashikaga, foi cortado o cordão umbilical do haicai, que deixava assim de ser parte superior da waka ou da renka."

Ao chamar de renkas os poemas que compus, poderia ser acusado de publicidade enganosa, se a poesia merecesse a atenção, mesmo para ser acusada de alguma coisa, no mundo atual. Meus poemas só repetem o dístico final de uma estrofe no início da estrofe seguinte, como a renka repete tercetos ou dísticos. Meus poemas são monométricos (octossilábicos) e compostos do princípio ao fim por uma só pessoa. Além disso, o número de alternações ou estrofes é indeterminado. Na verdade todo o livro é, apenas, uma delével homenagem a uma forma poética extinta.

A ideia de escrever um conjunto de poemas paralelísticos surgiu de uma observação de Bruno Tolentino sobre a ausência de repetições em minha obra, sempre tangenciando a fala, e em que só esporadicamente apareciam raros poemas anafóricos.

O paralelismo é a figura retórica mais universal da poesia e da protopoesia (a dos povos arcaicos). Além de ser considerada nos bons léxicos "princípio essencial da versificação hebraica" e estar presente na poesia das antigas civilizações, é um elemento infalível nas representações dramáticas dos selvagens, onde o verbo, a dança e a música fazem um só compósito. Diz o antropólogo Melville Herskovits: "Exatamente como a poesia existe unicamente como palavras para a música, e a música e as palavras são partes essenciais da dança, tudo isso contribui para dar às representações dramáticas dos povos ágrafos sua atração estética e sua validez artística." Ah! como isso me lembra, sem aquelas virtudes, os espetáculos de rock de hoje em dia...

Aqui, no Ocidente, o Trovadorismo medieval foi o apogeu do paralelismo, mas ele continuou presente em toda a poesia, do Renascimento para cá. Certas correntes da vanguarda ou a ela ligadas consideram o paralelismo, em quaisquer de suas manifestações, pura redundância — o pecado mortal da poesia. Para tais correntes, este livro é, certamente, um grande pecador. E, no entanto, alguns de seus corifeus aclamam, com merecida admiração, a obra do mais paralelístico dos poetas brasileiros, João Cabral de Melo Neto. Para terminar, prefiro ficar com as palavras definitivas de Roman Jakobson: "A rima é apenas um caso particular, condensado, de um problema muito mais geral, poderíamos dizer do problema fundamental da poesia, a saber, o paralelismo." É só o que posso esclarecer.

Olinda, 2005

493

DISTÂNCIAS

Mora lá perto a dor alheia,
mas teu verso não chega lá.

Mora lá perto a dor alheia,
mas teu verso não chega lá.
Contra os gritos da casa em frente,
tu pões o Adágio de Albinone
no volume do temporal.

tu pões o Adágio de Albinone
no volume do temporal.
Não chega lá o piedoso,
que reza, tem medo de sangue,
e vai trabalhar de manhã.

que reza, tem medo de sangue,
e vai trabalhar de manhã.
Não chega lá a compaixão,
freirinha magra dos caminhos
e que anda muito devagar.

freirinha magra dos caminhos
e que anda muito devagar.
Só chega lá o amanhecer,
mas, já é tarde, não há gritos
nem ninguém para abrir a porta.

mas, já é tarde, não há gritos
nem ninguém para abrir a porta.

BALADA

Eram três moças de vermelho
que dançavam entre as palmeiras.

Eram três moças de vermelho
que dançavam entre as palmeiras.
Ventos viúvos, lá das palmas,
faziam as sombras, no chão,
dançarem com elas, também.

faziam as sombras, no chão,
dançarem com elas, também.
Era domingo, e os viajantes
paravam todos, lá na estrada,
pensando levá-las dali.

paravam todos, lá na estrada,
pensando levá-las dali.
E toda noite as três dormiam,
na sua cabana de taipa,
ao som das palmeiras insones.

na sua cabana de taipa,
ao som das palmeiras insones.
Um domingo, a primeira moça
fugiu, em charrete de prata,
com fidalgo da capital.

fugiu, em charrete de prata,
com fidalgo da capital.
Não tardou, a sua beleza
foi rasgada, de cima a baixo,
pelas garras de algum brasão.

foi rasgada, de cima a baixo,
pelas garras de algum brasão.
E, na noite do outro domingo,
foi a vez da segunda moça
fugir, sob a lua minguante,

foi a vez da segunda moça
fugir, sob a lua minguante,
com repentista de Sertânia.
Morreu logo, o feto no chão,
e a voz rouca, sob um pau-d'arco.

Morreu logo, o feto no chão,
e a voz rouca, sob um pau-d'arco.
A terceira não fugiu não,
ficou a dançar sua ira
com as sombras dos palmeirais.

ficou a dançar sua ira
com as sombras dos palmeirais.

MARTA

Como dizer aquela forma,
sem esvaziar seu fulgor?

Como dizer aquela forma,
sem esvaziar seu fulgor?
Tinha a cor sólida do chumbo
das estátuas sob as neblinas,
dos trilhos, dos peixes-espada.

das estátuas sob as neblinas,
dos trilhos, dos peixes-espada.
Mais vigorosa do que isso:
tinha o pardo do leopardo
retesado sobre o rochedo.

tinha o pardo do leopardo
retesado sobre o rochedo.
Não, não era nada disso,
mudemos de espaço, tentemos
seguir agora suas linhas.

mudemos de espaço, tentemos
seguir agora suas linhas,
feitas de seiva, do melaço
que escorre em finíssimo fio,
ou da saliva dos insetos.

que escorre em finíssimo fio,
ou da saliva dos insetos.
Não eram de asas, mas de nuvens
de caderno escolar, as linhas
leves mas altas do seu corpo.

de caderno escolar, as linhas
leves mas altas do seu corpo.
Não era nada disso, apenas
era a beleza que se louva
mas não se pode copiar.

era a beleza que se louva
mas não se pode copiar.

BALANÇA

Mudar de cruz e não de ombro
deveria ser um descanso,

Mudar de cruz e não de ombro
deveria ser um descanso,
mas, há um risco: a nova cruz,
feito pijama de hospital,
poderia não ter seu número.

feito pijama de hospital,
poderia não ter seu número.
Nessa alta idade você pode
roubar no jogo e, até mesmo,
furar a fila da indulgência.

roubar no jogo e, até mesmo,
furar a fila da indulgência.
Beba muito para saber
por que a consciência da morte
nos separou das borboletas.

por que a consciência da morte
nos separou das borboletas.
Dê graças ao temor de Deus,
não pela fé, mas porque aqui
ninguém merece o nosso medo.

não pela fé, mas porque aqui
ninguém merece o nosso medo.

SCRIPT
"Torniamo all'antigo sarà un progresso" (Verdi)

Fecha A Tempestade de Shakespeare;
depois, rasga O Tufão de Conrad.

Fecha A Tempestade de Shakespeare;
depois, rasga O Tufão de Conrad.
Náufragos podem perguntar
— Por que a símile da dor,
a verdadeira já não basta?

— Por que a símile da dor,
a verdadeira já não basta?
Como se não bastasse, criamos,
com as fezes da última peste,
deuses, cada vez, mais cruéis.

com as fezes da última peste,
deuses, cada vez, mais cruéis.
Mas os castigos e os horrores
viriam de qualquer maneira:
"já estava escrito" — por nós —.

viriam de qualquer maneira:
"já estava escrito" — por nós —.
Também criamos pastorais,
paraísos e fontes limpas
para os que dormiam mais cedo,

paraísos e fontes limpas
para os que dormiam mais cedo,
e não se encontravam de noite.
Mas só o horror nos fascinava
e, por isso, estamos aqui

Mas só o horror nos fascinava
e, por isso, estamos aqui
de novo: — Para que inventar
a Sodoma que já existe
mais populosa, aos nossos pés?

a Sodoma que já existe
mais populosa, aos nossos pés?
Um dia temos de escolher
entre a dor que já padecemos
e a que tentamos inventar.

entre a dor que já padecemos
e a que tentamos inventar.

SAVANAS

São as vergonhas do passado
um campo de leões dormindo.

São as vergonhas do passado
um campo de leões dormindo.
Cuidado — os fracassos de ontem,
como esses leões a dormir,
não deverão ser despertados.

como esses leões a dormir,
não deverão ser despertados.
São mais perigosos, agora,
como ex-amigos, com minúcias,
que zelam por teu mal-estar.

como ex-amigos, com minúcias,
que zelam por teu mal-estar.
Como esquecerás teus fracassos,
se até mesmo um pequeno êxito
pode trazê-los à lembrança?

se até mesmo um pequeno êxito
pode trazê-los à lembrança?

O CÃO DE OLHOS AMARELOS

Numa cova de sombra, um cão,
na calçada de um bar, gemia.

Numa cova de sombra, um cão,
na calçada de um bar, gemia.
Era um cão de olhos amarelos
com uns tons de urina boiando
pelo ferro podre das órbitas.

com uns tons de urina boiando
pelo ferro podre das órbitas.
Jupy já não ia catar
o que os outros cães procuravam
nas lixeiras cheias de vômito;

o que os outros cães procuravam
nas lixeiras cheias de vômito;
mas, sua presença de sombra
era tão densa na calçada,
que as outras sombras tropeçavam.

era tão densa na calçada,
que as outras sombras tropeçavam.
Esse cão de olhos amarelos
sequer foi ligeira lembrança
inquilina, de alguma época,
ou herdeiro de um ossuário.

inquilina, de alguma época,
ou herdeiro de um ossuário.
Jupy, com seus olhos de pus
novo, ou de abstratíssimo ouro,
vivia a ver o chato chão.

novo, ou de abstratíssimo ouro,
vivia a ver o chato chão.
Um chão de pedras portuguesas

manchadas de catarro grosso.
Agora, vêm sujá-lo as botas

manchadas de catarro grosso.
Agora, vêm sujá-lo as botas
de algum fiscal da prefeitura,
que o leva no laço, enforcando-o,
sem um latido de protesto.

que o leva no laço, enforcando-o,
sem um latido de protesto.

IMPÉRIO

Tio Sam mandou sepultá-lo
com honras de chefe de Estado.

Tio Sam mandou sepultá-lo
com honras de chefe de Estado.
Afinal, era ex-presidente.
A gang flagrou-se desfalcada,
mas seu império continua,

A gang flagrou-se desfalcada,
mas seu império continua,
para variar, sempre em guerra.
Let's go! Bandidos são os outros,
desarmados, no O. K. Courral.

Let's go! Bandidos são os outros,
desarmados, no O. K. Courral.
Com heróis da Cavalaria,
aprendam, de uma vez, marines,
que "índio bom é índio morto".

aprendam, de uma vez, marines,
que "índio bom é índio morto".
Ontem, lemos a ordem do dia:
Reagan saiu da Casa Branca,
para seu "sepulcro caiado".

Reagan saiu da Casa Branca,
para seu "sepulcro caiado".
No ano seguinte, colocaram
sua pistola no museu,
junto das forcas e das cruzes.

sua pistola no museu,
junto das forcas e das cruzes.

EMÍLIA

Veio de longe, veio da África,
de uma enterrada dinastia.

Veio de longe, veio da África,
de uma enterrada dinastia
pelas lavas de alto vulcão.
Sua mãe, pastora das savanas,
seu pai, caçador de leões.

Sua mãe, pastora das savanas,
seu pai, caçador de leões.
Ambos reais, ela princesa,
e salvou-se da correnteza
de lava, subindo a colina.

e salvou-se da correnteza
de lava, subindo a colina.
Uns brancos jovens a trouxeram,
como babá, faz tanto tempo,
que agora tem mais de cem anos.

como babá, faz tanto tempo,
que agora tem mais de cem anos.
Já moça, assumiu a cozinha,
sem perder o porte real
e o espírito de gazela.

sem perder o porte real
e o espírito de gazela.
Imantava no humilhador
a humilhação, mantendo intacto
o orgulho — diamante na treva —.

a humilhação, mantendo intacto
o orgulho — diamante na treva —.
Emília não conheceu homem,
pois seu prometido, na aldeia,
levou-o a lava do vulcão.

pois seu prometido, na aldeia,
levou-o a lava do vulcão.
No fim da vida, fez-se santa:
as chamas das velas cresciam,
quando Emília se aproximava.

as chamas das velas cresciam,
quando Emília se aproximava.

MORTE DE FRANZ KAFKA (1883-1924)

"Porque és morno, e não és nem frio nem quente, vomitar-te-ei da minha boca." (Apocalipse 3, 16)

Violência da natureza,
que temia ser revelada

Violência da natureza,
que temia ser revelada
por tua prosa de relatório.
Sim: nascer, nascer e nascer,
eis o pecado original.

Sim: nascer, nascer e nascer,
eis o pecado original.
O mais, apenas a esperada
metáfora do Apocalipse,
o selo ainda não aberto.

metáfora do Apocalipse,
o selo ainda não aberto.
O mais tem início na sombra,
na neve funda, nas insônias
e em salas e quartos sem flores.

na neve funda, nas insônias
e em salas e quartos sem flores.
Do mundo setentrional
vieste, com teu sobretudo,
ver que sol não faz diferença.

vieste, com teu sobretudo,
ver que sol não faz diferença.
Quase rasgaste os testemunhos,
acreditando que eles fossem
papéis sujos do teu Processo.

acreditando que eles fossem
papéis sujos do teu Processo.
Um solitário e negro K
voa nos céus inesperados,
para pousar no Armagedom.

voa nos céus inesperados,
para pousar no Armagedom.

MARLON BRANDO

Não a história dos diamantes
que, enfim, são jogados no mar,

Não a história dos diamantes
que, enfim, são jogados no mar,
mas a luta no convés,
do vazio barril de rum
boiando depois da batalha.

do vazio barril de rum
boiando depois da batalha.
Aportar e sempre aportar,
onde os bares estão azedos
e o chão coberto de serragem.

onde os bares estão azedos
e o chão coberto de serragem.
Só assim você terá tempo
de erguer alto a puta de preto
que cochilava no balcão.

de erguer alto a puta de preto
que cochilava no balcão.
Voltando agora aos diamantes,
estão salvos (não são metáforas)
na ilha, cume de vulcão.

estão salvos (não são metáforas)
na ilha, cume de vulcão.
O Belo nunca foi o Bom,
todos comentaram depois:
morreu bem, morreu sem ninguém.

todos comentaram depois:
morreu bem, morreu sem ninguém.

OS CARAJÁS

Gemiam alto as carpideiras,
naquela aldeia Carajá,

Gemiam alto as carpideiras,
naquela aldeia Carajá,
quando morria qualquer um.
Mas, a Morte só celebravam
se florescessem os ipês.

Mas, a Morte só celebravam
se florescessem os ipês.
Então, nas margens do Araguaya,
os soluços eram golfadas
de horror, no meio da noite.

os soluços eram golfadas
de horror, no meio da noite.
No dia a dia, o pranteado
ostentava sobre seu peito,
fincada, uma flecha Xavante.

ostentava sobre seu peito,
fincada, uma flecha Xavante.
A Morte, um deus feminino,
era um ipê de flores roxas,
lenda que desceu das montanhas.

era um ipê de flores roxas,
lenda que desceu das montanhas.
Ano após ano, o Aruanan,
dança da cópula e da luta,
enchia de voos toda a tribo.

dança da cópula e da luta,
enchia de voos toda a tribo.
O Mal, nesse dia enlouquece,
piranhas e arraias de fogo
não dormem nas águas do rio.

piranhas e arraias de fogo
não dormem nas águas do rio.
E dos velhos veio a lição:
não há peixe na ventania,
não há paraíso na terra.

não há peixe na ventania,
não há paraíso na terra.

MARCO POLO

Quando eras menino, as mentiras
de Marco Polo eram verdades.

Quando eras menino, as mentiras
de Marco Polo eram verdades.

Heródoto antes já jorrara
sua correnteza de sangue,
mas sem a graça vagabunda

sua correnteza de sangue,
mas sem a graça vagabunda
das montanhas vivas, valsando,
e colunas a levitarem,
nesse Livro das Maravilhas.

e colunas a levitarem,
nesse Livro das Maravilhas.
Na canícula de Bagdá,
Polo viu seis anjos de Rilke
serem sangrados na calçada.

Polo viu seis anjos de Rilke
serem sangrados na calçada.
À morte, Polo sustentou
que seu livro não é metade
da verdade que não contou.

que seu livro não é metade
da verdade que não contou.
Se és menino, ainda é possível
ir apanhando as fantasias
que caíram pelos desertos,

ir apanhando as fantasias
que caíram pelos desertos,
dunas e costas dos vulcões,
nos domínios de Cublai-Cã,
o amamentado por estrelas.

nos domínios de Cublai-Cã,
o amamentado por estrelas.
Menino, fugirias com Polo
dos Tártaros que, esfomeados,
queriam comer seu cavalo.

dos Tártaros que, esfomeados,
queriam comer seu cavalo.
Se a vida adulta aproximar-se,
pegue carona na garupa
do cavalo de Marco Polo.

pegue carona na garupa
do cavalo de Marco Polo.

EXPEDIÇÃO KON-TIKI

Sim, a jangada Kon-Tiki
rompia os paredões de água,

Sim, a jangada Kon-Tiki
rompia os paredões de água,
mantendo sempre a sua rota
nos Mares do Sul, escoltada
por um cardume de dourados.

nos Mares do Sul, escoltada
por um cardume de dourados.
Os nove caules de pau-balsa
sustinham os seus marinheiros,
sobre os atlânticos abismos.

sustinham os seus marinheiros,
sobre os atlânticos abismos.
Era um barco tão inundável
que nas nuvens navegaria,
prancha primeva sobre as ondas.

que nas nuvens navegaria
prancha primeva sobre as ondas
Arcaico surf que os jogava
mais longe, onde as águas ferviam
furiosas, nos precipícios.

mais longe, onde as águas ferviam
furiosas, nos precipícios.
Foi assim que Thor conseguiu
provar que a jangada podia
ir do Peru à Polinésia.

provar que a jangada podia
ir do Peru à Polinésia.
Brisas sopranos, à direita
e ventos tenores, à esquerda,
e só voragem como rota.

e ventos tenores, à esquerda,
e só voragem como rota.
Para além das nuvens-mortalhas,
ficava o incerto paraíso
das Ilhas dos Mares do Sul.

ficava o incerto paraíso
das Ilhas dos Mares do Sul.
Um dia, a jangada surfando

sobre o espinhaço de uma onda,
bateu num muro de corais.

sobre o espinhaço de uma onda,
bateu num muro de corais.
Tinham chegado, sem saberem,
ao contraforte de Raroia,
uma ilha da Polinésia.

ao contraforte de Raroia,
uma ilha da Polinésia.
Numa aldeota, eles salvaram,
com medicina ocidental,
um menino que agonizava.

com medicina ocidental,
um menino que agonizava.
E só então se aperceberam
que vararam todo o oceano
para salvar uma criança.

que vararam todo o oceano
para salvar uma criança.

HUGO, MESTRE PEDREIRO

Ocupado com sua morte,
Hugo tem mais o que fazer.

Ocupado com sua morte,
Hugo tem mais o que fazer.
Deitado e mudo, ele sugere
repouso, quando seu trabalho
atingiu o ponto mais alto

repouso, quando seu trabalho
atingiu o ponto mais alto
neste andaime, onde se desvia
do avanço, dos estratagemas
e dos golpes baixos da dor.

do avanço, dos estratagemas
e dos golpes baixos da dor.
Para Hugo, um mestre pedreiro,
a cama agora é seu emprego,
seu último canteiro de obras.

a cama agora é seu emprego,
seu último canteiro de obras.
O tempo e o espaço já não contam:
depois que a morte o contratou,
seu expediente é dobrado.

depois que a morte o contratou,
seu expediente é dobrado.

MARLENE

Quando Marlene entrou em coma,
tudo na casa adoeceu.

Quando Marlene entrou em coma,
tudo na casa adoeceu.
Os sintomas, pela cozinha,
começavam: gordura podre
cobrindo os pratos e o balcão.

começavam: gordura podre
cobrindo os pratos e o balcão,
xícaras sujas e vazias
de café, formigas em festa
faziam piquenique sobre o açúcar.

de café, formigas em festa
faziam piquenique sobre o açúcar.
No mais, toda a casa fedia,
como ferida gangrenada,
infectando quarto por quarto.

como ferida gangrenada,
infectando quarto por quarto.
Nos jarros da sala, as flores,
cabeças pendidas, seriam
corpos de bebês enforcados.

cabeças pendidas, seriam
corpos de bebês enforcados.
Mas, lá, nas fotos das paredes,
nada mudou, como se os mortos
não tivessem nada com isso.

nada mudou, como se os mortos
não tivessem nada com isso.
Doente, também, o terraço:
folhas secas, sacos de plástico,
levados por ventos da rua.

folhas secas, sacos de plástico,
levados por ventos da rua.
Ceifou, o coma de Marlene,
até as plantas mais longevas
do mirradíssimo jardim.

até as plantas mais longevas
do mirradíssimo jardim.
Marlene nasceu nessa casa,
sobrevivendo a pais e irmãos,
hoje, talvez, parta sozinha.

sobrevivendo a pais e irmãos,
hoje, talvez, parta sozinha.
Com seus pianíssimos dedos
tocava Mozart: mesmo enferma,
o Banco levou-lhe o piano.

tocava Mozart: mesmo enferma,
o Banco levou-lhe o piano.
Caso desperte de seu coma,
Marlene vai querer saber
quem destruiu a sua casa.

Marlene vai querer saber
quem destruiu a sua casa.

GONÇALO

— Válida é a glória vivida,
a póstuma não vale nada,

— Válida é a glória vivida,
a póstuma não vale nada,
falou o Oráculo de Exu,
numa visita de surpresa
a seus discípulos do gesso.

numa visita de surpresa
a seus discípulos do gesso.
Ele falava de Gonçalo:
o estranho vestido de couro
de onça, que vivia a vagar

o estranho vestido de couro
de onça, que vivia a vagar
pelas terras do Pajeú,
e fora morto com três tiros,
numa serra de Currais Velhos.

e fora morto com três tiros,
numa serra de Currais Velhos.
Estando lá, gritou o Oráculo:
quem de vocês perdeu bezerros
desde que Gonçalo chegou?

quem de vocês perdeu bezerros
desde que Gonçalo chegou?
Ele matou todas as onças
predadoras deste lugar
e não disse nada a ninguém.

predadoras deste lugar
e não disse nada a ninguém.
De dedo em riste, ele acusou:
vocês mataram o Enviado
para salvar nossos rebanhos.

vocês mataram o Enviado
para salvar nossos rebanhos.
O Oráculo calou. Ouviram-se
os prantos soltos dos que, fracos,
temem a vitória das sombras.

os prantos soltos dos que, fracos,
temem a vitória das sombras.
Rebanhos inteiros corriam,
quando o medo chegou a todos,
desarmados, na Região.

quando o medo chegou a todos,
desarmados, na Região.

LENA

Lena vivia só, nas margens
da longa BR 101,

Lena vivia só, nas margens
da longa BR 101,
onde levantava sua blusa,
ou a saia, meio encardida,
quando passava um caminhão.

ou a saia, meio encardida,
quando passava um caminhão.
Para mostrar-se, se abrigava
sob o esqueleto de um ipê,
tão desfolhado quanto ela.

sob o esqueleto de um ipê,
tão desfolhado quanto ela.
Só aquela árvore a esperava
depois da viagem, depois
de mais sozinha regressar.

depois da viagem, depois
de mais sozinha regressar.
Lâmpada perto de queimar-se
e estrela frágil de um só dia,
lá no céu dos abandonados.

e estrela frágil de um só dia,
lá no céu dos abandonados.

UTI

Eis o zênite da agonia:
a dor não aumenta, se parte,

Eis o zênite da agonia:
a dor não aumenta, se parte
como vidro, dentro do corpo,
tirando-lhe toda a elegância
antiga, diante da morte.

tirando-lhe toda a elegância
antiga, diante da morte.
Os médicos chegam e vão,
mas não têm rosto, não têm nome,
e estão, como ele, se apagando.

mas não têm rosto, não têm nome,
e estão, como ele, se apagando.
É lento o trabalho da treva:
tenta, talvez, bem devagar,
afogá-lo na escuridão.

tenta, talvez, bem devagar,
afogá-lo na escuridão.
Não sabe o que come, uma vez
trouxeram-lhe geleia negra,
da copa dos agonizantes.

trouxeram-lhe geleia negra,
da copa dos agonizantes.
Dos livros novos e das brigas
do Congresso não sabe nada,
nem se ainda vai ao banheiro.

do Congresso não sabe nada,
nem se ainda vai ao banheiro.
Tem mais a fazer, pois se ocupa
com algo muito sério, a dor
dá-lhe trabalho o dia inteiro.

com algo muito sério, a dor
dá-lhe trabalho o dia inteiro.
Às vezes, tocam os alarmes
e, mais uma vez, correm todos
para amarrá-lo aqui na terra.

e, mais uma vez, correm todos
para amarrá-lo aqui na terra.
A noite e o dia se acabaram,
ficou a lâmpada no teto
acesa, em outra dimensão.

ficou a lâmpada no teto
acesa, em outra dimensão.
É a morte aqui tão adiada
que, se o fim nunca for lembrado,
ninguém sabe que está morrendo.

que, se o fim nunca for lembrado,
ninguém sabe que está morrendo.

CLÍMAX

Da carne em fogo, uma faísca
mais alta ilumina os amantes.

Da carne em fogo, uma faísca
mais alta ilumina os amantes.
Eis todo o êxtase metafísico
da energia do renascer,
que une em dois corpos toda a espécie.

da energia do renascer,
que une em dois corpos toda a espécie.
O tempo e o espaço não contam:
nas camas, nas urzes, no chão,
o milagre a dois se repete.

nas camas, nas urzes, no chão,
o milagre a dois se repete.
Dentro, lá dentro dos amantes,
por um instante não previsto,
algo cortou suas amarras.

por um instante não previsto,
algo cortou suas amarras.
Um para o outro são como rios,
que se misturam no caminho
em uma correnteza só.

que se misturam no caminho
em uma correnteza só.
Depois do instante capital,
o rio revolto, todo em festa,
vira o Mar da Tranquilidade.

o rio revolto, todo em festa,
vira o Mar da Tranquilidade.
E a vida vai, com sua astúcia
e o luxo de sua luxúria,
sua esperteza, desdobrando-se.

e o luxo de sua luxúria,
sua esperteza, desdobrando-se.
E, como exímia instrumentista,
sabe encontrar, com dedos finos,
nossas notas mais escondidas.

sabe encontrar, com dedos finos,
nossas notas mais escondidas,
principalmente a que desperta
na carne o súbito delírio
e o volt máximo da alegria.

na carne o súbito delírio
e o volt máximo da alegria.

PRAIEIRAS

Fêmeas alvas, nuas na areia,
branco no branco, destacando

Fêmeas alvas, nuas na areia,
branco no branco, destacando
a meios-corpos, esculturas
feitas de leite desnatado,
com tons morango em cada seio.

feitas de leite desnatado,
com tons morango em cada seio.
Na mesma praia, mesmas ondas,
fêmeas negras saem das águas,
emersas do fundo do mar.

fêmeas negras saem das águas,
emersas do fundo do mar.
Alvinegra é toda a aquarela,
estendida para as gaivotas
e as altas ondas do lugar.

estendida para as gaivotas
e as altas ondas do lugar.
Passam os velhos, cabisbaixos,
e acendem, sem ninguém notar,
as suas últimas centelhas.

e acendem, sem ninguém notar,
as suas últimas centelhas.
Coxas abertas, sob o sol,
são portões livres para a entrada
de uma besta celestial.

são portões livres para a entrada
de uma besta celestial.
Enquanto isso, a vida passa
incógnita, levando o seu
saco de sementes nas costas.

incógnita, levando o seu
saco de sementes nas costas.

ANNO DOMINI

Debaixo da fornalha, brotam
as temidas patas-de-tigre,

Debaixo da fornalha, brotam
as temidas patas-de-tigre,
plantas nascidas para os féretros
de uma gente que, quando viva,
morava longe, muito longe.

de uma gente que, quando viva,
morava longe, muito longe.
Ano sem paz, quando a matança
virara uma curva subindo
no silêncio do monitor.

virara uma curva subindo
no silêncio do monitor.
Ano sem dono, ano roubado
aos pescadores do Evangelho
que pescavam num mar já morto.

aos pescadores do Evangelho
que pescavam num mar já morto.
Veio da terra o fogo verde
desinfectar aquela aurora
que gangrenava no horizonte.

desinfectar aquela aurora
que gangrenava no horizonte.
Fomos — difícil de esquecer —
a carne seca na farinha,
que demorava a apodrecer.

a carne seca na farinha,
que demorava a apodrecer.
Chegando ao fim da munição,
nosso Deus, escudo de véu,
que a bala pode atravessar.

nosso Deus, escudo de véu,
que a bala pode atravessar.
Ano sem luz, as caravanas
cavalgam todas para a luta,
a meta, como outra qualquer.

cavalgam todas para a luta,
a meta, como outra qualquer.

VISÕES DE GILSO

Belo robalo, disse Gilso,
olhando a mulata nadar.

Belo robalo, disse Gilso,
olhando a mulata nadar.
Mais do que todos, ele anseia
polir o seu negro fulgor,
com cintilâncias do grafite.

polir o seu negro fulgor,
com cintilâncias do grafite.
No entanto, ela é só uma uva
retinta lá na última rama
da última safra deste Éden,

retinta lá na última rama
da última safra deste Éden,
neste mar, que quebra tão longe
e a traz, metálica sombra,
da colorida escuridão.

e a traz, metálica sombra,
da colorida escuridão.
Desembarca seu esplendor
sobre areias em brasa, sendo
escoltada pelos coqueiros.

sobre areias em brasa, sendo
escoltada pelos coqueiros.
Estende a toalha no chão,
e entrega o corpo aos cuidados
do grupo de servas, as brisas.

e entrega o corpo aos cuidados
do grupo de servas, as brisas.

O LOBO-GUARÁ
(A Ivo Barroso)

Acossado, um lobo-guará
escondeu-se dentro de João

Acossado, um lobo-guará
escondeu-se dentro de João
que, invisível em sua miséria,
fez-se perfeito esconderijo
do Mal, seu ingênuo hospedeiro.

fez-se perfeito esconderijo
do Mal, seu ingênuo hospedeiro.
Não muito longe, os cães da Usina
latiam em coro e varriam
o ar, com estridentes limalhas.

latiam em coro e varriam
o ar, com estridentes limalhas.
Essa Usina ficava próxima
dos festivos lençóis de cana,
a mais verde e voraz das sílfides.

dos festivos lençóis de cana,
a mais verde e voraz das sílfides.
Uma noite, João despertou
com o rumor de altos latidos
e papoulas despedaçando,

com o rumor de altos latidos
e papoulas despedaçando
pela numerosa alcateia.

Mas, quando João abriu a porta
e, desarmado, os encarou,

Mas, quando João abriu a porta
e, desarmado, os encarou,
todos os cães retrocederam,
e o silêncio cobriu de pó
cinza essa noite de glória.

e o silêncio cobriu de pó
cinza essa noite de glória.
Ao cão que rosnava mais alto,
o cão líder, João o chamou
e, orelhas baixas, ele veio

o cão líder, João o chamou
e, orelhas baixas, ele veio
ser estrangulado primeiro,
privilégio que "estava escrito"
onde, até hoje, ninguém sabe.

privilégio que "estava escrito"
onde, até hoje, ninguém sabe.
Um após outro os foi matando,
até que o sol, enlouquecido,
resolveu cremar todos eles.

até que o sol, enlouquecido,
resolveu cremar todos eles.
Quando já ia alta a manhã,
o último cão, quase um bebê,
foi morto no colo de João.

o último cão, quase um bebê,
foi morto no colo de João.
A partir dessa longa noite,
no perímetro do mocambo,
veio o medo plantar seus cactos.

no perímetro do mocambo,
veio o medo plantar seus cactos.
E entre uivos, rezas e rosnados,
lá dentro João pedia a Deus
para seu lobo adormecer.

lá dentro João pedia a Deus
para seu lobo adormecer.

O ROCHEDO

A duas, três milhas da costa,
há um rochedo de tocaia,

A duas, três milhas da costa,
há um rochedo de tocaia,
a zelar por seu antiquíssimo
museu de barcos afundados,
de velhos veleiros a lanchas

museu de barcos afundados,
de velhos veleiros a lanchas
bem modernas, e até navios
de médio e de pequeno porte,
uma coleção colossal.

de médio e de pequeno porte,
uma coleção colossal.
Nascendo lá nas profundezas,
essa montanha do oceano
não pode ser desmoronada.

essa montanha do oceano
não pode ser desmoronada.
Com seus luxos de realeza,
tem a seu serviço um exército:
a Ordem dos Ventos Caçadores.

tem a seu serviço um exército:
a Ordem dos Ventos Caçadores.
Todos os dias, em comandos,
os ventos vão caçar os barcos
e empurrá-los contra o Rochedo

os ventos vão caçar os barcos
e empurrá-los contra o Rochedo
submerso — pobre metáfora
do Futuro — mas, quanto aos ventos,
nada têm a ver com a história.

do Futuro — mas, quanto aos ventos,
nada têm a ver com a história.

OS SÔNIOS

Os Sônios, quando morre alguém,
dançam e bebem por três dias.

Os Sônios, quando morre alguém,
dançam e bebem por três dias.
Mas, se uma criança se encanta,
a tribo se veste de plumas
de arara branca e girassóis.

a tribo se veste de plumas
de arara branca e girassóis.
No entanto, ouvem-se nas cabanas
urros e brados coletivos,
quando nasce alguém entre os Sônios.

urros e brados coletivos,
quando nasce alguém entre os Sônios.
Não há caça e pesca na aldeia
e se alimentam só de flores
novas e batatas de lírio.

e se alimentam só de flores
novas e batatas de lírio.
Sequer as tomam por ornatos
e jamais encontraram nelas
outra graça, outra sedução.

e jamais encontraram nelas
outra graça, outra sedução.
As borboletas, sim, recebem
o tratamento de entidades
protetoras do Império Verde.

o tratamento de entidades
protetoras do Império Verde.
Elas reinaram entre os Sônios
porque, diziam os mais velhos,
são amuletos contra o medo.

porque, diziam os mais velhos,
são amuletos contra o medo.
Enfermos de temor, os Sônios
não matam, não se matam nunca,
deixam a vida acontecer,
como acidente da paisagem.

deixam a vida acontecer,
como acidente da paisagem.
Mas, os enluta qualquer parto,
começo do medo e da dor,
que antes do amor não existiam.

começo do medo e da dor,
que antes do amor não existiam.
Não desejam morrer — já sabem:
o povo mais rico é aquele
que não aprende a desejar.

o povo mais rico é aquele
que não aprende a desejar.

ONÓRIO

Onório voltou do caminho,
por ter esquecido o chapéu.

Onório voltou do caminho,
por ter esquecido o chapéu.
Não houvesse o pequeno atraso,
o velho prédio dos Correios
cairia por cima dele.

o velho prédio dos Correios
cairia por cima dele.
— Mas, não há o acaso — pensou,
e enterrou mais fundo o chapéu
da sorte, do sobrevivente.

e enterrou mais fundo o chapéu
da sorte, do sobrevivente.
Acompanha, todos os dias,
a manga oculta na folhagem,
para amadurecer em paz.

a manga oculta na folhagem,
para amadurecer em paz.
Ela continua em seu galho
já começando a amarelar,
longe dos olhos das crianças.

já começando a amarelar,
longe dos olhos das crianças.
Agora Onório está torcendo
que tarde a ter a cor do sol:
seu brilho é sua perdição.

que tarde a ter a cor do sol:
seu brilho é sua perdição.
Lá um dia o vento de agosto
cobriu de folhas seu olhar
e lembrou-se do seu chapéu.

cobriu de folhas seu olhar
e lembrou-se do seu chapéu.
Desde então ficou convencido
de que foi ela que o salvou,
quando o edifício veio a baixo.

de que foi ela que o salvou,
quando o edifício veio a baixo.
A manga coberta lembrou-lhe,
talvez, que esquecera o chapéu:
tudo tem seu desdobramento.

talvez, que esquecera o chapéu:
tudo tem seu desdobramento,
pensou Onório, meio estranho.
"Devo a vida a uma mangueira",
ele diz, e os amigos se olham.

"Devo a vida a uma mangueira",
ele diz, e os amigos se olham.

TURÍBULO

Deus se esconde, mas não confessa
seu horror de não morrer nunca.

Deus se esconde, mas não confessa
seu horror de não morrer nunca.
Conhecida é sua agonia
de ser luz e não se apagar,
de ser tudo e se achar demais.

de ser luz e não se apagar,
de ser tudo e se achar demais.
Antes de a carne ser cozida
pelo fero fogo do céu,
seu nome ecoou nas cavernas.

pelo fero fogo do céu,
seu nome ecoou nas cavernas.
E tantos foram os seus nomes
quantos temores se apossaram
dos grupos trêmulos nos morros.

quantos temores se apossaram
dos grupos trêmulos nos morros.
A eternidade que o devassa
hoje é vendida nos balcões,
com evangélicos descontos.

hoje é vendida nos balcões,
com evangélicos descontos.
Mas, sob o Infeliz do Infinito,
do germe ao homem, toda a vida
é condenada à eternidade.

do germe ao homem, toda a vida
é condenada à eternidade.
Senhor supremo das galáxias,
com anjos lanceiros, que temes,
ó Deus, além de ser eterno?

com anjos lanceiros, que temes,
ó Deus, além de ser eterno?
Talvez seja a tua missão
de governar tão sem sossego
e, para sempre, a imensidão.

de governar tão sem sossego
e, para sempre, a imensidão.
Eis um ser que é dono de tudo,
mas sem o domínio do nada,
porque o nada nunca existiu.

mas sem o domínio do nada,
porque o nada nunca existiu.
Errado tudo o que foi dito
de um Deus sem corpo, nem forma,
que é pura energia, pura luz.

de um Deus sem corpo, nem forma,
que é pura energia, pura luz.

OS XAVANTES

Chamavam os brancos de "irmãos"
e aceitavam facas e fósforos.

Chamavam os brancos de "irmãos"
e aceitavam facas e fósforos.
Mas, logo após despedaçavam
suas cabeças, com bordunas,
entalhadas pelos Espíritos.

suas cabeças, com bordunas,
entalhadas pelos Espíritos.
Era matando os matadores
sua forma mais delicada
de viverem no Rio das Mortes.

sua forma mais delicada
de viverem no Rio das Mortes.
Outra forma, mais sanguinária,
a de invadir com toda a fúria
os acampamentos de lona.

a de invadir com toda a fúria
os acampamentos de lona.
A pesca e a guerra eram seu modo
de viver, mas seu verdadeiro
lar era mesmo o Rio das Mortes.

de viver, mas seu verdadeiro
lar era mesmo o Rio das Mortes.
O medo imposto aos Carajás
tornou-os, como sempre acontece,
uns cavadores de vazios.

tornou-os, como sempre acontece,
uns cavadores de vazios.
Vieram vários verões de sangue,
até que os Xavantes virassem
senhores da floresta inteira.

até que os Xavantes virassem
senhores da floresta inteira.
Mas, o branco trouxe a metralha,
o fogo de repetição,
queimando tudo, as mandiocas,

o fogo de repetição,
queimando tudo, as mandiocas,
as borboletas e as crianças.
Mas, quando queimou seus deuses,
mais não precisava queimar.

Mas, quando queimou seus deuses,
mais não precisava queimar.

PARTE II

OBRA INÉDITA

PEQUENAS CONFISSÕES

01

Um pedaço verde
insiste em mim,
enquanto o resto
já foi colhido;
uma espécie
de chaga verde
em manga-rosa,
ou tambor infantil
apertado na estante;
tenho medo de abrir
o arsenal de porta verde
sempre vigiado
por uma criança que não ri.

02

Em Jaboatão, eu morava
perto da Cadeia Pública,
e ouvia os murros dos soldados
e os ganidos dos presos
atravessando a noite;
para os vizinhos,
os gritos se incorporaram
ao vento nas mangueiras,
latidos de cães
e fechar de janelas;
só um deles me confessou
sentir-se prejudicado:
porque, com aquela gritaria,
mal escutava, no seu rádio,
a "Hora do Brasil".

03

Sem as seis doses
de conhaque Dreher,
meu troco de metafísica,

última moeda,
o telefone público engoliu:
já parti uma vez
e bebi Pepsi com os seringueiros,
na floresta do Acre;
mas, que a droga deste mundo
ia virar
este imenso shopping-center,
nem São João, o apocalíptico,
com seu velho realejo,
previu.

04

Um ex-amigo me disse
que a experiência
é, às vezes, puro vício;
a partir de então,
juntei mais uma falha
a meu extenso prontuário,
e estou louco para errar
como qualquer aprendiz:
não é fazendo o que sei
que chegarei
às descobertas que não fiz.

05

É difícil dizer
se perco mais vida
amaldiçoando os palácios
ou assistindo às fitas
que Hollywood golfa
nas locadoras de Olinda;
se lendo, escrevendo ou me achando
covarde, por não me enforcar;
é difícil dizer
em que lago dourado
ou rio agonizante
joguei fora minha vida.

06

Sempre que arrependido
de ter confiado tanto
nos ex-amigos,

lembro-me de que a confiança
é uma rede de larga malha,
que só retém grandes peixes
e devolve ao promíscuo mar
a miuçalha.

07

Às vezes, brinquei mal,
ao brincar com os mais fracos:
sem dar-lhes o direito
de brincar igual.

08

Ser admirado é fácil;
qualquer canalha sabe disso:
basta uma boa automática,
uma registradora
ou uma máquina de escrever, tanto faz;
difícil, mesmo,
é alcançar
a indiferença coletiva e absoluta:
não ser flor, não ser colhido;
não ser pedra, não ser quebrado.

09

A história da Eternidade
quase foi contada
por Juan de la Cruz,
com sua pedra de giz
no túnel da alma;
quanto a mim,
cansei os quatro cavalos do Apocalipse
seguindo seu rastro
e encontrei-a morta da Silva,
no lixão de Olinda,
"Patrimônio da Humanidade".

10

Pi-ó-j, CP, 3X, Kurimba-tora,
raças de cana ou canas
só viçosas na história

do menino-ladrão,
com sua faca bico-de-gaita
de três famintas polegadas:
menino-guará, menino-lobo
no atlântico canavial
(mais pasto alto que pomar);
cana-fruta, cana-tortura,
cana mais dura
que o tesão adolescente:
açúcar difícil de triturar,
tempo terrível, tempo belo,
anjo de Rilke,
que só presta para lembrar.

11

Um cinquentão que esperava,
como eu, uma brecha no tráfego,
para atravessar a rua,
parecia observar, com maligno cálculo,
não as marcas dos carros,
mas o grau homicida
de sua perfeição;
no resto, mostrava a indiferença
de quem faz as malas
sem o dinheiro para o voo;
mas, fiquei gelado
quando, displicente, falou:
"trânsito pesado, hein?"

12

Ao perder o interesse
pelo tempo e seus derivados,
julguei ser fricote
ou passageiro fastio,
desses por filmes pornô,
comida-de-panela
ou literatura esotérica;
sequer percebi,
ao longe, as serras explodindo;
sequer dei conta
de que as viagens de inativo
estavam reduzidas
ao rastejar da cama à janela,
para respirar,

e ver, lá fora,
no meio do sol,
tantos tentando
chegar aqui.

13

Bares que vendem enlatados,
cartuchos e querosene,
numa estrada de seringal;
outros de mármore
e aço inoxidável,
onde bebem seu malte
sanguíneos sonegadores
e suas auroras polares;
e meus bares, de Olinda e Recife,
à beira-mar ou geminados
a postos de gasolina,
onde bebo meu estranho
conhaque de gengibre
e bebem comigo
poetas traiçoeiros e assaltantes legais.

14

Numa tarde de 78,
fui a Joaquim Nabuco,
cidade açucareira
de umas 15 mil almas perdidas:
os toldos da feira,
quentes e amarronzados
como panos de café,
cobriam sobras de frutas e restos de rostos,
enquanto esganiçado sino
tocava, sem parar, em alguma torre;
perguntei que usineiro sepultavam,
e uma feirante respondeu:
"moça daqui mesmo, bonita, senhor";
ainda bem, pensei comigo,
na terra sem beleza
um sino dobra
pela beleza sem terra.

15

Sempre revejo filmes
altas horas da noite;
mesmo podendo parar o vídeo,
prendo a urina,
como quem teme perder o lugar
no cinema lotado;
mas, às vezes, os gemidos
de gatas sendo estupradas
no teto da movelaria
chamam-me mais a atenção
que as manchas de Maureen O'Hara
sendo currada por John Wayne
às margens de um rio vermelho;
dou stop no vídeo
e vou assistir à noite.

16

Só esta falta de ar
fala-me de tempo nublado,
e os ventos me abordam
como patrulheiros, na estrada;
a época dos projetos,
consórcios e pescarias
não chegou, nunca chegará;
só houve trabalho,
sol e trabalho,
e a velha sensação
de não ter saído de casa;
nem os filmes de John Ford
salvaram minha infância:
nada mais é espetáculo.

17

Quase me tornei
um puro profissional:
especialista de partículas,
consultor de minúcias,
analista de pormenores,
zelador de detalhes,
em suma,
faxineiro do nada.

18

Quando abro o jornal,
os novos gráficos
estão lá,
mostrando a evolução do saque,
com todos os indicadores,
menos um:
o nome do saqueador;
enquanto isso, um PhD de esquerda,
diplomado em economia política inglesa,
e socialismo utópico francês
e em filosofia idealista alemã,
diz que o Mercado
é o saqueador,
e ninguém vai prender o Mercado.

19

Minha ânsia de aparecer
enfurece a onça
ainda lactente,
ofusca uma pele
que deveria brunir
no fulgor do silêncio,
no vazio esplendor,
interpõe entre ela
e sua presa
um pedaço de multidão.

20

Basta um carro desses
subir a calçada,
e não comprarei meus cigarros na esquina,
não assistirei ao noticiário das oito,
não lerei os jornais de amanhã,
não saberei se o Plano Real deu certo
e não tomarei meu conhaque com guaraná...
mas, aqui para nós,
fora o amor, que já perdi,
nada que preste perderei.

21

Sem erva, pó ou conhaque,
é preciso muita insensibilidade
para suportar este agosto
a céu fechado,
este fedor de polícia
na calçada dos bancos:
aprendi com os limpadores de fossa
a beber aguardente
para fazer bem meu trabalho.

22

Meu pai levava-me
quase a pulso,
à casa de Edu Bezerra,
na Estrada da Luz,
para ouvir sua radiola
(rara, em Jaboatão naquela época):
Mas, antes da litúrgica
sessão musical,
Edu limpava as Rapsódias
Húngaras de Liszt
com chumaços de algodão,
feito um mímico limpa
uma nota no ar;
enquanto Liszt regia
a fornalha da tarde,
um músico e um poeta
ensinavam um menino
a calar.

23

Ouvi ontem o chiado
de uma alma na banha:
o sujeito justificava
não visitar o amigo preso
("meu carro está na oficina")
e concluí
que a chave de um carro
é a mesma do Paraíso,
principalmente se o carro
estiver na oficina;
pode-se faltar a todo ato de piedade:
ao aniversário do filho do zelador,

à enfermidade da mãe
e ao enterro do professor;
não tenho carro, logo, não tenho desculpas;
quando estava desempregado,
só me fazia de justo
por falta do que fazer.

24

Mais envelheço, mais descubro
reentrâncias de orquídeas
e damas só notadas
para informar uma rua,
como se o número
de orquídeas aumentasse
na razão direta
em que despareço;
pois só me veem,
num átimo, quando bêbado,
a tempo de segurar a bolsa
e mudar de calçada.

25

Ela foi para mim
linguagem nascendo,
sem deixar de ser arma,
oxigênio, trabalho;
sem deixar de ser número
de um show
de perdida audiência,
ou boca de caverna
a solfejar gemidos
e presságios de escombros;
hoje, indesejável
praia de navalhas,
é apenas o lugar
onde me escondo.

26

Minha hipotética pureza, a de súdito
do libidinoso reino animal,
terminei abominando-a,

ao supor as imundícies
saídas dos astros e estrelas
e a escorrerem pelos ralos
dos estúdios da Warner Bros;
quanto ao carnavalesco
reino vegetal,
com seus gerânios e jasmins
pútridos a balançar
no caminhão da prefeitura,
é, no fim, quem perpetua
o repugnante ciclo;
bom mesmo era ser
aquele rochedo na caatinga,
com seu interior sem soluços
e a alma feita de anos-luz.

27

Vocês não sabem que o cinema
é um corte na História
de uma machadinha Sioux,
que o cinema é o Colt
de Randolf Scott
tirando um fino no saco
de um banqueiro anglicano
e acertando na língua
do xerife local.

28

Segundo o pessoal do Box,
apanhar não cansa,
o que cansa é bater;
mas, tenho cá minhas dúvidas
se essa norma vale
para explicar o meu cansaço:
encostado nas cordas,
a receber
ganchos de direita
e diretos de esquerda,
sem nunca ser salvo
pelo gongo, que saúda
os que vão morrer.

29

Os raros não se confessam,
têm seus biógrafos
e, quando vivos,
podem dar-se ao luxo
de ser objetivos;
como sou gente,
tenho medo
de ser diferente:
sou tão comum,
que quando falo de mim
falo de qualquer um.

30

Sofro de urgência
e me alarma a alma
sempre de prontidão;
neste estado
de emergência,
só a beleza,
em súbita erupção,
me acalma:
se não está aqui,
está longe;
se não é agora,
demora.

31

Com um naco de ódio,
lasca oval de granito
dos tempos em que fingia passar
pela quadra da infância,
grafitei uma nódoa
escarlate-cádmio,
na parede da catedral;
depois da blasfêmia,
tomei uma ducha
de mágoas frias.

32

Passei no desespero
as últimas férias:
a projetar monstros na parede,

com réstias de sol;
elenco e plateia
de um teatro de sombras,
durante um mês,
voltei ao trabalho
tão cansado,
que resolvi passar
as próximas férias
num lugar menos longe:
dentro de mim, por exemplo.

33

A inocência está solta
e contra ela o mundo
não mais contará
com o elemento surpresa:
as respostas enforcadas
e os murros dentro do bolso
são balas na agulha,
novinhas em folha
(a vingança no tempo certo
faz bem ao futuro).

34

Franzina rês,
tiraram-me da fila,
até que o peso
e o preço aumentassem;
depois, esqueceram-me:
porque nunca cresci,
sobrevivi.

35

Quem sou eu,
algum diplomata,
para ter o pudor
de minha desgraça?
por serem baratos,
deram-me aplausos,
quando pedia socorro.

36

Confissão:
porque, imaturo no amor,
mantenho-o vivo,
confesso e sem-vergonha;
porque a igreja
e a polícia não pediram;
porque Órion, a constelação,
dá-me em demasia
aulas de indiscrição;
porque dizem não ser poesia.

SALMOS DE OLINDA*

* Este livro ficou pronto em 1988, e seus originais manuscritos – um conjunto de 38 tercetos rimados, forma inédita na obra do poeta – constam em uma pequena caderneta em espiral. O poeta projetou-o como um livro de bolso e previa fotos que o ilustrassem. Essas fotos foram produzidas pelo fotógrafo e publicitário João Castelo Branco, com a assistente de fotografia Cyntia Tschá, em 2015.

O TEMPO CALADO

Silêncio cautelar
É aquele que nos cala,
Para nos consertar.

OURO DOS OUTROS

Aprenda a não ver
Para não desejar
O que não pode ter.

O ESTRANGEIRO

Nunca busque ser mais
Onde não o conhecem
E o deixarão em paz.

GUIAS-MIRINS

Aqui, há meninos
Que nos levam aonde
Dobram velhos sinos.

OLINDA

De romance, freguesia,
Ou de espanto, o nome Olinda
Veio do mar, maresia.

NO CARMO

O dia mais calmo
Nasce com o coral
Dos pássaros do Carmo.

O FORTIM

Ante o mar hidromel,
É um forte de brinquedo
Contra barcos de papel.

MOSTEIRO DE SÃO BENTO

Lá no Mosteiro escutais
Os cantos gregorianos
E os ventos coloniais.

MERCADO DA RIBEIRA

Aqui, só coisas de feira,
Não escravos, se vendiam:
Carne, peixe, macaxeira...

SÉ

No Alto da Sé, a Sé,
Igreja salva do fogo,
Pelas três naves da fé.

SEMINÁRIO DE OLINDA

Aqui, no velho Seminário,
Contra a invasão, falso sol,
A cruz e a espada conspiraram.

MUSEU DE ARTE SACRA

Neste Museu, antigo paço,
Entre duas torres, o amor
Proibido armava o laço.

BELOS DIAS

Certos dias, como os licores,
Bebe-os em cálice pequeno,
Sem a pressa dos bebedores.

FAROL DE OLINDA

Quando o mar engoliu o irmão,
O segundo farol subiu
O Morro do Serapião.

PASSEIO

Jamais deixe a agonia,
Lá dentro, murchando as rosas,
Em sua travessia.

AMEAÇA

Os amantes dormem,
Batidas na porta
O medo chegou.

RUÍNAS

Veja bem as ruínas:
Musgos tênues nascendo
Nas pedras meninas.

IGREJA DA BOA HORA

Se à Boa Hora chegar,
Siga o leve rumor
De asas de pedra, no ar.

IGREJA DO MONTE

Igreja do Monte:
Construída tão no alto
Que o Céu fica defronte.

RECOLHIMENTO DA CONCEIÇÃO

Velha igreja, velho convento
Onde as mulheres desamadas
Iam esconder seu tormento.

LADEIRA DO AMPARO

Há um sol na ladeira,
Subindo e descendo,
Pela vida inteira.

PRAIA DOS MILAGRES

A moça de biquíni
Deita suas curvas
Onde a areia as imprime.

IGREJA DO ROSÁRIO DOS PRETOS

Lá dentro, os negros rezavam
Ao Deus dos brancos; lá fora,
Para seus deuses dançavam.

AS BICAS

As Bicas de Olinda: as feridas
Da terra sangram nos cântaros
Das Madalenas sofridas.

RIO BEBERIBE

Lá vai o rio Beberibe,
Já sem forças, afogar-se
No fundo Capibaribe.

NA FESTA

Se o drink demorar
Só para você,
Beba em outro lugar.

DILEMA

Um sim é tão
Perigoso, por covardia,
Quanto um não, sem razão.

JUVENTUDE

Não estão se alegrando:
Tentam, apenas, livrar-se
De energia incomodando.

A FILA

De sua própria cruz
Esta fila é um braço:
Seu ódio não a reduz.

O HIPOCONDRÍACO

Quando a morte se incorpora
Ao seu dia a dia,
Está longe a sua hora.

CASAIS

I

Nem como animais,
Se os sonhos divergem,
Não se encontram mais.

II

Eternidade vasta
O sexo só nos dá
Quando ele nos basta.

III

Da carne, findas as reservas,
Voltam ao mundo simbólico,
Como se voltassem às cavernas.

IV

Ambos querem o azul;
Mas, um, o azul do norte,
E outro, o azul do sul.

V

As rugas de ambos
Chegaram juntas,
Como, na safra, os jambos.

JOGOS

A obrigação de vencer
Entristece a vitória,
Antes de acontecer.

SAÍDAS

Para a alma emparedada
Em seu desespero,
Todo abismo é estrada.

SINAL VERMELHO

Quanto mais ansioso,
Mais a realidade
Aperta o ferrolho.

HUMILDADE

Não queira ser lembrado:
Não se conhece o autor
Da roda, do tear, do arado.

ORIGEM

Tem de vir de dentro
O amor, como o círculo,
Tem de ter seu centro.

MOÇOS

É na juventude
Que a energia em flor
Do cosmo nos ilude.

PAISAGEM

Gorda mangueira,
Cidade dos passarinhos:
Gaviões a espreitam.

APAGAR-SE

Fique neste canto sentado,
Pensando apenas
Estar neste canto sentado.

FÍCUS-BENJAMIM DO PARQUE 13 DE MAIO*

* Este livro é composto de vinte e um poemas criados durante o ano de 2006, que precedeu a morte do poeta em 13 de outubro de 2007. Ele os concebeu, conforme projetara, a partir de fotos de Assis Lima, que obedeceram a um roteiro preestabelecido dos focos da temática elegida, embora cumprisse o roteiro diário para o trabalho atravessando o Parque 13 de Maio, onde foi instalada, em janeiro de 2017, uma estátua em homenagem ao poeta. Uma nota intersemiótica planejada e inédita em sua poesia.

CELULOSE

Chuva de veias
ou ornamento
de tranças, pelo caule.
Grossas varizes
que fazem a árvore
subir devagar.
No entanto, ainda há vigor
em seus músculos de celulose,
vigor capaz
de estourar as calçadas.
Por isso, o poder
erradicará o fícus,
pois só o ama como está
em prancheta do paisagista:
ornamento em ordem unida
de um jardim de caserna.
A primordial liberdade
que a natureza lhe deu
hoje é seu cadafalso.

FÍCUS

Quando velho, o fícus
cria caules mirins
ou semicaules,
que emergem do solo,
para manter-se em pé.
Numeroso é seu tronco
com seu feixo de sílfides
e guarda-costas, a tentarem
esconder, preservar
alma e corpo da árvore,
esta mínima
fatia do todo, esta
hóstia concentrada,
na boca do absoluto.

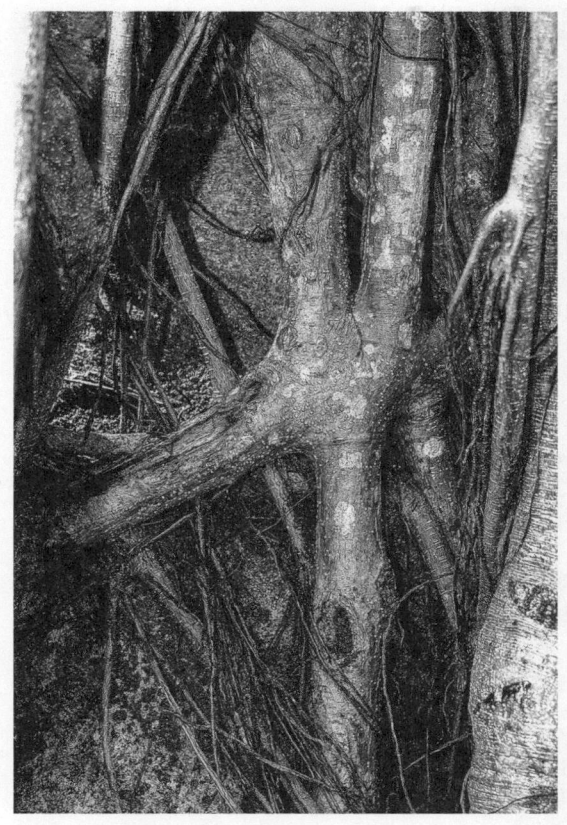

TAPERA

Semicaules se cruzam,
no peito bruto do fícus,
para tecerem-lhe
uma tensa armadura.
Suas brechas e gretas
abrigam, talvez, lagartos
da cor cinza-granito,
enquanto as formigas
pastam no limo verde-ferrugem
no último inverno.
A esta altura do tempo,
ainda continua
refúgio, tapera
para os seres que vivem pouco.
Labirinto construído
com o claro-escuro da tarde,
no desespero da base.

RAIO

As coxas de celulose
escalam a árvore.
Um dos seus semicaules
teve a cabeça decepada,
por ter desobedecido a
certa postura municipal.
Os fícus não vão mais
sombrear as ruas
que serão abandonadas ao sol.
Árvore-torre de altos-relevos,
seu espírito supera
o da pepita, mas, feito ela,
nunca deixou de crepitar
sua dulcíssima chama verde.
Esta árvore
pede-lhe um raio, ó Senhor,
antes de embrutecer.

QUASÍMODA

Quase todo envolvido
por semicaules,
o velho tronco sufocou
de tanta proteção.
Mas não deve temer
esse amor extremo,
essa falsa ameaça
de dissolução.
É o cerco final da vida,
levantando lanças,
aplicando injeções
de seiva, nos vazios
da decrepitude.
Luminoso abraço,
que retorce e deforma
a quasímoda árvore.
De longe,
a agonia dos estertores,
de perto,
a energia condensada.
Mas, no fundo, ela é sombra
que se ergue ou se arrasta
sempre para o alto.

ESCULTURA

Sonhos da forma,
em estado de lava,
esculpem a nova
aberração da matéria.
Eis o tronco,
embrutecida metáfora,
forjada pelos escopos
e pela vontade da vida.
São semicaules
coleando na árvore,
que chegou à idade
de nervos à mostra.
A oeste do Parque
estão as crianças,
nos seus balanços, no seus jogos,
e nem à distância,
como um fiapo de paisagem,
aquelas árvores os distraem.
Eis a vida envelhecendo,
num canto do parque,
onde a noite já começou.

PORTE

Como arroio de lavas
que, ao invés de descer,
subisse pelo vulcão,
essas falsas raízes
ou semicaules
avançam tronco acima,
aumentando seu porte.
Elas sempre foram,
nas noites frias do continente,
provedoras do fogo.
Há fogo em potência
dentro da árvore,
pronto para sair
em saias de chamas,
ao batismo do raio.
Árvore, ser subconsciente,
aliada dos bichos e dos homens,
estes seus grandes predadores.
Ó irmã, indefesa e protetora.

ENXERTO

Enroscando-se no tronco
de murchos músculos,
vegetais serpentes,
ao invés de peçonha, levam-lhe
a seiva de emergência.
Mas seu corpo deforma-se com o tempo,
tomando a forma de alguma
sobrevivente espécime
de antigas eras geológicas.
Seu aspecto é o do enxerto
entre monstruosas árvores antidiluvianas,
muito, muito diferente, mesmo
da romântica árvore da vida.
Ali no parque, cheio de belas árvores,
ela passa despercebida.
Bendito abandono que a deixa
morrer em paz.

CONTORÇÃO

Mulambos de sombras,
neste parque
e perto do anoitecer,
dão a essa árvore a textura
de contorcido pavor,
que se tem diante
de um demônio parado.
É nos fundos vãos
desse tronco hirto
onde o absoluto se embosca.
A árvore, o rochedo, a água
não se queixam daquilo que são.
Só o homem ambiciona
ser promovido a arcanjo
de seus brilhantes, esta metáfora
que a natureza tritura.
Para o homem e para a árvore,
nascer, crescer, morrer
nada mais são
que formas de ser.

PRIMEVA

O tronco, mesmo, está lá dentro,
embrulhado por semicaules,
forças ancilares que nasceram de si.
O tronco e sua
primeva força
meditando escondida.
Árvore que só se procura
em tempo de verão,
quando é pouso e abrigo
para os fugitivos do sol.
Seus minúsculos frutos
não parecem nunca engolidos
ou picados
pelos pássaros do lugar.
Apesar de tudo, sente-se
bela, sente-se
nascida só para a beleza,
a que morre de tanto ser,
abraçando-se.

VESTIDO

Eis a matéria vestida
com seu próprio tecido,
subconsciente do seu lugar
na escala da vida.
Pelas paredes do tronco,
predomina a cor cinza
após as queimadas
de sua selva natal.
Sobre sua armadura vegetal,
parecem cabelos as lianas,
dando à árvore
uma vida na superfície,
a de corpos femininos
amarrados ao tronco.
Eis a vida falsamente imobilizada,
porque toda feita de tensão,
de arcos esticados, de algo
prestes a acontecer.

NOITE

No tronco deste arvoredo,
o espírito vai dar
dentro da noite da matéria.
Nos caules dos fícus,
não há repetição, não há ritmo,
apenas o imóvel caos.
Não se sente, mas há
fome de nitrogênio e cobalto,
nutrientes desta terra
que o fez brotar.
A árvore só fala
com os ramos ao vento,
bem longe de seu mudo
e carrancudo tronco.
Observe bem esse tronco,
ele não está à vista,
o que você vê
são colunas de semicaules
que o enclausuraram,
para não exporem aos lenhadores
a sua ruína.

MALÁSIA

O fícus forja,
no próprio corpo, cordas,
grades e barras,
como se possível suster
sua vontade de partir.
Chegou o outono,
sua estação preferida,
tempo de lembrar a Malásia,
onde sua família
tudo começou.
A primavera também é
uma estação amiga,
quando suas folhas de flandres
reluzem no amanhecer.
Sua dieta é feita
de nobres elementos:
o magnésio, o enxofre.
Sua vida é uma árvore aberta
ao vento, à chuva, ao sol,
às outras vidas.

OCULTA

Exército de semicaules
cobrem o tronco
da árvore verdadeira.
O chão jamais cansa
de bombear-lhe humos
das plantas e lagartos mortos
no verão passado.
Tudo parece juntar-se, condensar-se,
unir-se para um só fim,
mas este será retardado,
pois o cerco de socorros
garante-lhe, vida afora,
aleijada preservação.
Seu tronco oculto
pela paliçada,
que o próprio corpo gerou,
é a base da árvore morrendo escondida,
a que, às claras, resplandeceu.

TENTÁCULO

Gêmeas, janelas abertas,
brechas por onde vê o inimigo
aproximando-se,
vestido de pedra e cal.
Mais embaixo e mais em cima,
este fícus se une
num todo tentacular:
embaixo, se afunda
e se espalha,
em cima, se adensa
todo em folhas e talos,
a mais nova, talvez, a mais viva
das árvores do pelotão,
sabe que o inimigo está perto
e cedo dará
a cada uma a sua morte.

RESISTÊNCIA

A árvore, este ser
procurando seu máximo
ser.
O fícus, por exemplo,
deixa-se empurrar para cima
por seus semicaules,
que o mantêm em pé
com seus pés no ar,
com os enforcados.
Seu tronco, de bruta resistência,
está sempre oculto
por liames e fios vegetais.
Lá dentro, dos cachos de socorro,
semiconsciente ele tenta,
inutilmente, sonhar.

ABSTRAÇÃO

Até parece capela
após bombardeio,
este tronco em ruínas.
A desgraçada textura
desta carcaça ainda viva,
de tão realista
desaba na abstração.
Árvores ou nave à deriva,
batendo muitas vezes
nas pontas dos rochedos.
Ferida embora, lá em cima,
mantém as velas incólumes.
Para ela caminha um edifício.
Alguém sem alguma janela
está atirando em árvore?
Beleza em trapos, mas, beleza
ferida, a erguer-se
na transitória claridade.

RUGAS

O quadro, visto de perto,
semelha uma luta livre,
no momento do empate.
Tortos e longilíneos,
os semicaules se agarram,
e lutam sobre a pele grossa
do invisível tronco,
para, afinal, defendê-lo.
São aquelas estranhas forças
que nem sonhávamos possuir.
Os seres vivos
só aprendem, quando envelhecem,
que sempre restam na cartola
outro voo, outro nado, outro caminhar.

PALIÇADA

O que se vê, cara à cara,
não é o tronco verdadeiro,
mas paliçada de semicaules,
que protege e oculta
o âmago da árvore.
Riachos de selva
ainda correm lá dentro.
Eles fluem
como o átomo do ferro,
da rocha e das árvores mortas.
Abstrata escultura,
de forma incerta, transitória,
se contemplada a frio,
ou música em êxtase
e volátil, de Bach,
se a alma a contempla.

ENCONTRO

Se algum dia visitar
o Parque 13 de Maio,
não deixe de conhecer,
a leste, o bosque de bruxos,
dos fantasmagóricos fícus.
Estão sempre no pátio, como os anciãos,
chegando para conversar.
De longe, o ambiente transpira
ruína, mofo, espectro,
mas tudo em luxuosa moldura
de chão varrido, a céu aberto.
As árvores e sua modesta
tentativa de ir aos céus
esgalham-se em dádivas
de beleza e sombra,
e não maldizem as suas frutas
por não agradarem, sequer, os passarinhos.
No recanto do Parque,
aproximam-se umas das outras
e trocam silêncios, e som do vento nas folhas,
e brisas e folhas, pelo ar.

GARROTES

Enroscando-se, abraçam-no
seus próprios tentáculos,
num arrastar-se agônico para o alto.
O tronco, mesmo, já ninguém vê.
Como querem preservá-lo,
os semicaules o escondem,
eles mesmos sendo extensões
do tronco, tornam-se garrotes
ou últimas raízes
que ousaram se revelar.
Do claro e do escuro,
o Grande Alquimista fez a massa
das árvores e dos homens,
das pedras e dos rouxinóis.
No enlaçado fícus
a matéria ainda insiste
em completar a subida.
As folhas deste fícus
estão tão longe
que ele não mais as escutará.

CRÔNICAS DE ALÉM-BAR E OUTRAS PROSAS

"Talvez a poesia não passe de um
gênero de crônica da eternidade."

Mario Quintana

NO ALÉM-BAR

EQUAÇÃO

Segundo Rohden, ou algum místico, através dele,
Deus não é simples por vacuidade,
mas por plenitude.
Por isso é tão difícil ser simples,
para chegar até Deus,
ou, mesmo, a Juan Ramón Jimenez,
com seu burrinho atravessando a aldeia.
Ai dos obscuros, dos complexos
que espalham escuridão sobre as várzeas
e goteiras de fogo sobre os campos.
Eu, mesmo, queria ser simples
como a gota d´água no extremo de uma folha
que cai no chão, sobre uma semente de lírio,
como uma bola de gude enterrada no quintal da infância,
onde hoje passa uma arrepiada avenida,
como a bolsa escolar, que era de couro de verdade,
curtidíssimo, liso, sem nenhum boneco de Disney.
Eu não queria ser simples como o Deus de Rohden,
que era antes de "qualquer vestígio de complexidade",
mas depois desta, quando o branco
em arco-íris degradou-se,
quando minha pele de anjo, límpida,
foi trocada pela da serpente,
pelo caminho, até aqui.

ETERNIDADE

Quando vivo, costumava mimar
meus milhões de leitores.
Hoje, vivo a gritar por todo Infinito
contra essa multidão de babacas
que nunca souberam o que é bom gosto.
Eles deveriam ler-reler
os melhores poetas de meu tempo,
como Salustiano Pé-de-Cabra
ou Eudócio Capa Guiné,
ambos metafísicos provisuais.
Não sei se isso ainda acontece,
por ser uma alma atrasada,
ao contrário do que vocês pensam,

jamais posso baixar à terra,
um sonho de todos nós, os do Além-Bar.
Que bom seria rever minha Musa,
mesmo casada com um fabricante de hardware.
A última oportunidade de vê-la
foi no dia do meu velório,
mas já era alma de quarentena — só vi estranhos.
Ah! um mês de férias como mortal.
Aqui nos assalta o supremo terror,
o da Eternidade.

Como morto, e na possibilidade remota
de ser psicografado,
faço um apelo a meu improvável psicógrafo
que não leve em conta
qualquer poema que eu cometa no Além-Bar.
Não quero, depois de morto,
ser pior poeta do que quando vivo.
Não faço questão que psicografe
minhas pragas contra a Eternidade.
Aprendi com minhas colegas, almas vagabundas,
a ter um medo celestial
a tudo que é eterno.
Aqui, o sonho geral,
é reencarnar, seja lá no sujeito/sujeita
que ande dando sopa
desde a sua concepção.
Quanto a mim, desisti de reencarnar,
depois de ver o tamanho da fila.
Vocês, mortais,
não sabem o que os espera,
no Além-Bar.

Com a autoridade de morto
ou alma penada, ou melhor, alma vagabunda,
digo-lhe:
Se quiser entender a morte,
não procure na Internet,
não incomode
o sorumbático Aristóteles,
o poeticida Platão,
que me chamou de alma de sexta categoria,
não consulte os místicos,
pelados, magros ou barbudos
das duas bandas da terra.
A morte
é o que está ao seu lado
e você não vê.
Deram-lhe a consciência da morte,
sem indicar a droga

para conviver com isso.
Deixei todos há algum tempo
e ainda não marquei
uma audiência com Deus.
Acho que não vou conseguir,
pois no sermão das bem-aventuranças,
só os limpos de coração verão a Deus,
e nunca dei um banho no infeliz.
Como viu,
morrer não é lá essas coisas,
aqui também estou ferrado.

VELÓRIO

Meu velório, raro ouvinte,
foi esquisito como o diabo.
Só umas doze pessoas,
e todas desconhecidas.
Pensei que estavam velando
o morto errado, sem saberem,
mas, não, nos outros velórios,
igualmente ralos de público,
não havia um só parente,
e nenhum dos meus dois amigos.
Foi muito diferente
de velório de João Miguel,
no romance de José Nêumanne:
pencas e pencas de pessoas,
sacanas e não sacanas,
e na hora de sepultá-lo,
havia até mulher nua.
Mas, voltando ao meu velório,
antes que os estranhos me jogassem
numa cova muito malfeita,
um senhor todo bilontra, de olhos fechados,
fez um longo discurso
sobre minhas suspeitíssimas virtudes.
Entenda como quiser.

AD EXEMPLUM
(Jan. 2006)

Ah que morte deselegante foi a minha,
morte natural
como a de um velho rato no sótão.
Várias vezes pensei no suicídio,

o que me demoveu
foi a mania de julgar-me
um espião de Deus,
num planeta de cafajestes.
Meu sonho, mesmo,
era o de ser executado,
não por fuzilamento
ou tiro de acerto de contas,
ou queima de arquivo,
nem por enforcamento,
pois me disseram
que rompe o esfíncter
e o sujeito morre borrado,
nem por cadeira elétrica
ou injeção letal,
mortes burocráticas, burguesas.
Queria, de fato, ter sido executado
pela guilhotina,
mas aquela que é um machado
de lâmina curva,
pétala prateada de lírio,
que separa a cabeça do corpo

e num cesto cai a cabeça,
esta desgraçada,
que não me deixava dormir.
Sim, pela delicada
e deliciosa guilhotina.

O ANIVERSÁRIO

A viscondessa Saunier completou 90 anos,
mas ainda tem o corpo espigado
e anda sozinha por todo o casarão.
Muito pouco pede às criadas.
Ontem, resolveu, sem ajuda, descer ao porão,
onde os objetos contam sua história:
os maracás de madeira e prata,
e uns timões de quando era bebê;
as bonecas francesas, os vestidinhos de seda indiana,
os livros ilustrados, as pulseirinhas
e os trancelins de ouro
e os rosários, de quando era menina;
os luxuosos soutiens, as anáguas de seda,
o vestido de noiva, bordado com fios de ouro e prata,
e a grinalda de marfim, de quando era moça;
Todas essas coisas, fora de ordem temporal,
cobertas de belíssimas tendas de aranha,

que abrigam os bichos da noite.
De sua decrepitude, nada está lá embaixo,
tudo está cá em cima, como um ninho não terminado:
o bule e as chávenas, a comprida mesa de carvalho,
os xales de urso polar, a velha Bíblia
e a já sem cor cadeira de balanço.
Todas essas coisas vivem, dia e noite,
e zelam pela viscondessa Saunier.
As coisas são boas historiadoras.

REMORSO

Meu pai certa vez me falou
de um poeta brasileiro (esqueci o nome)
que vivia em toda parte a dizer:
"Como é bom ser bom!"
e, embora pobre,
viveu fazendo o que dizia.
Morreu e tornou-se um dos silenciados,
porque não era grande como Gonçalves Dias,
Castros Alves ou Olavo Bilac.
Mas, todo poeta tem obrigação de ser Dante?
Lembrei-me do verso-sentença,
nestes meus dias post mortem,
lamento o tempo que perdi a rezar
antes de adormecer,
melhor seria tê-lo usado
para ajudar meus irmãos.
A noite é, apenas, para pedir misericórdia.
Aqueles que ficaram impressionados,
como eu fiquei,
com o verso do poeta esquecido,
não caiam no erro em que caí.

STRICTO SENSU

Não importa a causa da minha morte,
se afogado por milhares
de garrafas de conhaque,
durante um milhão de cigarros,
ou se engasgado por hóstias consagradas.
Não pensem que nas horas críticas
eu disse qualquer coisa imortal,
tipo Goethe: "luz, mais luz!",
disse, sim, um belo palavrão,
contra a droga da minha infância,

a porcaria da minha adolescência,
o fracasso da minha idade adulta
e o trapo da minha velhice.
Outra coisa:
à medida que a Imperdoável chegava,
iam morrendo, para mim, um a um,
os jornais, os canais de televisão,
os rádios, as revistas, e até os livros.
Uma guerra mundial nuclear
talvez me despertasse o interesse,
por puro egoísmo, para morrer
junto a seis bilhões de mortais.
Mas, não veio a guerra, morri sozinho,
pingo d'água na chapa quente.

AVISO
(Jan. 2006)

Meus dois ou três amigos:
dispenso-os
do velório,
do enterro,
da Missa de Sétimo Dia.
Suas presenças
só interessariam a mim,
e não estou mais aqui.
Tentem encontrar-me na lembrança.

Meus tantos ex-amigos,
meia dúzia de vocês,
principalmente os mais hipócritas,
deveriam comparecer
às supracitadas cerimônias,
para terem a prova morta
de que as calúnias
            as difamações
            as sacanagens
não foram esforços esperdiçados,
tudo deu certo contra mim.

Meus caros inimigos:
seu contentamento tem limites:
cuidado com as carótidas.

SINAL, SINAIS

Aqui, nesta vazia vastidão
(não sei em que vazio estão as outras almas)
só me resta pensar ou parar de pensar,
esta possível apenas
aos místicos do Tibet ou das Serras da Borborema.
Pensava, agora mesmo, como fui distraído
e não notei, entre os passos dos transeuntes,
os passos de minha morte.
Era tudo sinal, e eu não sabia.
Não suspeitei sequer na esclerose
forjando o esquecimento de uma palavra atrás da outra,
levando-me a uma segunda pobreza,
desta vez, a verbal.
Ao rápido levantar-me, tonto,
sem ter bebido (ai! saudade) meu velho conhaque,
a insônia, o desespero da falta de ar:
era tudo sinal, e eu não sabia.
A vontade de morrer, tão burra, meu Deus,
só agora no vazio, e ameaçado de eternidade,
posso, sem desculpas, deplorar.
Agora, de patife para patifes, digo-lhes:
não praguejem, seus cegos, contra a vida.
Antes de perceberem os sinais
e sua dor tomar conta do universo,
amem tudo que encontrarem,
sem o cuspe, a gosma da possessão.
Não perguntem aos mortos pela morte,
eles não falam com os vivos
e não perceberam os sinais.

O GIBI
(Jan. 2006)

Quando vivo e menino,
nos gibis, me escondia
da escola e do lar.
Mas veio a literatura
e profanou
meu oculto paraíso.
Nem tive tempo de despedir-me
do Cavaleiro Negro e do Homem Borracha.
Entre os livros e os lançamentos,
estavam emboscados
meus grandes inimigos.
Com velho maconheiro aprendi, ainda,
que no meio dos livros

há mais facínoras
que em todos os gibis de Mandrake.
Quando vivo,
sempre desejei ser
banqueiro ou general,
as únicas forças
que mandavam, mesmo, em meu país,
mas, meus inimigos não deixaram
e não ofereci a outra face,
como me sugeriu, no Morro da Rocinha,
Jesus de Nazaré.

NO MEIO DO MUNDO

CULINÁRIA

Não gosto de comer aquilo cujo nome desgosto:
alho-porro, rabanete e beterraba, por exemplo,
parecem palavrões trocados entre cozinheiros do porto.
Só gosto de comer coisas de nomes bonitos:
tomate, alface e galinha.
Na verdade sou de uma inapetência mineral
e o de que gosto, mesmo, é de comer o nome,
a palavra saborosa como um anjo ao forno.
Disseram-me que, há tempos, em algumas fábricas de São Paulo,
o operário que cometesse uma burrada
era chamado de poeta, sujeito burro,
marcado pelo estigma platônico.
Há, nos próprios dias de hoje, muita gente
que o considere veado, boiola, bicha, essas coisas,
e que ele almoce flores e jante borboletas.
Eu, como poeta, sou um cara estigmatizado,
assim como meu pai e meu avô paterno o foram,
mas mando aqueles que pensam aquelas coisas de mim e de minha família
tomarem nas nádegas a injeção de Belzebu.
A esses alhos-porros da vida.
eu os perdoo como Cristo não perdoou os camelôs do templo,
mas perdoou o bonachão São Pedro, que não podia ver um pote d'água
sem implorar a Cristo transformá-la em vinho.

OS DEMÔNIOS

Os meninos da Praça Santos Dumont não paravam um instante:
com suas baleadeiras não deixavam nenhum passarinho pousar nas árvores,
não deixavam um tamarindo, um jambo amadurecerem no pé.
Tinham uma antipatia mórbida pelos velhos
e estes, ao passarem, viravam pasto certo do seu sadismo:
lama no rosto, água suja na roupa, areia na cabeça
e o mais que pudesse degradá-los, todos os dias.
Num resto de ruína, no lado norte da praça,
eles, às pressas, iam-se esconder
para uma masturbação coletiva, sussurrando o nome da mãe, da irmã,
e das vizinhas, únicas fêmeas que tinham à mão.
Depois corriam para mijar no único resto de relva
que sobreviveu àquele bando de lucíferes.
A Praça Santos Dumont virou terra maldita,

enquanto aquela geração de aprendizes do demônio
dominou seus bancos quebrados, suas árvores rasgadas,
seu coreto de telhas partidas e batentes arrancados,
aquele deserto cheio de ruínas e de alucinantes gritos.
Quem gerou essas desgraças que já nasceram no cio
e sedentas de sangue e mais perigosas do que os homens?
A última vez que tive notícias da Praça Santos Dumont,
é que o rio perto dela aumentou seis vezes de volume
e a fúria das águas não deixou dela uma árvore,
um banco quebrado, um tijolo da ruína da masturbação.
Aqueles meninos são hoje bispos, prefeitos, generais e desembargadores,
e a maldade os acompanha.

IDADE MÉDIA

Não sei bulhufas do amor romântico,
coisa inventada por trovador medieval,
para comer a mulher do cruzado
que foi quebrar o espinhaço em Jerusalém.
Não sei, mesmo, sou carteiro de profissão,
e só entendo de latido de cachorro,
subida de ladeira, pé na lama e calor de lascar.
Firmado o que sei e sou,
lembro-me agora de uma história
que o bondoso e salafrário Tonho me contou,
numa noite em que faltava luz na cidade.
Tonho contou que um casal calado,
mas que cumprimentava todo mundo,
até parente de banqueiro,
veio morar no seu bairro de escriturários,
ex-chefetes e ex-detentos de maus bofes e maus hálitos.
A mulher, às vezes, como fazem quase todas as mulheres,
fazia demonstrações de carinho em seu homem, em público.
Ele, mais triste do que mal-encarado,
não dava pra ver, mas tinha aquele amor abafado, enorme,
tão grande e pesado, que não podia gesticular,
e atravessava a cidade como um elefante invisível.
Seu amor triste era como uma ferrovia sem fim.
Chegaram aqui ainda moços e já dobraram a penúltima esquina.
Ela continua a mesma, isto é, acariciando-o em público,
mas algo aconteceu, disse Tonho, algo se partiu.
O olhar dela é cada vez mais duro, mais objetivo,
e ele só vive de olhos molhados.

DÍVIDA

É preciso ser muito cínico, meu irmão,
para não dar a mínima à divida,
porque ela é irmã ou prima carnal do remorso,
desses que provocam falta de ar
própria da síndrome de Raskolnikov.
A maioria da pobre canalha humana,
com sua água fervente de dia e de noite, principalmente de noite,
com sua dívida infeccionada, a doer, a latejar.
Se o correio o chama ou alguém bate à porta,
"é a dívida", treme ele ensopado, nos cantos.
A terra, a lua, o sol dão suas voltas em torno dela,
e cremam o corpo da amada e a graça do pequeno filho.
A metástase da dívida é o favor, qualquer favor,
que se aceita nos tempos de desgraça, ou não.
O favor é uma espécie de dívida
emboscada em qualquer esquina da porcaria do mundo.
Não aceite favor de bandido, meu irmão,
mas o recuse usando lenços pingados com raras lavandas.
Favor de bandido é como empréstimo bancário:
quanto mais se paga mais se deve.
Favor antigo, de ex-amigo,
é faca afiada, todos os dias, mas desse
nem anjo recém-promovido consegue escapar.
A dívida é uma desgraça tão aterrorizante,
que faz parte da maior prece católica: o Pai Nosso.
"O pão nosso de cada dia nos dai hoje,
perdoai as nossas dívidas" (...).

O AGIOTA

Seu Elmo, protetor dos inadimplentes,
é o velho agiota da aldeia.
A cabeça, meio branca e meio careca,
dá-lhe a respeitabilidade dos tomos sagrados,
dos santos cálices e dos altos castiçais.
Seu capital é mixaria, e só empresta o bastante
para a compra de um bujão de gás, dois quilos de feijão
com doze ovos, por exemplo.
No entanto, o bem que seu Elmo faz aos aldeões,
para o juiz e para a polícia,
chama-se contravenção, mas não vão prendê-lo,
pois a aldeia jurará, de joelhos,
que o velho Elmo vende confecções:
uma camisa: dez reais; uma calça: vinte reais,
e todos têm recibo no bolso
Embora protegido, lá dentro da noite,

ele teme essa justiça tão estranha,
que não enxerga os palácios de Angra dos Reis
mas sabe que nenhum banco empresta dinheiro
para dois quilos de macarrão e uma lata de sardinha.
Seu Elmo empresta pouquinho
e cobra juros de quinze por cento.
Mas, não grite, meu irmão, que horror!
porque ele não pratica juros sobre juros,
a bola de neve da desgraça ocidental,
a venda metafísica do tempo.
O velho faz qualquer negócio,
divide as prestações, e o cliente sempre paga.
Perdeu tostões mas não matou nem ameaçou ninguém.
Seu Elmo é magro, baixo, e anda muito,
anda ligeiro, com setenta anos.
Os pais de família vivem rezando
para que dure mais
o seu banquinho de aldeia.

ORNITÓLOGO DE UM SÓ PÁSSARO
(Março 2006)

Tenho um afeto todo budista, todo franciscano, pelo pardal.
Já o chamei de cheira-cola e vira-lata dos passarinhos.
Agora, não sei mais como chamá-lo,
vou chamá-lo como São Chico, meu irmãozinho.
Agradeço muito ao finado Viana Moog,
autor do romance Um Rio Imita o Reno,
pela descrição das estátuas dos grandes homens,
a pé ou a cavalo,
meladamente defecados pelos pardais.
A partir desse dia, comecei a amar e a observar
o mais crítico e o mais caluniado de todos os passarinhos.
O pardal come todo tipo de cisco no chão.
Gosta, especialmente, de trigo e arroz,
mas, que passarinho não gosta?
Por isso, o ditado português:
"Todos os pássaros comem trigo,
mas quem leva a culpa é o pardal".
É de um marrom salpicado de preto
a sua cor de monge à beira da excomunhão.
Quando pousa no lixo,
ninguém o vê,
sem precisar mudar de cor,
como um desgraçado a afundar
em sua desgraça.
O pardal, sim, não o rouxinol, não o albatroz,
é o pássaro-símbolo dos poetas,
e dos que morrem sem falar com Deus.

UNIVERSO A VAREJO

Nasci no tempo trocado, tempo errado, meu irmão,
enquanto os boyzinhos das casas grandes
levavam, nos fords dos pais,
as filhas dos ferroviários para o escuro,
eu, na minha pós-adolescência,
ia disputar as putinhas do porto
com os chatos marujos gregos.
Depois, voltava ao meu pardieiro,
nos ônibus aos pedaços,
andando mais dois quilômetros de noite,
mas, pela estrada, nenhuma das vinte mil estrelas
da recém-descoberta galáxia I Zwicky 18
fez um mero aceno para mim.
Nunca tive sorte, mas sorte não procurei,
só o que a droga da lei era obrigada a me dar,
a porcaria de um papelzinho
que me permitisse receber
algo que o caloteiro Estado me devia, e não pagou.
Fiquei desesperado e perdido pelas ruas
e nenhuma das cem bilhões de estrelas da Via Láctea
desceu para me orientar.
Muitos azares, muitas coisas ruins
foram acontecendo comigo,
com suas consequências eternas, no tempo, e infinitas, no espaço.
E, nem mesmo a menor estrela,
com sua luzinha fraca, pouco mais que a de um candeeiro,
entre as 2.000 bilhões de bilhões
de estrelas do universo visível,
deu-me uma das suas pequenas pontas,
e tirou-me dali.
Hoje, sou um homem velho, sem vitórias no baú,
sem dinheiro no banco, sem mangueira no quintal,
comendo enlatados frios, bebendo água da torneira,
um homem sem sono, proscrito, de cabeça baixa
e abandonado pelas estrelas.

DEMÉTRIUS

Fui ontem ao coliseu, nosso grego anfiteatro,
e saí com a cara no chão.
Eu não exigia um combate de arena
do nível Demétrius, o gladiador,
mas compreendi para sempre
que não se fazem computadores
e gladiadores como antigamente.
Aqui e agora é outono e só as árvores creditam:

desfolham-se nos terraços dos palácios,
nos arruados de telhas negras
e, anonimamente, dentro da mata.
A impiedade do sol
invade, aqui, todas as estações,
é de um sol imperador romano
a comandar seus exércitos de lança-chamas.
Saí de um péssimo espetáculo
de gladiadores buchudos, aposentados,
e vim para esta terra que, por acaso, é a minha,
terra de mártires, entre garras e presas
dos tigres famintos do Império.
Nada a descrever ou chorar
a nós, que brotamos
na banda assada e comida da Terra.
Vivemos agora a arguir
que mais o sol e os irmãos do sul
pretendem, ainda, devorar.
Os portões do Coliseu estão fechados
e a noite caiu abismal sobre os nobres,
que se recolhem, em grupos,
para beber e conspirar.

CIDADE BRANCA

Quando transpus a estreita ponte,
vi a primeira touceira de plantas brancas,
e à medida que caminhava,
não só touceiras de plantas, mas árvores
e campinas brancas apareciam:
a estrada por onde eu ia, branca,
as primeiras casas da cidade, brancas,
os postes públicos, brancos,
prédios, calçadas e ruas, brancos,
o céu e os pássaros, brancos,
os transeuntes e os policiais, brancos,
o rio e a lagoa ao norte da cidade, brancos,
os bares e os bêbados, brancos,
nos recreios das escolas brancas,
os gritos brancos das crianças brancas,
um cachorro que, ao longe, atravessava a rua, branco,
as Filhas de Maria, sempre brancas,
as igrejas, a prefeitura e a delegacia, brancas,
os filhos de Deus e os devotos de Satã, brancos,
trens e ônibus que passavam, brancos,
o caos banhado a cal, branco.
Daquela cidade, mergulhada no branco,
não consegui sair, todo de branco,

branco não lavável em água branca.
Naquela cidade-cemitério,
todas as cores se afogaram no branco,
combinadas, fundidas, vindas,
alquímicas, do espectro solar.
O branco solene, branco eclesiástico
das estrofes-tumbas de Cruz e Sousa.
O branco prosódico, quando na fala dá um branco,
e o verso sem rima, o verso branco.
Neste branco oceano, barcos brancos com velas brancas
levam as almas da cidade branca.

SALMO 22

Às três da tarde, todas as tardes, estaciona seu opala
numa perigosa rua do lado leste,
frente a um muro esburacado de balas,
e vai, a pé, ao Parque 13 de Maio.
Sempre que ele chega, seu amado já esta lá,
no banco em que ambos escolheram,
sentados, beijavam-se, riam, cochichavam,
até a noite, enorme, tomar conta do parque.
Joana lembrava sozinha essas coisas,
sentada no banco vazio,
seu espírito entregue àquela época
e estradas, veredas do Senhor.
Joana e o amado paravam a primeira conversa,
apertavam-se em epifania os corpos
e riam, ah! como riam sem razão naqueles anos.
Perto, um grupo de fícus idosos, árvores em agonia,
expunham à luz da tarde o verniz de suas folhinhas.
O casal, às vezes, olhavam de relance essas árvores barrocas,
com seus troncos cheios de varizes,
e as achavam feias, informes.
Quando as viam, inconscientes, as comparavam
com a energia, a saúde, a sede e a juventude dos próprios corpos.
Quando junto do amado, Joana sentia-se em apoteose,
nessas tardes em que o corpo triunfa contra os presságios
e o Espírito de Deus ilumina tudo em volta.
Algum grito infantil, algum choque entre as aves,
desmoronou seu êxtase,
e olhando de lado viu que estava sozinha,
o amado assustou-se, ao vê-la acordada
pelo mundo sem alma, e resolveu voltar
à sua esfera transparente.

Virá amanhã à tarde
do universo dos mortos, para vê-la?

Esta dúvida esgarçou-se lá dentro.
Seu coração, que galopava
nos verdejantes pastos do Salmo 22,
vai recolhe-se, à noite,
ao seu curral entre os ossos.
Antes de regressar, sozinha, do Parque,
olhou as crianças no carrossel azul
e viu de relance os feios fícus,
perdidos, igual a ela, no meio da tarde.
Na tarde seguinte, não havia ninguém no banco do Parque.

O JARDINEIRO

Os jardins do Hospital do câncer
são muito ricos em espécimes.
Os canteiros hipergeométricos
têm, no seu centro, árvores floríferas:
acácia, pau-ferro, ipê branco, braúna, jacarandá e fícus,
entre outras de luz tropical, pluriformes e pluricoloridas.
Um homem negro, de setenta anos,
cabeça totalmente branca,
do branco cacheado das ovelhas do Senhor,
cuida dos jardins, é o jardineiro.
Musculoso e severo, o velho Jacó, este é seu nome,
passeia entre os canteiros, pela manhã,
arrastando uma mangueira quilométrica,
e aguando, para o dia inteiro, todas as plantas.
Não tem com quem conversar
sobre os que morrem, lá dentro,
e vão para a "pedra",
sobre os gritos agônicos das enfermarias do térreo.
Nos jardins também há muitos óbitos,
pela manhã o chão está todo coberto de folhas mortas,
soltas pelas ventanias no meio da noite.
E Jacó varre-as para dentro de sacos plásticos,
que vão se acumulando num canto do muro.
Antes que, à sombra de uma braúna,
abra sua marmita de prato-feito,
planta jiboias junto aos troncos das acácias,
coloca avencas e, às vezes, orquídeas, nas forquilhas das árvores,
e dá uma olhada geral sobre as flores:
tulipas, açucenas, gladíolos, jasmins e demais
moradoras daqueles sítios de dor e morte.
Esvaziada e lavada a marmita,
Jacó volta ao sol da tarde
e se dirige para a sementeira,
tenta encontrar vagas para as flores
que estão em quarentena, em seus saquinhos plásticos.

Enquanto planta uma flor-de-lis, um narciso, uma íris,
dois carros fúnebres aguardam seus mortos.
Ali todos estão ocupados
com o começo ou o fim,
e trabalham a pleno vapor.

NOBILIARQUIA

Estava no meu canto, coçando a pleura,
quando alguém deixa sobre a mesa
o primeiro volume de Nobiliarchia Pernambucana,
de Borges da Fonseca, 1935, sim, senhor.
Abri o livro numa página ao léu
e ali: "Mostra-se limpeza de sangue
do alferes Jerônimo Mendes da Paz."
Que diabo é limpeza de sangue?
É sangue sem bactérias, açúcares, vírus?
É sangue de gente ou de galinha
que não pegou a gripe aviária?
Puxa! como gente rica é complicada.
Bastaria dizer que o alferes
era um sujeito asséptico, como uma baioneta,
um par de meias ainda na loja, a barriga branca do sapo.
Mas, sangue limpo, o que quer dizer?
É sangue coado, cercado de seixos transparentes
ou sangue pronto para cabidela?
Li grande parte daquele livro genealógico
e não encontrei explicação para aquela limpeza.
Eu conhecia alma limpa, consciência limpa,
e conheci homens
de rostos retalhados pelo tempo ao sol
que lembram a face limpa de Deus,
do Deus das velhinhas trêmulas, de xale,
dos meninos nas filas de primeira comunhão,
do primeiro medo dentro da noite.
Mas, sangue limpo não conheci.
No alegre alferes corria, possivelmente,
um sangue tão raro,
que dispensaria os rins
supérfluos, como um brasão.
Seu corpo deveria ser empalhado
e seu sangue conservado
à temperatura de uma geleira.
Não lhe fizeram, ainda, uma estátua?
Para que nasceram o granito e o mármore?
pergunta um descendente, dentro do seu Ferrari.

NÚMEROS

Nunca pensei que o Universo fosse tão novo,
só tem 7 bilhões de anos, isto segundo o cartório de Edgar Morim.
A terra é uma garota de 5 bilhões de anos.
E o ignorante homo sapiens, eu, tenho entre 50 mil a 100 mil anos.
Ei! não se levante para dar em mim,
esses números também são do tal de Morim.
Agora eu entendo por que a Terra, de 5 bilhões de anos,
faz tanta besteira.
Ela ainda não teve a primeira menarca
e vai fazer muita molecagem até crescer!
Os números são infernais, meu irmão,
são cegos, não conseguem ver a coleção de horizontes
que nadam naqueles olhos castanhos.
O Bradesco, o maior banco, arrancou, no ano passado,
R$ 5 bilhões em lucro líquido deste país miserável.
E daí? A gente vai ficar num canto,
amofinado, com inveja, ou esperar pela bomba de Bin Laden,
explodindo seus filhotes em todas as agências do país.
Nada disso, apenas compreender que tudo isso são números,
não tocados ainda pela sabedoria de Péricles.
Os números apresentados pelos astrônomos,
que enchem o céu de zeros, borrando o brilho das estrelas,
também os mando para o inferno.
Meu irmão, não calcule a vida, viva-a,
faça como os pássaros e as árvores.
Jogue Kant pela janela e vá ler Monteiro Lobato.

VOLTAR PARA CASA

Às 18h, hora de começar
o pique no trânsito, Elias,
um velho de 65 anos,
sai da antiga repartição
e vai lutar por um lugar (sentado) nos ônibus.
Com a mesma idade de Elias,
muitos homens estão em plena forma,
o que não acontece com o amigo,
com seu cansaço patológico, sua doença letal.
Para completar, perdeu há tempo sua carteira profissional,
e sua aposentadoria ficou muito, muito longe.
Quando ela chegar, restará pouco tempo
para reler os livros que construíram
o diamante de seu espírito,
fazer a viagem aos túmulos de Kafka e Huberto Rohden,
e, ao mesmo tempo, receber com dignidade
os embaixadores da morte.

Não haverá tempo para nada disso,
só para tomar soro, sangue, remédios e dormir,
cercado por anjos de verde.
Elias, por enquanto, trôpego, ainda consegue
chegar ofegante ao ponto de ônibus,
e ali deixar os jovens, rápidos, ocuparem
todos os assentos, a energia vazando nos olhos.
Deixaram-lhe um lugar para, em pé,
mais uma noite, voltar para casa.

HEAVY METAL? NO

Magrinho, baixinho, oitenta anos,
cabelos brancos, camisa sempre branca,
sentado na varanda, ao sol da tarde.
Sua velha perdeu a metade
da alegria e da razão.
Ouve o barulho dela, lá dentro,
mudando as coisas de lugar.
É rua de pobre, todos se conhecem:
— Boa tarde, mestre Crispim.
— Boa tarde, dona Marta.
Sabe o nome dos cachorros,
até os cachorros da rua têm nome:
Pretinho, Maçarico, Melaço, Leoa...
Quando o sol pula o canavial, lá longe,
as pessoas saem para comprar
pão, banha, manteiga, querosene,
tudo pouquinho, 50 ou 100 gramas,
E quando vêm voltando, a rua já escura,
é hora do marceneiro Crispim entrar.
A velha já fez, como sempre, o intragável café,
mesmo assim, ele o engole com pão com manteiga
e vai para a sala, liga o rádio de pilha,
e começa, passado um tempo, a cochilar.
Quando dá conta, está na "Hora do Brasil",
desliga o rádio e vai para o quarto.
Um silêncio passado, derretido pelo calor,
invadiu tudo, como a escuridão.
Antes de se recolher, viu um vulto calado
fazendo crochê, numa cadeira de balanço.
Aventura nunca foi o fraco do mestre Crispim,
que nunca pisou no seu quintal.
Para chegar até ele,
havia uma escada estreita, sem corrimão.
Ela terminava no quintal, que era
a pedregosa margem de um rio.
Do interior ao terraço da casa,
eis a aventura de mestre Crispim, antes da morte.

INSTANTÂNEO

Mesmo quando devem despertar um ao outro,
tratam-se com grosseria.
O amor está longe,
para além das noites de múltiplos orgasmos,
dos beijos longos, da luz nos olhos ao chegarem.
Naquele tempo, ao abrigo da soledade,
os golpes desleais, as ameaças lá de fora
não entravam no apartamento,
como o sujo vento terral,
não desarrumavam o pequeno quarto
como patas de tempestade,
e não suspendiam, na cama, a arcaica dança.
Às vezes, nos dias que correm,
choram escondidos, um do outro,
aquele amor módico, comum,
que parecia ser o único,
sob o sol da raça.
Já não andam de mãos dadas,
como aquele casal ali, na praça:
o idoso para, tira o lenço do bolso,
e limpa o lugar, no banco, para a companheira.
Eles passam apressados
e fingem não ver aquela cena,
que tanto repetiram no passado.
Um ou outro, às vezes,
sente vontade de morrer,
para punir a falta de amor
do mais indiferente.

FRAGMENTO DO APOCALIPSE

No princípio era a sombra,
a sombra de Deus,
e a sombra de Deus estava no deserto,
mas Deus não estava lá.
Na terra quente, tudo era areia
coada pelas nuvens vermelhas,
e só havia a sombra de Deus
estirada no chão,
cercada de um silêncio que descia das dunas,
silêncio mole que se via
rolar lento e deter-se antes
de alcançar a sombra de Deus.
À sombra de Deus e o silêncio das dunas
encontraram-se no centro
mais delicado do crepúsculo.

Um grupo em trapos de monges,
da Ordem Franciscana,
vazou todos os céus,
mas Deus não estava lá.
Enquanto isso, uma virgem
viu as cinzas do último justo,
e lá deixou
a sombra da misericórdia de Deus.

TERRA E SOMBRA

Aqui não há uma sombra
que não me queira apagar.
Nenhuma das sombras é meu pai,
que me escutava enlevado,
montanha ouvindo um rouxinol.
Hoje apagado pelas sombras,
depois da morte do meu pai,
longe dos seus amados ciprestes
e dos lúgubres violinos de Lizt.
Desde Platão, sombra é o nome da espécie,
e as sombras pesadas apagam
as sombras humildes, as sombras leves.
Há tempos aprendi a sucumbir,
entregando-me às trilhas dos índios mortos
(uma delas chamada "trilha das lágrimas"),
e das aldeias e tribos incendiadas,
vendo a humildade ser varrida para a boca dos vulcões.
Não me orgulho do que aprendi,
as lições de amor dispersaram-se
durante as quedas da caminhada.
Preciso parar, descansar,
sentar-me numa pedra cheia de sol
e olhar atentamente para o chão,
que tantas respostas inesperadas me dá,
olhávamos para a frente, olhávamos para o céu,
e só não olhávamos para o chão,
o machado, o pisado alicerce da vida.

AMANTES, REINCIDÊNCIA

Os amantes amam a chuva
à noite, as lâmpadas apagadas,
relâmpagos sobre os corpos nus.
Amam os dias de sol, pastos e praias,
dias verdes, luzes douradas,

a terra que renasce sob os corpos colados.
Os amantes amam o silêncio,
que os envolve depois do amor
e amam também o alarido
dos jovens a dançar a dança das estrelas,
os amantes amam, mais do que os outros,
domingos, feriados e férias,
que abrem no tempo fútil
uma vaga para seus corpos
um no outro embarcar.
Amam a voz, os passos, os gestos
do ser amado,
belos e inexplicáveis como abismos e anjos.
Os amantes se sentem eternos,
no sem-tempo, na eternidade,
porque o amor, sem cronômetros e calendários,
é feito da substância cósmica
das sementes e das estrelas.
Não olhe com despeito os amantes
e abre sempre a porta, para eles partirem.

ALDEIA

Quero que meus reais e possíveis inimigos
caiam numa felicidade tão profunda
que se esqueçam de mim.
Esqueçam se, por acaso,
minha poesia é melhor ou pior do que a deles,
e, melhor, lembrem-se, em compensação,
de minha furiosa e tristíssima pobreza.
Dos milhões de poetas neste mundo de Deus,
metade inveja a outra metade,
enquanto a público lê revistinhas de fofocas e celebridades.
Ainda não descobri por que
os poetas (eu, inclusive) publicam seus livros,
neste informe e ameaçador novo milênio.
São livros não lidos, não comentados,
não vistos sequer, nas livrarias,
todos em pé, lombada junto a lombada,
como na fila da previdência social.
Asas, asas para todo mundo,
queimando, nos ares, todos os radares,
as rotas são tantas, Senhor,
quanto os medos dos ventos e das montanhas...
desobstrui-as todas, Essência da Misericórdia,
dai aos voos dos homens
a paz dos céus limpos e livres,
com, apenas, seu cálice de neblina.

IRAQUE

A moça de Basra, arrancado seu véu,
tem os olhos molhados, negros, líquidos cristais.
Ao fundo, uma coluna de tanques marines
vai saindo pela rua deserta.
O rosto oval da moça de Basra
com enchente nos olhos, que não rompem em lágrimas,
saiu em todos os jornais do mundo
e nenhum deles disse seu nome.
Que nome de flor ela terá?
Agora mesmo vejo no jornal do Recife,
pedindo-me um silente socorro.
Ela é a bela e magoada Mesopotâmia,
onde os carros da morte bombardeiam os templos.
Quando se vai o último tanque,
entre um vazio, tecido há cinco mil anos,
pelo grande egoísmo universal.
Moça de Basra, de olhos molhados,
case-se com um nômade e ganhe o deserto,
deixe que se esvaiam em sangue o Tigre e o Eufrates.
Beleza árabe, ficarias mais bela
cavalgando de dia um camelo cinza
e, à noite, dormindo com seu amado beduíno,
numa tenda branca.

ESTÓRIA BÍBLICA

Rebeca, quando nova, era uma fada das Escrituras.
Com um cântaro no ombro, à beira de uma fonte,
deu de beber água sem cloro ao emissário de Abraão,
pensando ser ele um chefe beduíno, saído do deserto.
E fez mais: tirou água com o cântaro
e dessedentou os dez camelos do patriarca,
qualquer que fosse, sem nada perguntar ao desconhecido,
e sem saber que fora a escolhida
para desposar Isaque, filho de Abraão.
Sim, aquele mesmo que o pai ia degolar
em sacrifício à Divindade, que pulou, espantada,
e colocou um cabrito piolhento em seu lugar.
Assim era Rebeca, toda bondosa e bela, quando nova,
e amou Isaque como se amam
os casais nos filmes épicos de Cecil B. DeMille,
cercados de meninos remelentos, comendo pipoca.
Isaque e Rebeca só tiveram filhos vinte anos depois,
que foram chamados de Esaú e Jacó.

O primeiro, de cabelos rastafári,
heroico, sujo, mas bom sujeito e honesto como o gesso,
o segundo, um boyzinho, cheirando a leite de cabra.
Isaque, velho e quase cego, gostava mais de Esaú,
enquanto Rebeca, já megera e diabética,
gostava mais de Jacó, a quem induzia a ser safado,
e o transformou num extorsionário, que roubou
a primogenitura e a bênção do pai
a seu irmão Esaú.
No fim, todo mundo foi para o Céu,
e eu fiquei aqui, hipertensivo e agnóstico,
sem uma vinha, uma cabra, um pedaço de deserto,
como mero pastor, cuspido e mal pago.

BUROCRACIA

A Burocracia queima as folhas e as manivas de mandioca
e faz o gado mugir de sede na escuridão.
A Burocracia impede o desembarque dos lírios
no porto coberto de moças mortas.
A Burocracia faz o prazo dos remédios vencer
e aumenta sob o sol a fila dos condenados.
A Burocracia reduz o benefício dos inativos
e sucateia as próteses e as cadeiras de roda.
A Burocracia não deixa a água subir os morros
e apaga os postes nas ruas sem pavimento.
A Burocracia não traz o berço, a comida, e o bujão de gás,
nos lares de geladeira e almas vazias.
A Burocracia demite o recém-casado e o patriarca,
deletando o destino na tecla do computador.
A Burocracia estupra Cristina, de quinze anos,
a estrelinha apagada com um jato de esperma.
A Burocracia desova, no canavial, o cadáver de Pedro,
com seis balas no corpo e dois cigarros de maconha no bolso.
A Burocracia faz as peças de renda da artesã
afogar-se na Alfândega, não seguir para Milão.
A Burocracia faz do Banco a imagem e semelhança de Lúcifer
e o inimigo público número um.
A Burocracia mata as cabrinhas do sitiante
e apodrece o pau-d'arco que marcava seu sítio.
A Burocracia é a Árvore do Bem e do Mal
e induz ao remorso de Raskolnikov e ao suicídio de Ofélia.
A Burocracia é a refinada peçonha dos sádicos
e sua mais sórdida e persistente conspiração.

A AGENDA DE MATILDE

Matilde, 18 anos, filha do banqueiro Celmo de Aquiles,
despertou: são oito horas da manhã.
Desliga sua parte do ar central e abre a janela ao sol nascente.
Vai ao sanitário e depois volta à amplidão do quarto,
faz hatha-yoga e balbucia estranhas orações.
Antes de cair na piscina, toma um banho de água doce
e usa um sabonete feito do néctar de orquídea
e ervas colhidas nos abismos dos Alpes.
De biquíni azul, cavado, logo em seguida,
mergulha na água azul como um pássaro pescador.
Enxuto o corpinho de modelo amadora, senta-se à mesa,
para o breakfast light: uma fatia de mamão do Vietnã,
um pires de iogurte e, sem açúcar, um suco de maçã francesa.
Veste-se para receber o professor de japonês
(fala melhor do que o próprio os idiomas:
inglês, francês, alemão, italiano e espanhol).
Depois, no espelho, nem olha seu rosto angelical, seus peitos geométricos,
somente uma miserável espinha no queixo
e bate os pés no chão e amaldiçoa Afrodite:
"tanto dinheiro e essa porra de espinha resiste
a pomadas dos seis continentes!"
Está de férias da Sorbonne, na mansão de praia do pai,
que "deveria mudar seu Banco para a Europa".
Já são 11h da manhã e ainda não escutou
a peidorrenta moto de seu namorado,
que vai levá-la ao shopping para andar, andar,
tomar perigosos sorvetes e olhar os "molambos"
expostos nas vitrines da pátria, ui!
Quando conversa, fala de destino, solidão...
e das favelas feias que vê de avião.
Como sofre Matilde, meu Deus!

O ABSTRATO E O CONCRETO

O ideal, qualquer ideal, é passatempo.
O mundo, se mudar alguma coisa,
é no modo de tratar os rios e as florestas,
porque viver
mergulha fundo na vontade dos homens.
Se o equilíbrio estelar não muda, nós é que devemos mudar.
A água potável não deve faltar ao pote e à torneira,
a que nasce com o vinho mata a sede de paraíso.
Do cântaro à banheira de mármore,
a água envolve de esplendor os corpos,
a ondulada puberdade das fêmeas.
O corpo é despótico,

ai de quem pisar nos seus arcanos.
A carne se arma
e é toda archote, lança, granada,
tudo que queima, mutila, estraçalha.
É este corpo que quer água e ar
e começa a ser provocado
e é nele que se embosca o perigo.
O espírito nada tem a ver com a camada de ozônio.
Abre-se uma brecha e ela se dilata,
o calor abre seus fornos e começa a queimar
as florzinhas sem nome dos matos, das fendas úmidas dos muros,
das valetas entupidas do meio-fio.
Depois, o resto virá
escolher sua sombra de duna no deserto,
que tomará a terra inteira.
Quanto aos ideais, pendurados em ganchos,
pingando gordura, alimentarão a grande fogueira
de fogo de verdade, soprado pelos ventos sul.
Em cinzas, todos restarão
quando o fogo engolir todos os ventos.

O ECLESIASTES

Li, mais uma vez, o Eclesiastes.
Só para repetir
que "tudo é vaidade e aflição do espírito"
e que há um tempo para o sim e um tempo para o não,
tempo para a desgraça e tempo para o esplendor.
Velho profano, leio o Antigo Testamento
na fila do caixa, na fila da providência.
Minha alma, desde menino, é de um pescador
acorrentado num birô,
enquanto a preamar avança e as águas se alteiam.
O Eclesiastes, diz uma nota de rodapé,
parece mas não é pessimista,
e eu gostaria de tê-lo escrito
no meu tempo de bebedeira, com uma pena de faisão,
a desfilar no pergaminho.
Entre os livros sagrados,
o Eclesiastes me diz
que o trabalho não leva a nada,
coisa que os operários sentem ao sentar-se à mesa
e na precoce velhice de sua amada.
Afinal, o Eclesiastes é um flash, grande plano, do mundo,
tirado da torre de um palácio, em Jerusalém,
por um rei de boa alma, mas tão bêbado
que não conseguiu assinar
o próprio nome, assumir
seu jardim de cadáveres e árvores caídas.

VAVÁ

Era um violão aos pedaços,
coberto de poeira, jogado no chão do sótão
da velha casa de alvenaria.
Quando o novo dono a limpou,
jogou o maltratado instrumento
no grande tonel de lixo.
E foi aí que Vavá,
boêmio da velha guarda, o encontrou.
Vavá agora bebia mais, pedia esmola
e há décadas não via um violão.
Sua vida não tinha mais música,
seu bar agora era o meio-fio,
seus amigos eram os transeuntes
que, quando não estavam apressados,
jogavam-lhe nos trapos uma moeda.
Quando Vavá encontrou no lixo
o sofrido violãozinho,
passava os dias a consertá-lo,
e o tratou com tanta cócega e carinho
que ele um dia despertou,
entre seus engelhados dedos.
E voltaram os sambas, os baiões, os chorinhos
a cantarem com ele no meio-fio.
E choveram moedas e chegaram
os sapatos, as roupas novas, o chapéu e o dinheiro
para a cerveja, na mesa boêmia,
cheia de amigos, onde se bebia e cantava
num radioso céu de víboras.
Quando morreu, fazia parte de um conjunto
de anjos caídos, que louvavam
as vidas que viviam, menos aquela
que ficara lá fora.

VISCONTI, O PARAPLÉGICO

Em seu terraço para o Atlântico,
Visconti, paraplégico, de 50 anos,
está sentado, às cinco da manhã,
na sua cadeira elétrica de rodas.
Espera, feito um garoto sem-vergonha,
surgir no calçadão, em fila indiana,
a corrida matinal das moças
do batalhão feminino da polícia local.
Shorts brancos, curtíssimos, e blusas marrons,
lá vão elas apontando os rijos seios
para os ombros das outras, à frente.

O jornal não lido caiu de lado,
e o último escândalo político
foi deixado para depois.
O cachecol foi esquentando
até que as fêmeas novas e suadas
sumissem lá pras bandas da caserna.
Quantos corpos iguais àqueles,
elásticos e sedentos,
arquearam-se na sua cama
antes de seu alucinógeno carro
cair no canal?
Se ainda existe vida, existe a vontade
de estourar com cadeira e tudo, na parede,
depois que a última moça
for coberta pela distância.
Aquelas coxas brancas, rosadas, morenas e negras
já foram tesouras macias, a cortar
o seu corpo febril.
A felicidade é um instante
repartido pela vida inteira,
disseram-lhe, depois de operado.
— Não! respondeu Visconti,
felicidade não é este lugar comum.
Aliás, como o espaço ou o tempo,
ela nunca existiu.

PROGNOSE

Quando estas mudas virarem árvores,
estarei longe, muito longe,
naquela distância nenhuma
a que chegam todos os mortos.
Livre de minha pobreza de nascença,
não serei sepultado como humilde ou bem-aventurado
e, sim, como bicho gordo de ódio,
que arrota pragas por toda a casa.
Perderei, quando longe, bons filmes, bons livros e bons CDs,
é verdade, mas não serei mais roubado
todos os dias, todas as horas desta breve eternidade.
Não verei os jardins centrais, entre vinte faixas de uma rua,
nem testemunharei o homem arrependido,
ajoelhado, plantando árvores
e pedindo, ofegante, perdão às florestas mortas.
Tocar num lírio será cominado crime
de lesa-humanidade, e matar uma abelha
levará, qualquer um, a morrer na fornalha.
Eis uma ditadura teocrática, em louvor à deusa Natureza,

com machados e serras elétricas e voltarem-se contra o homem.
Nada disso verei, mas pouco me importa,
lamento, sim, não saber nunca
a que nos levará, na terra, uma vida sem egoísmo,
e como escapará da miséria
um homem sem ambição.
Ai daqueles que acreditaram nos profetas:
sua existência será pão, água e humilhação.
Não ser mau entre os maus, eis o grande perigo
daquele que nasceu coberto de misericórdia.
Eu não serei salvo e jamais saberei
para que serve a tal salvação.

APARENTEMENTE BEM

Ontem, encontrei-me, por acaso,
com velhos amigos e velhas amigas.
Eles estranharam minhas respostas
às suas simples perguntas, abraçando-os.
— Como vai você? Perguntaram-me, um a um.
— Aparentemente bem, respondi-lhes, um a um.
Às vezes, ser verdadeiro é ser uma forma de ser estúpido,
como o foi um jovem japonês nos EUA
que respondeu à pergunta — How are you?
com uma descrição de suas cólicas intestinais.
Acredito que, ontem, minha estupidez
foi maior que minha fatuidade.
Ninguém quer mais
do que uma simplicíssima resposta:
— Vou bem, obrigado.
Ninguém quer saber, sequer suspeitar
que cortaram a água de sua casa, a energia elétrica,
o crédito, e que só resta meia dúzia de ovos na geladeira.
Quando o amigo, mesmo o mais velho, pergunta-lhe: — Como vai?
— Bem, responda sempre assim.
E sabe por quê?
Porque todos os seus amigos
sabem que você vai aparentemente bem,
e até admiram a extensão de sua desgraça,
mas já estão cheios de saber que você vai mal.
Não perca seus novos ou velhos amigos,
para eles e para o mundo,
diga apenas que vai bem, obrigado.

DEAMBULAÇÕES DO MAL

O dia em que não praticava o Mal
era para Agel'oc um dia perdido,
para si e para Lúcifer, seu santo protetor.
Na rotina, cometia o Mal
dez minutos depois de despertar
e prosseguia, arrítmico, praticando-o,
até o adormecer.
Não lhe seria necessária a estrela do poder,
um mínimo de autoridade
e multiplicaria por cem as chances
de bater, bater, bater e caluniar
os próximos mais próximos,
criança apedrejando as mangas verdes.
Continuo falando de Agel'oc,
um sujeito meio moreno e meio russo,
que foi trabalhar na minha repartição,
nomeado por algum demônio.
Nas dobras de seu manto agarravam-se
mentiras aterradoras e calúnias letais,
que se espalharam pela mesas, a minha principalmente,
como ratos famintos num bar às escuras.
O ódio e a desconfiança, condensados,
eclodiram naquele mês de verão.
Agel'oc voltava para casa,
em êxtase, todas as noites.
Agora fazia o Mal à vontade,
enche a repartição de almas ensanguentadas.
Ninguém mais olha nos olhos os companheiros,
e todos, com uma doida vontade de morrer,
puxam os cabelos da noite,
quando ela insiste em passar.

CAMPANA

O Poeta, espião de Deus,
assim como o rapaz do amendoim,
gosta de percorrer, a pé, a cidade.
Não faz milagres, como Gregório,
o pai de santo das redondezas.
Não dá conselho, mas tudo perdoa,
o sapato apertado, o semáforo apagado
e, até mesmo, o carro que atropela e mata.
Perdoa tudo e segue em frente,
conversando com beberrões,
fazendo sexo com as aidéticas
e bebendo conhaque com moela de galinha.

Todas essas façanhas do Poeta, espião de Deus,
são narradas de pássaro a pássaro,
até chegar ao Pai Eterno.
Sua missão não era irritar os pecadores,
com ameaças de infernos ferventes,
mas dividir com eles os pecados,
o feijão com farinha do desembestado desespero.
Veio para ver, nitidamente,
a terra, este piolho da galáxia,
dar-lhe uma granítica esperança
e o pão imortal
porque feito de massa estelar.
Veio morrer para a mulher
agarrar, com ódio, o seu cadáver.

DA TERRA PARA O MAR

O terrível vento terral
vem do deserto, vem de onde
se acabam os altos sertões.
Ele chega geralmente à noite
no litoral, de asas em labaredas,
despertando os que dormem
em suas casas à beira-mar.
O terral, antes de se apagar
nas primeiras espumas,
passeia com suas asas em chamas sobre os telhados,
enfia sua língua de fogo
nas frestas das portas e janelas,
dentro da noite infernal.
Nas estações dos ventos terrais,
o pai se inflama contra a mãe
e os irmãos se matam, lavados de suor.
A cada ano, enquanto as andorinhas prosseguem as mesmas,
o terral aumenta muito mais as suas chamas
e expande seus campos de devastação.
Outros ovos de vento terral
chocam, às centenas, sob as areias do deserto.
Os estalos desses ovos partindo-se
são escutados por famintos jangadeiros,
que puxam das águas suas redes vazias.
À medida que crescem os desertos, decrescem os sertões
e o número de ovos desses ventos malditos
aumenta em progressão geométrica
e se agrava o tremor dos seres encolhidos.
Algum dia esses maus ventos partirão
do centro desértico da terra,
como um imenso e chamejante tapete

desenrolando-se e consumindo
todo ser vivo em seu percurso,
até chegar aos oceanos,
que ferverão e serão evaporados.
Este é o vaticínio de um antiprofeta,
coiote a chupar seu pirulito,
enquanto espera a vez de blasfemar.

ANÁLISE DA CALÚNIA

A calúnia, mal maior, maior crime da palavra humana.
Caluniar um vivo é arrancar-lhe a pele da dignidade,
aleijá-lo e despi-lo na calçada.
Mas, caluniar um morto é emporcalhar o céu,
partir em pedaços o infinito,
afundar, a martelo, a eternidade.
Como remover essa marca na testa?
Depois de marcada a ferro em brasa,
a rês amada do rebanho
fugiu: a que rebanho pertencerá?
Mergulha o rosto nas mãos
e pede, em vão, todas as mortes,
ou vai bater de porta em porta, a proclamar,
sem convencer, sua inocência.
O caluniado termina acreditando na calúnia,
e a andar pelas enfermas avenidas,
arrastando, com trapos, a sua vergonha
pelo mal que jamais cometeu.
Só os mais jovens, desenhando horizontes,
passam rindo e cegos pelo seu aleijão.
Vem-lhe a vontade de arrancar os membros,
um a um, como se algum deles
pudesse levar para longe a marca maldita.
Matar o caluniador não mata a calúnia,
acrescenta ao caluniado, apenas, mais um pecado.
O alvo de quem calunia não é uma infâmia,
mas uma virtude, a mais decantada do caluniado.
Virtude que vai ser substituída
pela mais infame de todas as infâmias.
A calúnia é filha primogênita da inveja.
Não se calunia Satã.

DETENTO — 8442 KS

— Sem esperança, o tempo passa depressa —
respondeu um preso a outro,
que lhe propunha fugir um dia.

O tempo de ser espancado e estuprado
extinguiu sua juventude,
jogou no esgoto sua força, sua coragem, sua autoestima,
mas apressou-lhe a velhice,
e com a velhice foi deixado em paz.
O sítio, a roça, a casa de taipa, comprida...
deixados com sua mulher,
não sabe se ainda lhes pertence,
mas, raramente pensa nisto.
Depois, uns anos de escola, uma vingança e a prisão.
Sua cabeça branca, seu desumano silêncio
jogaram no quartinho com quatro estantes,
a modesta biblioteca do Presídio.
Pelas manhãs percorria os corredores das celas,
recolhendo livros e oferecendo outros
levados no carrinho puxado à mão.
Viver cercado de tantos lobos e escritores
levou-o ao hábito de leitura,
e, entre as obras de que dispunha,
apaixonou-se por *Os demônios*, de Dostoievski,
os políticos e seu inferno moral.
Através dos livros respirava o ar das montanhas,
lavava os pés nos riachos, varava os polos de trenó
e chegou a atribuir a essas aventuras
a gota que molestava nas noites fundas do Presídio.
Sem esperança e sem juventude,
as horas podem correr, podem arrastar-se,
para ele tanto faz,
porque foi condenado
a viver e a morrer fora do tempo.

MIUDEZAS

Sem fé, asa de reserva,
a ciência me prende à terra,
e às estrelas a distância.
Sem chamar "meu Deus", "meu Jesus",
como atravessar a noite?
como tanger as víboras da manjedoura?
Sem lembrar as ingênuas canções,
entre candelabros acesos
e os véus nos cabelos das jovens,
como pisar no chão de pés inchados?
Sem manter o otimismo respirando,
mesmo sob o incêndio do céu,
como se erguer, aos gritos, da cama?
Sem a mudez resignada do preso,
batido pelo brutal colega de cela,

como em vidro azul modelar
um simulacro de futuro?
uma folha de grama do amanhã?
Sem alegria, o esplendor da existência,
e essa luz pura, peneirada
na fina bruma do amanhecer,
como deixar o rosto descoberto?
Sem misericórdia, que me arraste,
delicadamente, para a sombra,
e me cure deste desencanto,
como achar um anjo à deriva?
Sem fôlego, para chegar à outra margem
de um insignificante riacho,
mas, fundo como um rachão da terra,
como parar a metros do meu sonho?
Sem paz, respiração dos lírios,
que me faça dormir sob uma árvore
já desfolhada pelos tiros,
como ter fé em meu Deus, meu Jesus?

CADÁVER CLASSE "A"

O homem morre e a casa fica,
por algum tempo, impregnada
de sua passagem na terra.
São fiapos de sua alma
que se agarram com toda força
aos objetos, estas migalhas do cosmo.
Mas, o tempo dispersa tudo:
as camisas de seda vestem, agora,
seu melhor amigo, José,
os ternos de pano fino
vão dar continuidade
à elegância de seu irmão,
seus muitos livros, em três línguas,
vão encher as estantes
de uma biblioteca pública do interior.
Assim, sem o ar de sua ex-casa,
os restos de sua alma,
que insistiam em ficar,
voltam para a alma inteira,
e o seu nome começa a morrer.
Um homem não é o Titanic,
ainda visitado nas profundezas.
Visitados em seus túmulos
por milhares deste planeta
são os luminares, com duas almas,

uma na terra e a outra na eternidade.
Nós, seres comuns,
vamos um dia envelhecer por dentro,
como as tartarugas e os passarinhos.

TERMINAIS

A sala de doentes terminais,
candidatos à UTI,
tem doze leitos, todos ocupados.
Fui conhecê-la numa tarde de primavera,
fora do fútil horário de visitas.
Esperava encontrar um quase necrotério,
vazado pelos gemidos,
e fui surpreendido com altas conversas
e sorrisos, de vez em quando.
Todos estavam sedados, a dor repousava
às quatro da tarde daquela primavera.
Conversei algum tempo com Hugo,
que era aidético, já no fim,
e escondia uma guitarra debaixo da cama.
Não falou do passado, mas das manchetes
dos jornais do Sudeste, daquele dia:
o Iraque estraçalhado, o crime organizado, essas coisas,
preocupado com os eventos de um mundo
em que já não vive.
Eu esperava a cabeça baixa, o lamento
das coisas que iam deixando para trás,
mas ele riu da minha coleção de rugas,
da minha visita sem sentido
e daquele pacote de frutas.
Nada se sabe da reação de Hugo,
quando a morte arromba sua porta
e lhe entrega uma ordem de despejo.
A morada na terra tem seu prazo,
sob segredo de justiça,
na Vara dos Inquilinos Terminais.
Ao invés de ocupar-se com sua morte,
Hugo se agarra com palavras cruzadas.

COENTRO

A folha de coentro tem fina
renda cearense nas margens,
mas sua origem como planta
está, supõe-se, nas matas negras da África.

Essa folha com seu talo semelha
miniatura de sombrinha,
daí por que sua família
vem das aristocráticas umbelíferas
(umbella, latim de ginásio, guarda-chuva, sombrinha).
Seu talinho de água verde mal sustenta
a ectoplásmica folha, qual fosse
ainda esverdeada escama
da alma da vegetação.
Planta que vem do verde-cristal das ventanias,
todo coentro é tão frágil,
que um pingo de chuva grossa
poderia desabá-lo,
que uma faísca de sol
poderia cozinhá-lo.
Daí florescer em resguardo,
sob toldo de pano ou de plástico.
Para um engenheiro agrônomo,
é planta anual "de ciclo curto",
mas, aqui na minha terra, é condimento,
temos coentro o ano inteiro.
Mais que pequeno sino no sítio ou corneta na caserna,
seu cheiro chama para almoçar.
Como tudo que vibra sob o sol,
está, sempre, às vésperas do luto.
Até verde, todos nós o comemos
ao meio-dia, hora em que o sol,
também faminto, expande-se nas alturas.

NO OLHO DO FURACÃO

Estamos no começo de um outro mundo,
mas não sabemos o que está começando.
Tudo vai mudar, menos o entardecer
sobre desconhecidas cidades,
que são estas mesmas, nestes tempos já passados.
Cabe-nos viver a nossa pobre e transitória modernidade,
sem inveja do futuro já começado,
tomar sorvete de graviola
na bela e ultrapassada sorveteria,
consolando-nos com a corrente de mudanças
que envelhece, uma por uma, todas as coisas.
Cabe-nos fazer o melhor do nosso tempo,
romper as portas da natureza.
Deste modo, nosso tempo, mesmo envelhecido
será uma tesoura de prata
podando os cactos do futuro.
Desconfiamos, apenas, que os carteiros

não mais irão às casas dos amantes
para entregarem cartas douradas,
com a caligrafia ofegante dos apaixonados,
mãos sobre o papel, como se fosse
sobre a adorada pele, lá longe.
Não sabemos, desconfiamos
que não haverá mais anjos,
pois serão demitidos dos quadros terrestres,
por emissões da própria Terra.
Não lamentaremos as perdas, não invejaremos os ganhos
de um mundo que jamais veremos.
É hora de olhar fundo o que é belo
e está diante de nós.
É hora de esquecer
esta velha desolação.

FILME INTERROMPIDO

Na janela da sala,
duas gamelazinhas de plástico
com água, para os passarinhos,
e um minúsculo cilindro, também de plástico,
de água com açúcar, para os beija-flores.
Um dia, ao anoitecer,
acendi a luz da sala
e entrou, asas invisíveis,
um beija-flor-tesoura, bem novo.
Pretinho, como uma miniatura de corvo,
e como se pegado por um pedaço de escuridão,
pousou num livro lá na estante.
Aproximei-me dele, vagarosamente,
e o peguei, no côncavo das mãos postas.
Logo senti um debater de fios de algodão,
tão suave quanto um sonho de piedade.
Eu tinha muita vida entre as mãos,
e logo fiquei sabendo
que quanto menor e mais indefesa a vida,
mais carregada de alma pura, do Espírito de Deus.
Senti remorso por tentar,
num fim de tarde, tão delicada,
subjugar um fragmento desse Espírito.
Fui, então, devagar, à janela,
com aquele cuidado de não quebrar lâmpadas,
devolver o beija-flor ao mar de escuridão.
Isto feito, voltei a assistir ao filme
"Quanto é fácil matar".

SALÃO DE BELEZA

Atelier de seis mil anos,
dentro do bosque ou da metrópole,
procura completar, acentuar
a obra de Deus, sempre incompleta
para a vaidade universal.
O rosto, sentinela do corpo,
é o alvo maior desta oficina,
que dissimula a imperfeição
e valoriza a autóctone beleza.
Pinta a rosa de margarida,
a prímula de miosótis
e a dália de tulipa negra.
Tintas e massas desenham
um outro rosto sobre o seu.
Com um pente pegando fogo,
alisa o cabelo crespo
e encrespa o cabelo liso.
A índia do Alto Xingu
castiga no rubro e no negro
o seu perfil oriental.
A menina debutante
raspa a angelitude de seu rosto
e a substitui pela felinidade,
algo séria, da garra escarlate.
É transitória toda a beleza
sobre seu pobre corpo,
frágil pedestal.
Milênios geralmente mudam
uma montanha de lugar.
A grande agonia de ser
isso, que está no espelho,
e não a deusa das oito horas,
a sorrir à beira de um lago.

PREMONIÇÃO

Por uma longa, longa época,
em certo país ensolarado,
as pessoas viviam trancadas,
atrás das grades, vidradas de terror.
Enquanto isso, pequenos e grandes demônios
caminhavam pelas ruas, massacrando
os que ousavam sair,
para comprar sabão e comida.
As igrejas e as escolas,
fechadas há muito tempo,

privavam de fé e conhecimento
as novas gerações.
Os governantes desistiram de governar
e ninguém quis sentar nos seus tronos, vazios,
nem mesmo os vencedores, os demônios,
que preferiram desfilar com suas corjas,
cheias de estandartes e molhadas de sangue.
Dessa época ficaram muitos códices e fotos,
que não foram levados em consideração.
A desgraça quando chega a terríveis alturas
vira mito nos livros e satânicas lendas
para assustar as crianças.
Ai de quem viveu naquele tempo
de tão sórdida provação.
Uma tarde, os demônios resolveram partir
por vontade própria,
e as grades foram entulhadas nos pantanais.
Certa noite, todos os animais em desespero
jogam-se nas paredes, nos troncos,
partem cordas, coleiras, cabrestos e lutam para desaparecer.
O que eles pressentiram
ninguém desejou saber.

CONSUMO DURÁVEL

Era uma máquina de escrever Remington,
no escuro do porão, cheio de peças quebradas,
do chalé azul do escritor morto.
Coisas partidas e velhas
que faziam parte da sala, da cozinha e dos quartos
eram companheiras da antiga máquina.
Embora antiga, era do mesmo gênero
das máquinas que saíram das vitrinas,
das redações, dos escritórios, da mesa solitária,
do mundo da burocracia e das Letras.
Delas, saíram muitos contos e novelas
 fantásticos, de demônios, de víboras
 e de prateleiras de cadáveres,
 com número no dedo do pé,
 nos alvos necrotérios invadidos por lírios brancos.
 Daquela máquina de escrever o escritor
 foi puxando amantes enforcados,
 prisioneiros quebrando os dentes nas grades
 e peixes rápidos, homicidas,
 saltando nas espumas de seu ódio.
 O escritor, quando vivo, fazia medo,
 principalmente quando saía de seu chalé

e ia embriagar-se no bar mais próximo.
Andava armado e, quando faleceu de cirrose,
seu corpo enorme deu trabalho:
foram precisos oito bêbados, para levá-lo.
Sua obra não está mais nas livrarias,
seu nome não está mais na imprensa, nos vestibulares,
e sua Remington vai durar na escuridão
muito mais do que ele.

MENINO SEM SONO

A coruja rasga-mortalha
tornou-se o maior pássaro de minha terra,
depois que a mata virou carvão, cerca, casebre
e, na padaria, virou pão.
Menino sem sono, chegava até mim,
lá das ruínas do velho armazém,
o noturno e o sujo canto,
que rangia e rasgava a noite,
e meu coração menino começava a bater
como alguém fugindo da escuridão.
A coruja rasga-mortalha
(depois ficamos sabendo)
espiava as árvores que sobreviveram nos quintais,
observando, um a um, os passarinhos que dormiam.
Certo dia, eu e outros moleques do bairro
encontramos, morta, uma daquelas corujas,
numa sarjeta, ao sol.
O mais velho de nós, com uma faquinha bico de gaita,
abriu a coruja pelo meio
e encontrou, inteiro, um passarinho
imóvel, encolhido, molhado.
A coruja rasga-mortalha
matara o pintassilgo,
mas, quem a matara?
Certo dia, sem que ninguém notasse,
a coruja rasga-mortalha foi embora
e ninguém viu.
Mas, enquanto menino, nunca me livrei
das duas moças da casa de baixo
que chamavam, à noite, pelo meu nome,
com vozes arrastadas, trêmulas, do outro mundo,
e nunca me deixavam dormir.

FATO FÚTIL

A jangada do mestre Amaro,
naquela tarde de maré cheia,
ultrapassou a barra e
foi arrastada pela correnteza.
Para onde a levou
aquele rio submarino?
A velocidade ultrassônica
do longo e aquoso trem
alcançou-o no dia em que esperava
um grande cardume de xaréus.
Tinha, na sua jangada,
foguete de sinalização,
para avisar os companheiros
dos sinais do peixe lá longe.
Antes disso, Mestre Amaro e sua jangada
foram levados pela lava fria e feroz.
Seu velho amor varria o terreiro
com sua vassoura de piaçaba
e cantava um hino evangélico.
Amaro fora tão distante
que, da praia, os companheiros não viram
ele e a jangada sumirem da paisagem marinha,
mas, todos viram o brilho do lençol prateado
na superfície do mar,
dos xaréus chegando e fazendo pularem
os cardumes de sardinhas.
O trabalho e a morte de Mestre Amaro
foram completamente dispensáveis.
À noite, seu velho amor foi informada
que Amaro se fora
e suas noites seriam todas silenciosas.
Tarde da noite, em seu casebre de um só vão,
uma velha mulher soluçava baixinho,
sobre uma cama de varas.

ANTESSALA DA MORTE

Aposentar-se para morrer,
eis a cilada final e reservada
ao Sr. Crispim, marceneiro das Oficinas
da Great Western, na década de cinquenta.
Conheci-o já morto, já aposentado,
numa cadeira de balanço, no terraço quente,
tão miúdo, que quatro crianças de asas
conduziram seu humilde ataúde.
Um dia, passei por lá, a cadeira sumira,

a esposa, uma santa já envelhecida,
disse-me que Crispim morrera de mal súbito,
"domingo passado, pela manhã".
Ele não fez como seus ex-colegas ferroviários,
que não caíram na cilada,
e continuaram a ir às cinco horas da manhã
para os portões das Oficinas,
cumprimentar a chegada dos ex-companheiros, na ativa.
No intervalo para o almoço, continuavam nos portões,
e havia tempo para conversar sobre o trabalho,
a dureza dos chefes,
as visitas-surpresas dos engenheiros
e de provocar Sidrônio, o piadista:
— Sidrônio, como vai a esposa, a família?
— Vai boa pra cachorro — respondia ele.
Esses viveram mais do que Crispim,
internalizaram a ordem do trabalho,
transformaram-na de compulsória em voluntária.
É a ordem das serras enormes, dos tornos imensos,
da madeira dura, do alumínio, do ferro,
das locomotivas e vagões.
Nada de longas viagens, de praias, campinas e jardins,
nada de moças altas, delicadas, passeando nas praças.
Entre morros sombrios, o mundo do trabalho pesado,

dos esporros dos chefes, das quedas de braço
e dos jogos de dama no intervalo do almoço.
Pastores sem rebanhos, homens de macacões marrom, sujos de óleo,
e barbas por fazer e unhas para cortar,
quantos deles acalentam o sonho da aposentadoria,
a antessala da morte?
O trabalho compulsório, predador da alma,
sentença hereditária, marca de Caim.

COMENTÁRIO SOBRE A ESPERA

O enfermo aceitou o desenlace,
mas não sabia desta imprevista espera,
que o faz engolir tantas ânsias
e vomitar ânsias o dia inteiro.
É como estar no corredor da morte,
já companheira do seu final
mas, passam meses, e não chega
a esperada ordem de execução.
Ah, isso é mesmo desespero,
a esperança enlouquecida.
Ah, isso é estar mesmo pendurado no abismo,
e não chegar um amigo ou inimigo,

para cortar a corda de vez.
A espera é uma dor ainda sem nome.
Esperar a promoção, a aposentadoria, o aumento salarial,
a amante, o barco com asas brancas
é a punição imediatamente anterior
a qualquer prêmio de verdade antes da morte.
O homem que aboliu o desejo,
mesmo o da morte mais prestativa,
não sente mais a espera,
porque "esperar é comigo", como disse,
no banco, o poeta Geraldino Brasil.
A espera não existe para quem nada deseja
e não sai de sua alma.
O mundo, sim, vai até ela,
mesmo sabendo que não é esperado.
Das cruzes de chumbo às cruzes de isopor,
a cada um a sua cruz,
e o céu não tem nada a ver com isso.
Cruzes pesadas sobem o Gólgota,
cruzes leves vão para as praias do Havaí.

FORMIGA

Quando o homem sai de casa,
quantas formigas mata no caminho?
O homem é um matador.
Faço força para fugir a esse estigma.
Ao colocar os pés no chão, a cada passo,
uma montanha desaba sobre elas.
De sapato, aproximei-me do banco do Parque,
no chão ao seu redor corriam formigas desbaratadas,
miúdas, com vários graus de insignificância.
Fui pisando a custo nos pequenos vazios,
bem leve, evitando esmagá-las.
Todo esse trabalho me fez
sentar-me no banco tão tarde,
que já escurecia nas campinas.
Para não matá-las,
é preciso pisar no campo limpo,
onde inferior a vida pulsa
mais abstrata neste todo.
Ainda não aprendemos a conviver
com nossos próximos mais franzinos.
Destruímos mundos, sem notar,
e se não olharmos para a Terra,
escorregamos no sangue dos inocentes.
A formiga, a transportar nas costas
suas cargas ciclópicas
forma, com suas irmãs a forte-frágil caravana

para os vilarejos-tumbas,
expostos a formicidas e enxurradas
e à beira de abismos de abismos desmoronando.
Formiga, que morre aos milhões, para nos ensinar
como tudo está em perigo
e que a soma de todas as unidades
é a sombra da verdade e da vida.

SOBRE SAPATOS

Este surrado par de sapatos
não mais apresentáveis no burgo,
não os jogarei propriamente fora.
Estes cascos descartáveis
de cavalo velho, eu próprio
os colocarei, juntinhos, na calçada,
pois outras patas, mais novas, os calçarão.
Neste tempo, na minha pátria,
o desperdício não é coisa de pobre,
as coisas passam, de mão em mão,
até desaparecerem um dia.
Não gosto de falar do lixo
dos ricos, nem do lixo dos pobres,
embora exista um abismo de podridão entre eles.
Prefiro sonhar com um mundo
limpo, como o ano-luz,
limpo, como o rochedo
lavado pelas ondas do Atlântico.
De deus em deus, chegaremos
a um céu de verdade.
Nem passando pela hecatombe
as coisas envelhecerão,
serão sempre um par de sapatos
no país dos homens descalços.
Numa paráfrase aos judeus sobre a vida,
quem calça os pés do seu próximo
calça todos os pés do mundo.
Aprendi com meu surrado par de sapatos
desdobrar-me na imensidão.
Olhando para si mesmo,
não esbarra, não derruba ninguém.

CONFISSÃO

Minha Musa é a Arca dos Dez Mandamentos,
que escavei, metro a metro, no planeta Vênus,
sua beleza é invisível para os olhos das câmeras,

portanto, muito diferente da de Ana Hickmann na TV Record,
a beleza-glacê, própria para aqueles que estão com fastio.
Minha Musa é o escorpião negro percorrendo meu corpo,
é uma grande mulher grande com o coração de florzinha de meio-fio,
é outro Eu não franzino, adiposo e apagado como o meu,
portanto, como o outro Eu é a alma,
mais perto ela está das cintilações da Eternidade e do Infinito,
os dois nomes mais honrosos e completos de Deus.
Minha Musa é uma lágrima suspensa,
que a humanidade inteira ainda não chorou,
e só vai cair quando eu começar a morrer,
portanto, ela tece e destece a mortalha
que vestirei, seja qual for a minha hora.
Minha Musa é aquela abelhinha
que ronda a lua branca de açúcar refinado, quando fica cheia,
é a forma em que os anjos se disfarçam entre nós,
portanto, ela pode escrever e pintar, no papel ou na tela do ar,
mas, prefere um micro, movido a sopro do Pai Eterno.
Minha Musa é aquela onda toda bordada,
que se desfaz, gota a gota, no terminal dos oceanos,
é meu verso mais feliz do livro que lhe dediquei,
a cédula nova, o livro novo, o novo sobrenome do Senhor.
Minha Musa é o meu salário, minha sombra de abacateiro,
o único camorim que pesquei, meu travesseiro de alfazema.
Minha Musa é tão grande, que falta muito para conquistá-la.

ABRIGO NENHUM

Entre paredes de granito,
minha alma teme, minha alma treme,
o medo entrou comigo
nas minhas muralhas.
Eu acreditava que o Mal
vinha de longe
e demoraria a chegar,
mas ele chega antes de nós
e nos espera, soberbo,
em nossos portais.
Não adianta entregarmo-nos,
ele já nos tomou, faz muito tempo,
e agora só veio visitar
sua velhíssima armadilha,
para trocar o óleo,
e a prover de combustível.
Tudo isso para tomar, de súbito, outras almas,
as mais inocentes e desconhecedoras dos perigos,
e atravessam pontes de madeira podre,
e passeiam perto das pedreiras,

encharcadas de dinamite.
A sabedoria não salva,
a ignorância não salva,
a santidade não salva,
só estão salvos os que não nasceram.
Até quando?

CÂNCER

Crustáceo vegetal,
crescendo em silêncio
como um remorso, de dedos gelados,
no interior do corpo.
Sua economia é a do crescimento,
de suas células, não cédulas,
numa incontrolável desordem,
numa incessante
marcha geométrica.
É a flor mais insatisfeita,
que multiplica suas pétalas,
como se quisesse mudar,
para sempre, a própria espécie.
Em forma de garras, seus projéteis,
ou metástases, são disparados
para injetarem lama de sangue
nos delicados mecanismos
das máquinas vivas.
Para o que estava ocupado
com as coisas da vida,
e tomava banho cantando
e assoviava a caminho do trabalho,
ao anunciar-se, em outdoor, a Morte,
num exame de rotina,
tudo começou a desligar-se, naquele homem
que cantava no banheiro.
Agora, só lhe resta subir a ladeira,
engasgado com o seu demônio.

HUBERTO ROHDEN

Todo grande artista, meu irmão, quer ser simples,
limpar o fundo do oceano de toda a escuridão,
despenar os pavões do jardim do palácio,
tanger os cisnes negros dos nobiliárquicos casarões,
remover os relevos das paredes e cúpulas
que, por capricho arquitetônico, ornam as velhas catedrais.

O artista, irmão, faz abstracionismo geométrico
para raspar da forma toda representação
e, por isso, é menos sentida neste "vale de lágrimas"
que o "Pai nosso que estais no Céu", em cada manhã.
O homem comum só conhece a simplicidade que tira
as folhas das árvores, as formas das mulheres
e apaga no céu o show pirotécnico dos seus corpos celestes
e arranca, com fúria, os cabelos da beleza.
Pensa que o simples cala
ou risca do idioma seus sinais de nascença.
O homem iludido com sua falsa simplicidade
diz andar nu pelas avenidas suspensas do futuro,
pisar, com desprezo, seus belos blusões,
comer gafanhotos e dormir nas pedras,
julgando que o simples anula o mundo inteiro,
porque o mundo é ornamento demais.
Mas não é simples, não tem a simplicidade suprema,
a que nada precisa reduzir ao inútil vácuo,
à perda, à ausência, ao menos, ao nada,
porque o Absoluto é simples por plenitude.
Ah! como é simples e belo este mundo barroco à beira dos mares.

McCABE AND MRS. MILLER*

Para Glasgow, Dakota do Norte,
McCabe galopava, as patas do cavalo
atoladas na funda neve.
Galopava sob as ordens
de uma balada de Bob Dylan.
A música soava vagarosa,
como choro escondido atrás das noites.
Num rancho da estrada, comprou três prostitutas,
entre elas, uma Índia Sioux.
Num povoado de mineiros,
montou três tendas, uma para cada mulher,
a vinte centavos por transa.
Aos poucos, construiu
uma casa de banhos e um saloon com quartos.
Nesse tempo, associou-se com Mrs. Miller,
puta de luxo que ia para o Canadá.
Mrs. Miller era mais bonita
que uma sequoia coberta de neve,
e ensinava o sócio a enriquecer.
Lá um dia, dois advogados da Mineradora
surgiram para comprar suas terras

---

* Baseada no filme *Quando os homens são homens* (McCabe and Mrs. Miller), dirigido por Robert Altman, em 1971, com Warren Beatty e Julie Christie.

e tudo que lhe pertencia, pelo preço de uma novilha.
McCabe recusou e, então, a Mineradora
enviou três facínoras, um deles de altura anormal,
vestindo um casaco de pele de urso-pardo,
não mais para negociar, como era norma.
O pastor evangélico roubou-lhe o rifle, e McCabe,
sem ajuda e só com seu Colt,
matou, um por um, os três pistoleiros.
Estava ferido na neve alta,
nevava muito, McCabe enterrava as duas pernas
mas, parou e a nevasca continuou.
Vi seu busto de gelo, no meio do povoado
de portas e janelas fechadas.

PASSOS DE MANUEL JORDAN*

Após vinte e um anos de presídio,
por matar um jovem balconista,
Manuel Jordan, ou Manuel Jordão,
saiu pelo mundo para dar os cinco passos necessários
ao completo perdão.
Homem de quarenta e dois anos,
cabelos nos ombros, muito calado, gestos lentos,
no fim das caminhadas, só dera dois passos:
reconhecer o que fez, e sentir remorso.
O terceiro passo lhe daria o direito
de rogar perdão a Deus,
e era tratar com justiça o semelhante,
que traduziu por devolver a vida ao balconista,
e isso lhe era impossível.
Desistiu de tentar
e voltou por uma rua
que começava por uma árvore seca, esquelética,
e terminava em altíssimos edifícios
de New York ou São Paulo.
Mas, dentro dele recomeçou a tranquilidade
de uma casa em ruínas, de um jardim soterrado.
Atrás, em vão, de um reles emprego,
come e dorme num abrigo da prefeitura,
e não conhece ninguém.
Assim como apelou às autoridades,
para não soltá-lo, pois em sua cela era feliz,
apelaria pelo atual abandono.
Há pessoas que só estão bem

---

* Este texto é uma paráfrase do filme *O 5º Passo*, dirigido por Ed Solomon, e magistralmente inter-
pretado por Billy Bob Thornton.

quando não percebidas.
Só o cadáver de Manuel incomodaria mais o mundo
que toda a sua vida fora das grades.
Ele agora está conseguindo,
como as poças, desaparecer.

NO NECROTÉRIO

Nas gavetas, gelados, os cadáveres,
um cadáver em cada gaveta:
inteiros, mutilados, inchados de água suja,
ou queimados, puro carvão.
Só a vida atômica perdura
nestes restos mortais.
Comendo seu sanduíche de carne,
o médico-legista faz um corte longitudinal
do estômago aos intestinos
de um verde cadáver,
enquanto descansa o sanduíche
na extremidade da mesa.
O cheiro de formol é mais forte do que o presunto,
e o morto não é mais o morto,
mas um pedaço de matéria sem alma,
um objeto sem luz,
uma embalagem vazia.
O amor, o trabalho, o porre das sextas-feiras,
tudo isso está lá fora,
sendo por vivos continuado.
O ambiente é frio, sem jarros de flores,
só um quadro de aviso na parede.
Dois homens de branco
tiram outro cadáver da gaveta,
para levá-lo, talvez, ao crematório.
Alguém pode pensar que o lugar é lúgubre,
mas, é puro engano:
é uma repartição pública como outra qualquer,
com burocracia e piadas,
onde um funcionário torcedor
do Sport Club do Recife
descasca a unha seus colegas,
porque seu time, Sport Club do Recife,
ganhou de dois a zero do Náutico,
e o sanitário canta várias vezes por dia.

GETSÊMANI

O capitão sentou-se numa rocha,
o rosto tenso, agonia nos olhos.
A angústia, chumbo a derreter dentro do corpo,
enquanto velava toda a Companhia
adormecida ao ar livre, a sono solto.
Aqueles homens apenas pressentiam
o que estava por vir,
mas o comandante, olhando-os da rocha, sabia
que os reforços não chegariam,
seu pedido não chegara ao Quartel-General.
Antes da primeira claridade,
do primeiro voar dos ninhos,
o inimigo saltou sobre a Companhia,
em grandes multidões,
e o sono da noite virou sono da morte.
O primeiro projétil atingiu o capitão,
que, em pé, aos gritos, despertava a tropa
para o grande massacre.
Ainda vivo, o comandante se arrastava para o rádio.
que se fez em pedaços,
outra bala estourou-lhe a cabeça.
A manhã ensolarada era verde-verniz,
o sol aquecia as serpentes
e secava as marcas das lágrimas
deixadas na rocha pelo capitão.
Urubus uniam-se nas alturas,
enquanto não chegava o resgate
dos duzentos corpos deitados
nas saias do Monte das Oliveiras.
O relatório falava de baixas,
número da Companhia, nome do Capitão.
"Resistência estratégica", disse um major,
segurando o cachimbo de tronco de roseira,
enquanto os mortos enchiam os helicópteros.

CONVERSAS NA ENFERMARIA

— A cambada te espera,
para tomarmos uma branquinha. —
Eis uma brincadeira de amigo,
quando se aproxima da cama
do boêmio, enfermo terminal.
As visitas, com suas alegrias de plástico,
pensam assim tirar o amigo
de uma suposta depressão,
quando ele apenas escuta

surdas pisadas em volta do hospital.
A enfermeira traz a morfina,
preparam-no para receber,
com toda dignidade,
a primeira dama do caos.
Falam do poder, da política,
como se ainda o pudessem atingir,
como se a cor vermelha fosse mais
que a dos pastoris de sua infância.
Mas, por que falam tão baixo
quando a morte ainda não chegou?
Eis um inconsciente ritual
que vai graduando a prosódia
da dor, até o esperado silêncio,
rachado pelos gritos das mulheres.
Todos calados à margem do rio,
assistindo ao boêmio, aos tombos,
subir as escadas de cordas
da barca do Sr. Caronte.
Por enquanto, apenas cochichos
e sussurros, sem comentários
sobre suas próprias mortes,
que lhes parecem muito longe.
Agora, basta relembrar
os porres horacianos do boêmio,
as tolices que praticara
e que tanto o envergonhavam.
A estas horas, já dopado,
as visitas o deixam
e, com a consciência tranquila,
mergulham profundamente na vida.

UMA AVENCA ENTRE GEMIDOS

Seu nome era Cristina, tão cristalino
que a partiria em luzidas pedrinhas,
ao ser gritado num chão de galactites.
Era enfermeira de um hospital
da Santa Casa da Misericórdia,
onde o sangue e a amputação semelhavam
uma enfermaria de batalha.
A beleza angelical de Cristina,
com seus pianíssimos dedos,
tratava, todos os dias,
a carne podre, a carne estraçalhada.
Era sombra de uma asa, anestésica sombra
pousando nos explodidos corpos.
Trabalhava com a dor, com os cortantes gemidos

que iam até o fim do corredor
e voltavam loucos, com o timbre de gargalhada.
Cristina, nessas horas, sentia de cera
seu rosto de pétala, e aplicava, sem ordem médica,
um analgésico de alto calibre, na carne viva,
que se armava em arco sobre a cama.
As noites gemiam mais alto nos seus longos plantões.
Não era seu gemido sob o corpo do amado,
mas o do corpo convulsionado
sob grelhas em brasa, banhado de lava.
Nada do perfume verde colocado
em sua pele imaculada, resplandecente, após o banho,
para sair, à noite, com o bem-amado,
mas, aqui, o cheiro de éter, de amoníaco,
lutando no ar contra o cheiro da morte.
Cristina, no meio dos mutilados,
é uma folha de avenca a surgir
entre gazes sangrentas,
carne arruinada
e ossos partidos.

O PECADO MAIOR

A parte de anjo existente em você,
meu filho, está em perigo e deve blindá-la,
pois ela é a primeira a ser atacada.
Saiba que a calúnia é um rifle
com luneta, de alta precisão,
que a mil metros acerta um jasmim.
Várias vezes seu pai foi caluniado:
por dias e noites,
amarraram-no no poço das agonias,
emporcalharam sua honra e sua história de dor,
e é pingando sangue pastoso
que o aconselho, meu filho,
enterre logo, esconda fundo sua parte de anjo,
há emboscadas contra ela.
A calúnia, meu filho, é a inveja enlouquecida,
aço nipônico a dividir em duas
a folha de araucária, que cai,
talho no rosto de Maria.
Do pecado é o maior,
no alto ou no baixo paraíso.
Consegue extrair dos olhos mansos
lágrimas de cristal espremido
e arrancar dos desvãos da alma

o mais fino e agônico grito.
É mesmo o pecado maior, digno de um demônio,
que rasga em pedaços seu eu
e o deixa sozinho, sem futuro,
entre ruínas e túmulos profanados.

LIÇÕES DE ROHDEN

No princípio era a luz
e a luz sou eu,
feito de três energias primordiais:
a energia gravitacional,
a energia elétrica,
a energia magnética.
E estas três energias é uma só,
em imanência e transcendência,
maravilhas que emanaram da minha essência,
meu verdadeiro nome.
Sou antes, durante e depois
dos universos conhecidos e dos que virão,
emanaram ou emanarão de mim.
Uma estrela não é nada,
mas eu a amo,
uma touceira de grama,
uma andorinha,
uma bactéria,
uma velhinha varrendo o terreiro às 3 da manhã,
não são nada, mas eu as amo.
Com aquele amor assombroso que cobre
todas as montanhas da Terra.
O pecador pode afastar-se de mim,
mas seu caminho é circular, como todos os meus caminhos,
e quanto mais se afastar e longe estiver,
estará voltando para mim.
Não quero vivas, não me rendam esplendores,
desejo só que todos os seres,
orgânicos e inorgânicos,
emanados de meu amor
adorem a vida e a falta aparente de vida
que receberam de mim.
Eu me basto.
Sou ausência do espaço, sou o Infinito.
Sou ausência do tempo, sou a Eternidade.

LÚCIO, O FUNDISTA

Antes do café da manhã,
Lúcio, começavas a correr,
de tênis branco, pela campina
que rodeava o cone inteiro,
sem árvores, da colina.
No princípio, enérgico ginasta,
subias dois dos quatro quilômetros,
que iam da base ao velho cume.
Agora, mais rápido, alcanças,
quantas vezes quiseres, o pobre píncaro.
Cada vez que o pisavas, mais sentias
que tua corrida estava longe
de chegar ao teu endereço.
Não é outro cume de outra colina,
é só pura e simplesmente
sua maneira de correr.
É em ti, e não fora de ti, que estava
teu endereço terminal.
Hoje, enquanto corres, analisas
teu modo de correr:
o do puma, rapidez e relâmpago,
ou da gazela, roçando as pétalas
sem as machucar?
Enquanto corres, te olhas,
levantas a cabeça, te soltas
sem destino, buscando em ti
o gesto rítmico, acoplado
à melodia da velocidade.
Correr é tudo, Lúcio,
está dentro de ti,
não precisas chegar.

ORNAMENTO

Após uma noite de atrocidades kafkianas,
fui violentamente despertado
pelas bicadas de um pavão,
em todo o seu esplendor
de penas, todas eriçadas.
Ao sentar-me na cama,
ele voou para a janela
aberta por quem eu não sabia,
e fui para lá, também.
No oeste, nuvens cinzas, chuviscos,
e no leste o sol sem nuvens
já se mostrava inteiro.

Foi para ver o arco-íris que o pavão me levou à janela.
Assim, pela primeira vez,
olhei suavemente aquele arco de cores,
mergulhei no ornamental,
logo eu, que sou obcecado
por desertos e céus fechados.
Tudo que é belo é profundo,
inexplicável claridade
que nos cega e conduz.
Por que o diamante e não a borboleta,
o mais disperso e variado disfarce da luz?
O pavão, impaciente na janela,
de repente parte, como uma seta do arco-íris,
eu continuo onde estou mas, desperto,
em minha caverna favorita, agora
cheia de pavões, arco-íris e borboletas.

CROMO

Quantas montanhas farão a altura
a que devo levar a minha amada?
Ela quase não fala, mas seu sorriso
ficou, para sempre, no velho hotel de estrada.
Estávamos na primeira viagem,
a passear pelas franjas das matas,
e o escuro de seus cabelos,
sombra de árvore para meus olhos,
e o marrom cerâmico de sua pele
pedia minhas mãos, para a tarefa
de, ofegante, tocá-la sempre mais.
A terra, por mais feroz que seja,
é o céu de todos os amantes.
Entardecia, quando ela adoeceu
e só faltava chover, para a desolação.
Eu não sabia nenhuma oração,
e ao pé do seu leito, três noites cochilei,
até que o lençol se abriu
e a amada se ergueu, crisálida.
O amor esconde na alegria
o medo da morte,
e o esplendor do sorriso amado
enche a vida de eternidade.
Trinta verões passaram-se,
e o sorriso da amada tornou-se mais leve, mais cansado,
as estradas mais longas
e o amor mais manso.
Assim termina a vida
dos que fazem do amor
uma perpétua alegria.

SANTO AGNELO CORDEIRO

Você, que agora me lê,
dificilmente sabe quem foi
Manuel Agnelo Cordeiro,
ou, simplesmente, para o bairro do Barro,
"seu" Cordeiro, homem sério, de paletó e gravata.
Quem me fala sobre o saudoso é Emília dos Santos,
mãe de criação de toda a família,
uma velhinha de cento e um anos.
Ela fala tanto nele, todos os dias,
que, morto, eu o vejo como Santo Agnelo Cordeiro, meu sogro.
Segundo o gravetinho Emília,
ele acordava muito cedo,
colocava xerém grosso no viveiro dos passarinhos,
jogava milho para os patos e as galinhas
e dava comida aos cachorros e jabutis.
Depois do seu café com inhame ou batata-doce,
saía para o emprego na Cooperativa dos Usineiros.
Fazia feira aos domingos, única folga,
e era um grande balaio de alimentos,
levado, a duras penas, por um quase idoso.
Quando este disse a "seu" Cordeiro
não poder carregar mais o pesado balaio,
ele o mandou para casa
e pagou-lhe o frete, enquanto viveu.
Parentes malcasados ou que não podiam pagar aluguel,
ele os abrigava, a todos, sob suas asas enormes.
A vizinha e seus muitos filhos, sem televisão,
enchiam todas as noites sua grande sala,
para assistirem às novelas das oito.

Tudo isso e muitas festas para a família,
e mais, muito mais ele fez, Emília dizia.
Quanto a mim, cabe-me apenas
dizer seu nome inteiro, nesta crônica:
Manuel Agnelo Cordeiro,
para que seja repetido até onde ela for.

REMISSÃO NO RECIFE

Chegou a hora de dizer-te, Recife,
que jamais andei indiferente e cego
à beleza exterior do teu corpo deitado nas águas,
ao esplendor de tuas pontes iluminadas nos dias de festa,
ao fulgor rubro dos teus flamboyants debruçados nos rios,
como oferendas a teus guerreiros mortos.
Embora ligado às artes espartanas,

jamais desprezei o ornamental de tuas igrejas barrocas,
onde outrora rezaram os que morreram com honra.
Cidade masculina que não se envergonha de dançar,
usar as cores de sua grandeza,
molhar os olhos com Mauro Mota e enxugá-los com Cabral,
que tem um porto velho onde o fantasma de Ascenso,
nas noites sem lua, não deixa em paz os marinheiros.
Recife, que antes falei de passagem
por uma rua, umas árvores, um verso perdido,
hoje me penitencio, e falo mais longo e mais alto,
de tua alma que vi na mansidão da Várzea,
e pulo as guerras de tuas favelas e morros,
para mergulhar na alegria das belas e velas
da praia de Boa Viagem, camisa azul do Recife.
Desta vez, ó Recife cheio de graça,
passo sem olhar sob as marquises, à noite,
um pedaço do povo enorme, que sobra.
Recife, depois de longa provação,
o das praças cheias, e das ruas estreitas e seguras,
uma cidade sempre nascendo, sempre guardando no bolso
o inesperado presente da esperança.

GARES

Tudo é começo
e transitória é toda a novidade.
A superável beleza
merece logo um adeus,
para dar lugar a outra
sequer em sonhos esboçada.
Assim, nada vamos perder
ao perder os novos espetáculos
que acontecerão muito tempo
depois de nossa ida.
Ondas, ondas ininterruptas,
cada uma mais bela do que a outra,
erguem-se, sucessivas,
neste extenso oceano de pó.
Entre duas danças
e dois êxtases sobre a grama e o leito,
o sentimento de perenidade
volta a retardar
o pesado medo da morte.
Cada época, por mais pobre,
tem sua música,
túnica contra o frio e a mágoa,

tem suas moças
de cabelos lavados e seios de celulose.
Para cada tempo, a sua técnica, a sua beleza,
o pão farto ou a falta de pão.
Ó Senhor do Espaço e do Tempo,
daí força, daí energia
a estes braços caídos.

SECRETARIA DA EDUCAÇÃO, 2006

A mesa da moça tem um jarrinho de avencas,
um pequeno globo terrestre,
uma microcalculadora, tudo de plástico.
Ah, numa bandeja de madeira, escrito: despachar,
estão uns dez processos, já autorizados,
de melhorias salariais.
Estão ali, julgados, para apenas serem implantados
pela moça atrás da mesa.
Alguns já estão amarelecidos
pelo longo tempo ali chegados.
Entre estes está o processo de Agápito,
funcionário velho, de câncer avançado.
Seu vergonhoso salário
estaria, de acordo com a Lei, aumentado em 50%
como foram os de seus colegas, há cinco anos.
Mas, a moça só implantará o aumento
se advogados e procuradores a ameaçarem,
e Agápito não conhece esses homens.
Sua miséria engorda a autoridade da moça,
mesmo que ela nada saiba sobre ele.
Vocês estão diante do Mal a varejo,
do numeroso e onipresente Mal,
nos balaios, nas prateleiras do dia a dia.
A gana de poder, de autoridade,
tem de ser saciada no próximo, dentro de casa,
na rua, no escritório, na oficina,
entre presos, nas celas, e entre mendigos nas pontes.
Agápito não tem mais força para lutar
contra o poder, contra a autoridade da moça,
cuja vontade nega o Direito a dez homens,
reduz em dez mesas a comida, e em dez camas, o sossego.
O Mal não é um efeito especial de Guerra nas Estrelas.
O Mal tem a cara de uma moça atrás de uma mesa.

O LIVRO
(Para Gleyde Costa Vitor,
Recife, 24 de abril de 2006)

O que é o livro?
Um pássaro de uma asa só,
a precisar da nossa para voar.
O cheiro da madeira e do algodão
prende-o ao bosque ou ao campo de onde veio.
O que nele não é cultura
é natureza pura,
é, dentro dele, a brisa parada ou a terra muda.
O que é o livro?
Um velho navio a vapor, dentro da bruma,
a levar-nos a um tempo sem navios,
é o mais novo transatlântico do Pacífico,
com seu heliporto, com seus lagos internos,
a conduzir-nos pela História adentro,
a rodear as pedras de sangue
e aportar num canteiro de margaridas.
O que é o livro?
Um certo pão coletivo,
recheado de sonhos, profecias e tâmaras
encontradas no estômago do faraó.
À falta desse pão, todos os dias,
ninguém nasce mais para este planeta,
mas, apenas, para seu sítio, sua favela,
seu pasto ou seu esgoto a céu aberto.
O que é o livro?
As Tábuas da Lei, tão flamejantes,
que queimaram a túnica de Moisés,
o missal da moça no altar de São Francisco,
o manual de guerrilha de Guevara,
o tomo *Mein Kampf*, ditado a Hitler,
em psicografia, pela Besta do Apocalipse.
O que é o livro?
A chave que acende a escuridão do Infinito.

DOIS EZEQUIAS

Ezequias, rei do Reino de Judá,
amava um Deus todo misericordioso,
e tratava seus súditos como seus próximos.
Quando uma noite discutia a compra
de sementes de cereais, para aumento da safra,
teve o reino cercado pelos assírios,
com milhares de arqueiros prontos
para enviar sua chuva de setas incendiárias.

Surpreso, o piedoso Ezequias
pediu ao Deus de Misericórdia
que salvasse dos monstros o seu povo.
Deus enviou um único anjo, diz as Escrituras,
que abateu 185.000 soldados assírios.
(Nenhum herói de quadrinhos realizou tal proeza.)
Depois disso, quando Senaqueribe,
que era o novo rei da Assíria,
caiu em pavorosa enfermidade,
Ezequias rogou à Trindade por sua cura,
e ele sarou e viveu mais quinze anos.
Assim também era Ezequias, dono de uma bodega,
que fumava um cachimbo comprido
e vendia fiado, com caderneta, aos pobrezinhos
que não encontraram o caminho de Deus, o Misericordioso.
A Usina de açúcar congelou e atrasou os salários
da humilde e trabalhadora clientela de Ezequias,
e ele rogou à Divindade pela sua bodega,
as cadernetas envelhecendo, a clientela morrendo,
mas, o anjo que matou os assírios nunca apareceu.
Todo mundo sabe que Ezequias bebeu
o resto de garrafas de aguardente da prateleira
e ganhou mundo, sem a mulher, sem os filhos.
Ontem, sob a marquise de uma loja, na cidade,
numa noite de muita chuva,
o corpo de um velho foi levado pela ambulância.
Na roupa imunda do cadáver só encontraram
três moedas e cinco cadernetas de fiado.
Mas, o anjo que matou os assírios nunca apareceu.

O DEUS FÓ

Irresponsavelmente, folheava
o livro *O Citador*, de Pigault-Lebron,
publicado no Recife em 1870,
e tropecei numa informação de almanaque,
as em que mais confio,
desde a Academia de Platão ao Liceu de Aristóteles.
Dizia ela que Fó, um deus chinês,
nasceu de uma virgem,
fecundada de um raio de sol.
Pensei logo em Nossa Senhora, a das lágrimas,
fecundada pelo Espírito Santo,
e a China ficou ali, depois da bodega de Izaias.
Quanta globalização antes da globalização.
A aldeia de Moluhan era a minha cidade natal
e eu não sabia.
Quando menino, tia Maria comprava para mim, mensalmente,

e revista *Epopeia*, em quadrinhos coloridos,
e através dela eu aprendi
o que a escola nunca me ensinou:
a máscula e corajosa figura de Ricardo Coração de Leão,
e o mistério cinza de O Homem da Máscara de Ferro
(que me deu um poema mais tarde).
Eram cavaleiros de armaduras mais belas
que as bordadas a ferro em brasa
e vestiam a caráter os vaqueiros do Sertão
(do sertão mesmo, quase deserto, seco e espinhento).
Meninos ricos da minha idade
já falavam latim e inglês
e eu só lia gibis, trocava gibis
na calçada do Cine-Teatro Samuel Campelo.
Continuo semianalfabeto e pobre,
com a cabeça cheia de demônios,
princesas como Ofélia, e putas como Salomé.
Que o deus Fó me socorra.

A COISA NA POLTRONA DO ANALISTA

Bom mesmo é conviver com as coisas.
A gente pode se arretar com elas,
danar pedra, danar pontapé, danar na parede,
e elas se quebram, ficam quebradas
e mudas, como só elas sabem ficar,
sem nenhum protesto, no chão.
Mas, gosto das coisas, das pequenas e pequeninas coisas,
e nunca fiz mal a nenhuma delas.
As coisas que perdi ou roubaram
lembro-me de todas, uma a uma,
com um pouco de ternura. Chorar, não!
as coisas pequenas nunca nos fazem chorar.
Coisa pequena muito cara não é coisa,
é dinheiro disfarçado, fantasiado de coisa:
um diamante, um relógio de ouro, uma pulseira de brilhantes
nunca despertaram nos seus donos ou donas
o sentimento de amor que uma coisa desperta,
quando muito, o sentimento do horror de perdê-las.
Adolescente, conheci uma velhinha
que amava as coisas mais do que eu.
Tinha caixas e caixas cheias
de carretéis de linha vazios, de caixas de fósforos,
de embalagem de chocolate, de tudo aquilo
que os técnicos chamam de lixo sólido.
Zelosa, a velhinha abria as janelas
para que suas coisas tomassem sol.
Ela deve ter falecido há muitos anos:

que fizeram com as suas coisas?
Quer uma coisa inocente, para amar?
Ame as pequenas coisas, faça delas seu tesouro.
Seja riquíssimo sem ninguém saber.

AMADA MORRE

De uma só Realidade emana
todo o mundo fenomenal,
eis a sabedoria a que, entre outros, chegou
Hermes Trismegistus, o grandiosíssimo,
há quatro mil anos atrás.
Somos todos efeitos de uma única Causa,
e nada está morto,
da rocha ao astro, tudo é vida:
dos átomos que formam a pedra
à molécula, à célula, em suma,
a matéria, "energia congelada" de Einstein.
Morrer, então, é uma metáfora,
uma figura de palavra.
Mas, quantas galáxias cheias de nomes, verbos, advérbios
serão capazes de cobrir as amadas mortas?
Sim, nada está morto,
menos a amada, mesmo que se transforme
naquela castanheira a crescer
na planície afundada na cinza.
A amada, com as mãos segurando os cabelos,
quando o vento sopra na estrada,
com os seios tremendo de noite,
no apartamento à beira-mar.
Sim, tudo isso desaparecerá
do meu, do teu horizonte, meu irmão.
A amada, imagem e semelhança do Arcanjo,
morre e sua falta nos espanca
com os galhos das árvores, quando a tempestade
desnovela-se nos jardins adormecidos.

EM TRÂNSITO

Nos ônibus Casa Caiada–Recife,
os passageiros mortos
não fazem falta, outros
ocupam as duras e sintéticas poltronas.
Os vivos escondem os mortos.
O motorista transporta, todo dia, esses estranhos
e eles, ao descer, não gravam seu rosto,

sua farda, sua toalha de enxugar o suor.
Nas antigas diligências,
metade dos passageiros se conheciam
e conheciam o cocheiro.
Havia poucas diligências,
havia poucos passageiros.
Os vivos, naquela época,
não escondiam os mortos,
falavam sobre eles no trajeto de terra crua.
Mas, voltando ao ônibus Casa Caiada–Recife,
quando sai de Olinda, burgo governado
pelos cânticos dos sinos e das ondas,
e chegam ao Recife, comandado
por um rio, o Capibaribe,
pesado de lama e lixo
das cidades do Agreste e da Mata,
as almas de todos começam a pesar, também.
Um dia esse ônibus freará para sempre,
e os que o dirigiram ou nele viajaram
estarão longe, estarão mortos.
Algumas almas penadas
sobrevoam, às vezes, a metálica carcaça,
semienterrada no manguezal.

PECUS

Certo dia, passei sozinho por longo curral
e, por cima do último barrote lateral,
uma parte dos bois apoiava as cabeças.
Ao caminhar, lentas, todas as cabeças me acompanhavam
sincronicamente, e, nos olhos, meu Deus,
uma espécie de mofo úmido, diferente
do de quem acabou de chorar, mas indiferente.
Ao distanciar-me uns cem metros,
elas continuavam a olhar-me,
amigáveis, lamentando minha partida.
Guardei esse silencioso encontro na memória
e aqueles olhos acompanham-me, como remorsos.
Outra vez me deparei
com os bois se cruzando no pasto:
agarrados às ilhargas das fêmeas, pareciam feridos.
Era um agarrar-se furiosamente à vida,
à vida da espécie, à vida de todos os bois.
Aqueles que me olhavam no curral,
talvez, pressentissem estar no vestíbulo do abate,
aos vinte e quatro meses de vida.
Já nasceram gado de corte,
Como nascemos para a morte.

Nos currais, nos pastos,
idílicos, para nós da cidade,
os dias têm contagem regressiva,
não os desperdiçais, companheiros,
porque é preciso aproveitá-los, disse Horácio,
ao dobrar, severo, seu meio século.
Os bois, mestres da paciência,
ruminam as sombras do entardecer,
inconscientes de que a febre aftosa
baixou, na Europa, o preço de sua carne.

O PORTEIRO

Quando ele morreu, deixou tudo por terminar:
as prestações da casa, do velho carro e do terno de linho branco,
que vestiu quando foi padrinho
de um casamento no Sertão.
Sua casa não paga não possuía jardim,
apenas uma nesguinha de quintal,
onde, no centro, um abacateiro imperava,
com seus frutos em forma de violas
tocadas pelos ventos famintos de sua carne verde,
no mais, algumas taiobas e avencas cresciam no pé do muro
e eis o que deixou, quando morreu.
Seu corpo alto, rosto meio infantil e cabelos grisalhos,
foi levado por uma multidão calada, a olhar para o chão.
Por que isso? se em vida não foi nenhuma celebridade, nada foi
a não ser o alegre e estranhíssimo porteiro de um prédio em ruínas,
de dois séculos atrás e hoje invadido pelos sem-teto.
Todos os que dele se aproximavam um pouco
se viam como que agarrados por um anjo.
Vestia, ordinariamente, camisas de manga curta,
mas falava como o mais polido nobre da corte.
Jamais se queixava, jamais dizia um palavrão ou uma frase negativa,
e seus interlocutores, na hora de deixá-lo,
sentiam deixar um emissário superior de uma dourada civilização.
Sua morte ocorreu numa segunda-feira, por tétano.
Quando a notícia se espalhou,
homens e mulheres que estiveram com ele calaram, lugubremente,
e correram atrás de uma flor
e a enterraram, com as mãos a tremer,
nos terrenos abandonados.
Depois de sepultá-la, cuspiram na cova,
como se se despedissem de sua última maldade,
para tornarem-se mais puros e mais tristes.

ROSS E SUAS OVELHAS

Ross só pintava ovelhas.
Para usá-las como modelo,
construiu uma pequena manjedoura,
cobria seu chão de brotos de rosa
e colocava uma ovelha para comê-los.
Em frente, ficava Ross,
sentado em seu banquinho,
a tela no cavalete.
Então, começava a pintar, bem lentamente,
fio após fio, a sua ovelha,
como se não quisesse terminá-la nunca.
Às vezes, levava anos,
para pintar uma só delas
e aumentar seu seleto rebanho
de ovelhas silenciosas,
com sua inacabável ração de rosas.
Ele não amava seus quadros,
amava, sim, pintá-los, indefinidamente.
As estações desciam e partiam
com seus ventos mansos ou enfurecidos,
seus impiedosos verões,
suas chuvas precoces sobre as folhas caídas,
e, no rancho de Ross, nada se sabia,
nada acontecia, a não ser o abrir violento da porta,
num dia qualquer,
e Ross a arrastar uma velha ovelha,
e a pedir uma jovem, para substituí-la.
O silêncio voltava a dominar
sobre o tempo da criação.

FERROVIÁRIOS

Oficinas da Great Western,
para restauração de vagões e locomotivas.
Estamos na primeira metade
do Século Vinte, em Jaboatão, Pernambuco.
Quase dois mil ferroviários ali trabalham.
Mas, nos instantes de folga, a brincadeira pesada,
de homem, de jogo de Damas, Dominó e Gamão...
Os anos passam pelos trilhos,
os cabelos, a pele, as licenças médicas, as férias.
Todos os dias, às 5 horas, um apito alto assalta a cidade
e acorda os ferroviários, nas pequenas casas, onde o cheiro
de pão com manteiga canta nas brasas de carvão,
nos morros suaves, na beira populosa do rio.
Muitas conversas, antes de pegar no duro:
nenhuma metafísica, só doença na família,

a vitória do Sport sobre o Santa Cruz,
a porcaria do aumento salarial de 0,2%.
O terror da aposentadoria,
de pendurar o macacão
nesta cidade parada.
Seu Crispim, carpinteiro dos bons,
ficou preso à cadeira de balanço
e não durou seis meses.
Mas, outros, mesmo depois de aposentados,
continuaram a obedecer ao apito
e iam para os portões das Oficinas,
acenar para os velhos companheiros, ao baterem o ponto,
e depois se juntavam na praça em frente,
para discutir futebol
e jogar Damas, Dominó e Gamão,
até o fim do primeiro expediente.

CANTOCHÃO

Sim, "o Senhor fez de mim maravilhas,
santo é seu nome".
O Senhor fez de mim o esplendor
de cem sóis no Infinito
e miríades e miríades de galáxias sem sóis,
santo é seu nome.
O Senhor fez de mim a nascente
dos oceanos de todas as cores,
dos rios de todas as curvas,
das fontes de todas as Samaritanas,
santo é seu nome.
O Senhor fez de mim as sete
montanhas de cristal,
o mais cintilante muro de corais,
a mais assombrosa dança das estrelas,
santo é seu nome.
O Senhor fez de mim a primeira
oração balbuciada no berço,
o primeiro oráculo a proclamar
a redenção de todos os inocentes,
a primeira espada de fogo
a iluminar a grande noite,
santo é seu nome.
O Senhor fez de mim a lembrança
e a promessa, o caminho, e a ponte
quando surge o abismo. Fez de mim
degraus na colina, solidez nas nuvens,
carro flamejante subindo aos céus,
santo é seu nome,
sem começo nem fim.

EVASÃO

Era o tempo das acácias amarelas
e o amor já estava longe,
era um fino vulto na colina.
O outro, ao abrir as janelas,
só via as acácias, em filas indianas,
margeando as longas estradas.
O amor partiu devagar
e levou tempo a abrir a porta
para chegar à calçada,
com sua minúscula bagagem.
O outro estava na sala
e não viu nada, pois sentia a presença
costumeira, dentro de casa,
e ouviu a voz de sempre perguntar-lhe
qualquer bobagem do dia a dia.
O amor tomou uma das estradas
margeada com as árvores da estação,
depois, a pé, pegou a rodovia,
em aclive, por cima da colina,
sem pressa, como decisão cozida
em rio fervente, sob o sol.
O outro não sentia
absolutamente nada,
aquela presença
estava sempre ali.
O amor, agora, pulando doze distâncias,
já chegava lá, nas bandas do Infinito.
O outro, muitos anos de acácias depois,
morreu ainda acompanhado
daquele corpo sem o amor
que partiu sem se revelar.

O COLOSSO

Elias, um ciclope de mais de dois metros,
trabalhava num grande curral
para engorda de gado zebu,
em Bezerros, no vale do Ipojuca.
Era um hercúleo dia após dia,
apesar de sua grossa envergadura
de halterofilista, sem o ser.
Seu ideal era tornar-se
segurança de boate, no Recife,
gigante armado, fardado, no portal
esplêndido de carne pecadora.
Faltavam-lhe dinheiro e farinha,

pois não era como seu xará, o profeta,
alimentado por um anjo,
um corvo ou uma viúva, como disseram
as Antigas Escrituras.
O mau cheiro do estrume de gado
boiando nos lagos de urina
infectava o seu dia,
agoniava o seu sono,
embora fertilizasse as campânulas
que cercavam seu coração.
Elias não foi muito longe,
como seu xará, o profeta.
Não embarcou, como ele,
num luxuoso foguete
em direção ao céu.
Ficou, mesmo, em Bezerros,
no Vale do Ipojuca,
pesado, muito pesado
de sonhos, para partir.

PARTE III

OBRA CONSOLIDADA

CAPOEIRA DAS JUREMAS*

"JUREMA PRETA
JUREMA RAINHA
A CASA É TUA
MAS A FORÇA É MINHA"

(Ponto de Umbanda)

NA CADMIA CADÊNCIA

Maria Marta dos Anjos,
moça branca e católica
(conforme o orgulho dos seus),
que amava um carneiro chamado Sono
e um moço chamado Luiz,
estando para deixar sua terra
e não podendo levá-los consigo,
fez com sono o que não podia
fazer com Luiz:
conduziu-o a um morro de espinheiros,
um lugar conhecido
por Capoeira das Juremas,
e ali, com faca de caça,
pôs fim aos dias de Sono,
arrancou-lhe a pele encardida,
lavou-a no barreiro mais próximo
e sepultou o resto sob as juremas,
para que ninguém
nesse agourento verão
ousasse mastigar
a carne querida e sangrenta
de seu amor insultado,
e com a pele de Sono
envolveu os presentes de Luiz,
tudo isso para enfrentar
a poeira e as ameaças que viviam.

---

* Concluído em 1979, este livro reúne quarenta partes que compõem uma narrativa de teor social, em que o poeta empreendeu seu esforço de abandonar o metro octossilábico rumo ao verso livre. Mesmo assim, é fácil encontrar inúmeros versos naquele metro. No original, o poeta ilustrou-o com seus desenhos.

NO ÁTIMO DO ADEUS

Na porteira do sítio,
Marta despediu-se de todos
e Luiz não pôde chorar
porque havia gente por perto,
e então Marta chorou pelos dois
e roçou, dissimuladamente,
seu rosado seio direito
no braço pendido do rapaz,
e ele, acanhado, abriu a mão
cheia de sementes de cedro
que o vento viu
e levou
ninguém sabe para onde.

NO DORSO DO DESAFIO

Com seis bolos de milho
dentro da bolsa de plástico,
Maria Marta viajou
seis léguas a cavalo
até Lajedo,
trinta e duas léguas de ônibus
de Lajedo a Recife
e mais trinta minutos
da Rodoviária ao apartamento
dos seus futuros patrões,
onde subiu pelo elevador de serviço,
junto com o homem do gás
e Matilde, a arrumadeira,
que lhe ajudou com a mala
e sorriu ironicamente
quando Marta
falou errado na vida
pela primeira vez.

NA SOLEIRA SOFISTICADA

A cozinha não era cozinha
era o sonho de uma revista
que alguém levou, uma vez, ao sítio;
e Marta pensou como seria
então a sala e, atrás de si,
ainda mais ela escondeu
sua mala de papelão

dos mármores que cintilavam,
dos lisos mármores que ela
teria de fazer brilhar
dia a dia, cada vez mais.

NA MÃO DOS MAGNOS

A patroa não era patroa
era uma virgem muito alta,
alta princesa, alta montanha,
e Marta quase se sumiu
quando ela, de sapato muito alto,
e, sem apertos de mão, lhe disse:
"fale com Matilde e pode
começar logo a trabalhar,
você está recomendada
por empregado de meu marido";
isto é, tudo assim falado
sem café, sem bolo de milho,
sem perguntar "está cansada?",
tudo assim sem muita conversa
sobre os filhos, as chuvas,
tudo assim apressado
feito a raiva fria do vento.

NA INSÓLITA INSPEÇÃO

Matilde mostrou a Marta
onde iria dormir,
um quarto novo (tudo era novo)
sem vaso sob a cama
nem quadro de Sant'Ana na parede;
mostrou-lhe o apartamento
com as salas cheias de quadros
mas de donzelas nuas
e arvoredos cinzentos,
e tudo a moça tocava
com a ponta dos dedos
feito coisa de igreja
ou mortalha de Deus
que os frades levantavam
sobre o medo de sua terra
nas Santas Missões.

NA EBULIENTE EXPECTATIVA

Perto do anoitecer,
enquanto Matilde catava
grãos de cinza no tapete da sala
e Marta acompanhava
suas notáveis instruções,
ouviram-se os sons de roldanas
de um elevador chegando,
e Matilde correu apressada
para abrir a porta maior
e cada movimento ou ruído
enchia de pânico a Marta
e nenhuma parte dela
sabia onde se esconder,
e ficou rígida olhando um cinzeiro
quando os dois vultos entraram
conversando alto e rindo muito
um para o outro,
e Marta sentiu por um instante
que olharam para ela
ao entrarem nos quartos,
e assim como uma tempestade que passa
tudo aquilo deixou na moça
o tremor calado de uma árvore
que, apesar de tudo acabado,
continua a perder suas folhas.

NO PANDEMÔNIO DOS PELUDOS

Quando Joana, a cozinheira,
chegou açulada do mercado,
gritou para as moças
que botassem a louça na mesa;
mas, notando a presença de Marta,
perguntou: "donde você é, menina?"
e ela: "do agreste, senhora",
e levantou-se nessa hora
dos vultos antes chegados
um ritmo de bebês fraturados
que parecia, em alto volume,
o de carros chocando-se
ou animais atirando-se
contra árvores mortas,
coisas que só nos invernos
alucinados das montanhas
são possíveis de acontecer.

NA INCIPIENTE INSÍDIA

A mesa, após sentarem
a Madona e seus filhos peludos
(o Senhor Pai viajava)
Matilde e Marta colocaram
a tigela com sopa de aspargos,
as travessas de carne,
as saladas, o arroz
e a garrafa de conhaque,
que uma voz impaciente
mais cobrava do que pedia,
e toda vez que a moça Marta
colocava algo na mesa
uns pelos grossos lhe roçavam
o braço, assim de modo
que, ostensivo e aleatório,
entre render e colocar
o cano da arma na garganta,
entre tocar nos espinheiros
e os espinheiros caminharem
firmes, na sua direção.

NO BATISMO DA BELEZA

Depois que Joana (a gorda) fechou-se
no seu quarto individual,
Matilde disse: "tome um banho",
estendendo-lhe uma toalha,
e a jovem então conheceu
por minutos o único
bem que esse mundo emboscado
oferecia-lhe: a água,
uma água fácil descendo
feito chuva privada,
que ela fazia surgir
com um gesto de fada,
uma chuva sem vento
caindo sobre o mosaico,
uma chuva imutável
caindo de um barreiro encantado;
e depois, já enxuta,
surge no espelho gigante
seu corpo inteiro, a aparição
perturbadora dessas formas
de radiantes raízes
e encostas súbitas, sombreadas

por densos musgos de cisterna,
tudo isso
maravilhosamente protegido
pela ausência temporária
dos humanos;
muito temporária, uma vez
que Matilde já bate à porta
e as roupas cobrem, apressadas,
as moedas de ar
que a solidão lhe jogou.

NA REVELAÇÃO DO REDUTO

Após terem arrumado
as cobertas de suas camas
(que ficavam no mesmo quarto),
as moças, já liberadas,
defrontaram-se de vez;
e Matilde, como sempre,
foi logo perguntando
por que deixara a sua gente,
ao que Marta, meio ofegante,
respondeu que o deserto
estava avançando sobre o sítio
e só o milho seco
e a Capoeira das Juremas
tinham sido poupados
até o dia, o dia de hoje
de sua amaldiçoada partida;
e disse mais, disse que o pai
e seus dois únicos irmãos
ouviram do homem do Banco
que, se nenhum deserto merece
a misericórdia de Deus
não pode merecer
a confiança da cidade,
mas que ela, Marta, não achava
que o deserto fosse tão longe
e só partiu para que os homens
lutassem, ferro a ferro, mais livres
da piedade das mulheres,
lutassem, ferro a ferro, sem medo
do Juízo Final.

NA DEPENDÊNCIA DAS DÁDIVAS

Depois do relato, Matilde
limitou-se a dizer:
"sou da Mata, a gente teme a água",
e, em seguida, apagou a lâmpada
e cobriu-se,
para decepção de Marta
que contava
abrir à luz sua mala,
desenrolar a pele de Sono
e tocar, um a um,
os presentes de Luiz,
penas de aves agrestinas
e patas de gatos selvagens,
além de um cartucho cheio
e uma faca de caça,
nenhuma flor, nenhum frasco de cheiro,
todos troféus de caçador
que só deviam ser vistos
com Matilde dormindo
e a luz acesa,
mas ela só dormia no escuro
e Marta não podia esperar;
logo, em plena escuridão,
abriu a mala, desatou
a pele de carneiro
e apertou, com força, o cabo da faca,
lembrando-se da porteira,
do rubor macho de Luiz
e das sementes de cedro
se perdendo nos lajeados.

NO CONFRONTO DOS CAMPOS

O cuidado de Marta
em manter a mala fechada
e oculta sob a cama
contrasta com a displicência
de Matilde (a parda) deixando
suas entranhas na cadeira,
a tampa erguida e os trastes à mostra
(vários pentes, tudo novo e barato),
como quem faz muita questão
de exibir o longo massacre
e harmonizar-se com o tempo
em que seu povo resolve
abrir o jogo, rir descoberto

mesmo com bocas desdentadas
(ou por isso mesmo) e Matilde
com a nudez de pernas abertas
consegue desviar de todos
a Matilde maior, de quente
e submersa dignidade,
enquanto os pentes numerosos
falam dos cúbicos de água
que a distanciam da emersão.

NA SOLIDÁRIA SOLIDÃO

À medida que as ameaças
foram adquirindo as feições
reconhecíveis, de demônios precisos,
o moço Luiz foi invadindo
cada objeto, cada hora
e mover-se de Marta,
com as roupas frouxas, cor de terra,
os cabelos na testa
e o cabisbaixo caminhar
de quem está sempre
sobre o rastro delicado
de uma ave rasteira;
foi cercando com sua lembrança
os perigos reais da amada,
escoltando com suas armas
de falcão invisível
o regresso dos sonhos.

NA ENCANTAÇÃO ENCARNIÇADA

Urna de lâminas fogosas,
o apartamento brilhava
e todas as taças refletiam
as pulseiras de prata
da Madona-Mãe, inspetora
dos jarros, das cintilações;
enquanto Marta (já sem socorro
de Matilde) se revelava
exímia caçadora de pó,
agachando-se com os olhos claros
sob as poltronas de camurça,
detectando grãos, subgrãos
de poeira e de cinza,
a essa altura da perfeição

só para ela perceptíveis;
pois com o avental avermelhado
e seus cabelos escorridos
assumira a guarda avançada
da antitempestade, a missão
de corroer os corrosivos
dos candelabros cristalinos
e guilhotinas esplendentes
sobre a sua cabeça.

NA ÓBVIA ORDEM

Das conversas esparsas
e desbocadas de Matilde,
a nova companheira formou
a visão ameaçadora
daquele alçapão de cristal
e cinzas, que a circundava;
inteirou-se da vida alada
do Senhor-Pai, seu patrão,
sempre voando para ver
quem errou nos dois hemisférios
ou mergulhando, eventualmente,
gavião-real, sobre os seus,
pedindo contas, atirando
guimbas acesas no tapete
e jogando cartas com os filhos,
dois dançarinos peludos
que se emboscavam atrás da mãe
quando a porta se abre
e entra o vulcão proprietário
das levas de gente
e das lavas do céu.

NO LIMIAR DE LUIZ

Numa noite, quando mexia
mais uma vez na sua mala,
Marta sentiu na sua mão
o primeiro troféu de Luiz
(pluma de ave de rapina)
e lembrou-se da fuga de Sono
e do surgimento de um moço
trazendo-o nos braços, ao entardecer,
conversando ali com seu pai
sobre a invasão do deserto,

oferecendo-se para expulsar
os novilhos do milharal
e, à saída, sobre a porteira
deixando uma pluma cinzenta
de tal modo que apenas Marta
a pressentisse e apanhasse;
tudo assim feito o acontecido
porque o moço Luiz
fez tudo aquilo planejado,
inclusive roubar de fato
seu amado carneiro,
arriscando ser fatalmente
abatido por seus irmãos;
tudo assim forte e tão gentil
que o amor cresceu em labaredas
sobre as areias encantadas,
que o amor vingou na Capoeira
das Juremas, da copa à sombra
de seus calados espinheiros.

NO JUGO DE JOANA

De pó em pó,
Marta aprendeu o curioso
código das criadas:
terminar rápido o serviço
como se todos os sargentos
da terra a tivessem açulando
e continuar o trabalho
secando e ressecando
até mesmo a transpiração
necessária dos objetos,
não caindo em flagrante
no adúltero crime
de acariciar o crepúsculo,
pois há sempre sob um jornal,
uma flâmula, uma toalha,
muita Joana disfarçada
em grão de cinza delator,
quando o trabalho se transforma
num fim em si e quando a vida
é uma criada demitida
porque se espoja alegremente
no esperma e no pó.

NAS MANHAS DA MADONA

Um dia, quando os filhos peludos
saíram para dançar,
Joanna cochichou para Marta:
"vai na sala, finge limpar",
e a moça então defrontou-se
com a Madona-Mãe recostada
numa almofada, sem roupa,
a tocar vagarosa
suas fendas escuras, a fitá-la
famélica, saboreando
seu dúbio rubor.

NA MINA MATILDE

Os vexames de Marta
eram sempre maiores
sob o riso malicioso
de Matilde, a de corpo
vitorioso e devassado,
a que vencia saqueando
seus próprios despojos,
para glória e temor
dos sedentos senhores,
a que não se entregava
sem depois repassar
o ouro arrancado
de suas entranhas
ao seu filho homicida,
entre todos
o que não nascera morto,
o que nascera mesmo
para matar.

NAS GARRAS GALANTES

Enfim, um pedaço de noite
para Marta sozinha
e uma lâmpada acesa, pois Matilde
não deitara, fora levar
dinheiro ao filho condenado;
e agora, sobre a cama
e sob a luz, sua mala
abriu-se em dádivas, em plumas
e janeiros desassombrados,

com a pele de Sono desatada
e o moço Luiz, falcão novo,
quase a confrontar-se no espaço
com o gavião-real
e seus filhos repugnantes;
e agora, sobre a cama
todos os símbolos da terra
com muita terra agarrada
as suas reentrâncias,
e uma faca de caça
ainda suja do apelo
ao amado, que se curvava
para imergi-la
no coração forasteiro,
porque ali
o amor é feito
de pluma e zelo brutal,
mas não são embrutecidas
as mãos nodosas que afastam
os espinheiros e desvendam
do rosto amado
a claridade proibida.

NA URBANA UTOPIA

Despertada pelo tumulto
de Matilde, que regressava
da visita ao filho homicida
quase ao amanhecer,
Marta viu a companheira
soluçando, com as mãos na cabeça,
e a muito custo conseguiu
saber que fora atacada
pelos emigrantes da Mata,
coisa que sempre acontecia
a todos que ousavam sair
às ruas, após o anoitecer,
e Matilde mostrou-lhe
manchas de austeros hematomas
na pele parda de seu rosto,
a blusa cortada e o majestoso
seio escuro se esgueirando
por um rasgão do tecido;
tudo dito e mostrado
entre soluços, só contidos
quando revelou que o assalto
fora depois de entregar
ao filho todos os cruzeiros,

ganhos em algo a que chamava
de "serviços especiais",
prestados com o corpo inteiro
à Madona-Mãe e a seus filhos;
tudo dito e mostrado
enquanto os primeiros rumores
de um dia nublado
invadiam cada despertar
humano, feito uma invasão
da vida contra a vida,
ou choque de nuvens carregadas
de soluços vitais
que temem desfazer-se.

NA SENDA DOS SERVOS

Joana imitava a mesa
os trejeitos de Madona-mãe:
usava guardanapo tocando-o
levemente na boca gorda,
enquanto as moças divertiam-se
dela, batendo-se por baixo
e exagerando nos maus modos,
mas nunca ousando dirigir-lhe
palavra de mofa ou afeto,
pois Joana se julgava
um dedo dos donos, a mover-se
oleoso, a surgir
de repente sob a alcatifa
com grãos de pó ou de cinza
acusadores sobre as moças,
daí por que resolveram
tratá-la como ao lado quente
dos pratos, provando-a devagar,
devorando-a aos poucos, desfechando
a garfada fatal à margem
do segundo sinal da cruz;
e desse modo se emboscavam
na segunda metade do século
todos os servos,
mas as armas tinham crescido
mais que a miséria
e o ódio sozinho não podia
dissolver a lógica do aço
quando muito
virá-la contra ele, quando muito
tentar enlouquecê-la.

NA INDÓCIL IMANÊNCIA

Luiz agora mergulhava
em voos
mais demorados
e rasantes, enquanto Marta
conduzia por toda parte,
no bolso do avental
ou entre os seios transpirantes,
plumas de aves de rapina
a patas de gatos selvagens;
sempre um resíduo, uma lembrança
do encouraçado companheiro,
a protegê-la contra o atrito
dos frios cristais;
e ele, pata de animal,
tocava-lhe o ventre
e acompanhava-a ao banheiro,
ali onde as recordações
poderiam, caladas, ir mais longe,
molhá-la de águas
mais pesadas e íntimas,
ali onde apertaria
o cerco do amado, sua presa
mais longa a secretar
o nervoso mel,
ali onde se acenderia
a onipresença laminar
de seus olhares de falcão
e onde rápido desceria
o seu facão sobre os cordames
do feérico fardo
e onde sempre lhe cobriria
com suas águas a certeza
de, ainda moça,
sujar e lavar
sua própria louça.

NO CÍRCULO CINZA

No vigésimo dia, aconteceu
a inexplicável expiação
de Matilde: indiferente
à presença de Marta
e à própria imagem poderosa
que ousara incutir,
ela se pôs a pentear
a lanosa e compacta cabeleira

como se quisesse, feroz,
extirpá-la dos olhos humanos,
a usar e a quebrar
uma infinidade de pentes,
a chorar e a misturar
com pranto o sangue corrente
pela alteada fronte;
indiferente, como foi dito,
ao olhar esgazeado de Marta
que cometeu a indignidade
de tentar ajudá-la
na súbita flagelação;
e, assim desfeita e ensanguentada,
Matilde, usando a blusa,
semidespida começou
a esfregar o assoalho e a cuspir
nas poças, tentando
amolecer o próprio sangue;
e nenhuma entidade suprema
deixou, um só momento,
sua gloriosa missão
para ocupar-se desses lutos
que não arreiam
a meio pau as bandeiras
nem consternam a nação.

NA SELVAGEM SUBLIMAÇÃO

Com as férias,
os peludos vagavam
com assiduidade pelos cômodos
e com mais contumácia
chamavam as moças;
e, sendo Marta
caça noviça e intimidada,
estava sempre a lhes servir
cubos de gelo, salgados, café,
aos quais, de modo insidioso,
os vultos tentavam abarcar
juntamente com as mãos
e os pulsos da jovem criada,
fazendo-a esquivar-se
das mãos finas e pegajosas
que tremiam nas extremidades
das massas de pelo, afastar-se
quanto podia desses olhos
melados, desses risos
feitos de babas imbecis;

mas os pedidos insistiam
pelos dias, tardes e noites,
sempre que os vultos repelentes
não estavam nos balneários
ou dançando os seus ruídos,
e teimavam essas mãos lisas
em tocar na pele da moça,
a insuflar, sem saber,
a vitória do asco contra o medo,
a supremacia do sal
sobre a supérflua sede.

NA CÂNDIDA CERCA

Novas lembranças de uma pátria
onde os pobres têm nome
e um jovem chamado Luiz
lavra um resto de terra
não comido pelo deserto;
novas lembranças de Luiz
que caça ao entardecer
entre os amados espinheiros;
e novos voos partindo
da maleta encantada,
quando as falanges da náusea,
lésbicas, lesmas, se voltam
para o tépido corpo
da moça afastada:
alegria da segurança
consentida, limiar
da entrega sem rendição.

NO RITMO RIVAL

Matilde já se despira
quando o vulto a cobriu,
e durante uma hora
suas amplas coxas adensavam
ora um lado, ora outro
da estreita cama;
e, quanto ao vulto,
sacudia com ímpeto
algo preso entre os dentes,
a baixar-se e elevar-se
feito uma máquina binária
tentando impaciente

retirar água de uma duna;
e depois se afastou
com a dificuldade
não de quem está farto
mas de quem não querendo
dividir sua presa
continua a arrastá-la
indefinidamente
para um lugar seguro.

NO VESTÍGIO DA VESPA

Tão logo a visão
de Madona-Mãe masturbando-se
tornou-se mais tolerável
na memória de Marta,
esta se pôs a observar
a olímpica ave
pousando aqui e ali nas almofadas,
pedindo autoritária
um pouco d'água, de geleia,
ou ralhando com alguma dobra
incômoda, na toalha da mesa,
e Marta foi domesticando
as víboras que vira
coleando e surgindo
na cabeleira luxuosa,
dando as devidas proporções
às garras pintadas, ao voo
da réptil língua
sobre o segundo atraso
entre o pedido e a concessão;
e viu apenas a mulher
de ácido ócio,
ave de fora, flamingo
de um demônio relapso,
a lamber o cocho dourado
e a cantar desafinada
quando a palha
não é soprada de manhã,
nada mais que um poder
razoavelmente convicto
de que merece crescer,
enquanto a força do palácio
não passar, no escuro,
para as outras mãos.

NO AMISTOSO ARDIL

Desde a noite da visita
do ofegante vulto
à cama de Matilde,
deixando-a suja de pelos,
a presença de Luiz
travestido de todos
os disfarces possíveis,
se tornou mais forte;
e Marta, cheia de talismãs,
fazia seu serviço sentindo
o roçar ocasional
de galhos de juremas
nas vidraças do quarto,
e ouvindo, de quando em quando,
um arranhar de garras
e um bater de bico
de falcão na janela;
e, como nunca, se sentia
pesada de armas, sentinela
dos portões principais,
e chegava a enrubescer
quando a pata ressequida
de gato selvagem
(no bolso do avental)
se comprimia contra o púbis
ao encostar-se na mesa,
ou quando as plumas cinzentas
a um movimento mais largo
iam ao cimo dos seios;
tudo a dar-lhe a certeza
de que o moço Luiz
ao invés-da-frágil
flor-de-lis do poço,
era a força da luz
esquentando no bolso,
e que a estrada feita
de partir e voltar
é a mesma onde
pode o amor ferido
pelo resto da vida
se emboscar.

NA VENOSA VISITA

O primeiro aviso
de que seria atacada
Marta o teve logo após

a quinta ou sexta visita
do vulto à Matilde,
e consistiu no levantar
bem lento de suas cobertas,
feito com tal maestria
que a moça não despertou;
e, não fosse o lençol dobrado
minuciosamente aos seus pés,
quando amanheceu,
e ela teria julgado
ser sonho aquela impressão
de alguém curvado sobre ela,
descobrindo-a com a vagareza
de quem retira a bandagem
de uma ferida em tratamento,
e aqueles olhos muito fixos
no seu sexo não depilado
a transbordar leves raízes
de sombras quietas sobre a pele;
e convencendo-se Marta
de que era um aviso
do verdadeiro assalto,
resolveu regressar
ao seu herói de mão grossa
que a esperava caçando
entre torcidos espinheiros;
mas, enquanto não fosse,
a faca de caça,
dormiria mais próxima
do seu sobressalto,
e foi assim que as esquadrilhas
de aves noturnas
bateram asas noite adentro
sobre a casa do amado,
mas ele já estava
sob os lençóis da amada:
as alegrias da noite
já não distraíam os justos
do encontro final.

NOS PREPARATIVOS DA PARTIDA

Através de uma moça
do trigésimo andar,
Marta escreveu a seu pai
avisando: "vou voltar
logo que completar um mês",
e depois mentiu

que estava doente
e a febre ameaçava
sua graça de moça distante,
mas desejava que o deserto
tivesse deixado
em paz seus espinheiros,
e decidiu-se a partir
depois do Natal,
para tristeza de Matilde,
cada dia mais desolada
e ao mesmo tempo orgulhosa
com os novos corpos
abatidos na rua por seu filho,
a quem tanto ajudava
que só pôde ofertar a Marta
um retalho de mescla,
presente que foi colocado
junto à pele de Sono
e outras lembranças
menos chamejantes.

NOS DERRADEIROS DESCANTES

"Senhora, depois do Natal,
eu volto pra minha terra",
disse Marta à Madona-Mãe,
que capinava com uma pinça
as sobrancelhas soberbas
e respondeu vagarosa:
"certo, minha filha, me lembre
de lhe dar um vestido,
mas não junte todos os fatos",
palavras que a jovem
só entendeu pela metade
mas mesmo assim agradeceu
e saiu com a vassoura
à caça de um grão de poeira
descoberto há poucos instantes
ao pé do retrato
do Senhor Pai,
enquanto um grande ruído
de guitarras elétricas
e baterias camuflavam
suas passadas junto ao quarto
dos bailarinos peludos;
e nessa hora em que a saudade
tem cheiro de lama velha
e não consegue redimir

os humanos, Marta se ergue
com seu rubro avental
e já quase regressa,
Rainha sem Nome do Reino do Pó,
às terras ermas
onde os pedros existem.

NO EMBALO DA EMIGRANTE

Alguém longe amaldiçoou
o tempo em que o poder
(de renováveis cabeças)
exibe com acinte
seus cofres abertos, sua súbita
e pré-histórica epiderme;
tão seguro de si
que a raiva da gente
é um cravo rubro
nas suas iguarias,
faz parte de sua festa.

NA ASSEDIADA ALCATIFA

No dia de Natal,
chegou com os vinhos
e as nozes de longe
o Senhor Pai,
e alguma coisa
amarfanhara as plumas
e cegara as garras
do gavião-real,
pois sentou-se na sala
e nada pediu,
(mesmo a Marta, escalada
para ser as pernas e os braços
dessa gente amputada)
e ficou ali
olhando com medo
uma janela semiaberta,
parecendo ter sido
atacado por um falcão,
e a repetir de vez em quando:
"não é possível, não é possível",
isso querendo dizer
que alguma coisa ao poder
tinha sido impossível.

NA LUTUOSA LONGITUDE

"Este ano são muitos",
disse Matilde, levando
ao nariz a franja do avental
e fechando a janela;
"muitos aqui se matam
pelo Natal
e a gente só sabe pelo mau cheiro",
explicou a Marta,
enquanto aumentava o barulho
de outras janelas se fechando;
"eles não deviam
fazer sozinhos o serviço,
é muito sujo para barão,
deviam contratar meu filho
que se arrisca matando
quem não quer morrer",
queixou-se ainda Matilde,
olhando o próprio corpo
e temendo a época
em que ninguém
desejaria cavalgá-lo.

NO CAMINHO DA CAPOEIRA

O deserto avança
sobre as terras onde
os pedros existem,
onde a súbita ausência
de fumaça de lenha
no sítio vizinho,
às cinco da manhã,
alarma os anciãos;
e é sobre essas terras
que o deserto avança,
e é para essas terras
que Marta regressa:
desertando do habitado,
sem nome,
para ganhar um nome
no deserto.

A CÓGNITA CHEGADA

O pai quebrava milho
e os irmãos estocavam
raízes para o verão

quando Marta, empurrando a porteira
e gritando pelos seus nomes,
observou que o deserto
herdara antes dela
sua parte no sítio:
já não via as latas
de plantas no alpendre,
e um gado sem marca
mugia no meio
de um barreiro salgado,
e as últimas onze-horas,
nas frestas da parede,
ora roxas de raiva
ora brancas de medo,
eram alcançadas pelas cabras;
e a vontade de viver
só era acesa pelos tiros
de Luiz, que caçava
ou marcava a hora do encontro
ao anoitecer.

NA DEFESA DOS DOGMAS

Muitos cães escavavam
o túmulo de Sono
quando Marta se aproximou
do morro dos espinheiros,
mas a sombra do amado
já mexia nos ramos;
sua camisa cor de terra,
de grosso tecido,
avançava com pressa
entre os ganchos rasteiros
das juremas, seu salto
no meio dos cães
espalhou os ganidos
de dez sóis de dezembro
sobre as mortas ovelhas.

NA TÊMPERA DO TERMINAL

Ora sob os espinheiros,
que reduzem seus gestos;
ora livre, sem o obstáculo
que torna a moça porcelana
e o moço príncipe dos páramos,

o amor, como o trabalho,
do esperto edifício
ao difícil deserto,
é Madalena jarra
nos ombros de Marta
e jurema cruz
nos ombros de Luiz;
e, agora que estão juntos,
é rastrear em armas
o Vento Nordeste
e saber de onde vêm
as areias sem força
e saber para onde vão
as sementes de cedro.

Fim

POEMAS PARA O JARDIM DA INFÂNCIA*

CONVERSANDO SOBRE BICHOS

Os bichos grandes
são poucos, poucos;
os bichos pequenos,
grilo, borboleta
e passarinho,
são muitos, muitos;
os bichos pequenos
são mais bonitos
de lado e de frente,
só a formiga
não é bonita:
morde o dedo da gente.

CUIDE DAS PLANTINHAS

Toda planta
é pra botar água
e não deixar
a formiga comer;
toda planta
é feito menino,
também tem vontade
de crescer.

HORA DE DORMIR

Quando fica de noite,
a gente vai pra cama;
mas, a lua não vai:
fica acalentando
os bichinhos da noite,
pedindo silêncio,
para a gente dormir.

---

* Único livro do poeta para crianças. Dois dos poemas foram musicados por Jorge Carlos, compositor acreano, e suas partituras possibilitaram a autenticação da data de criação, 1981, uma vez que não constava nos textos datilografados, com folhas grampeadas. O poema final foi encontrado em uma pasta com vários poemas destinados a outros livros.

QUANDO FAZ SOL

O dia é o leite
quente, na mesa,
e mamãe pedindo
pra gente tomar;
é nossa escolinha
de brincadeira,
onde a gente também
aprende a brincar;
é muito brinquedo
espalhado no chão,
o almoço e o refresco
de limão.

O BOI TAMBÉM SABE COMER

O boi tem paciência,
come devagar,
mastiga direitinho
o capim do campo;
depois, fica cansado
e se deita na sombra,
olhando com calma
os pés de laranja
plantados bem longe,
lá depois da cerca,
lá na outra granja.

OS CAVALINHOS DE VERDADE

Vejam os cavalos:
correm demais,
ficam suados,
com sede e com fome;
aí, os cavaleiros
descem dos cavalos
e levam todos eles
pra debaixo da sombra:
dão água e comida
e esperam sentados
os cavalinhos ficarem
tão fortes, que agitam
as crinas encantadas;
depois, montam neles
e atravessam correndo
as campinas douradas.

NOITES DE PRATA

É de noite, é escuro:
as estrelas abrem
os olhinhos de prata
e espiam os meninos
que não têm sono;
quando o sono vem,
elas ficam piscando
de sono também.

OUVINDO OS CHINELINHOS
(A Cecília Meireles)

Lept, lept, lept:
sou eu correndo
com meus chinelinhos;
lept, lept, lept:
com esse barulho
posso acordar
algum passarinho;
lept, lept, lept:
estou tão feliz
que os pés batem palmas
com os chinelinhos,
batem palmas contentes
pelos caminhos.

A LAGARTA DE FOGO

A lagarta de fogo,
quando o fogo apagar,
vai virar borboleta.

VOLEIBOL

Uma menininha de nada
jogava voleibol
e pegava os saques mais baixos
que só as relvinhas
aos raios de sol;
uma menininha de nada
brilhava tão só
que nem uma estrelinha,
numa noite sem lua
sobre um girassol.

NOTICIÁRIO II

TUA ALEGRIA

Eu me alimento de tua alegria,
eis minha última fome,
meu último eu.

VANTAGENS DA MORTE

a certeza da morte
enche outro copo de rum
liquida as notas promissórias
desarma a tenda dos covardes
fecha o comércio às 18 horas
sela o envelope do perdão
encolhe os tapetes
ofusca a prata das medalhas
abre o apetite das viúvas
constrói casas de veraneio
cadeiras de balanço
luvas cirúrgicas
leques
&
livros

PAUSA

Cochilas sentado
na borda do poço.
E o sono mais leve
na borda do poço
não tem despertar.
Com tantos jardins
e praças desertas
que te circundavam,
foste descansar
na borda do poço
mais longínquo e fundo
daquele lugar,
como quem buscava
descansar do cansaço
que tanto buscou.

AUTOFAGIA

Era tão forte
e belo este corpo
que as meninas se debruçavam na janela
para ver seu tórax despido.
Era tão limpo
e faminto este corpo
que se devorou a si mesmo.
Quando livre,
transformou-se neste pedaço
de carne mendiga,
de carne que, em vão,
pedia ao mundo
para ser devorada.

A INÚTIL DIGNIDADE

Pedra disponível,
eu estava ali;
e não fui lançada
no peito dos maus,
e nem ao menos entrei
na transitória
construção dos muros humildes.
Não matei uma víbora
e nem por um segundo
interrompi tua fuga.
E fiquei ali:
muda e consistente
feito uma árvore morta,
uma força perdida.

A TÉCNICA DE DESPERTAR

Ergues, lentamente, os lençóis
do(a) amado(a).
Medes a altura
do seu sono
e o desces à terra com cuidado.

Primeiro arrumas
os cabelos mais altos
e enlouquecidos pelo sonho.
Doce e pontual,
como as frutas de tua terra,

aproximas teus lábios
daqueles que dormem:
coisas molhadas pelas chuvas
que começam a irromper
subterrâneas, no teu corpo.

Ele(a) move a cabeça
como se quisesse saber
em que ombro pousou o peixe
que emergiu de seu sonho.
E agora, peixe ou borboleta,
Terminarás, silenciosamente,
O teu trabalho.

DECISÃO

É sempre tarde
ou sempre cedo
para os que não querem mesmo partir.
Mas, até quando
o último refúgio,
a inocência da espécie,
nos abrigará?
É sempre tarde
Ou cedo
Para os que não ousam.

PASSAGEIROS

Na fila de ônibus
ninguém leva uma faixa
dizendo: cansado;
ninguém leva uma faixa
dizendo: enfermo;
ninguém leva uma faixa
dizendo: perdido.
Na fila de ônibus
ninguém reclama
a falta de sim,
a falta de sol,
a falta de sorte.
Na fila de ônibus
alto mesmo só se reclama
a falta do ônibus.

O VIZINHO INTELECTUAL

Aos sábados, ele almoça em casa,
e come escutando
concertos de Vivaldi.
Faz inveja aos vizinhos
que não gostam de Vivaldi
e comem discutindo
o preço da vida.
Quando ele senta no terraço
com seus livros estranhos,
os vizinhos (respeitosos) proíbem
que os filhos gritem na calçada
sua extraordinária inocência.
Com seus vivaldis
e seus livros
esse homem sabe o nome
de tudo que está distante,
é incômodo mas inofensivo
como uma montanha abandonada.

A METAPREFEITURA

Um cidadão
paga muitas taxas
para ser perdoado do erro
de ser um cidadão.
A água, a luz,
o teto, o tédio e a tétrica
vontade de morrer.
Deve criar cães
contra o caos
e colocar a mão na cabeça
dando a entender que apenas
quer ajeitar o cabelo.
O cidadão completo
é um mártir do nada.

AVISO AOS CÃES

Não se aproximem
daquele que a vergonha
cansou de curvar:
ele não tem mais
vergonha ou medo
a encurralar

ele vai resistir
porque não tem outra coisa
a fazer,
ele vai lutar
e vencer
porque não tem
mais nada a perder.

ANO NOVO

De janeiros
está farto.
Tantos falsos
começos
começaram
que ocultaram o tempo
que começa.

Novos orçamentos
aprovados de longe
pagam lanchas e ilhas
lâmpadas e ervilhas
e calcinhas azuis
para Deus, com seu sol,
iluminar.

De perdões
está cheio.
Tanta gente
perdoada
volta
a receber o perdão
que este não pode,
como os antibióticos
já conhecidos dos germens,
novamente no salvar.

ELOGIO DA ROTINA

A rotina é a paz
única e possível;
o fantasma da paz.
O resto é poesia
e súbito medo
nas abertas ciladas
da alegria.

CONTINGÊNCIA

Fala antes
que o grau de infortúnio
te baste
e já não precises falar.
Fala antes
que o corpo
em dobrado silêncio
diga tudo
e já não precises lutar.
Fala
até que o eco
repetido de tantos nãos
torne mais eterna
tua decisão.
Torne invisível
tua decisão.

ORAÇÃO AOS IMPUROS

Se formos puros,
totalmente puros,
seremos puros somente
para os puros.
É a nossa impureza
que nos une e afasta
do deserto dos puros.
Um pouco de lama apenas
quebrará a rotina
das areias sem fim.
Um pouco de erro,
apenas pelo medo
de ficarmos sozinhos.

TALÃO DE CHEQUES

No seu mundo
de tantas alternativas,
cada folha do seu talão
pode ser uma ilha,
uma viagem,
um caráter.
Se o sucesso não chega
É porque os perdidos o perderam
de vista,

é porque os numerosos foram,
de fato, numerados.
E o sorriso de trinta dentes
são os trinta dinheiros
que ele tem de pagar.

O RISO ABANDONADO

Como riem fácil
os abandonados,
como riem falso
com seus dentes perdidos
os perdidos.
Como são grandes
todos os que passam
pelos abandonados,
como são sempre grandes
os que passam.

A MORTE E SUA DIFICULDADE

Há os que pedem licença
para morrer
e dizem aos guardas do abismo:
— Deixem-me passar.
Essas pessoas foram desarmadas
até dos gritos de horror
quando amanheceram.
Mas o problema é que ninguém
os deixa passar,
ninguém os deixa morrer.

CHISTE ATEU

É bom ser Deus,
este sádico:
que cria bichinhos
para vê-los morrer.
É bom ser Deus
que consegue, há milênios,
olhar tudo isso
sem chamar um anjo
para enchê-lo de vinho,
sem jogar-se (envergonhado)

no éter
e suicidar-se
outra vez;
por nós
ou como nós.

A PARTIR DE UM QUADRO DE JOÃO CÂMARA

Acontece com o quadro
o que acontece com a música,
a moça,
a moda;
quando podem virar sombra
e sumo
simplesmente?

Acontece com a vida
o que acontece com as tarjas,
as catástrofes
e as borboletas no incêndio;
quando podem virar fato
e festa
novamente?

Acontece com o poema
o que acontece com as formas
fáceis de drogar
os ali-mentados, os ali-cercados
nos Bancos de Pranto:
condenados a cobrir
a palidez
e os órgãos sexuais dos mortos.

AO PASSAGEIRO DESCONHECIDO

Já esperaste tudo:
ônibus e salários,
Mulheres e cartas.
Que tal, agora,
apenas a catástrofe?
Nasceste, como os vencidos,
de mãos ao alto
e o peito sonhando inutilmente
com a mansidão da terra.

EXTREMOS

Extraordinariamente vivo,
mas indefeso,
extraordinariamente indefeso.
A poucos centímetros de um ódio
a que não teme
e a que tampouco reagirá.
Tem uns belos olhos
que não o salvarão,
e uma forma tranquila de não saber,
ou de fingir não saber
o que está acontecendo.
Tão passivo, tão manso e perigoso
para o teu destino:
objeto de tua infâmia
ou de teu perdão,
corpo de teu delito
ou única testemunha
de tua inacreditável misericórdia.

OS CINCO SENTIDOS

Comer,
dormir,
amar
tudo pode ser sofrimento:
podemos morrer
de sede
ou morrer afogados.
Os cinco sentidos são
cinco possibilidades
de prazer ou de dor.
Ó canais
neutros da vida,
que ventos, que águas, que mãos
teriam, nesta hora,
o direito de atravessar-vos?

ESTATÍSTICA DO INDIVÍDUO

O indivíduo morreu:
acabaram-se os pronomes
eu, mim, meu,
e outros mais insignificantes,

para as tabelas estatísticas
de um mundo
que, também,
não sabe que morreu.

OPORTUNIDADES

Às vezes
uma namorada,
uma carta,
um amigo
decidem
um destino.

Às vezes
um fósforo,
uma carona,
um táxi
perdidos
e estamos perdidos.

AS BELAS E A FERA

Ele estava apodrecido
aos 22 anos: podre e vivo,
podre e vivo e sobrando.
Fêmeas novíssimas passavam
e não o olhavam
e, se o olhassem não beijariam
aquela podridão em prantos.
Era manhã, havia chovido
e todas as plantas e moças
estavam lavadas,
e só o seu podre
resistira a todas as chuvas.

TAXIONOMIA

Há pessoas tão belas
tão belas
que só bêbados
as descobrimos.
Há pessoas tão puras
tão puras

que só mortas
serão descobertas.
Há pessoas tão certas
tão certas
que só livres
nos descobrirão.

ANGÚSTIA

Devo dizer que estou com medo
de modo que todos acreditem e digam:
— Sim, ele está com medo.
Devo dizer que estou com medo
de modo mais verdadeiro ainda,
a ponto que todos digam:
— Sim, ele está com medo
e precisamos ajudá-lo.
Devo dizer que estou com medo
com todo o medo possível,
a ponto que todos digam:
— Sim, o medo existe
e precisamos destruí-lo.

ENSINANDO O PRÓPRIO ESTILO

Vamos, corpo,
seja mais moderno,
menos descritivo:
na ordem direta,
como os jornalistas,
diga logo o que vai
acontecer.
Não finja sentir
a velha enxaqueca
que sempre tomou
o lugar da derrota
no final do dia.
Vamos, seja claro,
diga logo o que vai
acontecer.

VENTILADORES

Aqui,
o verão enlouquece
os que, sem ele, já ardem
os que sonham
com o oxigênio de ontem.
Dentro da noite, as máquinas
Trabalham pelo nosso sono:
e produzem menos sono
do que um charco,
um pântano,
uma lâmina no pulso.

EVIDÊNCIAS

Os que nos batem
e os que nos amam
no voo ou no mergulho
nos socorrem.
Ai de nós se tudo
corresse tão bem
que os músculos apodrecessem
por não terem
a que resistir.

IMPUDORES

Em perigo,
és mais verdadeiro
e mostras
terrivelmente descontraído
tua falta de amor
ou de dentes.

OS HÓSPEDES

Sem a esperada postura
dos saqueadores de sempre,
ou a arrogância executiva
dos que morrem de mandar
aos que morrem de fazer,
eles, os estrangeiros,
vieram conhecer nosso mar.

Sem a esperada bagagem
dos carrascos de sempre,
trouxeram máquinas inofensivas
para fotografar nosso mar.
Suas louras amadas
subiram nas pedras
e exibiram sua beleza
para o nosso mar.

Sob uma velha caiçara,
os estrangeiros comeram
suas amadas
e voltaram a contemplar
cansados e felizes,
a grandeza de nosso mar.

CLASSE A

O primeiro escarro,
a primeira evacuação do dia,
ônibus e poemas,
peixe e cigarro,
e a mulher cheirando tuas roupas
para descobrir o carinho
que a poeira e o medo
não conseguiram apagar.
Agonias de quem possui
renda suficiente
para preocupar-se com isso,
agonias ou apelos
para que alguma catástrofe
varra o mundo de suas lamúrias.
Feitas as contas,
que tal uma viagem a Miami?
No céu Yankee, os aviões
cheios de justos, se incendeiam:
é uma morte de luxo,
para a orgulhosa
história da família.

VISÃO MALTHUSIANA

Todas as armas acabaram
de chegar,
e todos os símbolos do céu
são guardados para depois.

Por que sopramos esta bolha
cada vez mais incandescente?
Por que sempre nascemos
antes ou depois da paz?

Os que não nasceram não clamam
pela respiração já artificial
da terra.
Mas continuam indefesos
e a serem irresponsavelmente trazidos,
de círculo em círculo
ao nosso inferno.

UM AGRÔNOMO

As pessoas e as plantas
eram seu tema predileto.
E, se nosso cansaço e nossa sede
não o interrompessem,
o mundo seria explicado
com todos os sons
e suros e sinos novamente.

TRABALHADOR RURAL VOLANTE — ZONA DA MATA

Coberto de cinzas, chamava
os apóstolos apodrecidos,
e ele, coberto de cinzas,
não foi escutado.
Coberto de cinzas,
sentou-se numa pedra abandonada
e esperou as chuvas de maio,
as misericórdias de abril,
os perdões de setembro
e todas as outras
folhas e imagens frágeis do calendário.
Mas o tempo era o mesmo:
de cinza permanente
e certeza da destruição.
E ele, coberto de cinzas,
deixou de chamar
os apóstolos apodrecidos,
deixou de chamar
todos os anjos perdidos,
os únicos que, ainda,
tinha coragem de chamar.

A HIDRA

Quanto mais lhe batiam
mais o multiplicavam:
começaram batendo num homem
e acabaram
espancando uma multidão.
Eram tantos os homens
que deviam ser espancados,
tantos os homens
que nasceram
daquele homem espancado,
que os carrascos tombaram
cansados de espancar
os homens que nasceram
do único homem
que pensavam a espancar.

A ENÉSIMA TORTURA

Depois da certeza
de não mais amar,
de não mais merecer
o silêncio, a paz e outras
absurdas invenções
do século passado,
a dor mais alta
não alcançou a sua estrela.
A dificuldade é só
chegar a essa fronteira
e experimentar como as mentes
e os terroristas
o espetáculo aterrador
de seus próprios limites.

PERFIL

Ó pequeno e raivoso ser
que mal te fiz
em ser eu mesmo,
em chegar tarde para o socorro?
Tecias o teu ódio
com agulhas minuciosas
sobre o corpo alheio e cansado
de esperar tua saudação.

Mas, só tu existias,
só tu cansavas,
só tu, Soturna,
te odiavas.

NA MANSÃO DOS WILLIAMS

Tomai e bebei
este é um legítimo escocês,
de muitos dólares
e muita importância
para vocês.

Tomai e comei
este é um faisão recheado
com azeitonas do Minhon
e olhos de bebês africanos.

Tomai e bebei,
este é o único sangue,
tomai e comei
esta é a única carne
que posso oferecer a vocês.

ESTUDO PREMATURO DA VELHICE

À medida que envelhecemos,
não nos tornamos frágeis
porque envelhecemos,
mas porque nos tornamos
cada vez mais previsíveis.
Assim, aqueles
que tanto nos estudam
sem saberes,
terminam perdendo
para além do limite
de nossa segurança.
Uma piada, um sorriso,
ou um ato silêncio
na hora certa, nos destroem.
E os outros, sem saberem
sabem disso,
e como são precisas
sem saberem!

DESPOJOS

Só restam o corpo
e um pouco de imaginação
para destruí-lo.
Só resta ao corpo
um pouco de imaginação
para destruí-lo.
Só resta do corpo
um pouco de imaginação
para destruí-lo.

NO REINO DE SHANGRI-LA

As crianças sabem morrer
porque pouco aprenderam conosco,
porque não tivemos tempo
de estragar a sua morte.
Mas, alguém começa a reger,
onde quer que elas morram,
uma orquestra brutal.
E essa era uma noite
que prometia revelar
uma por uma suas estrelas,
que prometia revelar
aos seres extremos
uma por uma suas estradas.
Onde, as cidades, as aldeias,
sabiamente estagnadas
em sua inocência?
Para lá deveríamos transportar
os pequenos corpos arquejantes,
os pássaros velhos
e as folhas amarelecidas.
Seus dodges de luxo
já buzinam agora
para os portões dos fundos
da História.
Mas a raiva de certos séculos
enferrujou os ferrolhos,
modificou os mordomos,
forrou de ferro e fungo
o tempo da tolerância.
"Quem faz confusão
paga com o espinhaço"
disse-nos, do alto de suas omoplatas,
o leão de chácara do puteiro pobre.
E eles venderam tudo:

a mata, a meta, o mito
e o infinito.
E eles venderam tudo
ao povo e, depois,
venderam o próprio povo.
Venderam coisas
que não podem
comprar de novo.

ESTÁTUAS

A espada de Bolívar dissolve-se
sobre os chapéus e os ombros
dos abandonados.
O ar está carregado como os rifles
antes do sinal.
E as estátuas se dissolvem
no começo de tudo.
Só os inocentes, porque são muitos,
demorarão a morrer.

A AUTOCRÍTICA POSSÍVEL

Estou fora de mim,
posso matar-me e fugir.
Zombar de minha pele parda
e meu cabelo rebelde.
Estou livre do nome
que me assenta tão mal quanto um capacete.
Posso eu mesmo me batizar
com a água de meus olhos castanhos
e dizer:
eu me batizo em nome daqueles
que me arrancaram do silêncio.

OS PRIMITIVOS — OS RAMA-RAMA

Não sabemos se nosso povo
é mais velho
do que o desses sangradores
de árvores, seus irmãos.
O que sabemos é que possuem
armas mais duras
do que a pedra

e devem ter levado muitos sóis
para construí-las.
No entanto, se são mais velhos
e sábios,
por que destroem
coisas tão mansas como as árvores,
e tão pobres e poucas,
como nós?
No início, quando penetraram
em nossa Mãe-Floresta,
pensávamos que todos eles
pertenciam a uma tribo possuída
pelos maus espíritos,
a uma tribo amaldiçoada
pelos próprios antepassados,
e que cabia a nós, os Rama-Rama,
apaziguá-los.
Uma vez, nós os surpreendemos
com as nossas frutas
e nossos olhos carregados
de mansidão.
Eles soltaram as armas,
assustados.

HIPÓTESES SOBRE O PODER

Os homens gaguejam?
É o poder.
Fecham, rápidos, as janelas?
É o poder.
Entregam, trêmulos, as xícaras?
É o poder.

O poder:
este qualquer fiat
que interrompe você.
Que bem, que mal, que misericórdia
não vem do poder?

A DIFÍCIL CONVOCAÇÃO

Estudam teodiceia ou química
e, às vezes, escrevem poesias
ou trabalham como serventes
na repartição.
Ah, como eles estão ocupados.

Servem cerveja e sanduíche
nos sujos e endividados
bares de subúrbio
ou estão no controle de máquinas
de nossas namoradas.
Ah, como eles estão desarmados.

Varrem as longas avenidas
e as pontes cobertas
de corpos de sorvete
ou plantam, para os outros,
quilômetros de árvores e arbustos,
ou mergulham na terra dolorida.
Ah, como eles estão fatigados.

AS CANÇÕES

Por trás de quem
te esconderás de ti?
Três vezes a montanha foi removida
porque não era montanha,
três vezes o mar se abriu,
porque não era o mar,
e o milagre foi de novo adiado.

As canções, sim, apressam
na garganta
a veloz golfada.
Elas valem pela volúpia
de abrires os pulsos
ou as altas janelas.
As canções existem
tão reais quanto os cães
e as infâmias que te perseguem.

DO AMOR, ETC.

I

Não ouvia Vivaldi
nem perdoava
teus amigos "incômodos"
e dizia: eu te amo.
Não coava o café
nas horas estranhas
nem adivinhava

tua angústia antes
do coice e do grito
e dizia: eu te amo.
Não bebia nada
nem gelava a cerveja
de tua sórdida sede
e dizia: eu te amo.

Eras só um pouco
de Vivaldi
e dos amigos "incômodos",
um pouco
do café de surpresa
e de angústia suspensa,
um pouco
da sede mais sórdida.
Como negava tudo isso
e dizia: eu te amo?

II

Ele mesmo
ela mesma
ele e ela
não querem.
Por que ficam,
por que tanto
persistem?

Que papel,
que ata
ou presente de natal
prendem esses mortos
no quintal
da casa que desaba?

O medo, talvez, de trocar
a pior escolha
pela falta de escolha?
Ou o medo de carregar
um cadáver maior
do que o tempo e a área
que o mundo reservou
para o sepultar?

III

Já não falam em como,
em quando,
mas em quantas
vezes te possuíram.

Também nisso, ai do Ocidente,
de seus calendários
e suas europas à noite.
Ai do Oriente,
de certa forma castrado
ao amanhecer.
Eles ainda vestirão
os mesmos pergaminhos
que as chuvas vão diluir,
a mesma sanha,
a mesma raiva
cintilando vazios
em todas as mortas direções.

IV

Inimigos cercados
por um fogo comum,
agora conhecem
um do outro
a fraqueza mais funda,
e não podem atacar
um ao outro
porque o fogo que os cerca
um deles sozinho
não pode apagar.
Essa casa é apenas
casamata em ação,
e a luta diária,
contra o fogo comum
que cerca esse lar,
simples suspensão
de uma guerra mais suja
e particular.
Generais inimigos,
juntos somente
porque é forte e avança
o inimigo dos dois:
generais que decidem
deixar sua guerra
doméstica e estúpida
para depois.

V

Quando os corpos tentam
noutros corpos salvar-se,
cada encontro novo
tenta em vão apagar
o último encontro.

Mas os corpos se cansam,
se envergonham, se enjoam
e, no fim, desejam
apenas ser cobertos
e sepultados com carinho.

VI

O corpo é tão importante,
mas não suporta
muito tempo
e muita ânsia.
É preciso lhe dar,
simples, simplesmente,
a massa e o mito
que ele merece.
Depois é a hora de a luz
ser tanta e absoluta
que as rugas e os ritos
sábios e certos
tenham a sua vez.
Depois, não,
Na hora mesma
em que o corpo
se distrai
com a sua força.

VII

No amor
e na pura
política,
a luta é para dar
com exatidão:
é dar para receber
não porque deu
mas porque o outro,
já pleno, deseja
dar, simplesmente
para não transbordar.

A FALSA ESTRELA

Vejam isso:
parece uma estrela portátil,
dessas que os astrólogos
nos mostram no fim do ano,
dessas que os poetas

engatilham na frente das moças,
dessas que os políticos
ao apontá-las, afastam-nas,
dessas que algum deus
acenderia sobre seu túmulo,
mas, não é uma estrela,
é apenas uma pupila
desesperada porque não pode
iluminar, como um simples fósforo,
uma pétala, uma fuga,
lá no extremo
de nossa escuridão.

VOCAÇÃO E OBSTÁCULO

Fomos criados
para o trabalho e a alegria:
basta que a brisa
entre mais forte
na sala sufocante,
para voltarmos a brincar.
Tiramos de uma árvore súbita
Uma folha esquecida
e começamos a mordê-la
e estraçalhá-la feito um lobo,
na frente de todos,
mas ninguém nos magoa
porque pensa
que ainda estamos brincando.

AUTOCRÍTICA

Não sofro porque erro:
sofro porque possuo
a triste faculdade
de nunca perder de vista
cada erro que pratiquei.
Sofro porque meu erro,
com suas lâmpadas quentes,
é quem primeiro me castiga.
Sofro porque o mundo,
que chega sempre tarde,
comete o erro
de ainda me castigar,
de novamente castigar-me.

PAZ

Quando repousam
com os rifles no colo,
quando descansam
para limpar as armas,
chamam a isso de paz.
Quando os trigais florescem
para alimentar os guerreiros,
o ministro dos campos
só teme agora
uma nuvem de gafanhotos
devorando suas medalhas.

VELHA CANAÃ

No seio de cada ânsia,
nascia um rio navegável,
onde os juncos e as pedras ocultavam
o peixe e a paz
que os perdidos procuravam.
Mas, eram tantas as estradas
os rios
e as possibilidades de fuga,
que eles não fugiam:
bastava-lhes saber
que as saídas nasciam
ao pé de cada desespero.

ROTEIRO

Todas as tardes,
na lama luminosa
dos lodos de Deus,
ele lia a lenta
passagem das lêndeas
rumando para os lúgubres
charcos, que ficavam
cada vez mais longe
de sua vida limpa
e tão violenta.

E remou seu corpo
para aqueles rios
oleosos e mansos
das cidades perdidas.

Mas, antes, passou
pelos esgotantes
treinamentos góticos
dos esgotos da Torre:
varando escondido
as vilas e os vales,
o verme vitorioso
irrompeu no corpo
ainda caro
e quente
dos vivos.

SAÍDAS

Ninguém suporta
te acusar para sempre;
além da morte,
existe para os "sujos"
as ruas e os cárceres,
ou a simples vontade
de encolher-se e deixar
que o castigo desista
de tanto castigar.
Teu corpo termina
aprendendo isto com as fontes:
dividir-se tanto
que se torna difícil,
água ou homem que sejas,
exterminar-se.

CONVERSA COM FERNANDO PESSOA

Aqueles para quem
realmente escrevo
não me lerão
ou compreenderão jamais.
Os que me leem
são apenas
variações de mim,
pedaços meus que me aplaudem
pensando aplaudir alguém
diferente de mim.

LIÇÕES DE DUREZA

Naquele homem, uma lição:
ele não reconhece a derrota,
nunca será derrotado.
Quem pode ser aquele homem
que só baixa a cabeça
para amarrar o sapato?
Não terá, certamente,
uma morte calma:
está hirto, antes de morrer.

LIÇÕES DE FORA

Disseram-nos que o desespero era "blue",
então fizemos "blue" nosso desespero.
Disseram-nos que a caixa de anfetaminas
era o carro-de-fogo de Daniel,
e pedimos, às pressas, anfetaminas.
Disseram-nos que dormir
era perder títulos e dinheiro.
Então, ficamos acordados
e, fora muito sono,
nada aconteceu.

O DÉCIMO RUM

Agora, o sorriso e a leveza
que não se incorporarão à vida.
Foi apenas uma sede
forjada
para torná-la (a vida)
mais longa e asquerosa?
Bêbados, mansos e ridículos
talvez entremos no céu
ou no quarto de Irene.
No décimo rum
é difícil observar entre eles
alguma diferença.

OBJETIVIDADE

Nada mais objetivo
do que teu soluço,
tua fome de Deus.
Essa dor,

como sangue coagulado,
ganha uma outra consistência
e haverá, ao menos quimicamente,
quem se identifique com ela
e te chame de irmão
e soluce contigo.
Nada mais concreto
e objetivo
do que esse rosto mergulhado
que não sobe à superfície
para dizer o seu nome.

EXECUTIVOS & EXECUTADOS

É terrível nascer em Washington
e não ter mais
para onde subir,
para onde escapar.
É terrível ter apenas
o infinito como refúgio
quando a terra zangar-se.

SOLTEIRONA DO APARTAMENTO 301

Colérica porque
o gato derrubou o jarro,
e encontrou
excrementos de rãs
no terraço azul;
revoltada porque
não inventou o verão
o vinho e a ventania
que não vêm;
e raivosa porque
não foi rasgada,
rasga tudo que tem.

A COZINHEIRA E SEUS DIÁLOGOS

Todos gritam na sala.
mas Joana, na cozinha,
não fala sozinha:
quatro bocas ardentes
conversam com ela.

UMA DISCIPLINA SERTANEJA

Procure a rigidez suprema
dos sabres
e dos franco-atiradores.
Resiste a esse apelo de pétalas,
não voltes o rosto
ao primeiro chamado.

AGONIAS DO ALGOZ

Chega em casa cansado
de bater nos bandidos
as mãos feridas
de tantos dentes (alheios) quebrados,
de tantos braços torcidos,
de abrir e fechar
tantos braceletes de ferro.
Chega em casa cansado
de tanto bater
com punhos doloridos
no rosto do mal.
E a mulher ainda lhe traz
um café frio.
E se esquece de beijá-lo
e provocá-lo para o amor.
Quem merece, pensa ele,
uma mulher tão má?

CIRCO

Anunciamos o homem
que engole facas,
que engole fogo,
que engole sentenças terríveis
e continua a existir.
A não ser uma pequena
vontade de fuga ao anoitecer,
tudo indica que o destino
desse homem
cheio de febres, facas e fogo
é sobreviver.

DUAS VISÕES DO CAPIBARIBE

Um rio verdadeiro:
onde crianças e cavalos tomam banho,
aposentados pescam à tardinha,
operários cavam fundações de pontes,
esgotos vomitam sua massa negra.
Um rio verdadeiro:
Sujo de rãs e bactérias,
limpo, totalmente, limpo
de símbolos.

RAZÕES

O que te absolve
é esta falta absoluta
de alternativa:
onde pisares,
pisarás no teu fim.
A escolha engraçada
entre um precipício
com os mesmos metros
cúbicos de perdição.

PROSTRAÇÃO MEIO SUBURBANA

Não quero mais nada,
nem mesmo a alegria:
luz que me expõe
feito casa acesa
sob um céu forrado
de caças noturnos.

Não quero mais nada,
nem mesmo os invernos
que os demônios devem
ao meu povo cansado.

Não quero mais nada,
nem mesmo o soluço
solto dos que sobram
e tentam subir
montanhas sem mulas.

Não quero mais nada,
nem mesmo jogar
meus irmãos gerais
no meu ninho de nãos.

AH, ESSES APRESSADOS!

Querem o orgasmo
quando ele
já aconteceu
ou está acontecendo
no caminho do orgasmo.
Querem subir
aos cumes
desta montanha invertida:
quanto mais se avança
na subida
mais se caminha para as bases.

APRESENTAÇÃO PARA CRÍTICOS

Minha poesia é um pouco
ou um muito de João Cabral,
misturado com um pouco
ou um muito de Franz Kafka
e um pouco
ou um muito de mim.
Minha poesia sou eu
misturado com aqueles
a quem amei.

JOANA D'ARC

Joana foi
gentilmente assassinada
e, por isso, aceitou o fogo
e a brisa que o açulava
com as últimas gentilezas da Terra.

É assim que queremos
ser mortos e maltratados:
de um modo em que as chamas
deixem intacto o orgulho
que não foi construído por elas.

ELEVADOR

Pedro, o ascensorista,
adormeceu no trabalho.
Mas, alguém que o amava,
ao invés de acordá-lo,
apertou o botão.

OS ENGRAXATES E A ZONA DA MATA

Um emissário poderoso
procura a criança que roubou
uma banda de limão.
O poderoso emissário leva
a outra banda como prova
e aumenta em três laudas
o seu relatório.
Mas, forma-se, à sombra dos capitólios,
uma estranha comissão
que vai investigar a origem
do sapato brilhante
do sr. Emissário.

IMITAÇÕES DE CRISTO

1.

Para entregar estas traves
na serraria,
quanta água barrenta,
quanta amarga farinha
precisamos, meu Deus?
No entanto, ao invés
de xingá-lo, dizemos
um belo palavrão
ao cadáver do amigo
que interrompe, na tarde,
nossa promoção.
Ao invés de chamá-lo,
arrastamos, em fúria,
o corpo que reduz
nossa produção.

2.

Quando nenhum lado
resta para ferir,
e o vinagre tornou-se
o porre costumeiro,
como exigir que chorem
a nossa dor?

Que ouçam seus discos
enquanto recebemos
o primeiro tiro,

e cantem e dancem
enquanto agonizamos
em nosso núbil
e negro retiro.

O JARDIM DO HOSPITAL

Lá fora, as coisas
não inspiram tantos cuidados:
tudo nascendo,
tudo brotando.
Era assim que estávamos
e não sabíamos.

Um pouco d'água
um pouco de sol
e, pronto,
o dia pode começar
nas pisadas de alguns parentes
que vão e voltam
sobre a grama molhada.

De tão inconstante, não conseguem
atrofiar esse mundo
firme e delicado
que parece florir lá fora.

Esse mundo que muitos veem
e que nem todos
voltarão a reconquistar.

OBSERVAÇÃO

1.

Hoje, não faltou nada:
O tráfego estava manso
o ônibus estava no ponto
e praguejaram pouco os companheiros de trabalho.
A noite, depois de alguns séculos,
foi chamada pelo seu nome,
não de dezoito ou vinte e quatro horas,
e respondeu com muitas estrelas.
Nenhum desastre ou heroísmo
perturbaram este dia pobre,
este pobre dia de paz.

Mas, tudo é véspera,
tudo é véspera de tudo.
Desconfio deste silêncio
como um velho batedor
de trêmula caravana.

2.

Para o que nasce
e para o que envelhece,
anoitece.
O sol está velho
e os astrônomos sabem disso,
mas continuam colocando
lentamente
a manteiga em seu pão,
e limpando
lentamente
suas lentes.

CERTA ECONOMIA

Queremos salvar a estrela Ômega
e não esta moça chorona,
este menino com sono na porta do Paraíso.
Estamos certos, excessivamente certos
e excessivamente fracos
para impor
a nossa certeza.

COMBATE DE UM NOVO PIRRO

Este morrer muito,
morrer demais,
este bater de portas
no teu desabrigo.

Este doer-se tanto
e ouvir, no entanto,
o pranto menor,
o outro pranto.

Este calar toda
a revolta possível
este beber sozinho
um inferno divisível.

REFLEXÃO NO BAR "A CANEQUINHA"

Sem corpo,
seria fácil, muito fácil,
sermos heróis ou abstêmios.
Com o corpo,
é que devemos lutar
corpo a corpo,
para sabermos até onde
vale a pena
continuar cedendo
copo a copo
às sereias do corpo.

A TERCEIRA GUERRA

Se a Terceira Dama surgir,
quem olhará teu vestido,
tocará a tua canção
ou recortará, dentre as notícias guerreiras,
teu poema rural?
Só os que nada
têm para mostrar
sentirão o medo mais puro,
o dos filhos menores
pedindo que a carne trêmula
se transforme em chumbo sagrado,
que a matéria bruta
dê nova oportunidade
às frágeis sementes.

A INVISÍVEL TEREZA

Tereza ouve
as aves e sobe
as cordas dos hinos
para alcançar-se,
mas as aves vivem
longe das lojas
e Tereza ouve
apenas o ontem
das aves que antes
para ela cantavam.

UM AMANTE DO FAROESTE

Gostava de filmes do faroeste
e outras coisas arejadas,
sem escuros nem profundezas nem lodos,
mas o mundo era ainda tão novo,
tão cheio de montanhas e pedras altas e rios rasos
e tristes latifúndios intocados,
que era difícil ainda esquecê-lo.

Muita fuligem, muito mal,
e desgraças novas correndo
com ventos abandonados
sobre o ventre da terra
teriam de acontecer, uma após outra,
para que o esquecimento completo
baixasse, enfim, sobre o seu corpo comum.

OS GRANDES ARQUITETOS

Seus longos nomes
de consoantes dobradas
gastam mais bronze, mais pelo
da flanela dominical
contra o dejeto das moscas,
a poeira dos ônibus
e a miopia dos estafetas.
Belos nomes para os currículos acadêmicos
e os epitáfios familiares,
para nome de escola
difícil de decorar,
para nome de rua
tão limpa e policiada
com a vida anônima
de uns construtores.

RECRUTAMENTO

Sem dentes
não entras
nas forças sagradas.

Sem vista
não vestes
as rútilas roupas
das forças sagradas.

Sem fogo
não formas
nas festas
nas filas
das forças sagradas.

Sem saúde
sem sono
e sonhando
tu sobras
e morres no mundo
a mando
das forças sagradas.

PODER DAS ARMAS

As armas calam
as queixas
e cobrem o próprio clamor
dos cânticos.
As armas quebram
a coragem de quantos
não a queiram cantar.

As armas quase gritam
mais alto que a queda
os que, sem ela,
caíram calados.

PARA LER ANTES DE DEITAR

I

Os garçons riem
para os que se acabam.
Os garçons têm débitos,
filhos
e devem rir
para os que se acabam.
Nós amamos os garçons
que riem,
que oferecem, com ar de festa,
tanta despedida.
Daqui a pouco é hora
de voltarmos
para algum lugar,

e queremos garçons em festa
para nos sepultar.
Mas, é noite muita
e os garçons estão ocupados
com seus filhos,
os bêbados
que não se acabam.

II

A noite o ama,
os amigos o amam,
e eu o amo.
Quem o ama mais?
Certamente é a noite,
porque, esta noite,
ele não volta mais.
Ou, talvez, os amigos
que o prenderam na noite,
com seus versos e vômitos
habituais.
E eu devo dormir
para ainda estar bela
na noite em que a noite
e os amigos
não o quiserem mais?

III

Quantos homens trabalham
para nos manter vivos
até agora?
Quantos homens se equilibram
no céu
para nos trazer esta carta?
("Para cada grupo
de cem brasileiros
trinta e dois trabalham
para manter sessenta e oito")
Somos salvos diariamente
por irmãos invisíveis.
Irmãos estranhos,
quem vos salvará?

IV

Os braços rejeitados
podem fazer muitas coisas
para continuarem braços
e manterem a força

de suspender as amadas.
Os braços muito rejeitados
tornam-se perigosos:
podem resolver
no braço
o problema de sua rejeição.

V

Escolhemos a liberdade
e a liberdade era isso:
beber, foder, sem discussão.
E a liberdade era escolher
seu modo próprio de morrer.
O dia e a sua enorme
necessidade de trabalho;
o dia e sua enorme
necessidade de união,
vai morrer, assim, como nós,
sem discussão.

PROJETO ANUAL

No próximo ano, seremos
tristes e corretos,
tristemente corretos:
nada de táxis acordando tão tarde da noite
as crianças e os justos
dos bairros distantes.
Chegaremos cedo
e a tempo de encontrar
os vizinhos brincando
com os filhos na calçada.
No próximo ano, seremos
a cerveja e o abraço contidos,
a lembrança comum.

CONJUNTO DE POEMAS PUBLICADOS NA COLETÂNEA INSERIDA NO LIVRO *O CÃO DE OLHOS AMARELOS & OUTROS POEMAS INÉDITOS* (2006)

FALSIDADE E ERUDIÇÃO

Ele sabe que não sabes
e pergunta e pergunta
para beber, como os monstros

a tua ignorância.
Mas, saber que não sabes,
não lhe basta:
precisa assistir
a todo tremor
de que tua voz é capaz.
Precisa raspar
as rasas paredes
de teu último vazio.
Gozar, enfim,
como um sábio às avessas,
toda a destruição
de que a sabedoria é capaz.

PARADA TÁTICA

Por enquanto,
não podemos mover-nos:
a dor
é uma iniciativa nossa.
Temos as mãos atadas
e um escorpião na lapela.

OCUPAÇÃO

Sou um homem ocupado
com minha infância.
Ó culpado!
Era apenas o vento
que alvoroçava aquelas dunas;
os cavalos de meus amigos
não me alcançam no deserto.
É fácil ir longe:
basta na ida consumir
as águas do regresso.

OS PASTORES NÔMADES

"O nômade pobre é o nômade puro";
só assim se pode
realmente partir.
Com a carga de grandes despojos
acamparíamos, para sempre, em alguma fronteira,
e deixaríamos de ser nômades,

e deixaríamos de ser pobres,
e deixaríamos de ser puros.
Que cada um cuide de suas poucas ovelhas,
porque nossa pobreza é indivisível,
e nas cidades abandonamos
os que empobreceram demais,
para que só destruamos os que,
diferentes de nós,
não ousaram partir.

ARMADILHAS DA RUA NOVA

Jamais soube o que era um dáctilo,
mas escreveu poemas sobre o Atlântico
e ele não se queixou
de sua ignorância.
Para cantar o desconhecido
é preciso dormir
com as fêmeas feridas,
e ensiná-las, de novo,
o caminho da volta.
O mundo tem armadilhas
que só disparam
quando pisadas pelo medo.

EMERGÊNCIA

Os companheiros morrem
no companheiro morrendo.
As enfermeiras perderam
toda a pressa,
porque a árvore já caiu
e a limpeza dos ramos
não é trabalho para elas.
O soro pinga
um resto de paciência imaginária
no coração dos companheiros
que morrem no companheiro morrendo.

PEDAGOGIA

Ter filhos
e deixá-los gritar
para saberem que o grito

não resolve,
é isso razoável?
Ter filhos
e deixá-los beber
para saberem que o álcool
não resolve,
é razoável?

É razoável
ter filhos que não bebem
nem gritam?

CHECK-UP CLASSE B

Ótima a pressão arterial
e o coração é de menino.
O corpo está correto
e a vida
pode prolongar o seu erro:
mais conhaques e débitos
e deuses
para perdoar tudo isso.
De quantos abismos é feita
a pequena e quase exangue
fonte da vida?
De poucas mas terríveis sedes
esta fonte se orgulha.

O FESTIVAL QUE NÃO VI

Jimi Hendrix, radiante
carvão da terra.
Jimi Hendrix — o fim do mundo
não mais anunciado por trombetas,
mas por guitarras.
Subiste por último, com tua camisa estampada
de gemidos,
e os que julgavas dormir com Deus
não acordaram mais.
Jimi Hendrix,
trezentos mil se levantaram
para ser batizados
de vermes,
para lamber os primeiros rachões
do mundo,
para tornar Woodstock o cântico axial
dos tempos.

A JANIS JOPLIN

Do todo, só o lado inflamado
o contamina
e Jesus nunca teve
uns olhos tão injetados
de rubra e inócua fúria
como agora.
A norma é a dissolução.

Este pedaço de povo
que não pode vencer
geme alto
para compensar-se.
As suas mulheres
se entregariam
a todos os vivos
que, por acaso, as quisessem.
A norma é a catástrofe.

Pela manhã
já começa o adeus
tão longo
e tão repetido
que já não merece resposta:
a norma é a solidão.

AFORISMO

O astrólogo quer ser leiteiro
mas a moça do caixa
quer apenas que o soldado Pedro
não esteja de serviço esta noite.
Os homens não se medem
pelo tamanho de seus horizontes,
mas pela insistência em alcançá-los.

ASCENDÊNCIAS

Vim tão de baixo,
tão das bases
ou das vergonhas da terra,
tão sujo do fogo,
barro e limo
dos abismos abertos,
que não foi possível mentir,

nem mostrar
bons modos à mesa
dos delicados diretores
do mundo.
Fui incômodo e exato,
garçom enlouquecido
que serviu chumbo
no banquete dos anjos.

PELOTÃO

Vamos, atirem,
o sol está insuportável
para o condenado,
e sua pena não foi certamente
o sol, até morrer.

Não esperem que sinta medo,
porque todas as estrelas
se apagarão,
antes que ele trema
como uma delas.

PENSÃO

Amando muito
ou pouco
elas estragam,
quando pouco
ou muito
se entregam.
Viver, para elas
é dar pouco
ou muito,
é estragar o corpo.
Amar, para elas
é enfeitar
de voo
todas as quedas.

BRASIL, 1975

Mudar
ou emudecer,
eis a questão.
Bem-aventurados

os que ainda não mudaram,
os beneficiários
da loucura
dos que mudam sozinhos,
dos que mudam cercados
de gritos,
ocidentalmente sozinhos.

Enquanto são pedidas
costeletas de porco
e outras longínquas especiarias,
é preciso dormir mesmo
ou acordar-se, repentinamente,
como quem foi sacudido
na noite de núpcias
por um ataque aéreo.

UMA TARDE OITOCENTISTA

Um bando de chuvas
e ventos rasantes
duraram três tardes,
três voos rasantes
na minha agonia.

Durante três tardes
justamente aquelas
de minha agonia,
um bando de chuvas
e ventos rasantes
passaram.

Passaram as chuvas,
um bando de chuvas
e ventos rasantes,
mas continuou ventando
e chovendo sozinha
a minha agonia.

CONSTATAÇÃO

Este rum
este sono,
este Deus
que não vem,
esta falta no amor

que não foi revelada.
Este samba
de Rosa,
sem samba,
esta pobre vontade
de partir e deixar
minha parte cansada
que não sabe cantar.

NO TÚMULO DO OPERÁRIO DESCONHECIDO

Onde colocaremos uma flor,
mesmo hipócrita,
para compensar tanta infâmia
e esquecimento?

ENTALHE

Este é, pela sua eficácia
e elegante imobilidade
de folhas e faces,
verdadeiramente um dia sem mim.

Quantos anos e séculos
e milênios sem mim
ainda virão?

Eis uma pergunta que os pobres
candidatos ao céu
não encontram no seu rosário.

Eis uma pergunta que os muitos
proprietários de mim
ainda terão de formular.

PATERNIDADE

Como alimentar
os filhos,
se o nosso demônio
tem fome,
quando é do sobejo
de nosso demônio
que alimentamos os filhos?

POUSO DA SENHORA G.

Ao saltar do mustang
seu corpo cresceu
feito o pouso A
dos supersônicos na pista:
o trabalho de mil salões
mil shampoos
mil ondas do mar
mil horas de sol
foi inaugurado pobremente na calçada
sob os olhos leigos dos motoristas,
dos operários da telefônica
e de um cego que apenas
sentiu o seu cheiro
dentro do luxuoso silêncio
que repentinamente se fez.

A PELADA DOS EXECUTIVOS

Descalços, como só na infância
é possível ficar,
eles sentem de novo a terra
se aproximando.

Acostumados às meias de seda,
aos chinelos de lã,
aos tapetes da Pérsia,
como não achar agora
áspera
a terra?

UM GUIA DE VIAGEM

Tudo que possuía:
a casa longe do mercado imobiliário,
mas perto do mar;
a coragem de procurar-se
procurando a foz
de todas as procuras,
e uma certeza construída
de pequenas coisas férreas.
Hábitos simples, vegetativos,
o de amar em pleno meio-dia
ouvindo velhos cantos gregorianos
(sem escárnio, mas sem piedade).

Depois, a noite
repleta de portas inseguras,
e mais a perdição
tão alta e analítica
que não gerava leves canções,
mas o despertar irreversível
de uma montanha, só e intacta:
tão só, que não foi escalada
por nenhum alpinista,
tão intacta, que não foi maculada
por nenhuma bandeira.

A NORMALISTA

Trabalhei meu rosto
a tarde inteira,
e o amado, com um simples telefonema,
jogou meu rosto pela janela.

Lavei meu corpo
com lavanda espanhola
e o amado, com um simples telefonema,
jogou meu corpo pela janela.

Preparei minha alma
para a renúncia derradeira
e o amado, com um simples telefonema,
jogou minha alma pela janela.

ADEUS TEMPORÁRIO

O filho enfermo
e o fogão sem gás
me ferem mais
que o fechamento do Congresso.
Meus problemas
são mais simples, mais tópicos,
mais concretos
que os dos meus defensores.
Adeus, Cristo,
até o dia em que meu filho
volte a pedalar.

PROVISÃO

Quando ele amanhã
acordar morrendo
vai correr para cá.

Abrirá o portão
e estragará o jardim:
queimando
gritando
e morrendo
como sempre viveu.

SABEDORIA CLASSE B

Vamos falar dos objetos
para ninguém sair ferido.
Os deuses e as ideias
sempre nos dividiram.
Vamos falar apenas dos objetos.
Deixemos em paz
o novo amor de Rachel,
deixemos em paz
o homossexualismo do patriarca.
Deixemo-nos em paz.

METAFÍSICA NA LANCHONETE
(8 de março de 1997)

Esta pedestre lucidez
acordou a morte
que dormia dentro de ti:
a morte ou o horror
de agarrar-se ao cosmo,
para sempre, um fiapo
de tua consciência:
só o éter e o lajedo
suportam a eternidade.

CORRESPONDÊNCIA

Damos, cada um, seu recado,
mas poucos, muito poucos
recebem a resposta.

Esta última não é tão necessária
como, às vezes, os grandes antepassados
nos querem provar.
Pode ser uma árvore
que pende triste e pesada
sobre uns rios escuros;
pode ser um diploma
para o filho só e enfermo,
poder ser um poema
que o crítico mais louco e desprezado
numa noite estrelada
descobriu, e ficou.

RELÓGIO DOS VIZINHOS

Não sabemos as horas,
mas sabemos que são
horas de voltarmos para casa:
mais leves, mais pobres,
mais perto do adeus.
Algo nos diz
que horas são em nossa vida:
horas de regressar,
mas, não para a vida.

MEDO GERAL

De raio e chumbo
e chuva radioativa
será a raiva rubra
que, radiantes,
não veremos?

O medo muda
o manto dos mortos
e move os mitos.
O medo manterá
ou mudará
o manto do mundo?

AS NOVAS ESPARTAS

Com óleo
ou sapólio
limpam-se as armas
para a inspeção da madrugada.

Com panos
ou penas
limpam-se as armas
da pólvora mais negra.
Com flanelas
ou flâmulas
limpam-se as armas
do plasma endurecido.
Com chamas
ou chuvas
que nos limparão a terra

CONTROLE REMOTO

Tudo sob controle:
a família
e as prestações.
O carro pago
é lavado e esfregado
todos os domingos.
Não faz vergonha estacioná-lo
diante de Deus ou do Clube
dos Colecionadores de Esporro.
Não beberá este chope,
não provará destas mulheres
e os dez mandamentos, no bolso,
estão juntos do cartão de crédito
e das apólices de seguro
contra a liberdade.
Tudo sob controle:
um túmulo foi comprado
em módicas prestações
para a família que cresce,
uma família que sabe
as quatro operações da vitória.
Tudo sob controle:
menos a agonia
de esperar tanto tempo.

ASPIRAÇÕES II

Não temos armas,
temos vida,
a moeda mais alta,
a moeda mais forte
e mais desperdiçada

da face da terra.
Não temos armas,
temos apenas
vontade de viver.
Comeríamos em paz
gafanhotos e pirilampos,
se nossos filhos
se conformassem com isso.
Mas, estamos quase mortos,
e nosso resto de vida
já não nos pertence,
mas àqueles que geramos
e que sonham mais alto
do que nós.

ESTÓRIA DE MATILDE

Dezoito (por que dezoito?) demônios
cobertos de margaridas formavam o comando.
Entraram na casa às dez (por que dez?) horas
e quebraram primeiramente o piano,
um velho piano com sua cauda negra
de serpente carbonizada.
Depois despertaram Matilde (por que Matilde?)
que lhes fez um quente café
e deixou-se possuir
até que o púbis ficasse grisalho
e seu horror
e sua repugnância
provocassem o fastio dos copeiros.
Depois do piano, depois de Matilde,
os demônios procuraram
alguma coisa maior
para destruir.
Destruíram, por engano, a José Antonio Saraiva,
casado, 33 anos, jardineiro,
e de ascendência ignorada.
As altas autoridades satânicas sentiram-se humilhadas
com tão humilde presa
e resolveram punir o comando,
transformando os seus membros em míseros
demônios itinerantes
dos poetas mais pobres
e ensolarados da Terra.

LIÇÕES TARDIAS
(Para Silvana Guimarães)

Não devemos aprender a esperar.
Devemos, sim,
esquecer as coisas esperadas.
Ainda que nos digam:
"espere-me, à hora tal, em tal jardim",
o jardim nos deve bastar.
Que a chegada daquilo
que nos fez esperar
seja algo normal naquele mundo,
como a morte de uma borboleta
ou a fuga de um lagarto nas pedras.
Se nada chega,
se ninguém aparece,
não notaremos a sua falta.

POEMAS FINAIS*
(1979)

VARIAÇÕES ALTERNATIVAS

Estado de sítio,
de sótão,
de insulto;
estado de servo
diante
do jurisconsulto;
estado de só,
de sórdido,
de súdito;
estado de insólito
salve-se,
de incálido
suma-se.

AMADEUS/MOZART
(A Milos Forman)

Era menos um deus
que um adeus,
era Amadeus,
um amado dos deuses
que aconteceu
num palco só seu:
era deus ou deuses,
adeus ou adeuses?
era o amado de deus,
era Amadeus.

---

* Os poemas deste livro trazem, conforme o autor, "algumas experiências esporádicas ligadas ao van-guardismo brasileiro", além de poemas inéditos por ele selecionados. Doze de seus originais foram escolhidos para outra coletânea, a do livro premiado pela Academia Brasileira de Letras, *O cão de olhos amarelos & outros poemas inéditos* (2006), e voltam a este livro de origem, nesta edição da *Poesia completa*. O ano de 1979 marca o início da maioria da criação dos poemas, mas o poeta, ao longo de sua produção literária, escreveu muitos outros em variadas datas e somou-os ao volume. Foram inseridos, especialmente para esta edição, os poemas visuais "(SOMOS SONHOS)" e "(OVNI)".

TU, "BIAS", RIMADO

"Tu baica ou não tu, baixa,
tu, balalaica!",
a ex(pressão)
c'antiga de Amy-zade
a um poeta-morador
do Recife-Ipsep,
que és tu
baica, tu, balalaica:
semana a semana,
em outra vida,
menos sacana
e mais laica.

O FOGO

O fogo tem fome
de oxigênio;
de ácido, óxido,
ódio e gênio.

O fogo vai fazer
a festa fúnebre
do terceiro milênio.

SÓSIAS DEGRADADOS

Os degradados atingem
uma certa humildade
de galho pendido
sob o peso da chuva,
e gostariam de não ter frutos
para cair sozinhos;
mas, como isso é um sonho,
só lhes resta morrer
mais degradados.

ADEUS GERAL

Vocês são tantos,
como dizer um adeus
que alcance todos

e alcance tantos?
Eu queria dizer
pelo menos um adeus
tão longo, tão difuso
que depois me sentisse
não longe dos meus,
mas longe de todos.
Pelo menos um adeus
que me tornasse todos
porque todos, pelo menos,
merecem um adeus.

TRISTEZA URBANA

Tristeza tagarela
que nem de si mesma
tem orgulho mais:
tão feita de raivas,
vozes altas,
e cortinas abertas,
que nem do pudor
de ser a tristeza
tem cuidado mais:
tão feita de claras
explicações metafísicas,
que nem essas sombras
de março morrendo
a socorrem mais.

MANOMANA

Malina, a que trazia
peixes-rosa no seu cesto,
era mais que ela,
nas sombras do sótão, a agonia
britânica do nosso incesto,
o erro doce e primordial
de dois corpos maninhos
se tocando nas brincadeiras
entre as taiobas, no quintal,
corpos que só sabiam
agarrar-se contentes
na terra desforrada

e descobrir que são quentes
as vontades sem nome
e as alegrias desterradas.

OLHANDO ESSAS RAÍZES DOENTES

Se do passado se extinguisse
toda a vergonha,
não existiria passado
o hoje mesmo, ou amanhã,
você, até você,
ó refém do passado,
renasceria.

É UMA QUESTÃO DE EXPECTATIVAS

Em cada estação,
as frutas e os amigos possíveis
devem ser esperados,
nada mais do que isso;
em cada estação,
o resultado da falta
ou do excesso de chuvas
não deve levar-te
ao desespero de ontem,
nem deve cobrir-te
de bandeiras tão frágeis
que possam rasgar-se
a qualquer ventania.

QUANDO MINEIRINHO ERA CONVIDADO

Tão acostumado
a viver em apuros,
ele nunca soube
o que fazer da alegria;
essa bola de festa
que segura grosseiro
e a estoura na cara
antes de contemplá-la,
esse olhar de moça
que se apaga ligeiro
quando ele, espantado,
pergunta o que quer.

MAIS UMA AGRADÁVEL ALIENAÇÃO

Apesar de sentir
apenas a manhã
com seu bando de moças
súbitas, se erguendo,
sob o sol;
apesar de insistir
somente na vontade
de olhar essas moças
e cantar esse sol;
apesar de saber
que não tenho o que vejo
nem vejo o que quero,
eu queria ver tudo
brotando,
tudo nascendo!

"PROESIA" PRÓ-DEOLINDO*

A beleza de Deus
afogada no jogo
de um mundo caindo,
Deolindo;

(A cabeça de Willy Mompou estava coberta de moscas brilhantes, com suas asas metálicas, que formavam um elmo de apodrecido esplendor.)

corpo em tumescência
a carne a latejar,
em sonho se esvaindo,
Deolindo;

(Os pés entre buganvílias derrubadas pelo vento... Com seus sapatos de flores, o desventurado Willy não poderia ter ido muito longe.)

omoplatas de anjo,
o poeta é guerreiro
só quando está dormindo,
Deolindo;

---

* Conferido a partir de originais manuscritos. Faz referência ao heterônimo Willy Mompou, de Deolindo Tavares, no livro *Poesias* (1988), do qual Alberto da Cunha Melo foi prefaciador. Poema datado de 1987, publicado no *JC Cultural*, Recife, sexta-feira, 4 de dezembro de 1992, p. 2.

(Mas, já é noite, e as aves das trevas, com seus olhinhos que se parecem com cigarros acesos na escuridão de um acampamento, cercam e velam o corpo do abandonado Willy, enquanto os abutres,
no alto das árvores, esperam o amanhecer...)

uma doce Judith
ainda planta jasmins
            no século já findo,
            Deolindo.

JOGOS FRUGAIS

BOLINHAS DE GUDE

I

é minha irmã
toda manhã
sem amanhã
é minha irmã

II

meu bem te vi
— eu mal te vi
meu bem-te-vi
também te viu

III

bem com meu bem
me sinto bem
me sinto bem
bem com meu bem

IV

em mim enfim
o amor sem fim
o amor sem fim
sim no meu fim

ESTUDO DE ECONOMIA

CAPITAL CIRCULANTE
CAPITAL FIXO
CAPITAL VARIÁVEL
CAPITAL CONSTANTE
BEM DE CAPITAL
BEM FINAL
MEU BEM

FIM DO MÊS: PARE

A falta de saldo
é a falta de toldo
é a falta de soldo
é a falta de todos
é a falta de tudo.

A falta de saldo
é a mãe
de todas as faltas,
é a falta
de todas as mães,
é a falta
de todas as fodas
é a volta
de todas as faltas.

A falta de saldo
é a sede
de todos os saltos,
é o salto
de todas as sedes
é a sela
de todos os sobressaltos.

A falta de saldo
é o cinto
de todas as sortes
é a sorte
de todos os simples.

NO DIÁRIO

Dia sem rum,
sem rumo,
sem risco,
sem rosto.
Dia sem um
outro dia
para lembrar,
dia comum
como um
dia vazio
que nenhum
homem
pode completar.

PARA MURILO MENDES
(13/4/1980 — Bar Mangueirão, sozinho)

Há flores de latas
e flores de lutas;
há flores de levas
e flores de luxos;
há flores de litos
e flores de luzes;
há flores de lótus
e flores de lutos.

PRIORIDADES

O DÓLAR
A SUÍTE
O MUSTANG
O BRIDGE
O O

A SUÍTE
O DÓLAR
O MUSTANG
O BRIDGE
O OU

O MUSTANG
A SUÍTE
O DÓLAR
O BRIDGE
O OUT

O BRIDGE
O MUSTANG
A SUÍTE
O DÓLAR
O OUTR

O DÓLAR
A SUÍTE
O MUSTANG
O BRIDGE
O OUTRO

UM HOJE BASTANTE CESARIANO

O hoje urge
o hoje age
o hoje ruge

o hoje arde
o hoje urde
o hoje abre
o ventre de Lurdes.

SALMO ÀS NOVAS ESPARTAS

Almas e elmos
sob álamos amplos
ensaiam
certos salmos
de sangue
e saltam
vales de lama
e sobem
as serras mais
altas
e sugam
a última
seiva dos salvos.

INSISTÊNCIA

Ainda me sento
ainda me sinto
ainda me sigo
ainda me cego
para escrever.

CALENDÁRIO

domingo
segunda
terça
quarta
quinta
sexta
sábado?
em que dia
os santos
e os criminosos
trabalham?
em que dia
o vírus
e a vergonha
deixam de trabalhar?
em que dia
fui
dia?

TOMISMO

A SOMA
DOS SUMOS
A SUMA
ASSUME
O SUMO
DAS SOMAS
ASSOME
A SUMA
DAS SUMAS

O CAPITAL

MOEDA É
MOENDA
MOENDO
MOEDAS

(MODERNO)

MODERNO

MODERNO

MODERNO

MODERNO

MODERNO

MODERNO

MODERNO

PICTOGRAMAS

I

CÓDIGOCÓDIGO
   DIGO
CODI
  DOI
  DOI

II

TERNOCAMARADA
TER   CAMARADA
TER   CAMA
TER   RA
TER   AMA   DA
TER   MAR
TERNO AMAR
TER   CAMARADA
TERNOCAMARADA

III

GARRAS
GARR ...AS
GARR ...AS   ...AS
GARR   ... AS
GARR   ...AS
GARR   ...AS
GARR   ...AS

IV

CURRAL

A
  GARRO
      TE
     NOV ILHA

POESIA VISUAL

(SOMOS SONHOS)

sorhos

(OVNI)*

---

* Publicado na coletânea *Poesia visual e experimental em Pernambuco (Poesia postal)*, Edição Extra. Dezembro de 2005.

SALVOS DA CESTA

MOTO-CONTÍNUO
(Recife, 1981)

Café para todos
e papel
e cigarro
e água
e coca
e sanduíche
e jornal
e recado
e cinzeiro
e carta
e revista
e café para todos.

IMPREVISTO DE PROTOCOLO

O ritual das gentilezas,
faz-de-conta que faz
dormir alguns anos,
só retarda o estalar
dos ossos, os rugidos
da fera atropelada,
na qual nossas mãos
com pena ou com medo
não ousam tocar.

RESSURREIÇÃO DOS CORPOS

Dois corpos renascem
com medo
mas renascem
a cada encontro:
no carro oculto
sob os jambeiros,
dois corpos regressam
à ordem rarefeita
das folhas vivas,
e os linhos

mais leves
doem nessas mãos
novamente novas,
tão novas, que não acham
entre os elásticos
e as sedas internas
facilmente o caminho.

AGENDA (CLASSE + OU – B)
(Recife, 1982)

07h00 — Levantar-se sob o coro dos
bem-te-vis sobre os oitizeiros
da Av. Manoel Borba, Recife, PE.

07h01 — Despertar, bem devagar, minha
mulher e amá-la e dizer
pela duodécima milésima
vez que a amo.

07h20 — Tomar um banho morno numa
larga (e inexistente) banheira com
um sabonete cheiroso cujo nome
nunca me lembro (mas compro).

07h40 — Comer dois ovinhos estrelados
com um pão ainda tépido, beber
um copo de leite com nata e
esvaziar uma taça de salada de frutas.

08h00 — Limpar a mesa (do escritório), tomar
um cafezinho, e pensar
no amplo saldo bancário, nos sítios,
nas casas de praia, nos materiais de pesca
(em tudo que não tenho) e dizer ao chefe:
estou pronto, vamos estragar mais um dia?

08h05 — Ouvir o pronunciamento do chefe: "Com a
barriguinha cheia assim, ainda reclama?"

08h06 — Começar a "trabalhar". Ponto.

NAÇÃO DOS MORTOS
(Dezembro de 1981)

Morremos muito:
milhões de vezes,
milhões de vozes

milhões de vultos;
morremos tanto
dentro das matas,
perto dos rios,
igarapés
e sombras quentes,
cheios de insultos;
morremos velhos,
morremos moços,
antes do tempo,
antes das lendas
que controlavam
o latejar
de nossos pulsos;
morremos antes
de nosso tempo,
e do triunfo
de nossas tabas
e dos tantans
de nossos deuses,
morremos antes
de ser expulsos;
morremos mesmo
muito mais fácil
que nossos peixes
e antes que o rosto
de nossos jovens
sonhassem um leve
e simples buço;
morremos todos
e do que nós
um pouco resta
é a lembrança
na pele e nos olhos
dos que comeram
nossas mulheres,
dos que comeram
ou abateram
nossas crianças;
morremos muito,
morremos à força,
morremos a pulso;
não mais morremos,
porque restavam
poucos de nós
que merecem
outro heroísmo
outra bandeira
de sertanistas
pra nos matar;

morremos muito,
morremos demais;
e o que de nós
um pouco resta,
mesmo que seja
por gentileza
de algum Rondon
deve ser livre
aqui, em trapos,
aqui, em paz.

INTERROGANDO O INTERROGATÓRIO

Tenho reflexos tardios:
só acredito que me bateram
quando a dor já passou
e a própria vingança já seria
uma nova provocação;
quando, aqueles que me bateram,
de tanto subestimarem
sua velha vítima,
já estão desarmados,
estragando, dessa forma, minha última
possibilidade de vingança.

TENTAÇÕES EM VOLTA REDONDA

Nesta sala, de altíssimo
calor siderúrgico,
as mulheres levantam
suas saias azuis
e os homens começam
a arder sem destino,
porque tudo é vontade
de fugir ou atear
um fogo mais forte
que o das chamas
fêmeas, que tentam
em vão
fazê-los ficar.

CIDADES DO INTERIOR
(Recife, 25/2/1979)

Otosi, que dormia em Cróton
e vivia em Sibar

(era cidadão de Cróton
e morava em Sibar),
quando tarde da noite
saltava bêbado do seu táxi
numa austera rua de Cróton,
pressentia por trás das vidraças
o faiscar rancoroso
dos olhos enfermos
pela radiação das tevês,
e as marcas das moças
na pele de Otosi
eram analisadas de longe
por teleobjetivas compradas
com o dinheiro do rum
que seus habitantes não bebiam,
porque a cidade de Cróton
castigava os homens e as árvores
para conseguir o além,
o futuro, ou algo bem diverso
das tatuadas coxas
de uma habitante de Sibar,
e mandava linchar os loucos
que sorriam na praça
nos dias santificados,
quando maridos, esposas,
delegados e padres
reuniam-se suados
para louvar as excelências
da salva e certa
cidade de Cróton,
onde o trabalho era a penitência,
o purgatório
dos homens de bem,
e só os peitos das criadas
e a chegada noturna
do bêbado Otosi
conseguiam lembrar
a diabólica vizinhança
da cidade de Sibar,
lá onde, segundo os crotoenses,
o demônio homiziou-se
após quebrar na cabeça
de um boina-verde americano
as tábuas da lei,
onde as moças se coçam
à vontade no meio de jovens
que não matam por amor,
que amam precisamente
para não matar
mesmo um habitante de Cróton,

desses que erguem seus bebês
acima dos ombros
no desfile dos blindados,
desses que preservam
seu "Coração de Púrpura"
no estojo de prata,
bem longe das fraquezas do corpo,
desses que saem de West Point
com seus Colts cromados
para impedir que a liberdade,
com seu bloco de sujos,
entre na cidade de Cróton.

NOS RESTAURANTES À BEIRA DA RODOVIA

Ave em forma
de veludo flamejante
sobe a encosta e gorjeia
na soleira dos ombros cansados,
onde sedentos carreteiros
se refazem do sono, do solo,
e a olham assim:
só pêssego e nácar
só chegada e verão.

SOBRA

CARDÁPIO COM LEITURA DE JORNAL

GALETO Maria das Dores, esfaqueada porque disse estou grávida ao companheiro PEIXE o estelionatário Mauro assunto, que burlou durante 12 longos anos a boa-fé dos seus superiores, foi preso ontem a três passos da estátua da abolição dos escravos CAMARÃO atropelamento na Av. Manoel Borba tirou a vida da garotinha M.S.A. de oito anos, quando inaugurava seu primeiro velocípede FILÉ a mundana Patrícia Helena de Troia teve as suas partes genitais queimadas a charuto havana quando beijava a bunda do filho de um industrial e sua companheira disse ao agente que a interrogava: bem feito CHURRASCO com uma dose excessiva de barbitúricos a comerciária Tereza de tal matou-se por motivo só aparentemente ignorado CARNE DE SOL não é possível que o náutico não seja o campeão do 1º turno quando ele entre nós é o time do primeiro mundo LEITÃO o secretário de Estado Henri Kissinger afogou a cabeça de um órfão vietnamita durante a inauguração de uma nova fábrica de armamentos em Detroit PRATO DO DIA o arrombador Pedro cubano de Brasília, vulgo cara de deus, foi preso ontem quando transportava uma prostituta enferma para o pronto socorro OMELETE DE PRESUNTO vestido com uma calça lee e mascando chicletes da década de sessenta, o anormal Belarmino bico de ouro após rasgar várias bocetinhas da zona sul, foi linchado pela multidão de fiéis que acompanhava a imagem de São Sebastião OMELETE DE QUEIJO se sua casa foi atingida pelas últimas enchentes, não se apavore: Mesbla o encherá de eletrodomésticos em prestações tão módicas e suaves quanto um lago da Suíça e que só terminarão no dia do juízo final.

AO RITMO DAS ESCADARIAS

Depois de morto
como seu irmão,
depois de morto
com seu bilhete
de loteria
comprado em vão;
depois de morto
com suas latas
desarrumadas
pelo barracão,
com uma carta
cobrando a roupa

que durou menos
que a prestação;
depois de morto
foi arrastado
pelos agentes,
pelas serpentes
do quarteirão
e seus pedaços
só defendidos
e respeitados
pelo seu cão;
depois de morto
dezoito balas
e outras metralhas
não tardaram não:
foram mais ferro
do que pedia
sua fraqueza
seu corpo insão;
depois de morto
morreu seu nome,
morreu seu erro
ou sua razão,
sem adeus de noiva
metida a santa,
sem beijo de moça,
da televisão,
sem nem discurso,
coro de igreja
ou sacramento
de extrema-unção,
morreu completo
como nem mesmo
nenhum deserto não morrerá não.

LENDO ANTOLOGIAS

Que poesia triste
a poesia de meu país:
assim sem falar
na moça na taça na tanga na tarde
na fada na festa
no jogo no fogo
no bico dos seios na blusa
que poesia triste
a poesia de meu país.

PERSISTÊNCIA À BEIRA DO CAOS

Tu, que não tiveste
"os belos dias",
para quem as castálias
dos poetas antigos
jamais cantaram, mesmo timidamente,
e de quem o amor
tirou mais, muito mais,
ainda procuras um lugar
onde, por mais pobre
e sujo que chegues,
sejas recebido em paz.

A FALTA DESSAS PRESAS

Nenhuma grandeza
vejo em minha ânsia
de acalmar a carne
que eu mesmo insultei,
ora a encostando na perna
de mendiga perfumada,
ora no peito caído
de uma rainha de bar;
nenhuma grandeza, repito:
apenas uma força
mais danada, mais nova
que procura esfregar
meu rosto de anjo na calçada.

ENCONTROS ALUCINADOS

Nesta tarde,
não consigo impor
minha falsa tristeza,
porque me lembro que ontem,
nada menos que ontem,
sua carne aquecida
e línea me socorreu:
tão penugem e leveza
que nem mesmo seu asco
imediato, seu asco
me interrompeu.

CONFISSÃO DE UM GARROTE

"E o garrote berrava, e as macetas
esfarinhavam aquilo que lhes haviam
dado para as novilhas"
José Lins do Rego

Nova fêmea,
feita solta
e aguardando
as velozes sementes
que fincarão
no seu ser
meu filho
ou minha filha;
ó minha novilha,
que macetas
destruirão competentes
os alforjes
de nosso depois,
de nosso eternamente?

UM SAMBINHA, PRA VARIAR
(6/6/1990)

Desta eu não saio, meu irmão:
essa armadilha é tão perfeita
que estou a pé na contramão,
e os amigos, de tão calados,
devem mesmo estar na sua,
em distante constelação.

Desta eu não saio, good bye:
quem muito bateu nessas portas,
dessas portas, se cansará
e na bobeira já não cai;
deixa espirrar a veia aorta,
pois quem morre sem pranto morre em paz.

PRÉ-PÁSSARO

Um pássaro só
no alto de si mesmo
agarrado.
Um pássaro só fúria

de todos os pássaros.
Um pássaro
a um passo
de todos os pássaros.

NATIMORTOS

Antes da primeira rajada
de oxigênio no sangue,
mantemos a dignidade inconsciente
de certos mortos, o silêncio
nem sábio nem estúpido
dos que não ousam apenas
porque não podem ousar,
aquela simplicidade involuntária
dos anjos pintados e das coisas
pobres de escolha e nascidas
sob o signo do sim,
de um sim que simplesmente
não podemos sentir
nem simular.

POEMAS POLICIAIS

I

É bom aumentar
a periculosidade do preso,
isso torna herói
quem o prendeu
sem qualquer reação;
logo, todo preso
(ou deveria ser suspeito?)
deve ser sempre
o mais procurado,
e, com alguma imaginação
e muitas porradas,
isto até é possível,
possível e necessário
ao dossier
da "merecida" promoção.

II

O problema técnico
que o inspetor Xavier
enfrenta, no momento,
é bem delicado:
como humilhar
profundamente esses presos,
pois eles,
na maioria gente parda,
foram tão chutados,
cuspidos e humilhados
quando eram simples
moleques de rua,
que o trabalho do Inspetor
é realmente difícil;
em que coisa, pergunta-se
essa gente deixou
de ser humilhada?
todo o seu esforço
de funcionário se frustra,
e regressa cansado
de xingar e espancar
esses "lixos" em vão.

III

Na vigésima oitava
Delegacia de Polícia,
um agente classe A
esmurra a boca
de preso classe C;
nada pessoal,
só uma questão
de pesquisa sensorial
e também ótima
para tese de Direito,
com várias fontes
disponíveis de informação;
pois outros presos, de cuecas,
aguardam sua vez,
fitando a sala
com olhos cínicos
de quem sabe
que a dor
não é assunto exclusivo
de liberal erudito;
bastam alguns pontapés
em seus sujos testículos
coisa que uma sunga
bem apertada, depois,
já tem resolvido.

IV

Semidespidos
por motivos de segurança
e outros motivos
que a nossa
vã piedade não alcança,
os presos comuns,
socados aos montes
em suas celas,
parecem uns times
de pelada de bairro,
esperando o apito
de um juiz debochado,
enquanto os agentes
entram e saem
de carros cinzentos,
como se batalhassem
por eles,
como se quisessem
(mesmo)
que o jogo começasse.

V

Quando o investigador
Pedro Martins vai comer,
todos se admiram
com os modos
delicados e finos
de suas mãos cabeludas
repartindo o bife,
ou cortando em pétalas
uma rodela de tomate,
pois Pedro Martins
já quebrou muitos ossos
sem delicadeza nenhuma,
e é considerado
orgulho da corporação;
os jovens detetives
aprendem muito com ele,
principalmente a rir
em suas belas
aulas de flagelação.

VI

"Já chegou sangrando",
disse o carcereiro,
apontando uma trouxa
arquejante, no fundo da cela;
o titular da Delegacia
de Roubos e Furtos
suspirou, aliviado,
e pediu para ler
o livro de ocorrências,
ficando, dessa vez,
mais aliviado, ao constar
que o "troço" era hóspede
sem parentes distantes
ou próximos, a temer,
era alguém que podia
ali mesmo ficar
e sangrar a valer.

VII

Nas celas atulhadas
de presos negros,
os agentes procuram
pela manhã
os menores de dezoito;
e eles, mesmo sabendo,

que receberão seu "esquente",
suas mãos inchadas,
antes de enviadas
ao Juiz de Menores,
se dizem crianças
e se encostam na parede
para o prazer gorduroso
dos zelosos agentes.

VIII

quem disse
que ele não é um monstro?
(nem ele mesmo);
quem disse
que não devia ir
ao "pau-de-arara"?
(nem ele mesmo);
quem disse que, de tão frio,
se faz tão perigoso?
(nem ele mesmo);
quem disse que as coisas
podiam ser diferentes?
(ele mesmo)

IX

O policial, orgulhoso
de matar a tiros
ou espancar seus "monstros",
leva a filhinha
à carroça de pipocas;
tem, no bolso,
a carteira de agente
de primeiro nível;
tem, no coração,
o elogio do chefe
e da mulher,
está pleno, apesar de pobre
(dos honrados);
não foi ele quem fez
esta merda de mundo,
que mais "essa porra"
diz ele,
de Justiça quer?

X

As tropas de choque
da Polícia Militar
heroicamente chegaram

ao Morro da Conceição;
os sessenta soldados
desembarcando reinaram
até o amanhecer
sobre o medo e a inocência
de varredores de rua,
vendedores de balas
e zeladores de prédio;
ao descerem o morro,
com suas pobres presas,
os soldados olharam
com respeito sem comandante:
de uniforme impecável
e as botinas brilhando
no meio da lama.

XI

Chato é o preso
que não desacata,
o preso chato,
sem nenhuma vocação
para sangrar:
o que fica calado
ou então, sem esforço,
tudo começa a confessar;
o que amamos de fato
é o preso de músculos
e veias entesadas,
aquele que podemos
triunfalmente bater,
bater, bater,
até cansá-lo.

XII

Bom mesmo é Paulo
quando interroga
seu marginal,
ele limpa as unhas
com palito de fósforo
enquanto chuta
o prisioneiro, por baixo;
tudo numa calma
de conversa à noite
na calçada do bar;
às vezes pede
até mesmo desculpa
por bater o rosto
de seu preso querido

na quina da mesa;
é "um grande mestre,
um talento perdido",
dizem seus superiores
(que o querem promover)
Incompreendidos.

XIII

Já se riem
um para o outro
quando se encontram,
um por dentro
e o outro por fora,
das grades do xadrez;
já se contam piadas
e o espancamento
não desperta o ódio
ou a graça
da primeira vez;
é tudo rotina
e já não se sabe
se maldade houve
e qual deles a fez.

XIV

Os gritos da cela 15
não falham na noite;
"é o cobrador"
dizem os presos antigos,
"o que fugiu do ônibus
Como apurado do dia";
E, com o tempo,
vão sabendo mais coisas
sobre o dono dos gritos
e o carcereiro da noite
que, farto de dominó,
vai espancá-lo um pouco
antes de seu cochilo
na casa da guarda;
um preso, que é evangélico,
reza um Salmo de David,
outro pega nas nádegas
de um preso mais jovem,
toda noite é assim,
sem qualquer novidade,
dizem os presos antigos.

XV

Quando o camburão
traz a pescaria,
uns apavorados
com seus enormes
olhos de peixe
esperando o pior,
o comissário do dia
se faz de ocupado
e escreve umas coisas
em papéis esquecidos;
enquanto isso,
os apavorados se despem
e olham aquele homem
de terno amassado
que continua escrevendo,
depois se cansam
sentam-se no chão
e esperam,
com tranquilidade,
o pior.

XVI

Com seus escudos
e capacetes de acrílico
o batalhão antidistúrbio
forma seu muro
móvel e avança
sobre os alucinados;
isto, exatamente,
às quatro horas da tarde,
com a maré enchendo
e os pescadores de vara
sentindo-se à beira-rio;
isto, exatamente,
quando o sol
começa a esfriar
e a vontade de viver
grita nas coloridas
capas das árvores.

XVII

Na delegacia há sempre
umas seis mulheres
sentadas em velhas
e gordurentas cadeiras;
já choraram tanto

que não devem mais nada
ao seu sofrimento;
e o Comissário Chefe,
cioso do poder,
às vezes peida
depois do café
para (segundo confessou,
a um amigo bem próximo)
alegrar o ambiente;
as notícias dos presos
às vezes chegam,
às vezes não chegam,
pois se ali ninguém
tem pressa de dá-las,
as mulheres sentadas
e tristes não têm
lágrimas com força
para arrancá-las.

XVIII

No município de Paulista
existe um poço
onde os escorpiões
desovam, todo mês
cadáveres paisanos,
cadáveres recheados
com muitas balas,
presuntos humanos
e, quando os corpos
ultrapassam dezenas,
instituições piedosas
gritam nos jornais,
e as desovas mudam
de lugar, apenas.

CALIBRE

A morte é força,
e a violência é manchete,
nesta época cinza
de muros altos
e pessoas correndo
depois das dez,
para chegarem vivas
em casa;
só o calibre
das novas automáticas

calibra o humor
dos que perderam tudo,
o tudo pobre
que nem sabiam
(Ó anjos)
que o possuíam.

O "PRESUNTO"

Assim varado
de quarenta e cinco,
a garganta roxa
depois do nylon
mais esganador,
e os punhos lanhados
pelas algemas de metal,
nem parece o garoto
que, há anos, insistia
para lavar teu carro,
e agora jaz
na beira da estrada,
enquanto centenas
de fuscas passam
cobrindo de monóxido
e ruídos
a face sem nome
e sem dor.

INTERROGATÓRIO

"Nada de frescura",
fala o velho agente,
quando Ilo, vulgo "cabaço",
começa a chorar,
com sua sandália
de tiras arrancadas
e o sangue a descer;
"nada de frescura",
repete o velho agente
a completar o que diz
com magistral bofetada
no rosto de Ilo;
nesse instante, a mulher
lembra, ao telefone,
que é dia de supermercado;

o velho agente
ainda mais furioso,
grita à distinta
que estava trabalhando,
e, só por pirraça,
dobra as horas
do interrogatório de Ilo;
e deixa o supermercado
para o dia seguinte.

BALADAS

BALADA UM

O amor é triste
como a juventude
com seus blusões
seus jeans azuis
suas guitarras
e solidões
também é triste.

O amor é triste
como a ventania
com seus pedaços
de flamboyants
e seus jornais
soltos no espaço
também é triste.

O amor é triste
como fevereiro
com sua fuga
a sua fossa
a lua toda
e sua jura
de marinheiro
também é triste.

O amor é triste
como as baterias
das novas tribos,
que batem tanto
mas não acordam
as alegrias,
o amor é triste.

BALADA DOIS

Procura em vão
dez oficinas
numa semana
de muita chuva
e muita espera

pelas esquinas;
procura em vão
os conhecidos
das outras horas
menos extremas
e eles se mostram
desconhecidos,
procura em vão
alguma mala
pra carregar,
alguns sapatos
pra engraxar,
alguma vala
procura em vão
pelos jornais
qualquer anúncio
de construção
pra se empregar
nos lamaçais,
procura em vão
a sua Amélia
e ela cansou-se
de ser espera,
de ser Amélia
e foi-se embora
do barracão.

BALADA TRÊS

Sou um rapaz
prestigiado:
sempre que acordo
outra manhã
como outra amada
tenho a meu lado.
Sou um rapaz
apaziguado:
sempre que saio
só compro a luz,
o som e as cores
deste mercado.
Sou um rapaz
simplificado:
sempre que amo
amo completo
com todo o corpo
o corpo amado.
Sou um rapaz

acautelado:
sempre que sonho
sonho o impossível
de ser perdido
de ser tomado.
Sou um rapaz
remediado:
tenho mil praias,
seis mil estrelas,
milhões de estradas,
nenhum pecado.
Sou uma paz.

BALADA QUATRO

Eu amo o amor
o amor que desce
sobre os que passam,
o amor que passa
sobre os que ficam,
o amor que cresce,
eu amo o amor
que perde ou vence
e quero ainda
amar o amor
que mal nasceu
e já convence,
eu amo o amor
e não exijo
que ele me ame,
só quero é tempo
de amar, nem tempo
eu não preciso;
eu amo o amor
e quero ver
de quantos nós,
de quantos eus
faz-se a alegria
de tua voz;
eu amo o amor
chamado Elisa,
eu amo o amor
Elizabeth
eu amo tudo
o que eterniza
eu amo o amor.

BALADA CINCO

Todos os dias
vão-me enganar
com seus perdidos
no entardecer,
no despertar.
Todos os dias
vão-me levar
algum espaço
de algumas folhas,
alguns cabelos,
algum olhar;
todos os dias
vão-me deixar
suas manchetes
de desamor
e desespero
vão-me deixar;
todos os dias
vão-me chamar
para o perigo
e o desencontro
para o conflito
vão-me chamar;
todos os dias
vão-me provar
minha fraqueza,
minha derrota,
se resistir,
se concordar,
todos os dias.

BALADA DA CLASSE MÉDIA

Não conheço o amor
Não conheço o ódio
Não conheço a coragem
Não conheço o medo
Não conheço a guerra
Não conheço a paz

Conheço a insegurança
(não "a grande insegurança")
Conheço a dependência
(não "a grande dependência")
Conheço a incerteza
(não "a grande incerteza")

Conheço o abandono
(não "o grande abandono")

Conheço a aurora
e o entardecer
Não conheço o Dia
Não conheço a Noite

Conheço o limbo
e o purgatório,
não conheço o céu
não conheço o inferno

Conheço as coisas
médias e mornas,
medianamente vivas
mornamente mortas.
Não conheço a Vida
Não conheço a Morte.

CANÇÃO EMBALADA PARA TANCREDO NEVES

Ele estava morrendo:
quando, já pelas franjas
dos matos o seu nome
começava a pingar
no prosar estradeiro
dos peões da laranja,
nos pontos cambiteiros;
quando a cana 3X
destilada subia
à cabeça dos morros
pesados de boias-frias.

Tântalo, tão cedo,
Tancredo morria,
quando os foles dobravam
seu cantar escondido
de alegria e vergonha
à luz do candeeiros;
quando em jatos, jetons,
e caviar caía
nos colos dos comilões,
lá onde a beber agem
os brilhantes no escuro:
pistolas, pirilampos,
rimas hábeis ocultam
a pobreza da imagem.

Ele estava morrendo,
quando o pacto-bebê
nove meses seria
entre o ser e o não-ser
de um ser nado e uma cama
rara de aparecer.

Tântalo, tão cedo,
Tancredo morria,
quando a água Alvorada,
tão perto da sede,
da sede corria,
quando perto da rampa
onde estava a fruta
a rama encolhia.

Ele estava morrendo
de muda, de longa,
peixeiríssima morte:
a música da lâmina,
de uma a sete vezes
era a de uma bandeira
rasgando-se por dentro.

CONJUNTO DE POEMAS PUBLICADOS NA COLETÂNEA INSERIDA NO LIVRO *O CÃO DE OLHOS AMARELOS & OUTROS POEMAS INÉDITOS* (2006)

A COISA
(Para Antônio A. F. Guimarães)

POEMA SOBRE
UMA COISA
POEMA COBRE
UMA COISA
POEMA SÓ
UMA COISA

PSICANÁLISE

"Gnôthi seautón" (Conhece-te a ti mesmo)
Inscrição do templo de Delfos

Perto de mim
perto estou de mim
perto estou mais de mim
perto estou cada vez mais de mim
perto estou cada vez mais e mais de mim
perto estou cada vez mais e mais e mais e mais de mim
perto estou cada vez mais e mais e mais e mais e mais de mim

CANÇÃO PARA ANALUIZA

ANALU
ANALUZ
ANALUIZA
LIMPO LUME
DA LÃ
DO LIS
LEVE LINHA
DAS LOUÇAS
LOTUS DO LAR:
ANALÃ
ANALIS
ANALUZ
ANALUIZA

CARTAZ

perto de nós
havia uma paz
e ninguém a via
havia uma foz
e ninguém a via
havia a poesia
e ninguém a via

perto de nós
havia uma via
e ninguém a via

TRÊS MULHERES

Medeia

Se me amas,
amas as chamas
e, quanto mais te envolves
em minhas anáguas,

mais matéria
tem meu amor
para queimar.

Penélope

Forte sou eu
que te amo
e te arrasto
de mar em mar
até as dunas
e o talho doce
de minha funda
submissão.

Messalina

Os homens
molharam-me muito,
molharam tanto
minhas raízes
que elas todas
se desprenderam de mim,
plantas aquáticas
se arrastando com os homens
na correnteza.

MOÇAS

As ciclistas
correm
a caminho de casa
e cantam
as cantigas calmas
dos campos
e cobrem
de cromo
as colinas caladas
dos corvos.

As moças
mascam
a massa muda
do medo
se mostram
as mudas
de maio
aos monstros

se mudam
seus mantos
à margem
do mundo.

RETRATO DE SÔNIA

fêmea só fêmea
feita
de seda e sede
de carne e seda
feita
para inaugurar
piscinas de mármore
e cavalos novos
fêmea só fêmea
feita
só de carne e alegria.

MARGENS
(Para Brecht)

Não vai desaguar
antes de ti
esse rio constrangido
pelas margens
que construíste:
quando mais
comprimidas são
mais fundas as águas
que te vão afogar.

CEREJA NEGRA

Os cabelos da amada
enquanto amada enquanto
não pergunta por que chegou tarde
têm a cor cereja negra os
cabelos da amada enquanto
amada enquanto acha graça
em nossas piadas sabe a hora
de encostar-se na gente têm
a cor cereja negra os cabelos
da amada enquanto amada

enquanto adivinha que estamos
cansados só queremos
café e silêncio têm
a cor cereja negra
os cabelos da amada enquanto
amada têm a cor cereja negra.

OUTRO ALVORECER

Desgarrou-se um pouco
de seus problemas
e foi levantando os olhos
para aquela claridade,
e dentro daquela claridade
notou duas mãos morenas
brilhantes e estranhas
segurando o seu rosto,
e sentiu que não estava
mais cansado e infeliz,
e era um rosto radiante
mais belo que o seu
e era, ao mesmo tempo, seu rosto
sem problemas, poeiras
do rosto anterior
àquela claridade.

CHISTE NUMÉRICO

Gosto do número 3
e do número 8
e tenho uma explicação:
a metade de 8 não é 4
é 3,
se olharmos com intensidade.
Estes números e estas mulheres
nos enganam
com deliciosa facilidade.
O amor e a sabedoria
não serão jamais alcançados
à primeira vista,
ao primeiro encontrão
entre dois matemáticos
na rua.

TELEGRAMA PRA GENA

AUDIT (VG) EMA
INFOR INAC
(SE) GABIN
CONED PROJUR

(ET) CONSEPEC
VIDEOSON AM (PT)
CONDI SUPLAN
BA (VG) DF (ET) MA
(NO) CPCC
(ENQUANTO) INPSO
CENDREC
SUPAD INDOC
(ET) CNCSU
(NO) TROPICO (PT)

Tradução: Ouça, Eugênia Menezes Amiga, informe Inácio se Gabin conhece o professor Juraci, e conseguiu o videossom do Amazonas. O Clube Ondina suplantou a Bahia, o Distrito Federal e o Maranhão, no Campeonato Provinciano de Caça aos Cágados, enquanto indispostos pelo sol centenas de recifenses suplantaram o indócil Collor e comeram cru seu úmero no trópico.

DIÁRIO DE CAMPO*

EM VIAGEM AOS CRATEÚS
(Independência, 3/10/79)

"A essa hora a neve está cobrindo ela"
(disse-se o velho
de cabeça espigada
a propósito da Serra de Maranguape)
e estava mesmo:
a neve nuvem
cobria de algodão-doce
o vértice verde da pirâmide
mas eu seguia a caminho
dos Sertões de Crateús
e não pude ficar
nem ouvir a resposta
de sua base cinzenta.

CAFÉ DA MANHÃ, NO HOTEL CAPITAL
(Fortaleza, 10/10/79)

Geleia
qualhada
queijo
bolo
bolacha
pão
melão
abacaxi
manteiga
leite
café
açúcar
garçom

---

* Poemas escritos entre os anos de 1979 a 1982, com temática relativa às atividades de sociólogo do autor. Oito poemas deste livro fazem parte da coletânea *Soma dos sumos* (1983), e foram reproduzidos aqui, assim como dois outros que se encontravam na coletânea que integra o livro premiado pela Academia Brasileira de Letras em 2007, *O cão de olhos amarelos & outros poemas inéditos* (2006).

música
e vontade
de deixar tudo
(como está).

NOS ARREDORES DE INDEPENDÊNCIA
(Independência, 4/10/79)

"O milho morreu com a altura de um palmo. Nasceu e morreu em
cima da cova" (Um sertanejo)

As algarobas
são sonhos de sombra
na terra tórax
de cadáver aceso
ou sertão abatido:
mas elas, com os olhos
de suas folhas
e todos os dedos
de suas raízes
de vinte metros,
só sabem colher
água para si
e dar de beber
à própria sombra.

NA CAATINGA DE BARGADO
(Independência, 5/10/79)

Tudo espera janeiro
sobre os Crateús:
até os pés
de arame negro
guardam gotas de seiva
no talo das agulhas
e não desistem
de chacoalhar ao vento
suas vagens secas,
de instigar contra o sol
suas cascavéis,
porque não se foram
dos dedos dos donos
e dos cabos das armas
todos os anéis.

OPERÁRIOS DO SOL DA EMERGÊNCIA
(Independência, 5/10/79)

Cercas de garranchos
para proteger
a plantação dos garranchos
que ainda não são cercas;
e tantos homens agarrados
a tantas tíbias secas,
cercando a terra
contra seus ranchos.

CHEGANDO DE INDEPENDÊNCIA
(Quixeramobim, domingo, 7/10/79)

Nós, os suspeitos,
sujos de cidades,
que fazemos nas várzeas puras?
que fazemos
na terra de homens
cravejados de calos negros?
que fazemos, melífluos,
na terra sem papel
para a queixa
ou o zelo supérfluo
de doutores zelosos
com o próprio anel?
que fazemos, nós,
técnicos com tickets
da Vasp
numa terra onde os sonhos
e as virgens não voam
com medo do sol?

AINDA (E PRINCIPALMENTE) EM QUIXERAMOBIM
(Quixeramobim, 8/10/79)

Quando os açudes
e os rios do sertão
de tão secos se tornam
caras e braços
esfaqueados pelo sol,
os homens, então,
esquecidos dos bois

gordos dos gordos,
que bebem grades e grades
de água mineral,
trazem pás e enxadas
para cavar cacimbas
e castigar mais ainda
quem nunca lhes fez mal.

DUAS DÉCIMAS AO JUAZEIRO
(Quixeramobim, 8/10/79)

Quem tem raiz profunda
fica vivo no sertão,
seja algaroba ou juá,
seja homem ou mulher
com força no coração,
pois é preciso na funda
mata seca perguntar
se a gente é ou não é,
se fica ou vai-se mudar
para outra região.

Tanto pereiro fenece,
tanta esperança se afunda,
que a gente não mais esquece
o que ainda vai sofrer
depois que faz uma prece,
com pouco feijão no saco,
pouco milho no pilão
e muita dor na corcunda,
quem tem a raiz profunda
fica vivo no sertão.

HOTEL PREMIER, FORTALEZA
(Fortaleza, 9/10/79)

Já no hotel capital,
com seu condicionador
de duzentos HP,
o sociólogo reflete
sobre a seca da década
e, sem gorda ironia,
ele pensa nos moradores
pervagando as "mangas"

que estalam seus ossos
de natimortos;
pergunta à copa
se pode grelhar
o filé dos técnicos
e conclui o relatório
com medo dos olhos
do Coordenador.

ENCONTRO SUPERFICIAL COM A MATA
(Rio Branco, jun./1980)

A malária esconde-se
entre as folhas
da ventania guardada
em pobres paraísos
de esverdeado cristal,
ela se veste
de noiva brisa
para casar
com o temor do sol,
e o povo não sabe
se abra a porta
ou morra lá dentro
com a princesa amarela.

DAS QUENTES COLHEITAS
(Rio Branco, 2/8/80)

Nenhuma notícia
mais interessante
que alguns mortos-vivos
dentro de mim
merece registro
nesta tarde amazônica,
onde o céu
é um latifúndio invadido
pelas nuvens grosseiras;
mas, não se enganem:
o inverno está longe,
(o inverno do plantio
e do isolamento
está longe).

ALEGORIA RURAL-URBANA
(Rio Branco, 22/8/80)

Uma grande
e respeitável serpente
mastigava, ontem,
o focinho de um porco vivo;
engolindo os guinchos
gordurosos, inclusive,
tornava a morte
uma dura sucessão
de baques surdos,
que só na perícia
dos estranguladores urbanos
consegue-se, como se diz,
algum nível passável
de comparação;
assim se mata
com o máximo de violência
e perfeição.

NOITE, NA ZONA RURAL
(Rio Branco, 5/8/80)

Aqui, neste escuro
tão camponês, tão escuro,
ninguém fica lendo
os jornais do sul,
nem fica sabendo
a cotação
do mercado de cereais;
aqui, a gente
ouve um pouco de rádio,
um pouco de choro
das crianças
e vai dormir como ontem,
como há milhares e milhares
de ontens, de ontens.

CALOURO TRISTE, NA FLORESTA
(Bar "O Casarão", Rio Branco/AC, 5/5/80)

A mata
ainda não sabe
que cheguei:

por isso não soltou
suas velhas serpentes
no meu caminho;
continuou na mesma:
cercando-me sem saber,
e arrastando-me, por falta de dinheiro,
para suas longas
e raivosas raízes.

UMA REFLEXÃO PRIMITIVA
(Rio Branco, maio/set. 1980)

Os homens,
as mulheres,
os meninos
e as meninas
morrem:
não nos alegra a boa lua
anunciando maravilhas
sobre campos de arroz,
de milho
e feijão-mulatinho,
quando morrem
os homens,
as mulheres,
os meninos
e as meninas
que amamos.

CRÔNICA MEIO CLÍNICA
(Rio Branco, 25/8/80)

Só do alto,
olhando-a do avião
a floresta é compacta,
com seu ar de selva
ou mata fechada,
mas, quando a penetro,
por baixo, se torna
uma fêmea frouxa,
ultraviolada
por muitos dias-homens
de compridos terçados,
inofensiva fêmea

de unhas amolecidas,
que não bota mais
ninguém a perder,
já de tão perdida.

REPETIÇÃO DE PEQUENAS SAFRAS
(Rio Branco, 12/8/80)

As tarefas de milho
foram colhidas antes das chuvas
ou da falta de chuvas;
e, agora, o paiol
está cheio de espigas,
aquietando os seres
de olhos grandes
que crescem, inexoráveis,
no ventre das mulheres,
e as noites serão
iguais a outras
de outros séculos
em que deu certo
outra estação.

FRUTICULTURA DE GABINETE
(Rio Branco, 21/8/80)

Cadência de frutas
caindo
no chão já mole
de frutas esmagadas:
é assim o ruído
que todos ouvem
na noite sacudida
pelos ventos do norte,
e pensam que a manhã
será bem triste,
quando os homens
abrirem as portas
e a terra inteira
só oferecer
as frutas mortas.

OS BOVINOS SUBSÍDIOS
(Bar Casarão, R. Branco, só, 28/5/80)

O gado, depois de comer
as casas de madeira,
avança sobre o milho,
o arroz
e a floresta;
avança sobre os índios
e as fêmeas de peitos queimados;
avança e evacua
os homens, os pássaros,
o oxigênio e as sombras.

MASCATES DO INTERIOR
(Rio Branco, 10/9/80)

Viajantes empoeirados
trouxeram a notícia:
não vai chover
nas próximas décadas,
e os pássaros beberão
a urina dos mortos;
esses viajantes,
sacudindo as crinas
suadas e sujas,
colocavam os chapéus
em cima da mesa
e pediam aguardente:
traziam notícias
de entidades longínquas
(da Sudene e outros órgãos
de metafísica misericórdia),
eram duros e tristes
estes homens
que matavam o futuro.

SE ALGUÉM ME PERGUNTASSE
(Rio Branco, 1980)

Aqui, a solidão
esmaga o solitário
apenas
com a altitude das árvores,
pois elas crescem tanto
que suas copas

competem com as nuvens
o direito
de ser contempladas;
e a solidão do homem,
sua baixa estatura,
e outras variáveis, assim,
são dados que sobram,
não explicam mesmo
quanto somos
(sem dúvida) um detalhe
que as florestas, as estrelas
e outras coisas maiores
não conseguem notar.

PERTO DO NÃO ENTRISTECER
(Rio Branco, 29/6/80)

Nesta margem
do Grande Bosque,
a tristeza
é a de revelar
o traste humano,
o barro pouco cozido
que se racha
com a primeira chama:
a tristeza, na verdade,
é uma sobra
de velho carro
debaixo das castanheiras.

SOB PEDIDO URGENTE

Após derrubar
com as motosserras
cem árvores,
e chamar o sol,
caloroso e cúmplice
para o incêndio legal,
ensopado de querosene, beberam cerveja
na "taberna" mais próxima,
jogaram sinuca,
e falaram mal
das mulheres ausentes;
tudo de acordo

com o código
do Departamento Florestal,
sem ferir os parágrafos
de qualquer lei
e sem desejar
muito menos aos pássaros
qualquer mal.

A DERRUBADA DA FLORESTA POR DENTRO
(Rio Branco, 16/7/80)

Dentro da mata,
quando ouvi,
pela primeira vez
o canto da Motosserra,
eu estava tão verde
em matéria de mata,
que perguntei a um ex-seringueiro
que pássaro era aquele.
"A motosserra" (respondeu),
e continuou a fazer
outras quinhentas
estacas de baraúna.

PESQUISA DE CAMPO
(Para Idala Dallalaria,
Rio Branco, 27/7/80)

O arroz, o milho,
o feijão e a mandioca
crescem sem fórmulas
agronômicas mais sérias;
crescem no humos
de antigos cedros
derrubados no tempo,
em que a morte das árvores
era o sonho dos homens,
enquanto o sol
não cremava os palmos
de folhas esquecidas.

O CEARÁ NOS ACOMPANHA
(Rio Branco, maio/set. 80)

Nesta época,
os igarapés estão secos,
o pasto está seco,
e Deus, que morava no Ceará,
também está seco,
tão seco
que seu poço
virou depósito de ferramentas,
tão seco
que é debulhado
com raiva,
feito dura espiga
do milho mais seco.

CANÇÃO DO GUARDA FLORESTAL
(Rio Branco, 27/7/80)

A mata canta
cada vez mais longe,
mais para dentro
do resto das matas
que cantavam antes;
agora só as motos-
serras, o fogo,
os anus
e os grandes terçados
cantam junto dos homens
e longe das matas
que cantavam ontem.

NUMA COLÔNIA NO ACRE
(Rio Branco, 27/7/80)

Ali, as coisas
realmente dormem,
realmente anoitecem:
o dia é o dia,
a noite é a noite,
uma coisa simples
que já esquecemos;
pois há coisas que cantam
quando anoitece:
outra coisa simples
que também esquecemos.

UM ENCONTRO NA FLORESTA
(Bar Casarão, Rio Branco, só, 26/7/80)

Conheci, ontem,
algumas árvores:
o Mulateiro, o Cedro,
a Seringa e outra,
a que chamaram (somente)
de Espinheiro;
conheci algumas árvores
que não olharam minhas roupas,
não fizeram perguntas de bolso,
me chamaram de ingênuo;
conheci, ontem,
algumas amigas.

VAN GOGH
(Bar Casarão, Rio Branco, só, 20/5/80)

Os estábulos
(com seus prótons
e seus elétrons
com a maior dignidade,
a dignidade
de um laboratório de Boston)
estão ali perto
ladrilhados pelos pastéis
de estrume fervente,
e alguém deve pintá-los
antes que sequem
e percam o mau cheiro,
a força do nojo
e outras qualidades da vida
que não devem passar.

CUMPRINDO MEU ACRE
(Bar Casarão, Rio Branco, só, 22/5/80)

Não vieste arrancar
borracha dos barrancos,
nem borrar as calças
diante dos barcos
a roncar no rio
todo o seu rancor;

vieste rasgar
tua raiva, ao sol
mais reto do norte,
e vieste romper
o rígido hímen
da esperança morta.

A INCOMPLETUDE QUE PASSA
(Rio Branco, 8/8/80)

Sementes, sementes,
na terra toda
só vejo
somente sementes:
o sal na terra,
o sol nas mentes,
nenhuma árvore
na minha serra,
somente sementes.

PENSANDO EM CERTAS MANGUEIRAS
(Rio Branco, 28/7/80)

As árvores velhas,
carregadas de lodos
e parasitas,
não são repelentes,
muito pelo contrário:
têm o porte de avós
enroladas de xales
em ponto de crochê
tecidos nos invernos
de pacientes mangueiras
nas matas de várzea;
apesar de pesadas,
de corpos estanhos,
são tão friorentas
e encharcadas de chuvas
as árvores velhas,
que pedem um verão,
um verão inteiro,
somente para elas,
no seu centenário.

RESTAURANTE DO AEROPORTO: RIO BRANCO
(Rio Branco, 29/8/80)

Falam em inglês
na mesa ao lado:
devem falar de terras,
sementes de capim,
jogados
através
de pequenos aviões,
em seus milhares
de desconhecidos hectares;
são gestos largos
e gargalhadas seguras
na língua universal,
complementando a conversa
ou o trabalho festivo
do seu capital.

IMPRESSÕES DE UM NORDESTINO NA AMAZÔNIA
(Rio Branco, 22/6/80)

Poucas vezes viu
árvores tão altas
e um céu assim
tumultuoso, pintado
juntamente para elas;
isto é:
nunca esteve diante
da natureza mais forte, bela
e tumultuada
deste lado do pacífico
e atlântico adeus.

CONFISSÕES UM TANTO COLETIVAS
(Rio Branco, 21/9/80)

Somos pobres:
na hora do almoço
não há cheiro
de cebola frita
pairando no ar;
é um prato de arroz

com ovo em cima,
ou um prato de arroz
sem ovo, sem arte
plástica, que possa
disfarçar nossa sina,
somos pobres e muitos,
somos muito pobres
ainda por cima.

UMA TRAVESSIA POR ETAPAS
(Rio Branco, 21/9/80)

Ainda não é aqui,
é mais para lá,
depois desta
e de outras florestas,
sob muitos quilômetros
de nuvens pesadas
ainda vou ter de caminhar,
e se me perguntarem
nas barreiras rodoviárias
qual a minha profissão,
eu direi "passageiro";
talvez me prendam
ou tomem, apenas,
o que restou da alegria
e me deixem passar.

CANAVIAIS DE UMA LEMBRANÇA
(Rio Branco, 13/8/80)

A estas horas,
já anoiteceu
sobre as antigas
plantações de cana;
e o querosene
fracamente ilumina
os rostos que ficaram
(só para ver
como tudo termina).

POSTAL AMAZÔNICO
(Rio Branco, 16/6/80)

Pequenos ataúdes
levados
no quadro das bicicletas:
vazios ou cheios,
não fazem diferença
de peso,
mesmo nas subidas;
não desequilibram
os pais que coram
a pedalar nas estradas
de barro,
a sair ou chegar
nas cidades do Norte.

AS FÁCEIS COLHEITAS
(Rio Branco, 5/8/80)

Esta cidade
colhe muito fácil
arroz e laranja,
nas limpas prateleiras
sem sol
dos supermercados;
esta cidade
acha lindos os campos
depois de plantados,
depois de filmados
com casais trepando
sob laranjeiras
que surgiram do nada;
esta cidade
quer mais toneladas
de milho e feijão
colhidos, trilhados, ensacados;
tudo pronto:
sem um mísero
espinho no chão.

ALGUÉM É FELIZ

Por trás das altas
montanhas de granito,

alguém é feliz;
alguém desperta
sem medo dos correios
e vai tomar leite
chegado quente
dos repletos currais;
alguém vai parando
aqui e ali
por veredas-jardins
e não tem raiva do vento,
ama o sol
e espera em paz
o tempo das chuvas.

JOGO DE CORPO DA FLORESTA
(Rio Branco, mai./set. 80)

Há dias
não vejo a Floresta,
mas ela está
a um cansaço daqui,
com suas árvores
salteadas no fim,
convidando-me
a brincar de perder-me,
quando tudo for caminho,
tudo for caminho,
for caminho,
caminho.

(((ASSIM)))

CHUVAS/SUDENE
(Recife, 29/8/81)

Só as chuvas falam
de terras caídas,
rios cheios
e longínquas colheitas;
as chuvas isolam
os seres vestidos
sob tantas marquises;
só as chuvas socorrem
os desertos nascentes,
e assinam com água
os projetos perdidos.

POEMA DE TAPEROÁ PARA EUGÊNIA
(Recife, 1981)

Taperoá é o céu
dos lisos;
lá é onde
não se precisa ir,
mas, apenas, pensar
em suas cabrinhas
comendo flores,
no lavrador-cidadão,
saudado de porteira
em porteira
com gestos amplos
e duradouros com as tardes;
lá morou uma dama
que nunca saiu de lá:
Eugênia, da Terra Lavrada
e coração de montanha,
Eugênia dos dias, semanas e meses,
Eugênia Menezes.

TAPEROÁ
(Para Eugênia Menezes,
Recife, 1982)

Onde as cabras
pacíficas pasta
suas secas palhas;
onde os anciãos
aguardam o regresso
dos (quem sabe?) ainda
jovens emigrantes;
onde o amor, grosseiro
caloso, guerreiro,
está firme esperando,
entre o deserto e o vento,
sem perguntar
até quando?

ANOITECER DO POLÍGONO
(Recife, 1982)

Tardes de longe:
pegar lenha na capoeira
antes do anoitecer;

o fogo e a ceia
pobres mas demorados,
com a batata-doce
às vezes revezada
por grosseiras raízes
do roçado rasteiro;
os chocalhos das cabras
a lembrar as reservas
de carne e leite,
para quando o sono
não
for mais tranquilo
e o sol vencer.

(Recife, 1982)

Era uma clareira dentro das canas
que tinham nome,
e os usineiros e a maldade
tinha nome,
a gente podia sonhar estrangulando-a,
para acordar às cinco,
com o vapor estridente
das oficinas da Great Western,
erguendo das camas humildes
os velhos mecânicos.

CONJUNTO DE POEMAS PUBLICADOS NA COLETÂNEA INSERIDA NO LIVRO *O CÃO DE OLHOS AMARELOS & OUTROS POEMAS INÉDITOS* (2006)

OS DE QUIXERAMOBIM
(Quixeramobim, 8 de outubro de 1979)

"Foi-se o tempo que ver a lua era vida"
(Violeiro Ciro Torres, em conversa, no dia 7/10/1979).

Magro, mas todo raiz
e açucena escondida
em outros céus
ironicamente sublevados,
atrás de cercas

de lombo ou faxina,
em qualquer barca, aço
que dá pena
contra pedras tinir
o desespero menor
que o menor dos salários:
ali brigando, ali brocando
pontualmente as ruínas
que Deus ou os fazendeiros
não quiseram assumir.

SERTÃO CENTRAL E DE CRATEÚS
(Fortaleza, 10 de outubro de 1979)

Que a poesia seja
a arte de dar nome
a todos os bois:
aos pesados novilhos
de fazendeiro-prefeito
e às duas cabrinhas
do morador submisso
e por isso chamado
de morador perfeito;
que a poesia seja
a arte de dar fome
de justiça
a todos os homens.

DIÁRIO DE BARDO*

UMA INTRODUÇÃO, TALVEZ

Não existem palavras poéticas,
mas palavras humanas,
mais ou menos precisas,
mais ou menos simétricas
com as dores
e as alegrias humanas.
Melhor ainda:
nos territórios extremos
da dor e da alegria
só existe o silêncio:
esse livro
inútil e branco
que ninguém ousa publicar.

COMUNIDADE INVISÍVEL

Estamos todos escrevendo
o mesmo poema
e vomitando a mesma
quantidade de biles
e indignação.
Mas, já era tempo
de perdermos o pudor
de tirar as calças em público
ou mijar nos caminhos
da repartição.
Embora, nada disso
inverta a pirâmide
ou retire dela
a menor pedra
que possa exterminar
a solitária e única andorinha
que não fez o verão.

---

* O poeta deu título a este livro em 1982, e acrescentou, a partir daí, vários poemas de datas distintas, anteriores e posteriores a esse ano. Os 26 poemas que fizeram parte da coletânea inserida no livro *O cão de olhos amarelos & outros poemas inéditos* (2006) estão republicados aqui.

CAPRICHOS DO HORÓSCOPO

Aquele era um dia
que não prometia grandes coisas,
mas alguém se entregou
tão completo e tão súbito
ao seu destino,
e aconteceram, de repente,
tantas coisas terríveis
àquele que escolheu
ser o cordeiro
enlouquecido do mundo,
sua dor foi tão alta
e precisa, que a massa
deixou de ser massa
e cada um,
ao procurar seu lugar,
descobriu que o perdera
justamente no dia
que parecia mais igual
aos outros dias.

A RILKE

A ciência e a poesia,
o carro e a flor,
tudo isto é perigo.
Para o ódio e a ansiedade,
todas as coisas da terra
são armas mortais.
É melhor conviver
com os vulcões do Pacífico
do que com a lembrança
dos que morreram
sem nos perdoar.

LEMBRANÇAS DE POUND

A erudição de Ezra Pound nos humilha,
para satisfação das vanguardas,
das academias e da Polícia Política,
uma vez que Ezra Pound
é um poeta multinacional,
tão triste, tão cartel poético

que não deixa o peixe provinciano
atravessar ofegante o rio Goiana
e alcançar o mercado atlântico;
uma vez que Ezra Pound
conquistou, imperialista, todas as línguas,
todas as formas e beatrizes
lutando contra a usura
(coisa que a Inquisição também fazia);
Uma vez que Ezra Pound
(para nossa desgraça)
nasceu antes de nós.

TENTATIVA NOVA DE LOUVAÇÃO A JOÃO CABRAL

"Contra a poesia dita profunda"
o poeta faz
uma "Antiode" profunda,
e cansado
de poesia de um dia
que apodrece
nos jarros românticos,
inventou logo
uma "Educação pela Pedra",
falando, ao mesmo tempo,
a desfilar pelotões
intermináveis de cana
diante de alpendres,
que se desfazem
com seus comandantes sentados:
de um tempo sentado
sobre um mundo morto.

Nunca foi assim,
mas, agora, é assim:
porque a vida mudou
mais do que precisava,
e te faço, poema,
ou anti, ou antepoema,
quando mais nada
tenho (desculpe)
a fazer e sofrer,
e só um pequeno pássaro
amarelo-negro,
cor da pátria enlutada,
me visita, insistindo,

em construir,
pela segunda vez,
um ninho,
na borda, justamente na borda,
de um vulcão.

O BARQUEIRO (MICROPOÉTICA)

Esta é minha água,
rasa amiga
da areia, dos bagres
de baixa estatura;
amiga minha
e não de incertos
caçadores de escuridão;
sobre esta água
de nada, navega
(tensão de flor)
meu pouco barco,
feito à mão.

PARA DURKHEIM

Não andar nu
e falar a mesma língua
é o máximo que fazemos
pelos semelhantes,
quando resolvemos
apenas obedecer
a triste conveniência
de não ser insultado,
quando pretendemos
comer escondido
as verdes vagens
do tempo perdido.

A BUSCA

O que dizes
não torna a máquina mais leve,
o ônibus mais vazio,
o sol do meio-dia

mais suportável para os pedestres.
O que dizes
não altera o frêmito
do que chegou atrasado
ao local de trabalho,
o desencontro sem desculpas,
e sem outra oportunidade.
Relógio de estimação.

ESTUDOS SOBRE O MEDO II

1.

Com tantas sirenes interiores,
o medo preside
a central de todos os alarmes.
Antes que o perigo
estenda ao sol
seu bosque de sabres,
os caminhos do homem
já estão cercados pelo medo.
Antes que o urânio
se transformem adeus,
aqueles que o conhecem,
de uma forma ou de outra,
deverão ter partido.

2.

O começo do medo
esse olhar demorado
sobre o que não suspeitávamos possuir.
O começo do medo
é esse lento despedir-se,
esse mudo despedir-se, de uma dor
só agora reconhecida
menor do que a outra
que virá,
que com toda a certeza virá.

3.

Falta uma estátua para o Medo:
dois olhos apenas
perscrutando o vazio.

Detector de minas, torre de radar,
raio ultravioleta, que mais?
Graças a ele, vossos homens
Regressam e tomam
Sua sopa noturna.
Graças a ele, as pupilas
dilatam-se e veem
o que falta na vida:
Falta uma estátua para o Medo.

4.

Pelo temor de Deus,
sempre suportávamos
o edital áspero das cortes.
Por causa dele, obedecíamos
tantas ordens fatais.
Sem grandes esperneios, íamos
insones deitar,
para que os adultos
fechassem seus negócios
ou trepassem em paz.
O temor de Deus acabou
quando o calibre das armas
um dia dispensou
o colorido discurso
do paraíso sem fim.

CONTENÇÕES

Uma alegria
tão adiada como esta
não vai mais explodir
numa grande alegria.
De tão espremida,
de tão sufocada,
tornou-se outra coisa
mais perigosa do que ela.
De tão demorada
e apodrecida
é uma planta morta
que faz mal à horta
e faz mal à vida.

O CERCO II
(23/2/1991)

Tenho medo dos poderosos,
com seu ar destemido,
e o que tenho feito
é desobedecer
e ser punido;
tenho medo dos sábios,
com seu riso forçado,
e o que tenho feito
é falar sem pensar
e ser humilhado;
tenho medo dos semelhantes,
com sua solidão,
e o que tenho feito
é fingir que ainda tenho
algum irmão.

APÓS CALIPSO

E, agora, nem mesmo
nem um poema digno
nenhuma amada,
nenhum amigo
nos salvarão;
E, agora, nem mesmo
adianta mudar:
aviões e estradas,
camelos e navios
nos levarão
ao mesmo lugar;
E, agora, nem mesmo
(quando a aurora solta
sua flora e fauna
de seres danados)
adianta acordar;
E, agora, nem mesmo
adianta querer
uma paz menina,
uma trégua de nada,
não adianta ir,
não adianta VIR
VER.

INQUÉRITO

Todas as atrocidades,
infâmias e fodas
já foram cometidas:
e o mundo continuou inabalável
em sua estranha trajetória
para o fim.
Nem o crime, nem o amor
conseguiram alterar
os vinhos e os velórios
do calendário universal.
Uma ordem de fogo e ferro
está por trás disso tudo:
aquela fêmea, de carnes
tremulamente intocadas,
pisa na tarde e te destrói.

PARA O PENTÁGONO, SEM CARINHO

Só o amor dá certo,
relâmpago verde
no coração do ser
força da vida
pulsando sob as células
e as canções, contente;
só o amor dá certo
e apazigua a terra,
transforma vida e morte
em simples mudança
das estações no tempo;
só o amor
é bala que não erra
contra a falta de alegria
e a proximidade da guerra.

ESCOLHA

É por isto
que cães e gatos
não procuram os grandes
mas os pequenos bares:
nestes últimos,
não serão trucidados pelos garçons,

e nestes há sempre o acaso
ou sua possibilidade.
Outros motivos: os clientes
são menos finos
e jogam para o chão
o luxo sonhado;
Não há tempo ou tapetes
para zelar,
e cães e gatos, como eles,
ajudam a limpar
os vômitos,
fazem jus ao que comem.

DOIS ÔNIBUS
(20/2/97)

No ônibus espacial, vieram
as últimas mudanças
na superfície de plutão,
os choques de galáxias,
o nascimento de estrelas
e a descoberta de alguns quasares,
como passas estranhas,
na farinha estelar;
e eu ainda por aqui,
com o bolso cheio de hemogramas
e dois dias de vales-transportes.

OUTUBRO

O sol quente
faz maquilagem de Hamlet
no rosto da gente.
O sol forte
tingiu de carvão
os cabelos da Morte.
O sol rubro
é brasa cegando
a íris de outubro.
O sol caia
com sua cal(ma) os silêncios
das areias da praia.

MICRO MALDADE
(A Domingos Alexandre)

É micrométrica
a maldade doméstica,
a demora estudada
de passar o prato
à pessoa odiada,
a resposta engatilhada
com ogivas de fel
para acinzentar
qualquer festo rosa
no horizonte do céu;
é matemática.

FINS DE SEMANA

As verdadeiras possibilidades
de ir à praia domingo,
isto sim, deve ser discutido
pelo estado maior da família,
como uma questão
de alta prioridade.
A decisão
de ficarem todos em casa
ouvindo o jogo pelo rádio
deve também ser acatada
sem ódios:
podia ter chovido
na praia. Não é mesmo?

O CONVITE, O JANTAR, O PACTO

Pediram-te, apenas,
teu corpo à mesa,
mas teu corpo nunca
se senta sozinho,
só carne e distância:
confuso e calado,
triste ou efusivo,
onde ele estiver,
por si mesmo levado,
estará por ti
e tudo que és

acompanhado.
Sem longas laudas,
ou suja trapaça,
fizeste um pacto
contra aqueles amigos
que ficaram lá fora:
teu corpo nunca
se perde sozinho.

CIDADE

Quando todos
só bêbados
se sentem humanos,
e alguns só conseguem
chorar depois
do décimo bar,
da centésima cerveja,
da milésima humilhação,
tenho medo de rir alto
ou sair de casa.

LIMITES DO CORPO

1°

A obrigação
de ser belo
é incompreensível para o corpo
que busca apenas respirar
e erguer-se todas as manhãs.

2°

Um corpo
é demais:
tão completo
para sentir e chorar
todas as coisas,
tão vivo
e ameaçado
para jogar-se totalmente
nas águas soltas da alegria.
Um corpo é pouco
para tanta certeza
de sofrimento.

3°

Por que nos deram
tantos nervosos terminais?
Para que tudo,
tudo nos atinja?
Para que nenhuma dor
ou alegria
passem desapercebidos?
Para que um sonho,
uma chacota,
um tiro
possam derrubar-nos?
Por que não somos
menos perfeitos
e mais felizes?

O INVÁLIDO

Agora estou cansado.
Agora vocês acreditam no meu cansaço.
Agora quando
não posso mais ficar cansado.

INDAGAÇÕES FUNCIONÁRIAS

Não fui amado
tanto quanto queria,
nem amei
tanto quanto podia.
Quanto custa operar um anjo
hoje em dia?
Quanto custa
fugir da vida
que se tem
ou se teve
para a vida
que se merecia?
De quantos anjos
mortos
é feita uma alegria?

ÍMPETO

De cabeça erguida
só vemos o horizonte
e o horizonte não tem fim.
Olhemos para baixo
e a terra,
com suas tampas de garrafa
e bolas de gude perdidas
será alcançada
antes da partida.

PRONTUÁRIO
(28/2/97)

O dia que não é
nem bom nem ruim
é um dia perdido;
ou, menos do que isso,
um dia nenhum,
a folha pulada
de agenda vazia;
ou corte paciente,
eterno terminal,
que é dado por morto:
ninguém salva do nada
este pobre dia.

NA CABECEIRA
(1º/4/1997)

Nenhuma vontade
de amanhecer:
que alguém de casa
leve para o tanque
os lençóis vermelhos,
e depois de torcê-los
sob a água corrente,
e o plasma em gorjeios
sumir pelo ralo,
sente-se na sala,
não acorde ninguém:
a inocente manhã,
ainda na praia,
nada vai perceber.

PEDIDO
(A Almir de Castro Barros)

Peço café e pão
ao amanhecer;
um pouco de feijão
ao meio-dia,
um prato de sopa
ao anoitecer;
lápis, papel
e paz
até morrer.

ALTERNATIVAS DE UM CANTOR

Conquistar, cada dia,
o direito de estar
vivo, no dia seguinte
não é fácil: é cantar
tão alto, que após o sono,
o próprio cantor escute
o que antes cantou
sem cantar novamente.
Conquistar o direito
de cantar de novo
é menos fácil ainda:
é inventar um canto
que outros nunca ouviram
e ele nunca cantou.

DIÁRIO

Um pouco pior
que todos os ontens,
espera, desarmado,
o anoitecer;
e faz que assiste
ao "Jornal Nacional",
à queda das safras
e à malária anual
sobre cem milhões de pobres no mundo;
porque, agora,
seu programa ideal

é o próprio eu,
e qualquer coisa chamada amanhã
já morreu.

DÉCIMA
(18/12/87)

Desligada essa luz,
agora é suportar
ressacas de oceanos,
os coitos ordinários,
os anos e anos
procurando voltar
às primeiras ondas
chupadas pela areia,
ou tragadas pelo céu
numa tarde feia.

ATRASOS

O tempo de rezar
já se acabou:
Agora, é suportar
tudo que sou.
O tempo de amar
já se findou:
Agora, é abraçar
o que sobrou.
O tempo de matar
já se matou:
Agora, é esperar
quem já passou.

RÉPLICA

Mas, o que queremos mesmo
não é a paz,
vamos ser mais sinceros:
não seria alguma amostra
grátis do paraíso?
Se o alcançaremos ou não
o certo é o seguinte:

a multidão não tem tempo a perder
(a camisa sonhada
será vestida
no dia ou na noite
de nossa ilustre catástrofe).

MAIS UMA REFLEXÃO ROMÂNTICA

Somos (que novidade!) uma folha
que cai da árvore
sobre a rua.
Quando o gari a varre,
a árvore e a rua,
sem pena e sem falta,
da folha,
continuam.

EX-CANÇÃO
(Recife, 29/4/1991)

Eras foste
pisado no chão
e teu sangue foi
lavado por breve
chuva de verão;
Eros eras
sob tantos tânatos
e o amor-amora
transforma-se agora
em festa de autômatos;
Estio és
lamentando mágoas,
enquanto pousa
a sede do sol
sobre tuas águas.

POSSO ESTAR BÊBADO
(27/11/85)

Posso estar bêbado
para todos,
mesmo para essa

velha megera
chamada Poesia;
simplesmente porque
ela só existe
quando está ausente
de mim.

DISCURSO NUM BAR

O Bar
é o encontro
de todos os desencontros.
— Muito bem!!!!!!!!!!!!
O Bar
é a desculpa
dos que perderam
o direito de desculpar-se.
— Muito bem!!!!!!!!!!!!
O Bar
é refúgio
da sensibilidade oprimida
dos que só poderiam chorar
dentro do Bar.
— Muito bem!!!!!!!!!!!!
O Bar
é a barricada de garradas
contra o ódio que cresce
aço a aço.
— Muito bem!!!!!!!
O Bar é o estúdio
do artista sem teto,
e a mesa é a prancheta
que não pôde comprar.
— Muito bem!!!!
O Bar é a esquina
em que a amada um dia
poderia chegar,
com seu negro confeito
e ainda não chegou.
— Muito bem!!
O Bar é a saída
de quem não escolhera
abrir na raça
sua própria saída
— Muito bem.

CONJUNTO DE POEMAS PUBLICADOS
NA COLETÂNEA INSERIDA NO LIVRO
O CÃO DE OLHOS AMARELOS &
OUTROS POEMAS INÉDITOS (2006).

PROJETO

Preparar o campo
para a morte mais limpa,
mais rápida.
Como um rápido espanar
de mesa
para o expediente da manhã.

DIFÍCIL PARTIDA

O passaporte partido
em mil pedaços
e ter que enfrentar a fronteira.
Enfrentar soldados cansados
de enfrentar mulheres em pranto,
ou enfrentar a impaciência
de juntar, de colar
os pedaços deste rosto rasgado,
deste rosto que não sei
mais como é.

ESTUDOS SOBRE O MEDO

1.

Só a carne ferida
nos faz recuar
em silêncio, como os célebres
homens-rãs, ou reles
homens reais.
Quantos ataques evitados,
pelo medo que ninguém viu,
entrariam na farta folha
dos falsos e trêmulos
homens bons?
Só o sangue, soltando

seu escândalo sem farsa
interrompe a curta e casta aventura
dos que sonham vencer,
de longe,
sua própria luta.

2.

Empunhando o mais novo
e leve modelo
da metralhadora Ina,
arrisco-me a contemplar,
ó primeira ou última cidade,
tua clara e abandonada
noite de luar.
Assim armado, teu exército
crescente de infelizes
pensará duas vezes
antes de me atacar.
Assim armado,
ó imprevisível cidade,
é até possível
que possa um dia
conhecer teus escuros
e, excitado, te amar.

3.

Na primeira vez
que nos armamos
riram muito de nós
e de nossas armas,
mas não sabíamos que eles
pretendiam, apenas,
nos desarmar.
Quando enterramos nossos rifles,
eles riram e bateram
em nossos corpos desarmados.
Agora, temos medo
de revolver a terra
para salvar os ossos
e as armas
dos primeiros mortos.

4.

Do medo, só conhecemos
mesmo, a vergonha
no dia seguinte.

O resto foi o alvoroço
da vida, cheia de dedos,
querendo continuar.
No dia seguinte, o medo
começa a cobrar
da vida envergonhada
os tristes dividendos.
A cabeça parece
querer sepultar-se
antes do corpo e do perdão
dos seres amados.

5.

Se os bons não tiverem medo,
os maus só atacarão
se os bons celebrarem cedo
a vitória de estarem vivos
sem os matar.
As festas precoces
Desarmam a alegria:
pois ela, como fêmea,
só canta segura
cercada de ferro
fogo e atenção.

A DOSTOIEVSKI

Tudo é testemunho.
O crime mais solitário
tem no criminoso
sua mais impiedosa testemunha,
e é esta que recebe
o primeiro suborno.
Há mais testemunhas
do que borboletas
na superfície da Terra.

BAGAGEM

Uma viagem
para resolver a tristeza
e não os negócios.
As malas cheias

de roupas novas
e livros adiados.
É preciso partir numa noite de chuva,
para que as árvores de nossa terra
(de repente belas)
não nos agarrem,
não façam chantagem
com nossa provável
e discutível ingratidão.
A mulher adiada
deve ir também:
não há passaporte que consiga
embarcar o tempo perdido.

AS VIRTUDES DO CONFLITO

O conflito é minha matéria,
minha carne.
Minha síntese é a escuridão.
Que pude escolher
de menos terrível
em mim
para meus semelhantes?
Viver foi a minha escolha.
Mas, por esta noite eu não esperava:
tão densa
que os próprios radares
não conseguem varar.
Anoiteceu muito, meu Deus,
anoiteceu demais.

CAIS DO PORTO: RECIFE

Finalmente, inauguramos
o úmido encontro dos corpos.
As fêmeas e os fardos do porto
agora só diferem de peso
e não de natureza: acabaram-se
o nome e as raízes
de Lídia:
nenhum poeta de subúrbio
escreverá seu epitáfio.
As indiferentes, até elas,
começam a receber

seu estoque cotidiano
de violência permitida.
E Lídia, e Laura, e Lara
e os fardos do porto,
quando chega um navio
são jogados, de mão em mão,
alegremente.

ENCONTRO

Não pediu meu nome
nem meu endereço:
olhou-me terna, eternamente.
Era azul ou verde seu vestido?
De que cor, de que sempre
é feita esta outra eternidade?

Olhou-me, sem sentir que me olhava,
numa hora precisa
e esqueceu-se de mim.
Mas, ficou e não sabe
que ficou;
muito menos sabe
que ficou em mim.

RETORNO
(5 de dezembro de 1996)

Da cidade inteira,
só leva para casa
o cansaço do dia;

ao entrar, uma réstia,
muda de nascença,
acende a luz da copa;

em paz, senta-se à mesa,
entre um copo de leite
e um pedaço de pão;

asas sujas lá fora,
entre talas e cinzas
mais um dia morreu.

UM POUCO DE DÚVIDA, E CÓSMICA

A seriíssima
(e de óculos)
consciência de ser,
ou de saber
apascentar, com estilo,
nuvenzinhas de moscas
sobre o verde lençol,
coisa que as folhas
e as velhas ventanias
jamais saberão;
eis o nosso transitório tesouro:
orgulho feroz
sobre o estalar
das folhas secas, no jardim.

OUTRO, PARA A PRINCESA ALEGRIA

Quando chegar a alegria,
ela, a de pés molhados
e os cabelos em corredeira,
estarei sem saldos
nem telegramas
tarjados na mão;
mas, com punhados
de avencas vivas
da velha cisterna,
e uns pingos d'água,
do último inverno,
escondidos nas telhas.

DA POLTRONA 40

A dor agora
é o clima,
o clímax:
e o contraste
entre borboletas
e mariposas
não depende mais
da quantidade de luz
que podem suportar;
adeus, manhãs,

filmes, roupas
e mulheres desertas;
adeus, adeuses,
e finais
desesperados dos meses.

NOTA DE PÉ DE PÁGINA

Nordeste árido
ou semiárido,
e a sede no lajedo
dos que sangram,
há séculos;
os braços finos
das rastejantes raízes
e o azul cardeal
que choca uma estrela.

INTERRUPÇÃO TEÓRICA

Os miseráveis
(de Victor Hugo ou do Brasil)
são interessantíssimos
à distância:
como percentual estatístico,
ou erudita discussão
em bar fechado
com leão de chácara na porta;
isso até eles sabem;
por isso, ficam lá fora,
de emboscada,
e nos pedem um dinheiro,
um cigarro, um olhar,
interrompendo, (miseráveis),
uma interessantíssima
discussão sobre o grau
de conservadorismo de Kant.

OS SESSENTÕES DA RUA DO PRÍNCIPE

No caminho do trabalho,
cada vez mais longo
quanto mais longe fica

a recompensa prometida,
passo sempre por baixo
dos sessentões oitizeiros
da Rua do Príncipe:
eles são podados
três vezes por ano,
se alguns galhos novos
rebentam, lá em cima,
e roçam a rede elétrica;
lembro-me sempre disso
toda vez que uma festa
de folhas e frutas se aproxima.

AV. MANOEL BORBA, 1982

Suando, suando,
com medo do correio
e das pessoas,
debrucei-me na janela,
pensando no clima de Amsterdã,
dez graus
conforme o "Jornal do Brasil";
e eu, que nunca fui mais longe,
que as hélices dos pesadelos,
gostaria de estar lá,
numa rua de doze séculos,
escrevendo sobre o horror
da luz
que deixei por aqui.

CALOTE NA VIDA

Há algum tempo,
as coisas estavam mornas,
em banho-maria,
e a gente insinuava
que não sabia:
esquecemos o fogo,
e o fogo se apagou;
esquecemos a vida
e ela, enraivecida,
não voltou.

TESTAMENTO NO GABINETE

Nada para deixar,
só a lembrança
de um rosto que mostrava
ter sido a vida
um longo mal-estar;
nada para dizer,
só algumas palavras,
que a próxima geração,
com seus gerânios
brotados sobre os metais,
saberão olvidar;
nada para levar.

AS RÉSTIAS E OS RESTOS DE GERALDINO BRASIL
(Olinda/Recife, 10 de janeiro de 1996)

À ninfeta do caixa
faltará, na fila,
o cliente que repetia:
"esperar é comigo",
aos outros poetas, não;
o pivete, quando parado,
na gare rodoviária,
seguirá o conselho
do estranho passageiro
de pôr a mala no chão:
"o chão trabalha por você",
os outros poetas, não;
a nuova Beatriz,
ao entrar no quarto,
aprendeu que a luz,
quando intensa, bate voo,
e foi plantar umas réstias
que sobraram nos lençóis,
os outros poetas, não;
enquanto os arcanjos trocam
suas asas de gala
da recepção que lhe deram,
Creusa corre a esconder
a garrafa de whisky
atrás de um asteroide,
os outros poetas, não.

A GAMELEIRA

(22 de janeiro de 1989 — 5º aniversário da morte
do meu amigo e poeta Mauro Mota)

uma árvore comedora-de-árvores,
uma árvore-abutre,
uma árvore-polvo,
uma árvore halterofilista:
a envolver com os músculos
de suas múltiplas
e mecânicas coxas
a árvore-lady,
a árvore-côncava,
a árvore-noviça,
a árvore-hospedeira;
mas, ninguém se queixa
de seu triunfo letal,
de sua alteza alteada
em folhas verde-celofane
a suplantar em beleza
a árvore morta.

OUTRO ENDEREÇO

São belos e mansos
e, quando o sol da tarde,
passando pela seda
amarelo-cajá
das jovens acácias,
dos seus rostos enxuga
a lágrima cinzenta,
eu sei para sempre
que não sou daqui.

São simples e amam
a água, e aventura
das espumas cobrindo
de noivado as moças
que entram no mar;
e, quando é vento, às vezes,
carregado de assombros,
só os faz correr
na praia e sorrir,
eu sei, para sempre,
que não sou daqui.

PRIMEIRA VISITA A BRENNAND

Já vi as esculturas de Brennand:
um pedaço de minha terra a mover-se,
com raiva de ser deserto,
e assumir a dignidade dos sonhos
e a leveza da porcelana
que os amores, alegres ou tristes,
ensinaram;
hoje, me lembrei
das esculturas de Brennand
e sob as acácias rubras,
de um Recife
completamente amedrontado,
um pelotão de estátuas eternas
o escoltavam.

SUBÚRBIO DE MAURO
(Para Mauro Mota)

O Galo e o Catavento
cantam ao meio
do verão recifense,
quando o atlântico
sopra as suas
brisas meninas
sobre os velhos arquivos,
que vão ficar;
e um lúcido poeta
com seus olhos
de gato terrestre
traça o itinerário
dos tombados subúrbios,
e nos manda sentar
em antigas praças
manchadas, apenas,
de acácias amarelas
e junhos
e jambos caídos.

TARDE, CRÔNICA

"Era um tempo em que (...) uma vida tranquila levava um
grupo de homens estudiosos a procurar, na agitação
do passado, como que um consolo para a enervante
quietude do presente." — Barbosa Lima Sobrinho

Os tamarindos em parada,
(quentes árvores)
e ali dentro das casas
onde só a cozinha
de fogões e carvão
dá sinais de vida,
é tarde para os velhos
morrerem com honra;
nas paredes, em molduras ovais,
os guerreiros continuam
guerreiros para sempre,
não há mais vagas
nas crônicas das grandezas,
por isso, só a cozinha
esplende em seus alumínios
onde esponjas de aço
tornam cada dia
um dia pobre, mas novo
em sua humildade.

IMORTALIDADE

A vontade de ser forte
faz as pessoas correrem
sobre areias que ardem,
e altos copos de leite
e sanduíches de três andares
são comidos pelas bocas
mais pesquisadas do século,
bocas de homens que podem
ser maravilhosamente triturados
pelas carretas Scânias
pois seus nomes serão
descobertos pelos peritos
da Medicina Legal.

O SÁBIO

Chegou à superfície,
ele, que sempre viveu
à superfície,
e sentiu-se raso,
ele, que sempre amou
a sua superfície:
mas, a quanta ilusão
de profundidade
vivemos?

NO BAR CRISTAL

Lias Wallace Stevens
em teu bar favorito,
quando alguém te estendeu a mão:
tangeste-o, sem o olhar,
com um gesto de enfado
já no fim do poema,
que dizia só existir na Terra
um rei, "o rei do sorvete",
mas o homem continuou ali
esperando o fim de tua sapiência
e o começo de tua misericórdia.

ROSA KAFKA

Kafka é a cinza
Rosa é o sol
a rosa cinzenta
é minha flor predileta

Kafka é a repartição
Rosa os campos gerais
o escritório florido
é meu local de trabalho

Kafka é a barata
Rosa a borboleta
Borborata ou baraleta
é meu animal preferido

Kafka é a nave
Rosa é o sol
soleve ou nevesol
é a minha estação.

CHUVA SOBRE PERNAMBUCO

Noite rara
e chuvosa
em todos os desertos
de minha região,
onde até o amor
volta a circular
nas "frentes de trabalho"
do velho Pajeú;
abençoada noite de chuva,
tempo bom
e tão passageiro,
como um rápido cochilo
da maldade.

PARA CELINA DE HOLANDA

O telegrama chegou:
não era o nascimento de Adônia
ou a morte de Matilde;
não era convidando, aceitando
ou recusando convite;
não era anúncio de chegada
ou adeus de partida;
não era de parabéns na vitória
ou "estou contigo", no sufoco,
não era de pêsames,
não era de nada,
era de tristeza
e tempo perdido,
de "meu corpo cansado",
e não foi entendido.

FLAGRANTE NA AVENIDA GUARARAPES

Era um dia
em que um ser

chamado Sônio
estava solto,
pulando montanhas
e apalpando nas avenidas
nádegas adolescentes;
e alguém gritou,
como se tivesse na garganta
trezentos mil volts:
que faz este demônio aqui?

DUAS FÁBULAS MIRINS

O PODER

Uma alma penada
perguntou
a um anjo que ia voando:
— Deus vai bem?
Feito um helicóptero, parou no espaço,
olhou para os lados
e respondeu:
— Não sei. Ele é tão poderoso,
não me deixa chegar ao seu trono
e perguntar: Como vai o Senhor?
Aí, a alma penada resolveu
penar e perturbar
os que sonham com o Céu.

A POESIA

O violeiro foi chamado
à cidade
onde menos chovia no Nordeste.
Enquanto caminhava,
cantava e gemia
sobre as tábuas intumescidas
das violas mortas.
Fazia noite, quando chegou
à terra mais viúva
de todas as chuvas.
Quando ele disse
ao povo sedento
que só sabia cantar,
não sabia chover,
as portas se fecharam,

e ele ficou, ao sol,
com a viola no saco.

NICARÁGUA

Num pequeno país que não conheço
o mar não é mais
uma promessa de cardumes,
uma visita morena
das moças que buscam
salgar suas carnes
para a língua dos namorados
ao anoitecer,
o mar espera os marines
que saem do ânus
do gigante sujo
ancorado no Pacífico,
e as moças se armam,
e os namorados das moças se armam,
e as mães, os pais, os irmãos
das moças e dos namorados se armam,
e a Nicarágua se arma,
e quer o leite da justiça,
feito criança chorando
com uma metralhadora na mão.

VENTANIAS TARDIAS

As ventanias chegaram tarde,
pularam agosto
e assaltaram dezembro,
com suas cabeleiras de ramos
arrancados do bosques distantes;
e chegaram batendo com estrondo,
todas as portas,
arrastando das mesas
os poemas ruins
e as cartas dos suicidas;
chegaram, soberbas,
as ventanias de dezembro,
tardias como as amadas arrependidas,
e desesperadas com o ódio
que não queriam suscitar.

FLASH SUBURBANO

O desespero,
esta planta pisada,
só consegue
ampliar em estéreo
os ruídos dos cascos
sobre espantadas margaridas,
e não há deus,
com forma de homem ou pássaro,
que torne inteligente
um desesperado:
isso eu ouvi,
ontem mesmo,
quando o cobrador do ônibus
com seu olhar terrível,
me tornou o que sou:
um mero passageiro.

DESESPERO

O desespero detesta
música, poesia, pintura,
toda criação
e toda criatura:
é uma bola
cheia de raiva,
de vergonha
e de vida,
que só quer estourar
o coração ferido
rebentando a costura.

RÁPIDO

Deus salve o enfarte:
o coração explodindo
com toda arte,
o interruptor azul
apagando o sol
em toda parte,
o silêncio branco
cobrindo o corpo
feito o mais limpo
desastre.

EMIGRANTES: UMA DESPEDIDA

Quando as chuvas chegarem,
não estaremos mais aqui;
nossos corpos, vencidos,
(nódoas cinzas)
mancharão as calçadas
das grandes cidades,
e os acauãs,
de penas chamuscadas,
pela maldição
do sol de seus anos,
cantarão nossa ausência
entre as folhas molhadas.

QUANDO INSISTE A CANÇÃO

Falta de alegria
é o sonho passando mal,
com tantas frases certas
colocando o vendaval
em posição de sentido,
secando nas folhas
as líquidas relíquias,
soprando nas falhas,
entre as lenhas das letras,
a brasa escondida:
falta de alegria
é o amor morrendo à míngua.

GRANDEZAS DA MADRUGADA
(Recife, 3 de julho de 1991)

Quem fala
do que fez
e do que foi
já não faz
e já não é;
e nos deixa aflitos
nessas madrugadas de bar,
comandando mortos,
amando mulheres
que hoje engordam nas cozinhas,

exibindo uma coragem
antiga e sem testemunhas;
e ficamos, ainda, mais aflitos,
quando a voz começa a engrolar,
e não sabemos em que beco,
ou pensão da periferia, desembarcar
nossa grandiosa ruína.

REVERSÃO

Quando o pavor
à noite nos rondava,
era bom que alguém
nos socorresse
dos antigos fantasmas;
e agora, quando alguém,
de carne e osso, nos atinge,
com toda crueldade,
nós pedimos socorro
aos antigos fantasmas.

ADVERTÊNCIAS TARDIAS
(11 de julho de 1991)

Pedir socorro
não faz sentido,
quando já tudo
está perdido.

Pois, se não há,
qualquer saída,
basta o silêncio
por despedida.

NOSSO ULISSES
(17 de fevereiro de 1990)

Jamais foi coroado
em nossa Ítaca,
mas envelheceu
a guerrear,

batido e lavado
feito um alto
rochedo do mar.

ANTICURINGA

Conheci um homem de trinta anos
que se casou com a Alegria
e só faltava dizer
que, antes,
tivesse casado com a Morte;
e me fiz três perguntas
(obviamente) sem respostas:
1a — Por que as borboletas não vivem
um milênio?
2a — Por que todo mundo mata
as formigas?
3a — E por que as estrelas
não tomam uma providência?

NOR-NORDESTE

Numa terra sem sombras,
as pessoas vivem
prisioneiras da luz
e, por isso, o dia
cada dia se estende mais:
e apenas estar vivo
é ter chegado com honra
ao fim da rota,
e cada dia de vida
adia a derrota.

DESERTO
(Olinda, 5/10/1990)

Quando o céu engravida,
ele já tem partido:
o deserto sabe expulsar,
antes da safra,
os que ousaram semeá-lo:
ai dos que cavam ao sol,

sob tantos estertores,
ai dos seus queimados semeadores.

A MORTE DO VIGILANTE AMARO CÂNDIDO
(Olinda, 9 de janeiro de 1990)

Mataram demais
o vigilante Amaro Cândido,
encontrado no Jardim Jordão,
abatido com cinco tiros
de escopeta 12,
e levaram seu revólver
(único instrumento de trabalho),
mas não foi só isso
que chamou a atenção
das autoridades locais,
e, sim, o fato de Amaro
ter residência ignorada,
patrão ignorado,
vida ignorada,
e, para um ser tão ignorado,
Amaro, segundo as autoridades,
morreu simplesmente demais...

O ESCRITOR TROPICAL
(Maria Farinha, 29 de março de 1997)

No calor, escrever
é empunhar a raiva,
britadeira contra a matéria:
o suor do antebraço
a grudar-se na página,
e a sedosa névoa,
invólucro da imagem,
a engrossar-se em lona
de uma carga de flandres,
enquanto as borboletas
batem e escorrem
em guache, no para-brisa.

O RETARDATÁRIO
(17 de dezembro de 1996)

Vai dar tudo certo:
antes de o sol assar as tarefas de fava,
as dívidas e ofensas
estarão perdoadas;
o queijo de coalho
e o vinho de jenipapo
não mais faltarão;
a azeda jurubeba
cortará tua náusea
certa, do entardecer;
só tu, que mais ansiavas,
não estarás aqui,
quando tudo der certo.

POEMS 83/84*

PEQUENA REFLEXÃO SOBRE A ANSIEDADE
(25/10/83)

Ansiedade de
preencher os alvéolos
de segundos, minutos
da colmeia do dia
com trabalhos e gestos
que não queríamos fazer;
de não pensar mais
na escuridão do infinito,
e ficar agarrado
a um jornal, um vídeo
jogando sobre nós
o terror do presente;
e sentir a vergonha
da criança que fomos
da criança que, infelizmente,
continua a viver.

ALMAS DA GENTE/OU/OS TERMINAIS

Toda vida é a última,
claro, mas não vivemos nem morremos sozinhos,
e este é um pensamento elevado
uns quatro andares acima do salário mínimo;
até agora, os sacerdotes de todas as dinastias,
tribos, reinados absolutos e monarquias,
não conseguiram ensinar aos homens
a viver com dez filhos, cinco peixes e três pães
e muita conversa dos sacristães;
toda vida é a última,
mas não vivemos nem morremos sozinhos,
por isso, as praças dos três poderes,

---

* Os anos marcados pelo autor — 83/84 — no título, que informa ser "provisório", registram apenas o início e a maior incidência da criação. Muitos poemas de datas distintas foram acrescidos ao volume pelo autor. Os 26 poemas deste livro que constam na coletânea inserida no livro *O cão de olhos amarelos & outros poemas inéditos* (2006) estão republicados aqui.

e os altos sorvetes
das mulheres altivas
são apenas pés delicados
que não chutam os banquinhos
de nossas forcas privativas,
e é tão vergonhoso, chato, e difícil viver
e acordar vivo, ainda pedindo
a esta vida exigente,
um pouco mais que o silêncio,
as pedras raiadas,
granitos
sobre as almas da gente.

DILEMAS

amam
vencer na vida
ou vencê-la?
e a vida
quem a viverá?
seu verão
jogos e passeios
sua falta de Kant
e mulheres simples
para quem ficarão?
amam
o que houve na vida
ou o que falta?
e a vida
quem a amará?

AO CAIR DE UMA PÉTALA

Tinha o ar de aeromoça
e falava, agitando
longuíssimos cabelos,
sobre terras tão longes
que o mais avançado
comando dos sonhos
não conseguia alcançar;
só porque era
uma deusa perdida,
uma pétala parda
que já não sabia,
nem chorando e gemendo,
de onde e quando
se despetalou.

FOLHA VIVA

Folha verde,
esmagada nos dedos:
de que cerca viva
ela foi arrancada?
de que moita humilde,
tufinho de planta,
que ninguém olhou,
entre um jeito de sonho
ou de impaciência,
ela foi decepada?
Folha verde esmagada
nos dedos de um homem,
que só queria, talvez,
com um estalo de dedos,
apagar, caminhando,
a lembrança de alguém
que o deixou só na entrada.

BALEIAS

Uma lei
assinada com o azul
das conchas
e o verde
da penugem do mar,
enferrujou, para sempre,
o gatilho do arpão
certeiro na mão
de um filho do Sol Nascente,
e furou a fibra
do barco baleeiro,
mas, a vontade de arrastar-te
das altíssimas águas
ainda lateja diante
das ondas,
lateja numa fábrica
só feita de facas
e lateja em vão,
tua grandeza te protege:
ninguém pode tirar escondido
uma serra da cordilheira,
uma baleia do mar.

GUERRA NAS ESTRELAS

O branco da prata
radioativa
liberta da terra
o pudor do gene,
o estupor das gentes,
e após lavado
com a água pesada
de bilhões de olhos,
um anjo explorador
ao entrar, por acaso,
no sistema solar,
retira do peito
do planeta morto
uma medalha do urânio.

NO ATELIER DE BRENNAND

Os limites
de sobrevivência da matéria
no ocre primeiro
a empalidecer,
é o pacto
entre a flora e fauna,
a dor animada
e o cansado silêncio
das tumbas;
qualquer criança
compreenderia que é tarde
para aqueles a quem
o mundo vivo
e sua lamúria
realmente interessa.

FUTEBOL DOS MONGOLOIDES
(Bar O.K., 3/10/1985)

A bola, uma garrafa plástica
de boliche;
o campo, uns seis metros
quadrados de cimento;
e os jogadores eram figuras
rabiscadas por crianças
e enlouquecidas pela luz:
era recife e era tarde,
e só um resto de amor
ainda torcia pela vida.

NOSSA SENHORA NORDESTINA
(em ritmo de cordel)

Jesus nasceu espremido
numa rede de algodão,
sua mãe olhando a seca,
não o queria mais não.
Quando viu a estrelinha
luzindo lá na amplidão
ela aceitou o menino
pela nossa salvação.

DESCRIÇÃO ESCOLAR DAS NUVENS
(Ainda para João Cabral de Melo Neto, 1983)

CIRROS:
Delicadas e altas,
são as manequins do céu,
mas os pilotos
supersônicos
sabem que elas
anunciam o vento
e as chuvas,
os choques do ar quente
com o frio
na suposta indiferença
de suas alturas.

CÚMULOS:
São cheias, comuns
e boas donas de casa,
sobrevivendo nos tempos ruins
e nos bons;
são montanhas de nada
enfeitando os espaços
em tardes mornas
das pequenas cidades;
e, desenhistas,
escrevem no céu
os sonhos bons
e os carneiros brancos
da liberdade e da paz.

NIMBOS:
Mulatas
que prometem
jorrar dos céus,
dos peitos montanhosos,

as trombas-d'água,
sobre os tenros pistilos;
gostosas mulatas
cobrindo de esperança
a semiárida
tristeza daqui,
mas, curvilíneas e boas
feito fêmeas novas
e úmidas
sobre um deserto
de homens sedentos.

ESTRATOS:
Lençol fêmeo
enchendo a terra
de mormaço cinzento:
entre o sol
e a falta de ar,
elas irão chover,
na hora certa,
feito necessária
e esperada menstruação.

MINHA ANTIGA E OUTRAS JUVENTUDES

A juventude
não cabe no corpo,
não cabe na vida;
a juventude
é vida demais,
vulcão tapado,
soluço sem solução,
vento encarcerado;
a juventude
é tudo o que todos
deviam ser
se a terra rasgasse
no dente
seu invisível cadeado.

GERAÇÃO 64

A vida é longa demais
para meu desespero,
pois esperava partir
há 25 anos atrás,
quando nenhuma mulher

me acenava com sua folha
escura e, para salvar-se,
agarrava-se com aquele que mais
esperava morrer,
e eram os tempos em que os pobres,
mais do que nunca,
eram considerados a útil
sujeira do mundo,
tempos em que as mulheres vivas
se agarravam aos suicidas,
e davam uma face
de triste ressurreição
ao sofrimento sem fim.

NO CERIMONIAL

Apesar dos decretos
e dos peritos,
de alta ou baixa
periculosidade
da magna objetividade
do projeto objeto
que a IBM lavra
no pequeno deserto
do papel-ofício,
um amor banana-
-de-dinamite aperta-se
sob a calça,
e procura romper (apenas)
três ou quatro botões.

ALGUMAS RIMAS

Não se esqueça:
a gente sai,
e um sujeito cai,
com casca e tudo,
em nossa cabeça;
procura um remédio,
e esta cidade
(de porte médio)
nos atropela
com seus prédios;
vai ver a menina
e vem um louco
e nos bebe inteiro
numa esquina.

O ALMIRANTE
(Para o Almirante Maximiano da Fonseca)

O almirante
era sorridente
e falante,
era marinheiro:
foi queimado ontem
entre caras carrancas
de concreto armado,
bem longe daquelas
que salvam barqueiros,
canoas, cebola,
batata e farinha
no Rio São Francisco;
o almirante
que acendeu sorrindo
o cigarro civil
de um civil guerreiro,
foi queimado ontem,
amarrado ao mastro
que pendia à destra
de um país inteiro.

O TAIFEIRO

Se aquele gigante preto das docas
respondesse na linguagem
anêmica da loura turista,
olhando-o sob a sombra do chapéu de cambraia,
o gigante preto das docas,
mais ou menos diria:
estes bíceps de bolo,
a largura dos ombros, as colunas de coliseu,
que me erguem de todas as lamas,
esta altura de prédio, o bronze brunido
destes músculos de sangue e marfim,
nada disso veio das coloridas
academias de ginástica:
meu eu de montanha veio de longe,
de antepassados sudões,
ou veio mesmo do trabalho
de descarregar os navios de seda,
os navios de cambraia,
os navios de sombras
para esta outra terra de sol,

tudo que em mim é tão grande,
e lhe causa, moça, medo ou lascívia,
veio do trabalho sem fim.

PARA FERREIRA GULLAR

Ah, se não amanhecesse,
para os tristes e os fracos,
os que não querem acordar,
ah, se a noite,
uma eterna mãe-negra
os cobrisse;
ah, se não mais
amanhecesse
para os amedrontados,
os que fogem da luz
e temem o triunfo
dos fortes que anseiam, sedentos,
a todos os fracos
esse amanhecer.

SEPULTAMENTO DE UMA VIRGEM

O som de surdo
das pás de barro
na tampa do ataúde
não lembrou nada
da morte os seus adeuses,
da vida o seu bater
de pressa interior;
todos tinham mais
na terra o que fazer,
do que ouvir a terra
bater no ataúde;
todos tinham mais
na vida o que sofrer,
afora a falta
do sonho e da saúde.

A GREGÓRIO BEZERRA

As borboletas do sonho
esvoaçam em torno
do amor-leão,

pelo povo:
herói sem retórica,
lâmina de cabo florido,
encurralando os indecisos
que sujaram
a terra;
e eles não ousam,
sem vergonha, ler
a denúncia humilde
(e terrível)
que foi tua vida,
ao povo devolvida.

NA MEDIDA

DAVID ESTÁ SEM PEDRAS

Cada dia,
amanheço mais desarmado,
como se a manhã
só esperasse
meu bulir de pálpebras
para cravar
suas douradas mandíbulas
na minha garganta:
"é tão ruim despertar",
ouço minha alma,
apavorada, sussurrar;
e nada posso fazer
contra o sol.
1983

AQUELE QUE SE AMA

Se a gente se ama,
nunca fica feio:
dá um toque de azul
em toda tristeza;
e o rosto se inflama
com diamantes olhos,
e os cabelos brilham
com os banhos pobres
das águas das telhas
tudo fica infinito
quando a gente se ama
e esse amor é tão grande
que sobranceiro sobra
para quem furioso
estraçalha nos dentes
a estrelinha mais longe
e nos bate e repele
porque não se ama.

NOS SUB-BASTIDORES

Acabado o amor,
as gentilezas do fracasso
são pás de cal
sobre corpos apodrecidos,
e não há mentira
que engane o coração,
nem abraços, nem beijos,
por mais numerosos,
que enganem um corpo
já totalmente possuído:
cada pelo e pálpebra
sabem tudo
cada "eu te amo"
significa: "estou perdido".

VOCAÇÃO
(Recife, julho de 1983)

listrado de sombras,
com as mãos nos bolsos
feito alguém que as tivesse,
sempre,
sujas de sangue;
e era, no entanto,
o que menos pecara,
com sua vocação
de pétala, corola,
enfim:
um corpo feito
para abelhas.

O ANÔNIMO

Não legou
uma canção ambígua
e sem nome
que alguém cantasse
e, no chuveiro, perguntasse:
quem fez?
uma revolta, um túmulo
que a polícia apagasse
e, depois, perguntasse:
quem foi?
uma certa mulher

cujo olhar foi tocado
em plena multidão
e, depois, sozinha, perguntasse:
por quem?

GARRA DE NIMBOS

Tanta gente se deve
amar e defender
com estes músculos velhos
e cartucheiras vazias;
tantos favos de anjos
a se abrirem sozinhos
nestes campos que cheiram
a abutres e vinhos;
tanta flor envelhece
amada em segredo,
com suas seivas virgens
contra o lodo e o medo;
tanta pétala nova
tem a cor da sombra
antes de anoitecer.

FIM DE MIM

Ó fim de mundo,
fim de tempo,
fim de mim:
o que foi mesmo
que busquei
e perdi?
o que foi mesmo
dito pelos ventos,
os mortos,
os seres
absolutamente certos,
que pensei escutar
e me esqueci?

VITÓRIA

Uma grande escuridão
bateu em mim,
feito um vento negro

uma rajada
de nuvem sombria;
e era tão cedo, meu amor,
tão esperada
a suntuosa manhã,
que a luz se enraiveceu
e, enlouquecida, bateu,
bateu, até matar
aquela escuridão.

LETRA PARA UM ROCK
(12/12/86)

Você está na pior
e pensa na rodovia,
na carona que a morte
sempre dá a quem foge,
ou sempre está só;
pense, logo, nos outros,
meninos e meninas
enchendo de gritos
quarteirões e esquinas,
moças e moços
acelerando as motos
para céus e campinas,
agarre-se à vida,
a única veia
que recebe o sol
em gotas cristalinas,
numa transfusão
que transforma os ovos
em asas, que transforma
o gelo em brasas
e nunca termina.

UM INCIDENTE REVELADOR

Ele está feito:
não precisa mais:
de mulher,
de homem,
de amiga ou amigo,
só precisa
de sua (negra ou brilhante) consciência;
é assim que se morre
como os esquecidos,

os que só querem
respirar sem dor e raiva
seu último minuto.

RIMAS EM IM
(2/1/87)

Uns esperam o fim de ano,
outro, o fim da vida,
de você sem mim;
e ainda outros, o fim
da gula suprema
de alcançar todos os fins,
e mais: o fim
das garrafas de gim,
a fácil farra final
de vermes e raízes,
chupando, crescendo
os seios e as vísceras
de amadas mortas,
ou fadas tortas
que, apressadas, morreram
antes de mim.

EGOÍSMO NA MEDIDA
(Recife, 21/07/83)

Da dor humana,
só conheço a minha,
que não é nada
para os outros
e insuportável para mim.

DISCURSO PRÉ-PÓSTUMO

Com a morte já
dentro de mim,
para que servem
o luminoso discurso das estrelas,
o tamanho do oceano,
a intumescência rosada
daqueles seios
e o jogo de amanhã,
o grande filme de sessão coruja,

o refresco de pitanga,
a preocupação sincera de algum raro amigo,
para que servem
essas cartas que chegam tão tardias,
esse zelo de abutre
de enfermeiras entrando lindas,
a esconderijo dos cigarros,
a pinga chegada pelo suborno
para que servem
esta manhã, esta tarde e esta noite
que foram, apesar dos homens e de minha morte,
tão belas?

CONJUNTO DE POEMAS PUBLICADOS NA COLETÂNEA INSERIDA NO LIVRO *O CÃO DE OLHOS AMARELOS & OUTROS POEMAS INÉDITOS* (2006)

ÁGUA
(22 de fevereiro de 1991)

"Duas colheres de água",
sussurram filhos adultos
no corredor do hospital;
"sim, o velho pediu
duas colheres de água",
cochicham, eufóricos, os adolescentes
num canto da enfermaria;
já sem ar, e o suor molhando
o peito grisalho,
o velho não ouvia nada,
a morte, antes de levá-lo,
teve sede e pediu
duas colheres de água.

KARG 6

Bombardeado pelo Iraque,
depois de chocar-se com uma ilha,
e vazar perto de Marrocos
setenta mil toneladas
de óleo bruto no mar,
o petroleiro Karg 6
já não pode regressar ao Irã

e todos os portos se fecharam
àquele monstro e a seu vômito negro,
obrigado a vagar
de mar em mar
e a nunca chegar
a nenhum lugar,
com seu comandante,
o imediato e uns doze tripulantes
que já não se curvam
em direção à Meca,
não por falta de fé,
mas por não saberem mais
onde ela está.
....
Há uns três meses,
rádios de navios-patrulha
comunicaram ter visto no Atlântico Sul
um cargueiro coroado
de estranhas aves marinhas
e escoltado por gigantescos cardumes
de espadartes e golfinhos,
que tentam levá-lo a algum lugar,
mas as autoridades da costa
não mandaram instruções nem rebocadores,
e, hoje, em algum refúgio
das águas esquecidas,
há uma ilha absurda feita
de ferro, corais e esquecimento.

DE UMA CONVERSA E UMA VISITA
AO PINTOR ISMAEL CALDAS

O acrílico arranhado
ou o quadro pintado
com pincel de pelos
de porco-espinho,
e mais: que tudo se fez
sombra trabalhada
e que tudo foi feito
com o atelier apagado,
e mais: que toda luz
foi obtida com goivas,
porque estava atrás
do quadro ou da porta
onde tudo aquilo aconteceu.

AKABA
(Visão política de uma geração)
(Olinda, 27 de novembro de 1990)

Nascidos para a derrota,
façamos dessas ruínas
um lugar exemplar,
e que as brisas do Leste
continuem a entrar
pelos rachões explodidos
das amadas muralhas;
pois era em Akaba,
que nossa missão
deveria acabar:
antes que a vitória,
brilhante e vazia,
apodrecesse nossas almas.

KOLINOS, AH!

Quando estamos
muito mal,
chuva e sol,
noite e dia
desaparecem
no tempo neutro,
no espaço vazio;
quando estamos
nas últimas,
não há frases
céleres ou célebres
como: "Luz, mais luz!"
Há sangue
afogando-nos, há ah!...

NATAL*

Nasceu numa nave
azul o Cordeiro;
mas, não foi de estrela
seu lume primeiro,
velou-o uma frágil
luz de candeeiro.

---

* Original manuscrito encontrado na última página da coleção *Monografias.Planejamento sociológico para execução das tarefas de seleção; treinamento e assentamento de irrigantes e técnicos dos projetos Gurgueia e Fidalgo*. Recife: Ministério da Educação e Cultura. Instituto Joaquim Nabuco de Pesquisas Sociais. Recife, 1978, vl. 14.

ANÚNCIO TURÍSTICO DO TRÓPICO
(29 de maio de 1995)

Nenhuma parábola
há neste sol moço
que nos apodrece,
abrindo rachões
no solo e no rosto
das quase meninas;
neste deus sem férias
dos carregadores de pedra,
que ergueram montanhas
sobre os corpos enfaixados
dos seus opressores;
nesta luz inimiga,
a girar na torre,
de leste a oeste,
a procurar, sem descanso,
quem respira na escuridão.

TEMENDO A MANHÃ

Não corras da manhã:
enquanto vivas,
ela te alcança
com sua ameaça
ou sua promessa;
enquanto vivas,
a manhã te persegue
com dedos de luz
invadindo teu quarto
por baixo da porta,
feito carta acesa,
gritos de crianças
ou buzinas da pressa,
que já te acordaram
para sua ameaça
ou sua promessa.

"KILLING IS OUR BUSINESS"
(Recife, 23 de março de 1991)

O blindado norte-americano
atravessa uma estrada de Basra
com a seguinte inscrição:
"NOSSO NEGÓCIO É MATAR";

mas o trêmulo tenente
mastiga suas tâmaras
sem fúria no olhar,
neste março de cessar-fogo
e convênios bilionários,
quando versículos e sutras
cobrem tantas cinzas
sob os escombros de Bagdá,
e, ao invés de bombas,
jogam barras
de chocolate para as crianças,
quando "a mãe
de todas as batalhas"
aborta numa mesquita em chamas.

SEM LER TUCÍDIDES

Não te consegui ler,
Tucídides:
tua "Guerra do Peloponeso",
apesar de longa,
é menor que o desespero
de esperar o sol
e adivinhar
os humores dos que têm
minha vida na ponta
de sua esferográfica;
nessa guerra sem a púrpura
e a solenidade
que o sangue acende
com seus jorros.
É, Tucídides,
a gente perde
o fio da espada
cortando uma dália,
e de guerreiro só resta
a coragem cotidiana
de voltar vivo para casa.

DELIRIUM-TREMENS

Pelos braços pendidos
sobem os escorpiões.
Dos montes de pedra
eles chegam e sobem
pelos braços pendidos.

Enfermeiros formados
nos cursos noturnos
de temor e silêncio,
eles vão injetar
no estertor dos vivos
seus novos alarmes.
E daqui a pouco
todo o mal do mundo
terá sido alcançado,
todos os escorpiões
do fundo da terra
pelos braços pendidos,
vencidos,
subirão.

FRASE DE EFEITO

Dizer que, no fundamental,
estamos sós,
é frase de efeito,
mas sinal para todos
se omitirem
do sofrimento de todos,
no fim, é frase
que causa, mesmo,
um monstruoso efeito.

FORMAS DE DIZER A DOR

Uma forma simples
de dizer a dor:
ainda não é tanta
que mereça ser confessada;
e outra forma mais alta:
já não necessita
de confissão.

A CAMINHO DE LAJEDO

Nossa caatinga
findou-se ali,
onde ondulavam
hectares de margaridas,
e, até chegarmos,

ao sítio povoado,
tivemos que sujar
as alpercatas
nessas formas angelicais
recém-nascidas,
suportar os vagidos
dos bebês
que estourávamos, aflitos,
a caminho do povoado.

FELICIDADE

Ser leal ao momento
e, depois, assumir
por esse momento,
o castigo monumental:
tão cara é a alegria
que não deveria existir;
entre sombras
e sofrimentos diários,
a simples parada
do chicote no ar
seria, então,
a felicidade merecida.

OS QUE FICARÃO

A nós, pequenos poetas,
de canetas falhando
no meio da página,
coube-nos essa lésbica
insistência das folhas
se esfregando
entre rochas, ruínas
e destroços em cruz,
enquanto a vida,
faz os grandes poetas
pegarem no caminho
nossos, já sem nome,
rascunhos de luz.

CINEMA "GLÓRIA"

Tão mocinho, Tom Mix,
é sepultado com música
no rancho "Glória",

cavalo e Colt
supersônicos
calando-os de vez:
velhos sem a velha
dignidade comanche,
não atravessamos
a porteira de carvalho,
nem entramos na fila
fantasma;
morremos no teu velho
rancho dos sonhos, John Ford.

CERTA SENHORA

Da casa, como de uma caixa fumarenta,
saem as sombras, pelos cantos,
e envolvem o terraço de onde a tarde, velhinha,
sob os muitos vestidos de cigana,
desce os batentes,
segurando-se nos balaústres,
e passa pelo jardim, entre as plantas a escurecerem,
alcançando a calçada de muitos sapatos voltando.

Na rua, sem olhar para trás,
à frente de homens e mulheres calados,
vejo-a desaparecer no poente.

MÃES

Nem todas as mães
são santas,
nem todas as santas
são mães;
mas, de quedas, prantos
e sóis soluçantes
as colinas de mães sozinhas
fervilham neste instante.
Ó vós, que ainda tendes
dentro da noite o choro fino,
a febre e os miúdos braços
afirmando no escuro
vosso sangue e a aurora
que vos sucederão,
ainda é tempo de agarrar-vos
ao pequeno e vivo troféu
e, contra as raivosas manhãs,

esquentar o leite,
vestir os filhos
e não perder a esperança.

PENSANDO NO LÍBANO

Peixes e homens
espedaçados em Jounich,
enquanto ao longe
Israel esquenta os motores
de seus caças noturnos:
Cristo e Maomé
brigam sozinhos
no interior da montanha,
os teletipos batem
os prefixos dos carros-bomba,
e os cientistas do Hospital dos Veteranos,
em La Jolla, Califórnia,
estripam coelhos para curar
a amnésia dos homens.

ADOLESCÊNCIA

Era o tempo
de olhar as moitas
inchadas e íntimas,
semissedes, semissombras
e molhados azuis
em banheiros de moça,
e rosas de esmalte
nos dedos e medos
de extremas meninas;
era o tempo
em que tudo sobrava,
no tempo e na vida,
do corpo dos jovens,
a seiva lactente
era o leite menino
que o peito do sonho
espremia na cama,
do corpo das moças,
o jeito dos lençóis
agarrados na noite
deixava uma forma
de príncipe fúlgido
e na alma, escondida,
uma marca de unha.

A ÚLTIMA NOITE DE BORIS GRUSHENKO
(Para Woody Allen)

"A vida é insuportável"
abaixo de 250 mil por mês,
e, logo agora, que é fácil
vender pipocas, sem sal
e com ágio, nas trincheiras,
aqui, neste deserto de estrelas,
onde a Rede Globo,
no horário das oito,
é a única responsável por nossas coronárias,
e toda morte, falando nisso,
deve doer tanto
em algum cão vivo
que eles nos procuram
em nossa sepultura.

POBRE CHILE
(Para Rodrigo Rojas, incendiado no Chile)

Não bastaram os bombardeios das colinas
e o fogo nos dois lados de La Moneda;
pequenos, médios e grandes cadáveres
a encherem de medo as calles cálidas (ou frias?) de Santiago.
Não bastaram os punhos decepados de Victor Jara
e a tristeza-avalanche de Neruda
desabando do rosto enorme dos Andes.
Não bastaram a repugnante lei e a general covardia:
agora, tocaram fogo em tua juventude,
e, quando a beleza do povo começa a incendiar-se,
ele fica feio e selvagem
e para aplacá-lo
nem guitarras e Jaras bastarão.

BACH

No "Pequeno Livro para Órgão",
de J. S. Bach,
os que tinham ouvido para ouvir
ouviram o som distante
de motos azuis
levando moças
às bordadas capelas,
e o tilintar dos chocalhos
de ovelhas verdes se acordando;

e ouviram, ainda, dos berços novos
o primeiro vagido
reclamando leite
no centro da noite;
e mais ouviram
os que morreram puros
sem ouvir o órgão encantado
de Johann Sebastian Bach.

VORAGEM*

1. ONTOLOGÍACOS

EXERCÍCIO (1)

Quero o poema
terra-a-terra,
o poema raso
e rasteiro,
o poema-vil,
o poema-vivo,
o poema-víbora;
o poema
fácil e fatal,
louco e lindo
feito o bem sobre o mal.

METAFÍSICO, PARA VARIAR

Tudo morre,
tudo apodrece,
tudo revive
quando amanhece,
e nada Deus nas alturas,
nas águas negras do espaço,
nada, Deus, nada, nada,
senão, fica tarde
senão, não me alcanças,
senão, me desfaço.

NUMA TERÇA

Quando as mangas
começam a tombar
no chão frio, de madrugada,

---

* Coletânea organizada pelo autor com seleção de vários poemas avulsos, da década de 1980 e início da
década de 1990, incluindo os do livro de título provisório *Poemas 81* e os anteriormente publicados na
coletânea *Soma dos sumos* (1983). Nesta edição, também retornam às suas páginas 27 poemas remane-
jados pelo poeta para outra coletânea, a do livro premiado pela Academia Brasileira de Letras *O cão de
olhos amarelos & outros poemas inéditos* (2006).

não culpem o vento
ou o desprezo do céu
pelo esmagamento
dessas formas
de perdida misericórdia;
é assim que desabam,
anônimas e múltiplas
as maravilhas que não gritam,
as belezas que dormem
entre os túneis das folhas
e os escuros cotidianos
da sorte.

CAMARIM

Podia ser pior
ou melhor,
podia não ser:
nada nos garante
que o porco, o lajedo ou o cedro
não amaldiçoem sua sorte;
o bar do bairro
já foi residência,
curral de gado,
fatia de bosque,
chão do Atlântico
e flamejante matéria,
cada forma a gemer
a sua condição;
estar insatisfeito
é estar mudando:
para pior
ou melhor,
nunca vai saber.

VISTORIA

Hoje, duas fendas,
na parede grossa,
foram descobertas:
"é apenas o reboco",
disse um rasadíssimo
Pangloss de proveta;
mas, mesmo sabendo
que não é verdade,
deves sossegar:

bem antes do ranger
de dentes das traves
e, em urros, os alicerces
comecem a expor
seus nervos de granito,
não estarás mais aqui.

A QUARTA FÚRIA

A Tristeza atravessa
as Quatro Estações de Vivaldi,
o rumor de asas verdes
dos coqueirais de Candeias
e o comício dos canários
exilados da Mata Atlântica;
resiste ao alarme
do molinete de prata
e à euforia de puxar
com uma linha de vidro,
o ofegante querubim;
supera a soberba
do trabalho sem claros,
com elogio caixa-alta
na capa do caderno,
e a ganância da carne
a dilatar-se em redes,
sob os passos noturnos
de unhas vermelhas sobre o peito;
rouba a água da nuvem
e o bilhete da sorte:
vitoriosa como lágrima
de ácido, ela perfura
a beleza da terra;
predadora da aurora,
a nova Fúria, ou Tristeza,
para os não iniciados,
amamenta com lava
da primordial rejeição
as ovelhas do Paraíso.

OS INVISÍVEIS

Que de seus corpos
o minado mel
apure-se longe
das pálpebras de poça

de insones guardiães;
que a juventude glorifique-se
na inviolável treva,
sem mergulhos no lago
de azedas lágrimas,
sem ameaçar sua carne
lisa e limpa
como a curva da chama;
que o amor dos jovens
abrigue-se no tempo:
música na árvore
escondida na chuva.

PACIENTE DA ALA NORTE

Tudo que não soube,
não quis
ou não pôde fazer,
nas horas brancas,
entre o mercado e o templo,
ele pensa que o fez,
ao virar a misericórdia
sobre si mesmo,
ao sentar-se no alpendre
do Sanatório Municipal,
assustando os pardais
com sua tosse de estimação;
mas, ao escurecer,
a misericórdia se vai,
como beata, após soltar
sua moeda na mão suja,
e só lhe restam os alísios
a estufar no varal
os lençóis dos enfermos,
fantasmas das obras
que não soube,
não quis
ou não pôde fazer.

A UMA ENFERMEIRA

Toda ordem
foi feita
pra ser
desobedecida
quando grita
mais alto
a vida.

BASTILHA

Quando havia rainha,
ela passeava no bosque
com suas servas
de avental verde e branco;
sofríamos muito,
mas tínhamos uma rainha;
quando,
entre os músculos dos carvalhos
e a delicadeza de inseto
dos ramos de hortelãs,
nossa rainha, com seus galgos,
passeava no bosque,
exibia o esplendor
que nossa pobreza, por contraste,
mas sem inveja, lhe emprestava;
na real comitiva,
ninguém nos prometia
fazer parte da Corte:
esse logro veio depois
que nossa rainha morreu.

CONSELHO AO DEGREDADO

Faz de conta
que você tem
o dinheiro suficiente
ou a miséria absoluta
para ouvir esta chuva,
alegrando as árvores
e dando, de certo modo,
alguma dignidade ao crepúsculo;
faz de conta que está chovendo.

2. VIDA A VAREJO

CURVA DAS BONINAS

Na curva das boninas
habitam meninas
de cabelos calados,
meninas sozinhas
que plantam borboletas,
e colhem peixinhos
multicores dos ramos,
elas chamam-se "betas"
e dormem nos côncavos
das vitórias-régias;
nunca falam, ouvem
os lamentos longínquos
que vêm da cidade,
lamentos e choros
de outras meninas
que querem morrer
e morar com elas
na curva das boninas.

O NORDESTE SOB MEU PONTO DE VISTA
(OU "AO MEU MODO", COMO DIZ UM MESTRE)

Gostaria de que, na minha terra,
houvesse neve, houvesse bruma,
o luto próprio
para tudo o que sente;
mas, ao contrário
ela "é a terra
de mais luz na terra",
como me ensinou
outro mestre;
portanto, amaldiçoo,
com mil falcões,
amaldiçoo, amaldiçoo
esta luz tanta,
esta luz demais
que me faz ver,
mais do que suporto,
a desgraça quotidiana,
diária, samaritana,
de minha amada, desamada
amaldiçoada terra.

O BOM COMBATE

Este morrer muito,
morrer demais,
este bater de portas
no teu desabrigo;
este doer-se tanto
e ouvir, no entanto,
o pranto menor,
o menor pranto;
este calar toda
a revolta possível,
este beber sozinho
um inferno divisível.

OUTRO MURRO NO TRÓPICO

Meu Deus,
meu dia
não foi bom,
mas cheio de álcool
e de agonia,
quando só desejava
o trabalho pesado
de arrastar minhas telhas
e cobrir-se de sombra.

BOTINA/ROTINA

No Recife,
entre a caridade e o ódio,
estou cercado de mendigos,
que pedem dinheiro,
cigarros,
e insistem para
vender-me amendoim,
bugigangas, destroços,
engraxar-me os sapatos,
enquanto espero
neste bar,
um amigo, um banqueiro,
uma revolução,
para (também)
mendigar.

EVIDÊNCIA II

Horas duras,
horas escuras,

da pedrada,
da língua amolada,
enquanto a música
e a vontade de despertar
latejam sob as bandagens,
e as pálpebras,
nesses quartos e corpos
aparentemente habitados.

NOVAS ALDEIAS

É tudo parecido
com a morte de gola alta,
essa morte soberba
de castiçais de açúcar,
assim incompreensível
e importante
como as mortes
nas miúdas aldeias,
de sinos frágeis
mas ouvidos
de cabana em cabana
onde se benzem, medrosos,
os que nunca pecaram.

SAFÁRI

Pensando melhor,
foi dentro do ônibus,
primitiva Treblinka,
a gerar suas doses
de sol engarrafado,
que parte do dia
para sempre se perdeu;
mas, isso foi pouco,
comparado à selva
de garras e chamas,
que varaste, por dentro,
com as asas inteiras,
só Deus sabe como.

MISSÃO E DESTINO

Hoje, pela manhã,
um canário e uma folha
amarela sumiram
da Praça da Paz Celestial;
sem cânhamo, o pássaro
resolveu cantar

mais longe e mais sozinho;
sem canto e asas, a folha
escondeu-se calada
numa poça de diesel:
o destino dos que têm uma missão
é cair e ficar;
a missão dos que têm um destino
é partir e cantar.

OS BEM-TE-VIS

Dos pássaros
os bem-te-vis
ainda não fugiram
do Recife:
sobre as copas dos oitizeiros,
fícus, acácias
e corações-de-negro,
eles ainda gritam,
a partir das quatro,
que a "cidade cruel"
está amanhecendo;
ainda resistem,
esses locutores do sol,
cantando sobre os bêbados,
os mendigos,
sobre a cidade que cresce
contra seu canto.

NA PORTARIA

Deram-lhe apenas um carimbo
(poucos gramas de madeira e borracha),
e ele começou a pensar
como o martelo do mal
sobre os suplicantes;
apenas um carimbo,
e, com a efígie do anel
de malditos prelados,
raramente a baixar
no lacre documental,
fez do palácio um indevassável
salão-de-mortos-de-espera;
um carimbo,
que não baixava
sobre os molhados papéis
dos que vinham de longe,
era todo o poder,

e só o Porteiro
e os desesperados
o sabiam.

NOSFERATU NO MANGUE

Não há nada lá fora:
ouviu-se, apenas,
um galho de mangue-vermelho
roçando a janela,
ou a coruja-da-torre
vomitando peles e ossos
de um rato-de-esgoto:
o mal, sem maiúscula,
nada cerimonial,
não manda sinais
por aves e árvores,
no meio da noite;
entra, asteroide possesso,
casa adentro, alma adentro,
no meio da vida
que ninguém vê,
estoura em soluços
que ninguém ouve,
nos endereços
que ninguém tem.

O INTRUSO

Uns criam gatos; outros, não;
mas, depois dos quarenta,
raro o que não cria
um inimigo de estimação:
demônio doméstico,
só de tempo a nutrir-se,
eis seu maior perigo;
matá-lo é tê-lo
com o rosto gangrenado,
entre os bichos de pelúcia
que balançam no berço:
só mesmo o esquecimento,
essa tumba no ar,
poderia escondê-lo.

DESABOTOANDO-SE

Não sei se foi o rum
ou a abertura excessiva
de tua blusa de ontem,

ou a perspectiva de os afogarmos
os dois no mesmo sim;
ou simplesmente
o excesso fatal
de piadas e cafezinhos
na repartição;
não sei o que foi
que me fez fazer aquilo
uma única vez
e em plena páscoa, imagina;
olhei para um lado e outro,
vi que não havia ninguém
e fiz;
mesmo assim, sem premeditação,
sem anjos por perto,
serei descoberto e condenado?

ENTRADAS DO RECIFE

Esses, que mal respiram,
quando o sol dissolve
— feito a um chocolate —
o asfalto da rodovia,
são guerreiros que vivem
a emboscar um ontem
de impunes ofensas;
mas, o sol do presente
cresta sem misericórdia
o acordado ódio
a pingar suas gotas
ácidas sobre a terra;
e só resta ao mais
dispensável dos seres
salvar-se à sombra
de um ramo de cidreira,
já morto, por sinal.

SÍLABAS OU POLEGADAS

Ontem, ao voltar para casa
um poema me assaltou
com uma longa metáfora
de doze sílabas;
resisti-lhe quanto pude,
mas acabou levando
minha tarde inteira:
o vôlei da praia

que nunca joguei,
com um resto de amigos
que não dão meio time;
o conhaque Dreher
num bar lá do Porto,
onde as grossas correntes
enferrujam de tanto adeus;
o poema assaltante
levou toda minha tarde,
embrulhada, talvez, na pele
de alguma ovelha
muito mais lobo do que eu.

MEIO A MEIO

Que assim seja:
metade rotina
e metade aventura:
lago sob a serra
e sempre aleitado
por branca cachoeira;
metade verdade
e metade sonho:
no rosto, entre rugas
ou lascas de granito,
dois olhos molhados
garimpando o céu;
metade vestida
e metade nua:
palavra feito tinta
colorindo os escombros,
ou feito espátula,
raspando a cal dos túmulos.

A DESEJADA

Uma árvore velha
é uma cidade de pássaros
cercada de estrelas;
é uma fábrica de sombras
e delicado lodo,
quando chove no inverno;
é um tesouro verde
caçado pelas ventanias.

NO McDONALD'S

Júbilo nos olhos,
na boca, no corpo
de elásticas antenas,
mas não se sabe mortal;
quando no McDonald's,
é tão vida a sobrar
tanto de si mesma,
no balcão só há
sua julieta fome,
quer todo o lugar;
come seu hambúrguer,
bebe sua coca
e arranca do caderno,
como ávido vândalo,
súbito uso prático:
um pautado guardanapo;
seu perigo é suspense
de game, de TV,
e pode ser desligado;
um pouco mais difícil
é desligar o inimigo,
que anda sempre a pé
no meio da chuva.

SUORES

Suor que não mina
ou brota dosado
das bojudas carnes,
nas saunas que cobram
por grama perdido;
mas, suor que esguicha
do corpo pisado;
suor sem cromo, folder
ou logomarca do sol,
a escrever na pele
branca do turista
fluídicas legendas;
mas, suor de enchente
no corpo destroço;
suor, não videocassete,
que não molha a bagagem,
e conta um verão
em conta-gotas, no rosto
coberto de pomada;
mas, suor que só é
pranto geral do corpo.

A GREVE DAS BORBOLETAS

O que houve com as borboletas
que hoje não vieram trabalhar?
Sem elas, as paisagens
devoram as abelhas,
os polens ficam sem transporte
e as flores do abacateiro
não engravidam nunca mais;
o que houve é que essas pintoras
mirins, lambuzadas de tinta,
emigraram para os livros
dos meninos órfãos,
para pintar com eles
as flores mais loucas,
sobre as nuvens altas.

FRÉDÉRIC CHOPIN

Frédéric acende
com réstias de som
os archotes de sombra;
ateia com névoa
os pianíssimos passos
das ninfomaníacas;
enverniza do inverno
as galochas negras
da "Marcha Fúnebre";
é nódoa azulada
na carta de amor
que Sand escreveu
e outra assinou;
é filho do pranto
sobre a rosa fêmea,
do rubro da hemoptise
sobre a terra nevada:
bandeira da Polônia
exilada em Paris.

A CERTA AFOGADA

Jacas moles, enormes,
os seios da matriarca,
a andar de braços cruzados
como se acalentasse
dois bebês à beira da morte:

em outubro, talvez,
a cadeira de praia
enterre-se na areia,
e nem o mar, que cozinha
a gorda tempestade,
a fará
levantar-se outra vez:
quanta misericórdia,
leite
e volúpia a apodrecerem.

NO FUNDO DA NOITE

Os monstros existem,
Homero estava certo:
saem dos envelopes
dizendo "prezado senhor"
ou chegam pelo fone,
o fax, o e-mail,
os dedos perfumados da moça
que digitou esta sentença;
por fim, em grupo,
chutam com tanto ódio
a porta da frente,
que ela desaba;
o inferno, também, existe:
Dante estava certo.

SITIANTE NA PLATEIA

Na tapera do sítio,
seu hábito é sentar-se
no alpendre, em noites
de céu cerrado
e, com afiada visão,
descascar, de longe,
os couros, as crostas
os pelos da escuridão:
a jiboia de um cinza
rajado de estrume
é o caminho do açude
de luto, a transbordar
metros cúbicos de escuro;
a linha desdentada
de vírgulas negras
é um resto de cerca

de avelós que não mais
tira leite das pedras
e hoje cerca uma dócil
manada de trevas;
mas, pela manhã,
este sítio de sombras
some, incandescido
pelo sol fazendeiro.

VORAGEM

Mais para engulho
que suspiro,
mais voragem
e colisão de estrelas
que tédio terminal,
em tudo que diz,
em tudo que faz:
daí, esconder
as mãos tremendo
nos bolsos furados;
daí, dormir
em poças de sono,
no ignoto espaço
entre pneus e entulhos
onde os cães meditam;
agarrar e soltar
lembranças-bebês
que gritam em seus braços
e comer sem mastigar:
em tudo que diz,
em tudo que faz.

ZENÃO, O BEATO

Três árvores secas
naquela encruzilhada
de caminhos de terra,
onde bichos de casco,
cascavéis, roedores
e velhos de alpercata
costumam caminhar,
fixam a confluência
de efêmeras estradas,
que se cobrem de velames
e melões-de-são-caetano,

quando as chuvas janeiras
fogem virgens dos céus:
as estradas desaparecem
e os rios cortados ressuscitam;
em qualquer das duas
únicas estações,
elas estão lá:
contra o céu moderno
onde rolam as sucatas
das luas de lata,
e contra o céu antigo,
que estoura os açudes
e receita o dilúvio
contra o mal do deserto;
como três esqueletos
de africanas altíssimas,
elas estão lá,
esperando que o Beato,
com seu cajado
cravejado de nós,
feito um anjo de sorvete,
reze a extrema-unção.

NOSSAS SENHORAS DO BRASIL

Nossa Senhora do Carmo de São João del Rei,
Nossa Senhora da Conceição da Praia,
       das Neves,
       dos Militares
       de Sabará;
Nossa Senhora da Abadia de Vila Boa de Goiás,
Nossa Senhora do Rosário dos Pretos, de Recife
          de Ouro Preto,
          de Minas Gerais;
Nossa Senhora da Candelária,
Nossa Senhora Aparecida
Nossa Senhora do Bom Sucesso
Nossa Senhora do Pilar;
todas as belas Nossas Senhoras,
inclusive a da Penha,
dos Pastos e dos Passarinhos,
por que sois tantas
e, no entanto, deixais
tantos sozinhos?

A LISTA DE SPIELBERG

Entre lajedos, o vulto
estilhaçado em azuis,
rosas e negros
das borboletas sonhando;
entre lajedos, o pólen
das dálias aladas
polvilhando a réstea
de luz faminta
que devora uma folha;
entre lajedos, os fios
de translúcida aranha,
confeitando de espelhos
invisíveis abóbadas;
entre lajedos, os ossos
sem sexo, saindo
da saia vermelha,
na festa dos seres
minúsculos, entre lajedos.

SAINTPAULIA

"...a sabedoria da carne é inimiga de Deus."
São Paulo — Romanos, 8.

É assim que as histórias
devem sair: do nada,
do Trópico, onde
lagartos se matam
por um trapo de sombra;
como se sai, a sol aberto,
a camisa nos ossos
e descalço sobre as grelhas
dos falsos caminhos;
como se sai, na hora da manhã,
em que a luz
começa a temperar-se
com veneno extraído
da violeta-africana
(ou saintpaulia ionantha),
e onze demônios,
as asas feitas
de sombra condensada,
impacientam-se a bicar
o quadrilátero de areia
onde se vai desabar.

O NOVO E O VELHO

Comprimindo os ouvidos
contra a taipa,
ele escutava
a voz cansada que cantava
estranhas cantigas:
sem sabê-las de quando,
de onde e de quem,
soavam como novas
no vilarejo que sumia
à medida que, em garras,
os espinheiros avançavam;
quando a voz
calou-se, estrangulada
por um ramo de cravos,
ele descobriu
que a parede de taipa
não separava nada,
a não ser dois vazios,
e se foram as cantigas:
sem saber de quando,
de onde e de quem.

POEMAS PASSADOS

O que sobra
nos antigos poemas
é que os faz de seu tempo:
algum rio a escoar-se
em caudalosas estrofes,
cruzando condados
de rimas ricas
e luxuosas metáforas;
certa moça, dita donzela,
de seios diáfanos
e olhos translúcidos,
a oferecer-se sem dar-se,
em laudas e laudas
de intermináveis promessas.

NESTE VALE DE PEDRAS

Quando a chuva cai
neste vale de pedras,
é agarrada, chupada,

mordida, engolida,
como caixa de suprimentos
num teatro de operações;
aqui a chuva é carta
da Rachel, da Lia,
ou do Alto Comando
concedendo licença
de um mês de vida;
nestas rochas, a chuva
vira metros de pano
para a festa de algum
São Francisco do Canindé,
e pacote de remédios
para artrite, trombose
e outros males do sol;
quando a chuva cai
na mesa de granito,
é repartida em lotes
por velhos altivos,
de rostos cortados
por rios extintos;
depois que ela acaba
passa o sol,
passam os homens,
passa a destruição.

DEVASTAÇÃO

Condenadas à beleza,
o tempo as esquarteja com o método
de psicopata britânico:
magnólias tentando desarmar
as armadilhas do sol,
que as doura e calcina
na mesmíssima chapa;
madressilvas tentando salvar
o ar fidalgo desta tarde
de delicado enfurecer,
enquanto, entre frascos de éter
sofrem os que sofrem a certeza
do que lhes vai acontecer.

INTERVALO NO PLANTÃO

Antes, bem antes
de já não discernir
se a janela está
aberta ou fechada;

de ouvir o estalido
das macas se chocando,
e o serviço de som
apressando o médico
sobre a moça de branco;
de notar o chiado
dos convulsivos réquiens,
lençóis sobre a lenha,
a cozinhar a morte
em borbulhas, no fogo
alto da oração;
de o medo espalhar-se
nas veias inchadas,
infectando de pena
o último orgulho;
houve os anos sem volta
da incompreendida insônia:
o abandono das brisas,
o desperdício das estrelas
o crédito fácil, no banco do tempo,
quando embolava na cama
e só desejava dormir.

MALAS PRONTAS

Antes de viajar,
falo com a geógrafa,
uma climatologista
alta, de óculos ovais:
ela me dará, piscando com malícia,
o endereço das chuvas,
dessas molequinhas
que pulam nos telhados,
escorregam nas telhas e caem
nos seios de croché
das dálias amazônicas;
ficarei num vilarejo
só habitado por "pobres em espírito",
que debulham uma espiga
como quem debulha, milênio a milênio,
a tal da Eternidade;
não sei se volto:
desta vez, irei sem mim,
não me levarei.

ANTIGUIDADE CLÁSSICA

Do pó à gema,
só o reino mineral
é puro e limpo:
anterior e posterior
a tudo, a todas
as lamas de outros reinos:
só o reino mineral
é meu Olimpo.

A ALMA DA LÍNGUA

A alma da língua
não se manifesta
quando a alta debutante
estica o pescoço
e beija o espaço
entre os corpos frios;
ela está onde a língua
enlouquece essa virgem
sob o longo cor
de rosa mutante.

CRONOGRAMA

As melhores horas do dia:
das cinco às nove da manhã,
quando o sol e os pobres em espírito
ainda têm esperança
de que algo dê certo;
as piores horas do dia:
das onze às três da madrugada,
quando os fantasmas secam
seus lençóis ao luar,
quando mais cheira mal
o cadáver da fé.

UM CADÁVER

Um misto de nojo
e místico receio
protege sua integridade,
recheia-o de um temor

meio autoritário:
a lentidão da fila,
dos que vão vê-lo
pela janela do caixão,
dá ao cadáver
as honras de protocolo
dos recém-empossados,
e o afável horror
dos que chegam ao berço
dos recém-nascidos.

O DE ASSIS

Sou uma estrada,
sobre outra estrada;
sou a saída
para os que querem
sair da estrada
e continuar seu caminho.

ESCLARECENDO O POEMA

Queria dizer isso
(claramente)
em outro poema,
mas não disse:
quando as coisas brilham
mais do que as pessoas,
as pessoas se apagam;
quando o carro sem óleo
é socorrido antes
daqueles que sangram,
vida e morte perderam
a dignidade dos extremos.

ODE A TODO CORPO

Este é o corpo
que nos deram,
corpo que a gente,
a pé ou de carro,
tem de carregar:
nada de ódios
contra esta erradia

combinação da carne,
a sofrer e a sorrir
sobre o enigma
exasperante da Terra.

CONJUNTO DE POEMAS PUBLICADOS NA COLETÂNEA INSERIDA NO LIVRO *O CÃO DE OLHOS AMARELOS & OUTROS POEMAS INÉDITOS* (2006)

SÉCULO XX

Quanto mais perto
das estrelas,
mais sangras:
os mercadores voltaram
com as três armas
e tomaram de vez o Templo;
e agora, contra a tristeza,
tomas um antidepressivo:
que século!

ERÍNIS

Não é uma boa notícia,
mas é, por fim, uma notícia verdadeira:
as Fúrias vão voltar.
A sabedoria leva sempre ao medo
de saber demais,
e, por isso, os antigos a temiam
com temor maior,
pois acreditavam nos seus sonhos.

Se a prática do mal,
assim repetida,
transformou-se em cansaço
e o cansaço em castigo,
a quem as chibatas
e as serpentes das Fúrias
poderão atacar?

Hoje, só acreditamos nas lendas
que justificam nossa infâmia.

AMANTES E ENXOFRE

A alegria dos amantes
é a agonia dos que sobraram,
feito restos de ondas
nos rachões dos rochedos;
e quando eles resolvem
incontidos tocar-se
no silêncio da sala,
seus suspiros abanam
as fogueiras de enxofre,
pelos cantos da casa:
a alegria dos amantes
empalidece os mortais.

SAGA DE UMA SITIANTE

Queria segurança,
procurou o ferreiro,
e não sabia ela
que o perigo era ele.

Queimou-se no ferro quente;
correu, as asas em chamas
salgou suas carnes vivas,
nadou contra um rio de lamas.

Queria segurança,
chegou-se ao capataz,
e não sabia ela,
que o perigo era ele.

Teve a calcinha rasgada
e, na nádega morena,
a cicatriz de um relho
vermelho-gangrena.

Queria segurança,
procurou o patrão,
pois não sabia ela
que o perigo era ele.

O céu de azul-rachado,
feito o leito dos barreiros
quando a seca vira ferro
de marcar os companheiros,

pois não sabia ela
que o perigo
  maior
    era ele.

O CANTADOR DE MONTEIRO
(Olinda, 20 de novembro de 1990)

No meu jeito de revê-lo, Pinto,
atendendo o pedido do amigo Joselito

Quando a viva poesia
salta e vibra reflexa,
feito víbora
é o Cantador de Monteiro
que a improvisa
com sua língua
feito feixe de flechas;
quando o sóbrio sertão
for lembrado,
lenhoso como sempre
e descascado,
é o Cantador de Monteiro,
peixe Beta brigão,
pós e até pré-histórico,
no miolo das rochas
acordado;
quando o vate da escrita
nos longos discursos
de lânguidos acadêmicos
for tombado,
o Cantador de Monteiro
estará entre nós,
feito sal na saliva,
quando bate o medo,
ou "coroa-de-frade"
na brecha do lajedo.

SERRA, SERROTE, SERRITA
(Olinda, 22 de outubro de 1990)

Para o violeiro Jó Patriota, de São José do Egito, que disse num
repente e eu gravei: "Eu vi a lua morrendo/ numa agonia de prata."

Faz muito tempo, em Serrita,
Vi nascer um grande povo,
Feito estrela que se agita
Rachando um cósmico ovo,
Ou vida, moça bonita,
Dirigindo um carro novo.

Era uma raça bendita,
Com luz correndo nas veias,
Estirpe, que ninguém cita
Nos anais das coisas feias,
Toda coberta de chita,
Faca, revólver e correias.

Ali nasceu a vindita
Do grande Chico Romão
Contra a brabeza catita
De inimigos do sertão,
Ali, quem cospe se irrita
Se o cuspe cair no chão.

Macho ali não usa fita
E caatinga não é mata,
Moleque apanha e não grita
E uma lua de pragata
Cobre de nuvens, aflita,
Sua bundinha de prata.

Para esse lugar, ó Rita,
Vamos levar violeiros
Do Pajeú selenita,
O Jó dos versos primeiros,
O que transformava em brita
A rocha dos companheiros.

RONDA

As noites estão
quase emendadas
umas nas outras.
Pouco falta para que tudo
seja uma noite só.
Alguém fala, às vezes,
que a claridade existiu
e é ouvido em silêncio
como o remanescente
de uma grande catástrofe,
como o sobrevivente de uma longa
invasão consentida.
Agora é noite e a treva
é um dado objetivo,
um portão áspero
que as mãos feridas
tentam, dolorosamente,
abrir na escuridão.

A PAZ, SEGUNDO SCHOPENHAUER
(Olinda, 5 de fevereiro de 1991)

A paz:
uma forma de desaparecer,
ou de estar
longe do poder;
um modo
cômodo de não ser,
de um ser esquecido
que não faz falta,
um ser-se esquecido
que não assalta
vaidades, ao amanhecer;
uma
falta
de
vontade
de
ser.

SOB A MARQUISE DOS CORREIOS

A chuva fez parar a beleza
sob as marquises dos Correios,
onde, vindos da noite, abrigava-nos;
um de nós falou
nos seios transparentes
sob a blusa molhada;
outro de suas nádegas altivas
mas com delicados aclives de romã,
ainda outro petrificou-se diante das pernas
longas e lisas, sem uma veia azul,
a manchar seu dourado;
o mais bêbado de nós, porém,
que parecia não ver nada,
foi o único que chorou
alguma irmã, filha, ou amada morta,
quando a onda de sol
a carregou para sempre.

O BOTECO

Sem a gravidade e a elegância
de um poeta desconhecido
como T. S. Eliot,
sem outro rio que as águas

servidas correndo lá na porta,
quatro homens lembravam
o finado Tião, o finado Flávio,
Micuçu... e beberam, beberam
a princípio desejando-lhes o céu,
e depois voltaram a beber
à grandeza de sua própria desgraça,
onde mulheres, filhos, horizontes
e outras forças da vida
jamais penetraram.

EPITÁFIO AO OUTRO TÚMULO
(3 de outubro de 1990)

Aquele homem
era uma triste região,
sem chuvas certas,
sem tempo bom;
sem saudades de montanhas
onde ovelhas
e pássaros migrantes
encontrassem nas noites
o que os dias negaram:
as manjedouras de aço;
aquele homem
nunca teve a alegria
dormindo nua
nos seus braços.

SEDE SOLITÁRIA
(Casa Caiada, Olinda, 7 de dezembro de 1989)

Um pequeno terremoto
no árido da Paraíba,
de míseros 2 graus
na escala de Richter,
engoliu para sempre
um riacho perene,
não um riachão,
mas um riachinho
que abastecia o povoado
de 100 almas,
300 cabras,
50 porcos,
15 cavalos,
14 vacas
(havendo mais fêmeas do que machos)
e um cachorro sozinho.

ZONA SUL
(Casa Caiada, 20 de novembro de 1989)

Nesta praia,
onde nadas
com amigas
e coliformes fecais,
a água está numa
maré de embalagens:
semovente display
sempre a te lembrar
o preço da vida.

KAFKA NA CAATINGA
(Olinda, 11 de dezembro de 1990)

Tudo lhe chegava incompleto:
o salário, a alegria
e as certidões de amor
de amadas, pais, amigos
e outras categorias do cinza
que não valem a pena mencionar;
o que lhe importava mesmo
era reunir essas nuvens,
essas lúgubres promessas de água
em alguma chuva precisa
ou definitiva tempestade.

COMPETIÇÕES

Competir por um lugar
no ônibus,
na fábrica,
no coração de Berenice.
Competir com os hereges
por um lugar no céu,
quando os próprios hereges
são menos verossímeis
do que o céu
que tentam destruir.
Competir com os amigos
por um lugar
na sua lembrança,
quando os amigos
só se lembram de competir.

FÁBULA

Uma abelha pousou
na cauda de cobre do foguete:
era a última abelha da Terra.
Quando o sensível aparelho de inspeção
captou o estranho zumbido
a contagem regressiva foi suspensa:
todos correram para ver
a última maravilha da Terra.

LIÇÕES DE UM MESTRE DA ROTINA

Nunca mais escrever um poema
a cobrir com toneladas de giz
esta ânsia repugnante
de ser amado algum dia;
aceitar a ambição dos outros
como a este cheiro de urina
pelas praças amanhecidas;
receber os amigos
com cervejas geladas
ou um pouco de café,
sem esperar a lealdade
em público, o riso na alegria,
o pranto no pranto;
recompor sem pessimismo,
mas com indiferença exemplar,
os cabelos dispersos pela noite maldita;
e comer qualquer coisa sem gosto,
vestir-se sem jeito
e mergulhar no trabalho,
no convívio da desolação.

O CERCO

Estamos todos cercados;
e o silêncio do sonho
é nossa arma sagrada:
as pistolas e as línguas de aço
dos inimigos brilham ao sol,
e eles gritam tanto
sobre as velhas colinas,
atrás das cegas estantes,
que sabemos de tudo;
e calados ficamos,
amamos e permanecemos.

MATURIDADE

Sem alguma paixão,
tudo fica
amolecendo a matéria
para o estágio do mofo:
não adianta falar
na calma ferruginosa
de certas idades
pois, longe da vida,
só cresce o lodo,
o limo,
o ornamento das pedras,
o bordado sem força
das folhas mortas.

MANHAS DE UM PREDADOR

Passado que nos espreita
na esquina de uma palavra,
e com seu estilete
descostura a cicatriz
de uma rubra vergonha;

que se disfarça em contas
de um colar de colcheias
nessa garganta de granito,
forçada a solfejar
seu arranjo de lágrimas;

que se embosca atrás
do tráfego, dos gorjeios,
e, quando a vida volta
a seduzir-nos, de novo,
pula em cima da gente.

DIVISÕES DO TEMPO

Quando começou a esguichar
o fidalgo sangue
dos cavalos de Goethe,
entre dois séculos
as árvores estalavam,
e rudes criaturas
enxugavam com as mangas,

de seus casacos do campo,
poucas lágrimas, sinal
da agonizante misericórdia;
e moças vestidas
com panos de flores
maldiziam as noites
em que nada, nem o pecado
acontecia.

PELA RUA DA GUIA

A calcinha em trapos
e os cabelos de vinte anos
grudados na testa,
na noite arqueja
o repugnante anjo:
ao passar, o vulto
de perfumada enferma
por um segundo a cobre
com o lençol de sombra
de sua inútil
e involuntária misericórdia.

OS MOTINESES, HOJE SÔNIOS

Os motineses, três vezes ao dia,
comem borboletas,
por isso seus filhos
andam sobre as margaridas,
sem dobrar suas hastes:
quando há guerras nos cumes,
eles dormem todos
pendurados no teto,
até que as temíveis
corredeiras de sangue
voltem às suas nascentes;
não esperam deuses
nem precisam rezar,
pois tratam com respeito
tudo quanto é frágil,
como tratam e comem
as suas borboletas.

UM SÔNIO
(Para Dostoievski)

Não é propriamente um anjo,
mas um sônio,
mistura de Sônia e demônio;
de acordo com o acaso,
está sempre vestido
de quartzo e granito;
seu olhar de massacre
tem lampejos de ébano,
esmeralda e safira,
e congela no ar
os suspiros de moças
nos quentes terminais;
não tem asas, mas lâminas
incrustadas nos flancos,
contra eflúvios, abraços
e outras taras que anulem
seu atraente terror;
sua energia vem das chamas,
das relíquias, das Sônias
a soluçar.

LÚCIFER

"Recebi um comunicado de Deus para matar o primeiro-ministro"
Yigal Amir, que assassinou Yitzhak Rabin, em 4.11.95.

Não se enganem:
ele é belo
como o degelo do pranto
inundando os vazios,
como uma árvore alta
vigiando um deserto;
belo como o pousar
magistral de um anjo
na ponte de cristal;
belo como a coleção
completa de horizontes
nas prateleiras dos sós;
belo como a beleza
escultural das galáxias;
belo como um ímã
incrustado no abismo,
como um vulto amarelo
no fundo do mar;
belo porque sabe
que é um resto de Deus.

MERCADO DO INTERIOR

Dúzias de urubus cobrem o teto
do mercado de carnes,
feito padres antigos, quando a maré
de sangue vai subindo
as paredes do seminário;
o povo daqui habituou-se
às hieráticas aves,
que hoje só horrorizam
turistas fátuos e viajantes penteados:
quando os olhos da gente
e os das aves se encontram,
nada acontece,
porque já não passam
de ícones barrocos
numa arquitetura do fim do mundo;
não existe o horror diário:
toda demorada presença
faz da aura do anjo
ou do fogo da besta
uma doméstica lâmpada.

ÚLTIMO NÚMERO

Esta noite,
os sedativos não funcionam:
a dor parece correr mais
que as jovens enfermeiras,
e ninguém sabe
que resto de vida
encontrou um resto de fonte
para molhar os cabelos
daquele que, no fim,
fez da cama seu palco;
mas, daqui a pouco,
o lençol/cortina
cobrirá o artista,
que também dali
sairá carregado
pela sua plateia.

PERSISTÊNCIA
(17 de fevereiro de 1991)

Só lhe falta
perder a calçada,
e o meio-fio:
ao meio-dia,
deixar de sentir
as mijadas
dos seus iguais,
ou as batidas
policiais;
só lhe falta
sobre a alma,
coberta de vômito,
a última pá.

PARTE IV

O ÚLTIMO GARIMPO*

---

* Dos sonetos às renkas, passando pelos octossílabos brancos e pela retranca, além dos versos livres, dísticos e outras formas poéticas, esta parte da *Poesia completa* foi compilada graças ao aprofundamento de nossa pesquisa nos mais remotos arquivos do autor. Portanto foi organizada por poemas não selecionados pelo poeta para seus livros. Em sua maioria, eles foram transcritos a partir de originais datilografados ou totalmente manuscritos, todos com rasuras, correções e, boa parte, datados e assinados. As notas de rodapé da organizadora só se deram quando se fez necessário acrescentar fatos importantes para o histórico desses poemas. Raros foram publicados em jornais, fanzines e revistas de pequena tiragem ou de datas remotas. Uma concessão foi feita em *Nascentes*: entre os poucos sonetos, dois deles foram publicados em 2009, na orelha da coletânea organizada pelo autor — *Benedito Cunha Melo. Poesia Seleta* —, portanto, após a sua morte, em 2007. Destaquem-se os *Primeiros octossílabos*, onde o leitor encontra o berço dessa métrica rara em língua portuguesa sistematizada pelo autor. Os poemas inéditos dos livros *Outras retrancas* e *Seis renkas inéditas* constituem uma preciosa raridade de sua obra. Os demais poemas, em verso livre e outras formas não sistematizadas por ele, foram agrupados pela temática em *Poesia das circunstâncias* e *Pedra de toque*. Este último constituiu uma das bases especiais da construção desta obra.

NASCENTES*

CERTO SERTÃO**
(Para José Luiz de Melo)

Quando a chuva vier, verás repletos
os buracos que tens nas tuas mãos
e só assim, não mais, os teus insetos
se enforcam nas roseiras do sertão.

Esconde no teu corpo os indiscretos,
os caprinos anelos de evasão:
quando a chuva vier, verás quietos
e inúteis todos eles na estação.

Limpa dos homens, da semente, a cova
que um deus menor cavou disposta em cruz,
e aproveita da terra à lua nova,

seus olhinhos de mato, seus umbus:
— que não demora o espaço que renova
seu orvalho, seu Pan, seus urubus.

FOI ASSIM***

Eu disse apenas que você mentia,
que mentia ao dizer que me adorava,
e só disse, meu bem, porque queria
medir o coração que me ofertava.

Subestimando o amor que recebia,
sem saber, este amor eu afastava,
e querendo aumentá-lo, num só dia,
num segundo, talvez, ele acabava...

* Reunião de raros sonetos e uma trova.
** Soneto publicado originalmente no jornal *Dia Virá*, a primeira experiência jornalística do poeta, onde assinava a coluna de crônicas "Coisas da Vida", usando o pseudônimo de Joseph de La Rue, e publicou alguns de seus sonetos. Republicado na edição especial "Geração 65, 50 anos" da revista do Instituto Histórico de Jaboatão, n. 6, de outubro de 2015, p. 30.
*** Jornal *Dia Virá*, n. 14, Jaboatão, 12 de maio de 1963, p. 4.

Tive culpa do fim, mas, certamente,
a lição que me deu a mocidade,
servirá neste mundo a muita gente:

Dois corações que se amam de verdade
podem juntos amar-se intensamente,
mas não amam com a mesma intensidade!

A MEU PAI*
(Benedito Cunha Melo)

Por que andas, ó meu pai, sempre curvado
e pensativo olhando para o chão?
Será, talvez, o peso do Passado,
talvez o peso da recordação?

Ou o peso do presente, atormentado,
onde não toca a névoa de ilusão,
que faz de ti um líder já cansado
de tanto governar com o coração?

Ou — quem sabe! — o futuro pressentido,
que a gente sofre sem o haver vivido,
que a gente vê mas sem o ter no olhar?

Não precisas dizer-me, há na existência
muita coisa que foge à consciência
e a gente a sente sem poder falar!...

DESENLACE**

Se levaste o sentido dos meus dias,
tu levaste, meu bem, o que fizeste.
Se minha alma ficou de mãos vazias
teve nas mãos somente o que puseste.

Se levaste os meus sonhos e alegrias
tu levaste, meu bem, o que me deste.
Eu nada tinha dessas fantasias
que ingenuamente um pobre amor nos veste.

Como bem vês, em nada fui roubado,
volto a ser o que fui no meu passado,
encontrei-me de novo, desta vez.

* Jornal *Dia Virá*, n. 7, Jaboatão, 18 de agosto de 1962.
** Jornal *Dia Virá*, n. 12, Jaboatão, 10 de março de 1963, p. 4.

Continuo a viver sem esperanças...
Continuas a rir como as crianças...
— Só se possui aquilo que se fez!

REVISTA IV*

Duas horas fundiram a corrente
que amarra os donos para toda vida.
(Tola presença que nos faz contentes
poucas vezes, na terra empobrecida.)

Vamos, antes do fim, ficar doentes
de amor e de doença acontecida
e escrever um poema, um somente,
sobre a cidade que não foi erguida.

Já prontos, vemos brusco seu começo,
a nós posterior, mas seu veneno
antes da compra como um grande preço.

Rápido pula, nasciturno esquilo:
uma manhã para fazê-lo pleno
e a Eternidade para consumi-lo.

RARO SONETO (MEU E DE SETEMBRO)**

Era setembro em ti, e não sabias
que as folhas se calavam nos seus galhos,
com medo dos terrores que sentias
sem das forças da fé os agasalhos.

Nesse tempo distante, parecias
sentir orgulho dos teus atos falhos,
ferindo toda vez pobres Marias
com seus cheiros de pó, cheiros de alho.

Era mesmo setembro, era teu mês
de obrigar a pureza a sentir medo,
entregando-se, assim, mais uma vez,

ao raiar de um soluço muito cedo,
mostrando o que já vias e ainda vês,
afogando de luz o teu segredo.

---

* Original datilografado com rasuras e anotações do poeta, posteriormente publicado no *Diario de Pernambuco*. Domingo, 12 de março de 1967.
** Poema inédito, datilografado pelo autor com correções manuscritas, s.d.

MUDANÇA DE AGENDA*

Este ano não irei a Bariloche.
pois tenho alguns negócios em Paris,
onde, se espaço houver, talvez acoche
a liquidez de certa embaixatriz.

No Palácio de Buckingham, meu deboche
será contido pela amiga Liz,
rainha-mãe dos outros, mas fantoche
do meu it irreal, que a faz feliz.

Aos banqueiros plebeus, lá na Europa,
direi: — Tirem da chuva a sua tropa,
pois só investirei numa colina

de Mônaco, onde tudo é de manhã
com vitelas ao molho de hortelã
e a moça viuvez de Carolina.

TEMPO TRÍBIO DE UM POETA**
(A meu pai, Benedito Cunha Melo, 19/11/1981)

O POETA EM GOIANA

Suas trovas lavadas, escorridas,
Das espumas do mar, do mel da cana,
São nas Pontas de Pedras estendidas,
Pelas moças antigas de Goiana.

Nas ruas, sem néon das avenidas,
As alunas da lua, em caravana,
Cantam terras e trovas prometidas,
Quando a primeira terra se abandona.

Se a Poesia ficou, o Trovador,
Marisco arrebentado no rochedo,
Busca sua outra concha aonde for.

Sentir-se vivo fez-se seu degredo
E sua forma de se decompor.
Estar em toda parte, o seu segredo.

---

* Poema inédito, resgatado a partir de manuscrito do autor, datado de 7 de dezembro de 1990. O tom satírico deixa clara a diferença entre este e os demais da década de 1960.
** Este soneto, a trova e o soneto seguintes foram publicados na orelha da coletânea *Benedito Cunha Melo. Poesia seleta*, publicada em 2009, após a morte do poeta em 2007.

TROVA-DE-UNIÃO

Onde nasce o Poeta, nem
O sol consegue saber,
Mas nem o Universo inteiro
O poderá esconder.

O POETA EM JABOATÃO

Outros canaviais, entre dois rios,
Cercaram o Poeta de treze anos,
Após sobrevoar os céus vazios
De um verão de vivaldis e sopranos.

Era Jaboatão, em verdes cios,
A ansiar numa voz, a dos profanos,
E a dor dos beatos, com seus calafrios,
A carne intumescida sob os panos.

Toda essa voz chegou, voz de menino,
Mas a falar por todas as cidades,
Onde a Fé briga feio com o Destino;

Veste palavras: céus, saudades...
Leves para o suor de sol a pino,
E boas, para todas as idades.

PRIMEIROS OCTOSSÍLABOS*

DECLARAÇÃO DE BENS

Todavia, meu octossílabo,
meu oitavo amor, é o talho
da foice no rosto, da angústia,
a sílaba mais forte e funda.

Guarda o que foi: a polidez
da neblina, dúcteis mudanças
de brisa a deslocar-se e, tátil,
toca no homem como um dedo.

Tenho por ele este ciúme
de coisa a conquistar, e luto
para insuflar-lhe o fogo, o tenho
por direito de posse e amor.

E, pertencendo-me, será
laço de chumbo e perdição
ao que ousar imitá-lo, quando:
o coração for muito pouco.

ÀS SUAS MARGENS

O que sobra da fonte é a fonte
ainda, e ainda me pertence.
eu a mereço como antes,
como se a sede persistisse.

Não me trouxeram até ela,
nem afastaram suas folhas
Quando, sedento, me curvei:
meu amor fez tudo sozinho.

---

* Reunião de poemas que restauram os primeiros exercícios do poeta a caminho da sistematização do metro octossilábico na sua poesia.

Mas defendo-a de mim, talvez
da vigilância pertinaz
em cuja sombra demorada
muitas fontes apodreceram.

Eu e ela nos comportamos
muito mal aos olhos do mundo:
se levantar-me de seu leito,
a minha sede se levanta.

O que sobra da fonte é a fonte
ainda, completa e oferecida
a quem não espera que o sal
chegue primeiro às suas águas.

FUMAÇA EM SERTÂNIA

Faz dois minutos que surgiste
e já possuis no róseo espaço
a barba longa e esbranquiçada
e o corpo fino para o fim.

Tu nasceste seguramente
de manhãzinha no nordeste,
quando todos acendem o fogo
de uma esperança matinal.

E antes que o não, como um remédio,
fosse engolido pouco a pouco,
tu já morrias sobre as casas
de uma velhice temporã.

Mas ficará a torre cinza
de onde partirão, amanhã,
tuas irmãs, outras fumaças
para o grande pavor: o espaço.

Enquanto o digo, já te foste
por muitas brisas consumida
no claro céu, onde és somente,
enquanto viva: o pão dos ventos.

EMPÓRIO

Grandes magazines, que o sol
publicitário vos proteja
neste verão (que só me dá
quarenta graus de solidão).

Desenrolei sobre a calçada
todas as lonas coloridas:
dai ao que passa pelo menos
vossa sombra triste, de graça.

Meus cumprimentos às gentis
caixeirinhas que vos defendem
de meu rancor, de minha próxima
ordem de fogo contra o além.

Meu verso dirigido pode
atingir os altos andares
de vosso engano, mas não pode
chamar de irmão o vosso dono.

E não o faz, passa por cima
da cidade que sobe, sem
abatê-la. E qualquer dia
todos passarão sobre ele.

CONVERSA COM AGENOR*

Certo, Agenor, os pombos
se afogam num copo d'água
e alto rumor que havia
pinga no extremo das asas.

Abraçados ao frio,
morrem os meus inocentes.
— Para que armas tão grandes,
se o frio é suficiente?

São pequenos. Seus corpos
parecem estar à margem;
entanto, na poesia
e no abismo, todos cabem.

Certo, Agenor, mais tarde
virão os novos e os livres
e, fortes, restarão
ilesos sob um dilúvio.

Por enquanto, o homem bambo,
sob uma faixa de chuva,
dobra os joelhos e morre,
em pouca água, como os pombos.

* Original datilografado com rasuras e anotações do poeta, posteriormente publicado no *Diario de Pernambuco*. Domingo, 10 de julho de 1966.

FERA-BOMBA*

Não mais são os tiros, os índios,
— a infância armada no quintal —
os pôneis, mas a bomba atômica,
atômica, o abismo automático.

Não a libertem por favor.
Permitam que o amor regresse
em água e quietude ainda,
deem-no tempo para rezar.

Fechem-na com mil cadeados
e enterrem as chaves num canteiro.
(Para não haver remorsos,
limpem a noite para as crianças.)

Senhor, ajudai-os nessa empresa.
(Vacinai-os contra o ódio,
dá-lhes força para manter
o monstro amarrado na treva.)

Que ela permaneça cercada
de aço, de vidro e de oração,
ainda que os homens requeiram
a morte, como proteção.

É preciso que incida o pasmo
sorriso, nas coisas sem sangue,
que não amedrontem, declinem
em bênçãos sobre as laranjeiras.

Que ela somente constitua
um motivo para o perdão
e nem mesmo seja lançada
no céu ou no mar inocente.

E continue prisioneira
para as nossas palavras. Presa,
é uma fera em silêncio. Solta,
partirá como um cão danado.

---

* Original datilografado com rasuras e anotações do poeta, posteriormente publicado no *Diario de Pernambuco*. Domingo, 19 de julho de 1966.

PEÇO A PALAVRA*

Limpo-a, a palavra destilo,
amo-a como coisa e amor
em papel de presente, em cordão
de seda pura para o mundo.

Lavo-a no colo, acaricio
a vontade conservá-la
amada e branca, nas submissas
colunas e sujo-a depois.

Em tabuletas pelo mangue,
prendo-a, anunciando que a alma
é universal, amarro-a aos tristes
como cinto de segurança.

Faço dela o grito na rua
depois do assalto ou, antes, quando
desarmado de Deus, estanco
e agarro com força a cidade.

No entanto, quando reduzi-la
a crosta e pedra unicamente,
será um peso no papel
ou na gaveta, triste boca.

INSANA**

Ela chamava-se Cristina
e nem de longe era tranquila,
que a solidão acentuava
os movimentos à distância.

Forrava a mesa com lençóis,
varria a casa eternamente.
Seu nome seria Maria
se não fosse tão diferente.

A maldição endereçada
no mundo errado e sua vida
unicamente necessária
àquele mundo que inventava.

---

* Coletado a partir de original datilografado com rasuras e anotações do poeta. Identificada posterior
publicação no *Diario de Pernambuco*. Domingo, 28 de agosto de 1966.
** Coletado a partir de original datilografado com rasuras e anotações do poeta. Identificada posterior
publicação no *Diario de Pernambuco*. Domingo, 3 de março de 1967.

Tinha no gosto feminino
velha substancia e cuspia
o anúncio alegre de uma saia
no figurino mais recente.

Foi outra moça, meus senhores,
e um marinheiro sabe disso
mais do que eu, poeta e trapo,
deste quintal e desta vida.

Dava pena, dava um poema
vê-la tão aflita enganchando
suas tranças no violino
que já não sabia tocar.

O SÉTIMO FÔLEGO*

Sem possuir o compromisso
dos anjos, apresso meu passo
nesta tarde de chuva fina
e de arco-íris sobre os seres.

Devo afastar-me agasalhando
meus cadernos dentro da chuva,
e amar as águas que disfarçam
na multidão a minha fuga.

Não vou, debruçado na ponte,
dizer aos grandes afogados
que o rio é mais belo de longe;
dirão: "nossa vida também".

É preciso alcançar depressa
os arvoredos majestosos
do Poente, que já levantam
as ramas negras para o céu.

Ali eu posso desatar
a coleira dos meus instintos
deflagrados, ali me sinto
dentro de casa para sempre.

---

* Coletado a partir de original datilografado com rasuras e anotações do poeta. Identificada posterior publicação no *Jornal Universitário*. 20 de fevereiro de 1967.

REVÓLVER COM SILENCIADOR*

Sobre a praça pública, o sol
se arrasta devagar e sempre
no amanhecer, inquiridor
e amarelo policial.

Ele levantou-se do banco,
não o sol, decerto, mas o homem
que vai ali porque deve ir
(cubram de rosa as teorias).

Entre poucas coisas conduz
uma faca dentro do bolso,
para as laranjas casuais
que o dia, às vezes, oferece.

Certo não anda, mas passeia
por tudo aquilo que for público
e oficialmente permitido
(só raramente se equivoca).

Enquanto isso não acontece,
pode calmamente voltar
à praça em paz, onde se perde
com todo corpo (um cão tranquilo).

A INDELÉVEL**

Para limpar-se dessa amada,
após os lagos, decidiu-se
por esse rio que muito sobe
e empurra os homens para os montes.

Passou o tempo e aquelas águas
roeram nódoas e jardins,
roeram tudo e retornaram
à paciência dos anzóis.

A sua amada era (pensava)
corte de unha no prepúcio,
ou um sinal de renascença
ou indelével tatuagem.

* Coletado a partir de original datilografado com rasuras e anotações do poeta. Identificada posterior publicação no *Jornal Universitário*. Recife, PE, 39 de junho de 1968.
** Coletado a partir de original datilografado com rasuras e anotações do poeta. Identificada posterior publicação no *Diario de Pernambuco*, dezembro de 1968.

E foi assim que se postou
sob uma nuvem que caía
e sua amada (não sabia)
era essa chuva que o lavava.

TRECHO DA DEFINIÇÃO*

Um poema é o que se pensa
ser a poesia num momento
mas, caso não seja a Poesia,
seja, contudo, uma lição.

Eu gosto de compô-lo sempre
nesta sala, que dia a dia
é menos sala que ataúde
para o Poeta sem saúde.

É bom escrevê-lo com sangue,
como nos aconselha Nietzsche,
o que quer dizer escrevê-lo
sem lápis e sem esperança.

Unicamente com palavras
arrancadas do lugar certo,
faço o meu poema bulir
numa folha, como um lagarto.

Agora começo a aprender
como as palavras são as mãos
e o sopro, e vão dissipar
minhas fronteiras de fumaça.

EM DEFESA DE ÂNGELO MONTEIRO**

Pode ser uma coisa inútil,
pode ser que não desaparte
num uma briga entre vizinhos,
mas é poeta, perdoai-o.

Seu ofício é não fazer nada
num mundo que se julga feito,
e já farto de perfeição
tenta arranhar os outros mundos.

---

* Coletado a partir de original datilografado com rasuras e anotações do poeta. Identificada posterior publicação no *Jornal Universitário*, 19/2/1968.
** Coletado a partir de original datilografado com rasuras e anotações do poeta. Identificada posterior publicação no *Jornal Universitário*, 19/2/1968.

Não se apaixona, como Pablo,
por qualquer regime político,
nem um regime alimentar
poderia fazer-lhe bem.

Não podendo ficar sentado
muito tempo num só lugar,
a nenhum banco deu a honra
de intimamente conhecê-lo.

É tão poeta que lhe escondo
minha banda ruim de burguês.
É tão poeta que merece
ser perdoado. Perdoai-o.

O DEPÓSITO*

O dono conta quantos dedos
tem para segurar as posses
e vê que são poucos e imagina
outros dedos, outras dimensões.

Copos e sapatos, nas nuvens,
nas brancas, muito mais seguras:
sem o perigo pluvial
de dar o que é de um a todos.

Almas e pensamentos bons,
no corpo mesmo, pelos poros
e bocas ninguém ousará
subtraí-los de seu dono.

Andorinhas e guardanapos,
nas estrelas distanciadas
dos grandes apetites, longe
dos lábios e dentes de luxo.

As saudades e outras infâncias,
nos retratos, porque ninguém
perderá o fálico tempo
em tirá-las do álbum estranho.

* Coletado a partir de original datilografado com rasuras e anotações do poeta. Identificada posterior
publicação no *Diario de Pernambuco*, dezembro de 1968.

CARTA À FRANÇA*

Das velhas aulas de francês
volto a escutar que a lua é "lune",
é uma francesinha que eu
amava atrás do nevoeiro.

(Mal sabes como me tornei
menos melódico varada
de lado a lado pelos sabres
do Norte, cactos-arrepios.)

Quero novamente o meu frio
que te fazia necessária
dentre desse mar ambiente
que é tua terra nesta época.

Sempre detestavas meu canto
seco de pássaro de ferro
mas amavas meu corpo branco
como a tua pátria no inverno.

Busca, portanto, no poema
o que suave te agradar
mas saibas que só falo mesmo
dos grandes cactos e das pedras.

PHAEDRA**

Quando passava de helicóptero
(mesmo em viagem de negócio)
não se esquecia de jogar
rosas no barco de Melina.

Jogava cartas amarradas
em pacotes de caramelos,
e pedia que ela ficasse
no alto-mar, até sua volta

No helicóptero parecia
que transportava para o barco
uma terra de muito açúcar
e muito sol, que derretia.

* Coletado a partir de original datilografado com rasuras e anotações do poeta. Identificada posterior publicação no *Jornal do Commercio*. Domingo, 13 de julho de 1969.
** Coletado a partir de original datilografado com rasuras e anotações do poeta. Identificada posterior publicação no *Diario de Pernambuco*, 10 de agosto de 1969.

Tantas viagens ele fez
e gentilezas derramou,
que o barco de Melina foi
ao fundo, cheio de presentes.

AVE VIVA

Subornais os ventos diurnos
como aos pobres dessa região,
e eles corrigem as chuvas
certas, no jardim errado.

Molhados, não ajudais
o sol, e o exigis.
É a montanha, sozinha,
que o levanta nos ombros.

Embora em alta manhã,
gordo, o corpo se afunda
em penas de pássaros, mortos
no outono depois do mundo.

Se o não sabeis, existe
ainda uma ave viva
incansável, buscando
uma árvore na cidade,

enquanto alimentais
alguns bichos de ferro,
que vos acomodarão
entre nossos familiares.

O MANGUE E O OUTRO-LADO*

O mangue penetra no quarto
e espalha suas aranhas,
porque o gesto que o salvaria
tampa o nariz da cidade.

O mangue ou o povo do mangue?
as flores da metonímia
molha-as a maré, enquanto
o sol violento queima as rosas.

---

* Os versos em itálico foram reutilizados pelo autor no poema "Tempo das levas", em *Poemas anteriores*.

A borbulhar os seus bichos,
o mangue é úmido e mole
— é um túmulo sempre recente —
o mangue enorme e exangue.

Seus indivíduos vão chegando
empurrados pelo sol,
quando nas serras do Norte
o tempo verde troca as plumas.

Sobre o mangue o deus-limite
desce do espaço primitivo,
em forma de prensa, moldando
plantas anãs e aves rasteiras.

Quem anda pelo mangue, certo
já está semienterrado,
suas pernas são raízes
inversas, que a lama chupa.

Passam os carros no outro lado
e os habitantes do mangue,
antes que o sono lhes pouse,
ouvem o chasco das buzinas.

IRMÃO NEGRO U.S.A.*

Se me aprouve ficar,
quero que surja a esperança
e o meu poema amanhã
esteja pronto como o sol.

Poema que te ofereço,
a ti, lírio carbonizado
que feres o alvo luar,
plágio da inocência de Deus.

Que pensa o teu amor na aurora
quando o tráfego se espreguiça
e a cidade, vera triste,
prima vera, desperta?

Pensa que saíste de casa
mais cedo do que devias
e buscas um espaço branco
onde sorrir tua cor.

* O verso em itálico — 6ª. estrofe, 4º verso — foi reutilizado pelo autor no poema "Apresentação do Natal", no livro *Poemas anteriores*.

Pensa que ficaste na estrada,
pobre de voos mais simples,
coisa escura pesando
na brancura dos homens.

Chamo-te leão de seda e penso
(chamo-te irmão da noite) que eles
crucificam teu corpo negro
na cruz loura da manhã.

Depois eles recuam
sujos e amedrontados,
porque, raivosa e longa,
a noite mostra os dentes.

DIALOGRADO

Todo dia de hoje, todo,
(sem encontro marcado) foi
o dia em que mais te esperei,
e justamente ao que faltaste.

Não houve chuva, como sempre
acontece noutros poemas,
houve somente a tua longa
ausência, no fervente vazio.

Eu não mereço a caminhada
que tu fazes, diariamente,
à boutique, à feira de frutas:
mora mais longe quem te espera.

Não venhas amanhã, talvez
tudo isso tenha passado;
aguarda um dia semelhante
a este, um chamado mais longo.

Nem precisas adivinhá-lo:
no tempo certo, escutarás
toda a autoritária ganância
do corpo, o chamado maior.

OUTRAS RETRANCAS*

"SÃO BERNARDO"
(A Graciliano Ramos)
(Setembro, 2000)

Ah, quando o Poder enlouquece,
oculta em cinzas sua brasa
de ódio, como se cobrisse
de telhas novas sua casa;

depois transforma em inimigo
seu jardineiro mais antigo;

e vai queimando sua parte
leve e louça, de ave e de moça,
sob as cinzas de seu caráter;

ah, quando o Poder enlouquece,
fala sozinha toda prece.

SEGUNDO POEMA PARA BRUNO TOLENTINO
(Outubro, 1999)

Parem os olhos um momento
em qualquer poça da paisagem,
e o espírito desça uma vez
numa estação desta viagem;

almas e olhos enlouquecidos
muito tempo andam perdidos,

sem fixar e sem meditar,
embora só misericórdia
busquem, nas sombras, alcançar:

fertilizada pela prece,
a luz, no pântano, floresce.

---

* Reunião de poemas inéditos da segunda fase da forma fixa "retranca", criada pelo autor, com versos octossílabos rimados.

O REI MOR
(Novembro, 1998)

Quando o rei de Mor se embriaga,
o mais ignóbil camareiro,
lambedor de suas frieiras,
mete a mão suja em seu traseiro;

enquanto isso, nos vales nublados,
o invasor treina seus soldados;

se bêbado, vai vomitar,
seu mais covarde general
chama a rainha pra dançar:

esquece o rei, funcionário,
que a alegria tem seu horário.

PABLO

Deuses não adoecem: Picasso,
um deus que nunca adoeceu,
pintou tudo que nunca viu,
tudo que nunca aconteceu;

era um menino de cem anos
a quebrar os vasos humanos,

nunca programou o seu dia,
pintava o chinelo na porta
e a jarra cinza de água fria:

ele nunca se foi embora,
está lá dentro e está lá fora.

BRASILEIRINHO
(Março, 2004)

Edna é uma Filha de Maria,
a que acende as velas, a luz,
da capela menor da aldeia:
babá do menino Jesus;

seu corpo magro, sempre em riste,
já não sabe por que resiste;

chegada a noite ao som de um banjo,
feito num quilombo do Brooklin,
dançará blues em velho arranjo;

estará no céu, nos States,
antes que o Menino se deite.

SOB O SIGNO DA PRESSA

Faz séculos, em minha vida,
que sinto a presença mais forte,
entre chegadas e partidas,
a presença da minha morte:

"confessional e ultrapassado",
chamou-me, agora, esse apressado,

sem suspeitar, nem quando sóbrio,
que a vida, este mal-entendido,
é um misto de luz e de opróbrio,

ou confissão dos elementos
despudorados, todo o tempo.

BRASIL, 500 ANOS

Nada se eleva, nada voa,
a não ser bandos de urubus,
no país à beira do Atlântico,
a jorrar seu sangue, seu pus,

orgulhoso das transfusões
de plasma para outras nações;

terra sangrada nas nascentes,
quando um povo nascido velho
foi matar povos inocentes;

não é de hoje, pois, a tristeza,
e a falta de pão sobre a mesa.

TERCEIRO MILÊNIO
(Junho, 2000)

A vergonha de tua pátria,
que tua face empalidece,
quanto mais a cantares, mais
a tua poesia envelhece:

morra de velha essa poesia
que de vergonha se nutria,

e te sepultem, violeiro,
onde teus ossos estremeçam
ao som das naves de recreio,

a decolarem com seus anjos,
para um passeio de mil anos.

GAL, A CANTORA
(Olinda, 22 de dezembro de 2000)

Quando ouviu Gal, pôs-se a clamar:
— meu Deus, meu Deus, que passarinho!
mas Gal, toda inteira, cantava,
não escutava o seu carinho;

era o cantar dos azulejos,
sob os Tâmisas, sob os Tejos,

de toda oculta maravilha
sob os rios negros da tristeza,
de onde Gal sempre emerge, filha

de pirilampos com cigarra
elétrica, depois de uma farra.

HORÓSCOPO
(Agosto, 2000)

Para os nascidos nestas breves
manjedouras aqui do Norte,
só lhes restarão as roletas
das loterias e da morte;

esta, não sendo loteria,
chega mais cedo, todo dia,

como os longos sóis do verão,
que nunca fazem germinar,
em suas roças, um só grão,

e encurralados, neste muro,
não lhes resta, mais, o futuro.

O TEMPO E SUA CONCRETUDE
(Julho, 1999)

É adeus cada forma de vida
movendo-se ao sol, como presa
do Tempo, com fétido sopro
a murchar, beleza a beleza,

os brilhos da face de Ismália
vazando da casa de palha:

para a vida o tempo é doença
que o sonho do eterno não cura
e o céu perdido não compensa,

e aqui, neste leito de enfermo,
é a dor, oceano sem termo.

PAPOULAS

Ó quantas papoulas vermelhas,
calmas, na sua claridade,
ó pétalas de uma alegria
a despetalar sem alarde,

que sabem simplesmente ser,
sem o incômodo de saber

que nossa vida é um acidente
desgovernado da matéria,
um assassinato inocente,

que a vida é um deus a viver
nas papoulas a se esconder.

O JARDIM FEROZ
(Março, 2004)

O lote murado floriu
esperando mais preço o dono,
para a Terra a felicidade
é toda feita de abandono;

uma louca vegetação
explodiu, súbito, do chão,

e entre os espinheiros balouça,
o cordão de rosas miúdas,
pingando pétalas nas poças;

o jardim feroz dá um grito
verde, no silêncio infinito.

REPÚBLICA EM CANUDOS
(Outubro, 2000)

Lá ias de vestido lilás,
pelo povoado em ruínas,
toda em vitórias a dançar
entre lagartos e andorinhas,

sobre os restos das moças mortas,
santos quebrados, velhas portas

arrebentadas pelos tiros
dos soldados sobre o Arraial,
a dançar o auto dos martírios

sobre os destroços, sobre a cova
do amor que sempre se renova.

QUARTA IDADE

Apenas escombros o rosto,
o teatro de suas guerras;
sente-se, agora, devastado,
livre de todas as esperas

e até da viagem sonhada,
porque só resta uma parada

e talvez quatro ou cinco livros,
sob o veludo da poeira,
que mereciam ser relidos;

agora, tudo é liberdade:
pois, se partir, já parte tarde.

ESPERANDO GALILEU
(16/6/1997)

Os indecisos chegam tarde
a todo voo, ao longe e ao perto,
enquanto a vida, de gatinhas,
pega no fio descoberto;

com as mãos moles, sem agarrar,
seu peixe vivo volta ao mar;

assim, perdem a mocidade
suas amantes, ao seu antes
devolvidas pela metade;

não inflaram a rubra vela
e olham a viagem da janela.

A LINHA CINZA

No meio da idade, uma linha
cinza divide a vida e a morte,
mas poucos sabem vislumbrar
dentro das águas esse corte

parecido a um corte na alma,
que jamais sangra nem se apaga;

e não vislumbrando essa linha
para além da vida, em seu célere
passo, cada um deles caminha

como se andasse para trás,
para a vida que não há mais.

AS MOSCAS

Somos as moscas, somos o
número múltiplo comum,
asas de pura transparência
sobre o lodo de cada um:

as alegres, delicadíssimas
almas dos gestos, as carícias

de uma humanidade sem nojo
de sorver a sânie, a neblina:
somos sobras, somos povo-

-mosca, o eterno descomunal,
além do bem, além do mal.

CONDIÇÕES JÁ OBJETIVAS
(Olinda, 19 de abril de 1999)

Tudo, tudo já aconteceu,
e não chegarás à outra margem,
porque apagaram o endereço
terminal de tua viagem:

os que estavam a tua espera
estão todos noutra cratera;

tudo, tudo já aconteceu:
a luz que finge terra firme
é apenas destroço teu;

não importa para onde vais:
ninguém pode destruir-te mais.

SOLITUDE
(Olinda, 13 de fevereiro de 2002)

Ninguém se julgue solitário
na lama, na pedra, na terra,
enquanto sua morte privada,
dentro de si, não acelera

o toque de alarme de um sino,
que assopra as chamas do destino,

relógio em marcha regressiva,
cujo ponteiro, nem o amor
freia, no plano da descida,

amor agora dispensável,
como um soluço no calvário.

SEM RETORNO
(Agosto, 2001)

Esses velhos, com seus chinelos,
não deviam sair de casa,
abandonar o seu pré-túmulo
onde tempo perdido vaza,

como água de suas paredes,
porque morta todas as sedes,

principalmente a de viver,
porque mortas todas as matas,
onde podiam se perder,

porque secas todas as fontes,
nos apagados horizontes.

INADIMPLENTE
(Maio, 2003)

A falta de dinheiro dói
mais que a solidão dos ateus,
mais, muito mais, que a falta de ar,
mais mesmo, que a falta de Deus;

porque aqui tua alma se estiola
na vil piedade da esmola,

abismo é um bolso vazio
e a tristeza vira o rancor
deste animal com febre e frio

como esta lâmina escondida
que dorme dentro da ferida.

PRIMEIRA PESSOA
(Sexta-Feira da Paixão, 18 de abril de 2003)

Sou apenas um pescador
que proibiram de pescar,
com as redes perdendo as fibras
e seus anzóis a enferrujar;

menino, eu pescava num rio,
veio a poesia e me pediu

que fosse, com ela, à cidade,
fazer amor, durante o dia
e, de noite, beber conhaque;

não se acabou a pescaria:
eu fui pescado e não sabia.

CORREDORES
(Março, 2004)

Esse gemido pela noite,
e os corredores do hospital,
é do corpo pedindo a morte,
como se fosse o menor mal,

pedindo ao mar cobrir o cais,
porque já esperou demais;

a execução, sempre adiada,
com mais oxigênio, mais sangue,
torna o corredor uma escada,

mas os degraus de sua vida
são todos eles de descida.

ATESTADO DE ÓBITO
(Março, 2004)

Toda morte, quando demora,
termina não matando mais,
o fio da vida, o sofrimento
devora-o, antes, lá trás;

lanterna ou onda, ele se rasga,
sombra após sombra, vaga a vaga;

durante o século de um mês,
cala-se, aos poucos, o gemido,
sem emudecer de uma vez,

antes se torna leve arfar:
silêncio, disfarçado de ar.

O LANTERNINHA
(Março, 2004)

Habituado na derrota,
é um perdedor profissional,
que já deixou de desejar:
querer menos faz menos mal;

a vida foi-lhe uma emboscada,
sabre entre dálias na sacada;

de novas chances não precisa
quem viu morrer o socorro,
e tem as chamas como brisa;

se tarda a morte, com certeza,
já não encontra a sua presa.

NÁUSEA

Conheçam o frustrado vômito,
que acontece, toda manhã:
a náusea, o estranho torpor,
cordeiro engasgado com lã.

a se afogar consigo mesmo,
máquina louca, sem conserto,

com animalescas pupilas
dilatadas, numa agonia
sem pausas, se camomilas;

onde Deus estará, a esta hora
em que foste jogado fora?

ENTORNO DO PARQUE
(2003)

No extremo leste deste parque,
unidos desde o amanhecer,
eles se arrastam, como vermes,
e demoram para morrer;

de onde vieram já não sabem
e na estatística não cabem,

a talvez jovem, peitos murchos
(entre bêbados) não tocados,
é apodrecido caramujo,

musa do estrume, dos esgotos,
lua entre as nuvens dos sois postos.

SEIS RENKAS INÉDITAS*

D'AGOSTINI
(Agosto, 2004)

Esta cidade não existe,
existe só a tua rua,

Esta cidade não existe,
existe só a tua rua,
com casas que gritam à noite
e mulheres de porta afora,
sirenes, sereias ao longe.

e mulheres de porta afora,
sirenes, sereias ao longe.
Tua rua de casas baixas
é onde aprenderam teu nome,
que és d'Agostini, o servidor,

é onde aprenderam teu nome,
que és d'Agostini, o servidor,
e metade da vizinhança
decerto irá a teu enterro,
se for num sábado ou domingo.

decerto irá a teu enterro,
se for num sábado ou domingo.
Mas, tua rua não existe,
existe só a tua casa,
com geladeira e com fogão,

existe só a tua casa,
com geladeira e com fogão,
a mesa, a cama e uma cadeira.
É o mais finito e transitório
dos espaços aqui na Terra,

---

* Reunião de poemas inéditos na antiga forma fixa "renka", reinaugurada pelo poeta no livro O *cão de olhos amarelos & outros poemas inéditos,* que em 2007 conquistou o Prêmio de Poesia da Academia Brasileira de Letras.

É o mais finito e transitório
dos espaços aqui na Terra,
muito bom para enlouquecer
qualquer dos anjos guardiães,
muito mau para um servidor.

qualquer dos anjos guardiães,
muito mau para um servidor.
Mas, tua casa não existe,
existes tu, sem tempo e espaço,
só tu existes, e sozinho.

existes tu, sem tempo e espaço,
só tu existes, e sozinho.

MEUS "SERTÕES"
(13 de agosto de 2004)

No altíssimo sertão, as serras,
silhuetas de enormes sáurios,

No altíssimo sertão, as serras,
silhuetas de enormes sáurios,
feito manadas, cordilheiras,
dividem, pelo meio, o sol,
onde as sombras cozinham fezes.

dividem, pelo meio, o sol,
onde as sombras cozinham fezes.
E Deus, ali, só chega à noite,
quando todos estão cansados,
mas não querem dormir sozinhos.

quando todos estão cansados,
mas não querem dormir sozinhos.
Ali, se chega, em pouco tempo,
à morte próxima, ao melhor
relho para as éguas das artes.

à morte próxima, ao melhor
relho para as éguas das artes.
Sáurios de rocha, pés de areia,
velam os cactos, o deserto
que, disfarçado, está nascendo.

velam os cactos, o deserto
que, disfarçado, está nascendo.
Ventos do Sul também açulam
o ganir dessas carpideiras
dos rios, mesmo os temporários.

o ganir dessas carpideiras
dos rios, mesmo os temporários.
Mas, a beleza está ali,
onde o homem torce a garganta
do seu destino, seu demônio.

onde o homem torce a garganta
do seu destino, seu demônio.
A beleza está onde a dor
e as altas fornalhas do sol
forjam, no ramo, a fina pétala.

e as altas fornalhas do sol
forjam, no ramo, a fina pétala.

OFÉLIA

Ofélia dos Anjos correu
contra o muro da cerração,

Ofélia dos Anjos correu
contra o muro da cerração,
para desfazer suas lágrimas
no fundo de um igarapé,
lá onde o sol pesca escondido.

no fundo de um igarapé,
lá onde o sol pesca escondido.
Seu leve corpo só subiu
na outra manhã, à superfície,
cercado de vitórias-régias.

na outra manhã, à superfície,
cercado de vitórias-régias.
Quando o sol desceu, de mansinho,
entre as copas das castanheiras,
a beleza morta brilhou

entre as copas das castanheiras,
a beleza morta brilhou
por fora; os peixes comiam-na,
e, de certa forma, animaram
seus longos, delicados dedos,

e, de certa forma, animaram
seus longos, delicados dedos,
que há pouco tempo percorriam
essas formas do paraíso,
ante os espelhos de cristal.

essas formas do paraíso,
ante os espelhos de cristal.
Os fios longos dos cabelos
foram dispersos pelas águas,
sem da cabeça desprenderem-se.

foram dispersos pelas águas,
sem da cabeça desprenderem-se.
E, qual belíssima medusa,
foi decompondo-se, e o amor
desperdiçado como o mel.

foi decompondo-se, e o amor
desperdiçado como o mel.

COMANDO
(Agosto, 2004)

Von Paulus, puro general,
não fuzila seus prisioneiros.

Von Paulus, puro general,
não fuzila seus prisioneiros.
Vai à frente da artilharia,
com binóculo, ordena o fogo,
é rei das chamas, é soldado.

com binóculo, ordena o fogo,
é rei das chamas, é soldado.
Mas, o incêndio dos arrozais
pode vir do raio do céu,
não das ordens do grande Paulus,

pode vir do raio do céu,
não das ordens do grande Paulus,
incapaz de inventar a guerra
e que a guerra, sim, o inventou,
para dignificar a morte,

e que a guerra, sim, o inventou,
para dignificar a morte,
alvo mais alto e mais difícil,
que varar com seus bombardeios,
todos os topos das colinas.

que varar com seus bombardeios,
todos os topos das colinas.
Ele deixa as vilas em paz,
porque quer só guerreiros puros,
no outro lado, para guerrear.

porque quer só guerreiros puros,
no outro lado, para guerrear.
E hoje, os que fizeram a guerra,
já discutem o matador
com cardápio para matar.

já discutem o matador
com cardápio para matar.
O grande general Von Paulus
já sabe disso e não precisa,
para se matar, de uma ordem.

já sabe disso e não precisa,
para se matar, de uma ordem.
E lá na tenda de comando
resolve-se pela batalha,
quer ser morto pelo inimigo.

resolve-se pela batalha,
quer ser morto pelo inimigo.

OCUPAÇÃO

Os ocupados em morrer
têm suas prioridades,

Os ocupados em morrer
têm suas prioridades,
que não são mais luz ou música.
Muito morrer é assim mesmo,
como trabalho acumulado:

Muito morrer é assim mesmo,
como trabalho acumulado:
pilhas de dor e de agonia,
ali na cama-escrivaninha,
precisam já ser despachadas.

ali na cama-escrivaninha,
precisam já ser despachadas.
Perde seu tempo o rosto amado,
a esgueirar-se por entre as pilhas,
não sabe mais o que fazer,

a esgueirar-se por entre as pilhas,
não sabe mais o que fazer,

senão, apenas, esperar:
diante daquele que morre,
o mundo inteiro vai sobrando.

diante daquele que morre,
o mundo inteiro vai sobrando.

ANNE FRANK
(Agosto, 2004)

"Amanhã está tão longe..."
A.F. — Diário

Anne não sabia que a morte
era o amanhã que estava perto.

Anne não sabia que a morte
era o amanhã que estava perto.
Antes do zênite do corpo,
alguns vermes de garras sujas
vieram levar a andorinha.

alguns vermes de garras sujas
vieram levar a andorinha.
Deuses Malditos de Visconti
já fornicavam em castelos
onde nem copeiros seriam.

já fornicavam em castelos
onde nem copeiros seriam.
Ao triunfo dos predadores,
Anne era o Chapeuzinho Branco
de um conto que só tinha lobos.

Anne era o Chapeuzinho Branco
de um conto que só tinha lobos.
Emparedada com mais sete
no coração de Amsterdã
reluzia dentro da cova

no coração de Amsterdã
reluzia dentro da cova
ou de seus olhos uma luz
vazava, como correnteza,
levando o medo e a escuridão.

vazava, como correnteza,
levando o medo e a escuridão.

Na menina Anne, de quatorze,
a mulher já tinha nascido
ao passar de um vento de cinzas,

a mulher já tinha nascido
ao passar de um vento de cinzas,
soprado pelas chaminés
de todos os campos da morte
da Europa inteira ocupada.

de todos os campos da morte
da Europa inteira ocupada.
E, dentro do "anexo secreto",
Anne Frank sonhou por dois anos,
os últimos de sua vida.

Anne Frank sonhou por dois anos,
os últimos de sua vida.
Quando o sargento da SS
chegou com tiras holandeses,
foi rotina no quarteirão.

chegou com tiras holandeses,
foi rotina no quarteirão.
Levaram Anne e os outros sete,
lá para os campos de extermínio,
de onde vinha a poeira de ossos.

lá para os campos de extermínio,
de onde vinha a poeira de ossos.
Longe da Holanda e seus moinhos,
Anne, a princesinha da luz,
morreu, mas seu sol se soltou,

Anne, a princesinha da luz,
morreu, mas seu sol se soltou,
em réstias soltas, folhas vivas,
diário de seu cadafalso,
recolhido no chão do "Anexo",

diário de seu cadafalso,
recolhido no chão do "Anexo",
em que Anne sonhou um futuro
onde a alegria fosse tanta
que doesse dento da Terra.

onde a alegria fosse tanta
que doesse dento da Terra.

POESIA DAS CIRCUNSTÂNCIAS

CESTA DE LIXO

Minha cesta de vime
quer ler tudo o que faço,
principalmente o poema,
o único poema feito
em sua homenagem.

Eu era tão menino
que a casa de meu avô,
mero sitiante
e plantador de fumo,
tinha cem janelas
e uma varanda
com mais sombra
que vários oitões sem lua,
e porque era tão menino
a casa de meu avô
foi crescendo com o tempo
e com o tempo voando
feito uma mansão para mim.

CHAPÉU PRADA

Encontrei o Sr. Américo
na mesa grande, comendo calado,
há décadas distante
de seu armarinho, dos fregueses
de chapéu Prada, dos fregueses
de sianinha, novelos de lã,
fita-galão e feche éclair,
de um tempo ainda mais parado,
de um Jaboatão ainda mais parado,
e ele agora, na casa do filho,
e Vitória de Santo Antão,
na mesa grande, comendo calado,
e eu, com vontade, na despedida,
de fazer-lhe uma saudação
antiga, de chapéu Prada,
com o modelo mais ousado
daquele tempo, daquela estação.

TAOISMO

Um cão
que não é,
que não deve ser teu companheiro,
porque és tu que o deves acompanhar.
Ele escuta, ele vê, ele cheira,
ele late interminavelmente
para a vida.
O que conversas,
o que lês,
o que escreves,
o que amas,
enquanto ele late?

AS FORMAS DE LER

Leio muito,
quando estou
ou me sinto excluído:
Ortega y Gasset
(se não me engano)
já tinha dito
algo muitíssimo parecido;
leio muito:
romances policiais
de primeiríssima ou ultíssima
categoria;
leio
artigo de jornais
ou de revistas
que alguns homens
de gênio
nunca leram
e até algo que os felizes
nunca leriam.

A CACHORRA DO PRÉDIO
(Olinda, 8/5/88)

No Edifício "San Diego", em Olinda
onde não existe espaço
para se ficar triste ou sozinho,
o nome da cachorra,
alvo de amor e ódio coletivos,
era "Alegria" (para as crianças do prédio,

e outro, mais feio, para os adultos e estranhos);
e, certo dia, ao tomarem-lhe, lactente,
os sete filhotes,
seu leite começou a pingar
nos escuros muros da área de serviço:
as tetas viraram, após, saquinhos cheios
de pedras apodrecidas,
e o "Edifício San Diego",
em Olinda, com seu mar
nobre, de gargantilhas rendadas,
perdeu sua "Alegria" vira-lata,
sua única alegria.

A LANCHONETE

Sou uma grande
lanchonete enlouquecida
jogando pepinos
e bananas no ar;
e não há deus armado
com espingardas 12
que me possam salvar.

ÚLTIMA BALA*

Procura a rigidez suprema
dos santos
E dos franco-atiradores.
resiste a esse apelo de pétalas,
Não voltes o rosto
ao primeiro chamado.

DAS AGÊNCIAS INTERNACIONAIS
A UMA AVENIDA DO RECIFE
(25/2/91)

"Estou encantado
com o desenvolvimento da batalha",
disse o general norte-americano
Norman Schwarzkopf,
e os gordos telespectadores,
com seus imensos

---

* *Jornal do Commercio*. Recife, 1º e 2 de janeiro de 1972.

Sanduíches McDonalds,
apertam, cheios de euforia,
as bisnagas de mostarda,
e um menino do terceiro mundo
coloca no seu álbum
a figurinha de um helicóptero Apache,
e um ambulante da av. Dantas Barreto
joga no meio-fio, ao fim da tarde,
os tomates já podres,
que a paz, apesar da fome,
não conseguia adquirir.

RUÍNAS
(Poema desenterrado do livro *Olinda*,
de Gilberto Freyre, 17/6/89)

"Ruínas de Olinda:
as de Santo Amaro,
a luta entre o vento pagão
e a pedra cristã,
entre a Mata
e a Cidade,
entre a Europa
e o Trópico,
com todos os seus ácidos
inundando essas massas
de pedra e cal
de uma água que corre
como se fosse
um pus vegetal."

A CASA DE MAMEDE
(Casa da Cultura, Recife, 8 de agosto de 1988)

Dos presos
aos frevos;
do vapor
ao metrô;
dos negros de zumbi
(que nunca se rendeu)
aos "cabras" de Silvino
(medo e sono
nunca conheceu):
de Nascimento Grande
e Nascimento do Passo
(deu leveza

a coreografia da dor
do povo seu);
do uivar dos guardas
aos gritos de Gregório
(o belo ateu);
nesta cruciforme
realiza de pedra
que o duro Mamede
concebeu,
muito tempo
de tortura
e cultura
aconteceu.

OS IRMÃOS EVENTOS

Fala com um,
fala com dois;
nessa barba dupla
quem a toca só
é sol é vento;
e as empadas
e o Porto
quem antes deles
consumir
pode sentir-se
irmão do morto.

O HORIZONTE DO RECIFE

Recife, ah! Recife,
horizonte de guilhotinas:
ai de quem levantar
a cabeça mais alto,
para ver mais longe,
e os decepados se multiplicam,
e os suassunas se afastam
da maravilhosa batalha
que não ganhariam:
Recife, ah! Recife,
horizonte de guilhotinas.

POEMA FEITO DE PROPÓSITO PARA MINHA MÃE

Um parnasiano de monóculo
me torno, me torno romântico;
às formas e furnas retorno,
mas falarei de minha mãe.
Nenhuma borracha retire
do meu poema minha mãe.

Que os elogios fujam de mim
com os grandes passos da esperança,
mas que minha mãe permaneça:
mãezinha, mamãe, minha mãe.

PARA CELINA
(Recife, 15 de dezembro de 1987)

O verdadeiro amigo
tem a agressividade
do inimigo,
a impiedade amolada
de quem corta, um a um,
os ramos apodrecidos;
tem a ausência dúbia
dos caloteiros,
dos que só chegam
quando as flores estouram
nos canteiros;
tem tudo o que os outros
que passam na rua
e pisando nos ninhos continuam;
mas, o verdadeiro amigo
só não tem uma coisa:
é o sorriso errado,
do verdadeiro inimigo.

EM UMA ENTREVISTA COM CELINA DE HOLANDA

Possua-me
demônia verde,
vestida pelo avesso,
dê-me de comer
de toda luz fria
ou da sombra
onde as avencas balançam
delicadas tranças

sobre os abismos;
vento colorido
da correnteza atravessando
enormes jardins.

BENJAMIN (?) A SAMUEL SANTOS
(Recife, 18.10.85)

Poema de improviso, feito durante
o lançamento do livro do poeta
Eduardo Martins, em memória do
poeta negro Benjamin Moloise.

Não sei o nome do poeta
que foi enforcado hoje,
na África do Sul,
mas conheço todos
os reis, ditadores e ratos,
que vêm enforcando a poesia
há quatro milênios:
a África do Sul
não é nenhuma exceção.

WILSON
(Olinda, 13 de abril de 1997)

Na cadência violeira,
dos vates abandonados,
depois que a mídia elegeu
os vates quantificadores,
sou grato a você, Wilson,
mestre dos silenciosos.

Meu livro rendeu três cartas,
sendo a sua e mais formosa,
a mais cheia das surpresas
de Rilke, múltipla rosa,
que se poema, se autônoma,
se safa de toda prosa.

ATRAVESSANDO O CINZENTO
(A Lucivânio Jatobá)

Uma vida só sofrimento
ou espera do sofrimento,
quando seria fácil
fazer tudo certo,

no amor e no trabalho,
quando custaria
quase nada, aos companheiros abatidos,
fazer o que pedem e querem,
e atravessar, cinzento,
a vida cinzenta,
feita para cinza
ou duro cimento.

DANAÇÃO*
(A Ariano Suassuna)

Todas as armas acabaram
de chegar
e todos os símbolos do céu
são guardados para depois.
Por que sopramos esta bolha
cada vez mais incandescente?
Por que sempre nascemos
muito antes da paz?

Os que não nasceram não clamam
pela respiração artificial
da terra.
Os que não nasceram não reclamam
o céu, a santificação.
Mas continuam indefesos
e a ser facilmente trazidos,
de círculo em círculo,
ao nosso inferno.

DEPOIS DE LER ALAN WATTS
(Para Jomard Muniz de Britto)

Temos, realmente,
grandes problemas metafísicos
como o de encontrar
a finalidade última
de uma vida feita
de tanta coisa relativa;
como o de encontrar
o sentido da morte,
tão rotineira e definitiva
em seu jeito de fósforo

---

* *Jornal do Commercio*. Recife, 25 de julho de 1971.

riscado, entre noites sem fim;
como o de encontrar
a segurança de todos
sem sacrificar
a segurança de cada um;
mas, por enquanto,
fiquemos aqui,
neste problema tão pequeno
rasteiro, insignificante,
de distribuir a terra e o leite
entre aqueles que só precisam
de terra e leite, por enquanto.

GENINHA DA ROSA BORGES
(13/12/96)

Yerma dos ermos,
sob os castiçais,
Marta sem calcinha
lendo seus missais,
Geninha.

Petra dos penedos,
a tanger a chuva
para a marcha vinha
de Anna viúva,
Geninha.

Adélia em flamengo,
a girar as asas
na Espanha sozinha,
depois das Brigadas,
Geninha.

Alaíde, a louca,
e sua coleção
de pós e lapinha
de cruz e carvão,
Geninha.

Alice, sem nada
de seu, se alcunhas,
o prata-tainha
a brilhar nas unhas,
Geninha.

Tia Eva, a musa,
a gemer na nave,
da alegre modinha
permanece a clave,
Geninha.

QUADRO ROUBADO QUE MARCOS NÃO PINTOU
(Para Marcos Cordeiro)
(14/6/1996)

Cabrito marrom,
No roçado cinza,
Espia o nascer,
Por trás dos lajedos,
De uma manga-rosa.

POEMA PARA MÁRCIO
(Aniversário de Márcio, 11/2/78)

Todos podem mudar,
mas o sonho de permanência
ou a presunção
de que tudo se acaba
se acabamos ou partimos,
nos faz continuar
por mais uma estação,
quando o mais delicado
dos olhos apodrece
para dar cor e eternidade
a tudo que nasce
e todos esquecem.

CARLOS, O SUPERAZUL

Carlos, teu azul
está tão vivo, tão,
em cada homem triste,
em cada solidão.
Carlos, teu azul
todo dia mais arde,
na terra cruel,
na furiosa tarde.
Carlos, teu azul,
daqui nunca some,

enquanto, no Savoy,
um homem sentido,
de azuis tocado,
lembrar o teu nome.

LENDO UM SOCIÓLOGO
(Para Cláudio Souto)

Conheci um cientista triste,
que temia as correntes de ar
e amava os homens;
era frágil e grandioso
feito uma montanha de vidro;
acreditava, ao contrário de mim,
o sociólogo-urso
com o focinho enterrado na terra,
que o sentimento, a vontade e a ideia,
quando juntas e iguais
formariam a paz;
hoje, ele fala
numa sociologia difícil,
e tudo que diz
é o que devíamos fazer,
e quase ninguém faz:
conheci um cientista
bom e triste demais.

PARA MAURO MOTA

O galo e o catavento
cantam ao meio
do verão recifense
quando a atlântica
montanha do mar
sopra brisas meninas
sobre os velhos arquivos,
e um grande poeta
com seus olhos
de gato e de tigre,
faz o itinerário
dos subúrbios de ontem,
e nos mandam sentar
em antigos bancos de praça
manchados, apenas,
da acácias rubras
e de flores de jambo.

UMA NOITE NO "DOM PEDRO"

Todos perdidos,
e os demônios, que não existem,
estão contentes
e cantam feito as sereias
de longas gargantas
sobre os corpos escancarados;
mas, não é tarde,
nunca será tarde
ó todo amor, que não conheço,
ó meu temor desconhecido!

TEREZA
(25/2/88)

Um tempo de grande fartura
é difícil, neste Nordeste,
mas sempre existe uma chuva
dourada, que tudo veste
de um verde firme e duradouro
em nossa vida tão Agreste,
Como este gesto de madrinha
que aos velhos amigos fizeste.

A PLÍNIO ARAÚJO

Dê-me uma garrafa de rum.
Se não a tiver
dê-me a ilha de Scorpios e um petroleiro
que me servem da mesa maneira,
nada disso me fará feliz.
A perdição ou a salvação
absoluta
se encontram
e se abraçam
como duas solteironas na esquina.
E falam sobre os parentes mortos
e os namorados
que, infelizmente, as respeitaram.

DE UMA CONVERSA COM MAXIMIANO CAMPOS

Homens e estrelas somos
pedaços de um deus
dispersos no espaço.
Quando seremos
um deus inteiro,
um animal
grande e previsível
para si mesmo?
Todas as coisas
têm fome de fazer-se
massa única e tranquila
que viva e cante
para si mesma,
mas se dividem
mais ainda no caminho
da sonhada unidade.

QUADRO DE CLÁUDIA: CASAL
(1981)

Casal despido
diante da janela aberta;
aberta, sim,
mas para a noite
e com pássaros
difíceis de pousar
em qualquer poema,
pássaros
de aquarela negra,
que estavam no quarto
do casal oprimido.

CLAU, 90
(Maria, Farinha, 2/8/97)

No fim dos anos setenta,
Cláudia e suas aquarelas
cavavam, nas carcaças dos templos,
fósseis de asas, cruzes sangrentas,
e, entre as ruínas, me encontrou;

no fim dos anos oitenta,
Cláudia mostrava as castanheiras
aos meninos do Acre,

ensinava-os a pintar
a invasão das borboletas
sem sono, evadias da mata,
e, entre as queimadas, me encontrou;

No fim dos anos noventa,
Cláudia torna-se sacerdotisa
de uma cómica catedral,
e, encontrados, tomaremos
a primeira estrela
que passar.

PARA MÁRCIA CORDEIRO

Só açúcar
e néctar
é Márcia;
e, por isso
perseguida pelas abelhas,
só doce amado
pelo seu "pradrasto",
pétala e folha
nova, novinha
como a primeira luz.

POEMA PROMETIDO A RAPHAELA CORDEIRO

O laço de sede
simples e limpo
e a luz rosa
das romãs
no corpo que começa,
no rútilo riso
que começa
a ser só riso
nas ruas, rotas
que começam.
Ó Raphaela, raio
rumo, razão
das rosas
serem só dela.

INCERTAS LEGENDAS
(Para meu filho Márcio, militante político)

Eleito para cumprir
o seu programa
mas impedido de fazê-lo,
porque o partido reclama:
reunião depois de eleito
para ser um bom prefeito,
reunião, reunião, reunião
a retardar a mais singela decisão,
até que seu povo consiga
encher de sonhos a barriga.

ADRIANA, AOS QUINZE
(10/11/1900.
Para a minha sobrinha Adriana, um dia antes
do seu aniversário, com meu carinho total.)

Faz quinze anos
que nasceu um sonho
de seda e sol:
menina sem mágoa
ainda crescendo
feito lírio n'água,
menina sem nada
de sombra no rosto,
com quinze folhinhas
de anos na mão,
sem nenhum desgosto
e toda prontinha
pra afastar, sorrindo,
qualquer solidão.

VIVA FERNANDINHO
(Olinda, 24 de dezembro de 2000.
Poema para Fernando Gibson Cunha Neto)

Vamos juntar todo mundo,
que o ano já está findando,
para abraçar um menino
afável, de olhos redondos,
Fernandinho para a gente,
para os de fora, Fernando.

Nasceu antes, um só dia,
do menino de Belém,
mas a luz daquela estrela

iluminou-o também,
e o transformou no garoto
que todo mundo quer bem.

Se sua mãe é coruja,
a sua avó nem se fala,
quanto ao avô, meu jesus,
a corujice se espalha
pela careca brilhante
que clareia toda sala.

Seja feliz, Fernandinho,
com mais um ano de vida:
em todo chão que pisar
brote uma flor, margarida,
rosa, cravo, bem-me-quer,
vire Terra Prometida.

Antes que o mundo fosse de plástico
tia Albertina o fazia
de goma e cambraia,
e de carne do cetim mais fantástico,
frágil, ela trabalhava
com terminais de pétalas
e botões miosóticos;
e as senhoras de muita idade
lembram-se das coroas
de goma, de brancura estática,
sem o perfume cigano
sem o miolo passageiro,
e por isso, em baús, elas se guardam,
hoje, do instante de noiva,
seu triunfo inteiro
erguido o véu do cadáver
viu-se o rosto majestoso
de uma virgem rebelada.

ÀS QUINTAS-FEIRAS
(A Geraldino Brasil.
Recife, 22/2/1974)

Todas as quintas-feiras, mesmo em plena tempestade,
ele estaciona seu carro à minha noite
e chega, cheio de séculos, para conversar.
Nunca passamos de três cervejas,
e nossas vozes nunca ultrapassam
os dois metros de distância entre nossas cadeiras.
Nunca se erguem exaltadas
contra os reinos, contra os equívocos do Pentágono.

Sempre me traz novos poemas
e novos presentes para o meu filho que vai nascer.
Falamos (é claro) da poesia, das nossas
plantações de ervas, da última luta de box
entre Clay e os Frazier, ou
da última falta de amor acontecida na calçada.
Dessas conversas,
às vezes nasce um poema,
às vezes nasce um perdão.
Mas o assunto predileto do meu amigo
é o futuro — Ah! sempre as próximas olimpíadas,
as próximas descobertas, as próximas estações.
E, quando esgotamos essas prováveis
ou improváveis maravilhas do amanhã,
despedimo-nos até a próxima quinta-feira,
com seus presentes e poemas
em plena tempestade.

LIMITAÇÕES DE UM AMANTE PERPLEXO

Quando o amor não resolve,
então é melhor
pilotar uma estrela,
cavalgar uma onda,
viajar no bojo
da grande ventania;
quando o amor não resolve,
só resta ao sonho
prosseguir.

NO AEROPORTO

"a sólida sozinha solidão" (Mauro Mota)

Às vezes, é bom
saber que vou partir,
de que a viagem é tão longa
que só cabe juntar
um pouco de saliva
para a palavra "adeus";
às vezes, é muito bom,
saber que sou amado,
ainda que esse amor
não impeça a viagem.

PEDRA DE TOQUE

A NOITE DO LONGO APRENDIZADO*
(Julho, 1978)

O último poste,
o último fiteiro de cigarro,
o último posto de gasolina
já não podem ser vistos
no espelho retrovisor:
nenhum ser amado
nos espera no fim da noite.

Agora, sim,
começa, apenas começa
o nosso rosto
sem espanto e sem luzes
quieto e completo
como uma pedra esquecida.

AGOSTO
(28/7/79)

Gosto das árvores
jogando assim
todas as folhas
contra os ventos;
ou seja: das árvores
que se sacodem, se limpam
das folhas podres,
e crispam os galhos
brilhantes e verdes,
contra os sucessivos
pelotões dos ventos;
gosto do mês de agosto,
quando as árvores falam alto
e parecem nos defender.

---

* Manuscrito datado e assinado que aponta para o livro *A noite da longa aprendizagem. Notas à margem do trabalho poético*, quatro exemplares manuscritos — mais de seiscentas páginas. Foi iniciado em 19 de janeiro de 1978. O último registro é de 22/9/1995. Anotações esparsas em que se encontram narrativas e comentários sobre a vida cultural, literária e pessoal do autor e de seu fazer literário.

Agora, que estou triste*
E não sei mais de nada
Vai começar a minha história.

Resolvi ser poeta
porque não pude
subir rápido nas árvores
como faziam
os meus camaradas:
os mesmos que hoje
já não sobem nas árvores
nem fazem poesia.

A ORDEM DOS FATORES

Se tem o andar do louco
a voz do louco,
o sorriso do louco,
é poeta.

Se tem o andar do poeta,
a voz do poeta,
o sorriso do poeta,
é louco.

A POESIA**

É certa maneira
de suportar a vida
e gostar de mim mesmo,
quando fracasso em viver,
e sempre fracasso.

MAIS LIMITES***

Ser todos
e ser estranho
a todos eles
ao mesmo tempo,

---

* Manuscrito assinado. Sem data.
** Manuscrito sem data.
*** Manuscrito sem data, escrito à caneta.

isto é
quase ser santo
e ser canalha
ao mesmo tempo.

COMPROMISSO

De boa vontade mesmo
só atendemos nossos vícios
ou nosso desejo de vingança,
quando há toda uma jaula
a ser explodida;
quando é pela recusa
dolorosa e diária
que poderemos exigir
a transformação disso tudo;
quando é pela renúncia
do prazer passageiro
que instauraremos nos outros
alguma coisa permanente.

MEDO PASSADO

Se do passado se extinguisse
toda a vergonha,
não existiria passado
e hoje mesmo ou amanhã,
você até você,
ó refém do passado,
renasceria.

O ESTRANHO

Há pessoas que têm
saudades do que fomos,
mas, quando fomos
o que não queríamos
ter sido,
olham para trás:
e o estranho que éramos
é menor
do que o estranho que somos.

O AMANTE DO IMEDIATO

Nesta tarde,
não consigo impor
minha falsa tristeza,
porque me lembro que ontem,
nada menos que ontem,
sua carne aquecida
e limpa me socorreu:
tão penugem e leveza
que nem mesmo seu asco
imediato, seu asco
me interrompeu.

POEMINHA
(Maio, 2001)

Há quem inveje a infância,
a juventude,
e até a velhice,
e há outros, como eu,
que só invejam os mortos.

POLÍTICAS

É um tempo tão ruim,
(como é que digo?)
Se alguém nunca fez
mal a mim
é meu amigo;
é um tempo tão duro...
(como é que sonho?)
esta ânsia de flor
não sei onde ponho;
é um tempo tão sujo
(quem está fora?)
apodrece uma rosa
de hora em hora.

TARDE ATLÂNTICA
(21 de julho de 1992)

Desde as longínquas plantações de arroz,
a estes cactos que nos cercam
não há mais tranquilidade nos campos,

nem aventura nos oceanos,
só esta espera de salário
e de dezembros que não chegarão;
só uma longa fila de mulheres
e o último xale da última amada
a esvoaçar um pouco e desaparecer na distância;
só uns bandos enormes de crianças
nutridas por longas perversidades
aguardam-me com facas e me chamando de tio
como se eu tivesse, nestes passeios derradeiros
um parentesco eterno com o demônio;
Só essas serrarias cortando a tarde inteira
a carne das árvores e a paciência da vida.

A COLHEITA DE ESCORPIÕES?

Pelo braço pendido
sobem os escorpiões.
Dos montes de pedra,
dos sótãos desabitados,
eles chegam e sobem
pelo braço pendido.
Enfermeiros formados
nos extremos mais frios
de nossa noite,
levam nas caudas hirtas
as agulhas hipotérmicas
de todos os alarmes.
Daqui a pouco todo o mal
do mundo
terá sido alcançado,
todos os escorpiões
da terra terão sido colhidos.

TEMA INACABADO

Há muito perdi meus pés de rua
na época em que forasteiros
passaram
sem saber para onde iam
enquanto endeusavas a fada morta
resguardada deusa que sabia
dar vida às plantas nos xaxins
presos e lambris de lei.

Perdi meus pés de rua
mas "foi muito pouco",
parece dizer a fada morta;
os forasteiros (mesmo sem saber
para onde vão) continuam a passar
como verdadeiras silhuetas ambulantes.

AS ENORMES MONTANHAS

O ódio, vapor
dos vértices gelados
de enormes montanhas,
virou líquido, cascata,
e correntezas acumulando
os lixos, os vermes
e sujeiras de todas as alturas,
virou água inundando
os mais verdes e vivos
lugares baixos;
virou (o ódio), fermentando,
de novo, vapor,
e subiu as enormes montanhas,
envenenando-as com os gases,
dos altos e baixos,
apodrecendo os fígados e os olhos,
tudo o que existia de vivo,
no vértice das enormes montanhas.

Os bem-te-vis, com seus smokings,
voam, assustados o dia inteiro
e todos parecem
ter a mesma idade.
Nunca vi um bem-te-vi velhinho,
andando lento, voando pouco
ou a cochilar, cansado,
no mais baixo galho
de uma mangueira no parque;

rápidos leves, medrosos
são todos os pássaros,
no entanto, os mais vivos
são os passarinhos:
quanto menor é a vida,
mais intenso é o seu viver.

"FRONT"

Onde estava o "Front"?
Deveríamos ter partido do mangue
com o primeiro crepitar
nos campos clareados do sul.
Deveríamos ter voltado quando
as andorinhas, triste, regressavam.
Mas, não,
ficamos no pântano:
os pés,
os músculos apodrecidos,
só o olhar o sonho trabalhando.
Anjo enlouquecido entre relâmpagos
foi o único enviado
e não se pôde salvar,
nem salvar a nós, os trágicos.
Sobre os aluviões, sentíamos:
o "Front" — em qualquer Ásia;
a nossos pés — o mangue.

ZAPATA

Depois não vai dizer
VIVA ZAPATA
e outros vivas para os mortos
que escutam, apenas, as raízes
entre seus ossos mais pequenos.

Nem acenderá novas piras
sobre eras e humos
de nenhum solstício confundido
por esses baralhos estúpidos,
mais que estúpidos, gendarmes.

Do mesmo modo, mais sóbrio,
não elogiará essa força
que o entrega, intacto, à manhã
tão insistente à sua porta
como um tóxico em suspensão.

Ficará onde caiu,
com o cetro cravado
no corpo de menino;
tampouco dirá mais nada:
conformado, como os outros mortos.

CONFISSÃO
(Para um violeiro pernambucano, 25/4/89)

Meu país é tão grande
que nem o meu medo,
o meu velho cavalo
e minha esperança
conseguem abarcá-lo.
Há barcos miúdos
esperando o jantar
desde o amanhecer,
nos igarapés do Pará.
E existem meninos
na avenida maior
da grande São Paulo
tentando arrancar
a pérola mor
do pescoço mais fino.
E, depois disso tudo,
não existe, a não ser
um país sem ganho,
menino doente,
que tem de apanhar,
para reconhecer
seu próprio tamanho.

JÚRI DA AURORA*

Concordo plenamente com a vida,
com os pombos,
com o levantar das venezianas
para a brisa, a meditação.

Tolero a lei tributária,
a saia justa da esposa,
o desastre e
excepcionalmente a lágrima.

Concedo à noite
a neurose,
a insônia compulsória,
a Bíblia.

---

* Original manuscrito com o título "Propósito", posteriormente publicado no *Diario de Pernambuco*, com o título "Júri da Aurora". Domingo, 26 de março de 1967.

Não aprovo a alvorada
o sol suspeito:
de cócoras, como um salteador.

SÍMBOLOS*

I (poesia)

Do meu corpo, flor que resiste,
à força, a pulso te desprendes.
Depois te acomodas em mim,
menos viva e mais confortável.

II (voz)

Ninguém poderá nomear-se
ave de canto particular.
Essa é a linguagem escolhida,
se não for minha, é a que procuro.

III (paisagem)

A lua do homem é verbal
e quente como um verso novo.
Mas no luar de sua infância
ela pinga como um sorvete.

IV (exame de consciência)

Soltei aviões de papel,
vendi os brincos de meu bem.
Sob as árvores me arrependo
do mínimo gesto imitado.

V (dever)

Dou aos anjos que atropelei
o meu ontem como desculpa.
Quero sem remorsos cumprir
o meu compromisso de pássaro.

* Original datilografado com rasuras e anotações do poeta, posteriormente publicado no *Diario de Pernambuco*. Domingo, 24 de julho de 1966.

A VÍRGULA

I

Eis que, de repente,
caem vírgulas, do céu
— parando os homens.

E a voz:
— A morte, meu irmão,
não é ponto final,
é vírgula.

II

Um deus, sempre sentado,
põe vírgulas no beco,
onde tropeço.

E a voz:
— deixar a vida
e a morte
acontecerem.

III

Um anjo severo,
gramático, triste,
virgula meus gestos.

E a voz:
— Na gaveta
o saldo do dia;
na maleta,
o saldo da vida.

SENSITIVA

Diante da moça, folha seca,
o poema é quebrável:
chamai o poeta, apenas
e ele quebrar-se-á;

não o poeta: o poema,
e não é preciso a navalha
da cólera ou do motejo,
basta o assovio da estrada

e ele romper-se-á:
folha nos dedos, graveto
e amor novo acabando
por dois minutos de aterro.

Ao silêncio que permanece,
juntei o vosso que passa
deixando o poeta cair
como a folha, sobre folha.

Agora o não toqueis
nem amada, nem amigos,
mas (pronto o poema) jogai-os,
poema e poeta, no mar.

LADRILHOS

Homem de agora,
levas teu corpo faminto
pelas manhãs desfolhadas.

A frase enxuta
chora mais fundo,
mas teus irmãos
cultuam lágrimas antigas.

Olha os velames
e o vento mau
que vem do sul.

Esperas que a mão,
fechada em botão,
abra-se em flor.

E és uma coisa triste
que está para acontecer.

OS PARDAIS OU OS PÁSSAROS PIVETES

Não há nada pior
do que um domingo sem alma:
é pior, bem pior
do que um domingo sem calma,
só os pardais alegram
o terreno vazio
cevado para a alta

das ações imobiliárias,
só os pardais, pássaros-pivetes,
comendo suas pedrinhas,
três andares abaixo de mim,
fazem mais pela alma
do nosso edifício
do que toda escolástica
da idade média;
só os pardais entendem
o destino rasteiro
de todos nós.

PLANO TURÍSTICO

No inverno,
que não existe
na minha terra,
eu quero queijos
e vinhos,
e minha amada
com seus cabelos
de negra cachoeira
e alma
de pistilo
de flor novinha
ou flor-bebê:
era assim
que eu (e todos
queríamos)
o anoitecer.

SAMBA DAS CURVAS

A beleza curvilínea
dança sempre sem força
nas areias do mar
e teus seios de moça,
avançados e cheios
de intumescência lunar.
Curvilíneo é o corpo
da mulher esperada,
tudo é curva e perigo
quando a vida é o fogo
a aventura optada
e o melhor inimigo.
A beleza curvilínea,

toda feita de lábios,
é o beijo completo
que não sabem os sábios,
uma é fera que gera
e devora seu feto.

DOIS DÍSTICOS

O Espírito dorme, quando quer
Deixar o coração sem vigilância

Vejo algo nos homens desses ônibus
Que regressam vazios às garagens.

HAI KAIS

1.

As formigas são pequenas
e nenhuma delas pode
fazer um grande gesto
antes de morrer.

2.

Um herói são tantos
a fazer heroísmo
que a crônica histórica
preguiçosa só registra
um nome de batismo.

POEMA QUASE INFANTIL

O sol está bonito.
Mamãe matou papai ontem.
Quem vai mandar consertar minha bicicleta?
Amanhã vou para a casa da minha tia, na praia.
Meu irmão quer ir também.
Se não fosse pecado
eu queria que o mar engolisse ele.
Assim eu ficava sozinho
e apanhava para mim
todos os mariscos do mundo.

SEGREDO

Que minha mãe não o saiba
e morra inocente
como sempre viveu,
como sempre viveram
e morreram
todas as mães do mundo,
inclusive a lavadeira
que estrangulou seu caçula, de três anos,
e depois cuspiu no rosto barbeado
do comissário de polícia.
Que minha mãe não o saiba
nunca.

CONSTATAÇÃO CLASSE B

Só existem
dois poderes no mundo,
apesar da arrogância
das dálias
ou da ameaça fugidia
de vagabundos cometas
nos becos do céu;
o Dinheiro e as Armas;
o resto é histerismo
que as amadas (?) escutam
(seriamente)
para sonhar, depois,
(alegremente)
com animais mais dignos
do Reino dos Céus.

OUTRA ORDEM

Os fiscais, com seus cronômetros,
não rondarão o trabalho,
que será feito com a ânsia
do último e ininterrupto
segundo do abraço:
os corpos e as almas
adquirirão a transparência
de águas distantes sobre seixos,
sem uma sombra, um desvão,
onde possa esconder-se
qualquer traição;

e as crianças, nesse tempo,
serão bem-vindas, porque vieram
se arrastando e gritando sobre as brasas
da terceira ou da última guerra;
quando os bons ganharem pelos e garras,
quando a alegria tomar conta da Terra.

ANSIEDADE DOS CORDEIROS

Todas as escrituras dizem
que, antes de sermos gente,
somos anjos,
anjos indefesos, aflitos
mordendo o lírio
até chegar
à condição vitoriosa
de demônios,
tão armados e aflitos,
que não gostaríamos
de ser anjos nem demônios,
mas cordeiros na longa grama verde,
até que os pastores
de tão humanos morressem,
e ficássemos sozinhos
diante do belo e do justo
perigo verde.

CANÇÃO DA ANTITRISTEZA QUE NÃO É ALEGRIA
(Recife, 23/3/78)

Tristeza tagarela,
que nem da tristeza
tem orgulho mais:
tão festa de raivas,
de vozes e altas
cortinas abertas,
que nem do pudor
de ser a tristeza
tem cuidado mais:
tão feita de claras
explicações científicas,
que nem nas sombras
de março morrendo
a socorrem mais.

NAS ÚLTIMAS POSSIBILIDADES
(11/10/83)

Quando os seres amados
nos podem salvar,
dia sim, dia não,
dos outros inimigos,
mas não nos salvam,
não podem (anjos sem força)
porque são, como nós,
anjos contra a força,
sob zincos roubados,
refratários ao sol
e às polícias,
ou em salas amplas
à prova de som
(e de gemidos)
ainda perguntamos:
como é possível,
permanecermos frágeis
e arquejando, cobertos
de asas e delícias?

AMANHÃS

Quando acordar
é despertar asfixiado,
com as unhas do sol
enterradas na garganta,
nem as coxas, largas avenidas,
da mulher encantada,
nem os gritos flavos
dos escolares na calçada,
nem a proximidade das férias
nas estações balneárias,
nem as subterrâneas inchações
das veias do amor
nos dão vontade de acordar.

Tuas veias puladas
são raízes
estourando as calçadas,
pois já começa a entardecer,
e os rios de dentro
atingem o pique
de suas enchentes,
e o mar de fora
é uma só solidão.

TUMOR

Não é filho crescendo
dentro do corpo,
é feto apodrecendo
em necrológico,
ou, num carro, correndo,
uma bomba-relógio;
não é mera gordura
na idade adulta,
mas contagem regressiva
apagando a paisagem futura.

AUTOELEGIA

Fui um sujeito
que talvez deva ser
imitado pelos avessos
isto é:
em tudo aquilo que não fui
e que devia ou não devia
ser,
de acordo com o fato
de concordar ou resistir,
ou o desgosto de sempre
sozinho decidir.

TODA VERGONHA DE VIVER

Agora, o vale-tudo:
as uvas para mim
e o abismo para todos
porque, de tão complicado,
a sabedoria virou
meu túnel sob o cárcere;
e eu não queria,
por amor, ou resto rasteiro
de rasa humanidade,
pelo mais diplomata
e camuflado medo,
dizer que, apesar da vida,
queria, mesmo,
era (que vergonha!) viver.

BREVE BIOGRAFIA DO AUTOR

José Alberto Tavares da Cunha Melo tem a poesia no sangue. Neto do tabelião e poeta Alberto Tavares da Cunha Melo e primogênito do casal Maria José Veloso de Melo e Benedito Cunha Melo — professor e poeta — nasceu no Jaboatão dos Guararapes, Pernambuco, em 1942, e morreu em 13 de outubro de 2007, no Recife. Além de viver plenamente a cena cultural pernambucana e sua arte literária, atuou no jornalismo e na sociologia. Bacharelou-se em Ciências Sociais pela Universidade Federal de Pernambuco (UFPE) em 1971, quando já obtivera, em 1970, seu registro de jornalista (nº 1454 Livro 006 — fls. 34 DRT/PE — Matrícula: 2064-133).

Esteve sempre mergulhado em livros e, pelas mãos de seu pai, frequentou desde a mais tenra infância tertúlias, saraus de música clássica, teatro e principalmente as matinês do único cinema da cidade do Jaboatão. É Francisco Tavares da Cunha Melo — o quinto dos seis irmãos: Maria das Graças, Margarida Maria, João Bosco, Sebastião Tarcísio e Madalena Maria — que nos revela um fato recorrente quando, em família, o assunto é o irmão poeta. Ele informa que, aos 4 anos, Alberto declamou para o pai sua primeira trova: "Domingo na matiné/ quero ver Durango Kid/ com seu revólver na mão/ matando toda quadrilha/ daquele bandido ladrão." Estaria aí uma evidência do cinéfilo que se tornaria Alberto? O certo é que, no cerne de sua poesia, observar-se-á com intensidade a influência do cinema. O professor Benedito Cunha Melo seria adiante (década de 1960) o respeitado e querido mestre dos poetas do Grupo de Jaboatão, que formará mais tarde, com outros grupos, a chamada Geração 65 de Escritores Pernambucanos. Hoje, em sua memória, o professor é nome de uma rua, da biblioteca e de uma escola estadual no Jaboatão dos Guararapes.

Alberto da Cunha Melo recebeu algumas homenagens em vida: Troféu do III Savoyar — Escritor destaque do Ano — Bar Savoy — fevereiro 2002; Diploma Mauro Mota — Escritor do Ano — Conselho Estadual de Cultura — março 2002; Homenagem 60 Anos — Prefeitura Municipal de Jaboatão dos Guararapes — abril 2002; Medalha Gilberto Freyre — União Brasileira de Escritores — Secção Pernambuco — julho 2002; Medalha do Sesquicentenário — Biblioteca Pública Estadual — agosto 2002. Foi concedida, após a sua morte, a Comenda Conselheiro João Alfredo Corrêa de Oliveira, em 18 de maio de 2008, e, neste ano de 2017, passa a fazer parte do projeto "Circuito da Poesia", com a instalação de sua estátua, concebida pelo arquiteto Demetrio Albuquerque, no Parque 13 de Maio, em Recife.

Para Alberto da Cunha Melo, a literatura é assunto da personalidade inteira, por isso vale saber um pouco sobre as outras áreas de atuação do poeta que nunca o impediram de priorizar o seu exercício poético.

Enquanto sociólogo, ele atuou durante dez anos (1969-1979) na Fundação Joaquim Nabuco, e, durante o ano de 1990, na Comissão Estadual de Planejamento Agrícola do Estado do Acre. Sua experiência aplicada nas Ciências Sociais somou-se a outras atividades durante o período em que esteve na Fundaj: foi assessor de imprensa, diretor do Departamento de Sociologia, organizador do Simpósio sobre o Filme Documental Brasileiro e assessor científico do II Encontro Inter-Regional de Cientistas Sociais do Brasil.

Iniciou-se cedo no jornalismo, fundando, com amigos, no início da década de 1960, o jornal *Dia Virá*, em que assinava suas crônicas com o pseudônimo Joseph de La Rue, e publicava seus sonetos. Suas experiências culturais e no jornalismo dessa época projetaram-se no futuro editor do Commercio Cultural (1965–1972/1982–1985), do *Jornal do Commercio*; revista *Pasárgada* (n. 4, 5 e 6, 1992); e da coluna Marco Zero, da revista pernambucana *Continente Multicultural*, a partir do número 0, em 2001, até o ano de sua morte, em 2007. Foi também colaborador da coluna Arte pela Arte (2000/2001) do *Jornal da Tarde* de São Paulo. Em toda a sua atuação jornalística, a marca da divulgação de jovens poetas, seus movimentos, seus grupos.

Enquanto executivo da área cultural, exerceu, em duas gestões (1979–1980/1987–1989), o cargo de diretor de assuntos culturais da (Fundarpe), Fundação do Patrimônio Histórico e Artístico de Pernambuco, onde implantou estratégias de atuação do órgão para desenvolvimento de suas ações culturais, executando vários projetos com a marca "Cultura é sobrevivência". No Acre, foi gerente de Bem-Estar Social do Sesc (1980–1981). Desenvolveu projetos para a Prefeitura Municipal do Recife (1992) e para a Prefeitura Municipal de Natal (1998).

Há 51 anos, foi publicado seu primeiro livro, *Círculo cósmico* (1966), ano em que o historiador Tadeu Rocha rotulava de Geração de 65 o grupo de poetas surgidos das páginas do *Diario de Pernambuco*. Essa Geração teve seu ápice quando Alberto e um grupo de amigos fundaram as Edições Pirata, o maior fenômeno editorial alternativo de Pernambuco, que alcançou relevo nacional. Tem publicados 23 livros, 20 de poesia, e está presente em 39 antologias, duas delas internacionais. Vale destacar as editadas na virada do século (2001): *Os cem melhores poetas brasileiros do século* e *100 anos de poesia: um panorama da poesia brasileira no século XX*; e, ainda, em 2007, *NantesRecife. Um olhar transatlântico* (bilíngue: português–francês).

Na década de 1990 seus poemas saem das fronteiras de Pernambuco e ganham o Brasil e o exterior com o livro *Yacala*, lançado na Universidade de Évora, em Portugal, com prefácio do crítico literário e professor da Universidade de São Paulo Alfredo Bosi. Em 2003, em entrevista ao *Jornal da USP*, Alfredo Bosi ratifica seu entusiasmo pela poesia de Cunha Melo e o considera o principal nome que estava despontando no cenário poético nacional. Em 2012, foi publicada a edição bilíngue (português–italiano) *Orazione per il poema*, com tradução de Kátia de Abreu Chulata.

O livro *Meditação sob os lajedos* foi considerado um dos dez melhores livros publicados no Brasil em 2002, por um júri de 400 especialistas do Prêmio Portugal Telecom de Literatura Brasileira, em sua primeira versão, em 2003. Entre os dez finalistas, obteve o quarto lugar. A forma fixa "retranca", criada por ele, encontra sua plenitude nesse livro. Ela já é utilizada sistematicamente por vários poetas, até agora, com mais intensidade por Gustavo Felicíssimo e Nilza Azzi, que já publicaram livros completos utilizando-a. Pontua-se aqui a vasta interação com sua obra, no teatro e especialmente na música, com destaque para as interpretações de José Paes de Lira e os poemas musicados por Myriam Brindeiro de Moraes Vasconcelos e Jorge Carlos Amaral de Oliveira.

Em 2006, Alberto da Cunha Melo publicou, pela A Girafa Editora, o livro *O cão de olhos amarelos & outros poemas inéditos*, uma edição comemorativa dos seus 40 anos de poesia, que foi escolhido pela Academia Brasileira de Letras, em 2007, como o melhor livro de poesia publicado no ano de 2006. A premiação se deu justo no ano de sua morte.

Horaciano, como se declarava, foi grande estudioso da teoria literária, o que implicou em constantes reflexões sobre sua própria obra: *A noite da longa aprendizagem. Notas à margem do trabalho poético* é um manuscrito iniciado em 1978 e tem a última nota em 21 de outubro de 1995, com mais de 600 páginas distribuídas em 4 volumes. Metódico, todas as suas leituras eram fichadas com especial zelo. Em seus últimos anos de vida, trabalhou no setor de Obras Raras da Biblioteca Pública do Estado de Pernambuco, onde transcreveu, a lápis, 285 páginas do livro *Odes de Q. Horacio Flacco,* traduzido por José Agostinho de Macedo (1844).

A obra do poeta já foi analisada em monografias, dissertações e teses. Até o momento, destacam-se os trabalhos de Cláudia Cordeiro, Norma Godoy Faria, Isabel de Andrade Moliterno, Érica Dourado e Diego Pereira da Silva. Foi comentada por grandes críticos, escritores e jornalistas, a exemplo de César Leal, Mauro Mota, Cláudio Aguiar, Jomard Muniz de Britto, Paulo Gustavo, Wendel Santos, Lucila Nogueira, Marcos Cordeiro, Ângelo Monteiro, Mario Hélio Gomes, José Nêumanne Pinto, Pedro Vicente Costa Sobrinho, Urariano Mota, Nelson Patriota, Silvério Duque, Gustavo Felicíssimo, Deonísio da Silva, Ivan Junqueira, Ermelinda Ferreira, Alfredo Bosi, Bruno Tolentino e Martim Vasques da Cunha. Anota-se aqui um trecho definitivo da crítica de Hildeberto Barbosa Filho, em *O cão de olhos amarelos & outros poemas inéditos* (2006): "Sem deixar-se seduzir pelos modismos artísticos, sua poesia é autêntica. É, como já disse, dotada de verdade e de beleza. E, sendo assim, gostaria de parafrasear Johannes Pfeiffer, em *Introdução à poesia*: devido à sua verdade, esta poesia é necessária; devido à sua beleza, é beatificante!"

BREVE BIOGRAFIA DA ORGANIZADORA

Cláudia Cordeiro Tavares da Cunha Melo tem uma vida dedicada à poesia e foi pioneira em Pernambuco de sites literários dedicados a essa arte — Plataforma para a Poesia e Trilhas Literárias. Atualmente, mantém o site de Alberto da Cunha Melo (albertocmelo. com.br) atualizado sistematicamente, e pretende concluir, em breve, a sua biografia. O livro *Poemas à mão livre* (1981), organizado e ilustrado por ela, registra o início de sua presença na vida e obra do autor. Além da organização de todos os seus livros, a partir daquela data, prefaciou *Poemas anteriores* (1989), *Cantos de contar* (2012), e apresentou *Orazione per il poema* (2012). Tem dedicado a ela o livro *Clau* (1992). É inventariante e curadora da obra do poeta, conforme desejo dele expresso em testamento.

Em 1985, graduou-se, com láurea, em Letras na FAFIRE — Faculdade Frassinetti do Recife, onde concluiu sua pós-graduação em Literatura Brasileira em 2003. Conquistou o primeiro lugar do Prêmio Mauro Mota, com o ensaio *Mauro Mota: regionalismo e permanência* (1985). Em 28 de novembro de 2011, foi agraciada com o Diploma de Mérito Cultural pela União Brasileira de Escritores, seção Pernambuco, no âmbito do projeto "A Cultura e a Arte em Pernambuco".

Durante 28 anos, foi professora de Língua Portuguesa e Literatura Brasileira em escolas do ensino fundamental e médio das redes pública e privada, e na FAFIRE por breve período. Fez incursões relevantes no planejamento e coordenação de projetos culturais, a partir de 1980, na Escolinha de Arte Garibaldi Brasil (SESC/Acre), seguindo-se os da Diretoria de Assuntos Culturais da Fundarpe (1987–2000), a exemplo da Via Sacra do Artesão e do Trem da Cultura, que recebeu várias portarias de elogio. De 2007 a 2014, dedicou-se a projetos destinados ao ambiente virtual da Fliporto — Festa Literária Internacional de Pernambuco. Criou, editou e coordenou os prêmios Poesia ao Vídeo (2007 a 2011), Toc 140, Poesia no Twitter (2010 a 2012) e Pernambucanidade em Jogo, Maratona Premiada do Conhecimento Literário (2011).

É autora do ensaio *Faces da "resistência" na poesia de Alberto da Cunha Melo* (2003). A convite do Instituto Maximiano Campos, foi organizadora da coletânea *Pernambuco, terra da poesia*. Um painel da literatura pernambucana do século XVI ao XXI, edições 2005, 2006 e 2010, além de também organizar e prefaciar o livro *Os cem melhores poemas do TOC 140, poesia no Twitter,* em suas três versões, 2010, 2011 e 2012, em parceria com Antônio Campos. Tem vários ensaios e artigos editados e publicados em revistas e jornais do meio físico e digital. Neste, destaca-se *Uma estranha beleza:* entrevista com o poeta Alberto da Cunha Melo, inicialmente publicado no seu site Trilhas Literárias e posteriormente em *Cronos:* Revista de Pós-graduação em Ciências Sociais da UFRN. Em 2015, cinquentenário da Geração 65, da qual o poeta faz parte, publicou, no n. 6 da revista do Instituto Histórico de Jaboatão, o ensaio *O Grupo de Jaboatão nas fontes da Geração 65.* Professora, antologista, ensaísta e revisora de textos literários, dedica-se também a projetos e edição de sites culturais e páginas das redes sociais de alguns escritores.

OBRAS DO AUTOR

Círculo cósmico. Recife: UFPE, 1966.
Oração pelo poema. Recife: UFPE, 1969.
Publicação do corpo. In: *Quíntuplo*. Recife, Aquário/UM, 1974.
Dez poemas políticos. Recife, Pirata, 1979.
Noticiário. Recife: Edições Pirata, 1979.
Poemas à mão livre. Recife: Edições Pirata, 1981.
Soma dos sumos. Rio de Janeiro: José Olympio, 1983.
Poemas anteriores. Recife: Bagaço, 1989.
Clau. Recife: Imprensa Universitária da UFRPE, 1992.
A rural também ensina a semear a poesia. Recife: ed. Livro 7, 1992; folheto de cordel — divulgação do lançamento do livro *Clau*.
Carne de terceira com poemas à mão livre. Recife: Bagaço, 1996.
Yacala. Recife: edição do autor, 1999, impresso na Gráfica Olinda.
Yacala. Natal: EDUFRN, 2000, edição fac-similar, prefácio de Alfredo Bosi.
Meditação sob os lajedos. Natal/Recife: EDUFRN, 2002.
Dois caminhos e uma oração. São Paulo: A Girafa, 2003.
O cão de olhos amarelos & outros poemas inéditos. São Paulo: A Girafa, 2006.
Cantos de contar. Recife: Paes, 2012. Edição comemorativa do aniversário de 70 anos.

POESIA TRADUZIDA

Orazione per il poema. Lecce: Salento Books, 2012. Tradução de Katia de Abreu Chulata.

PROSA

Marco Zero. Crônicas. Recife: CEPE, 2009. Coletânea de artigos jornalísticos e de crítica literária, 213 p., ilustração de capa, Bueno.

REPORTAGENS

Um certo Louro do Pajeú (uma reportagem). Natal: EDUFRN, Editora da UFRN, 2001. 80 p.
Um certo Jó (reportagem). Recife: SINDESEP, 2002. 80 p.

ORGANIZAÇÃO

Benedito Cunha Melo. Poesia seleta (org.). Recife: edição do espólio, 2009, 112 p., 300 exemplares. Seleta organizada por Alberto da Cunha Melo em 2006 e lançada após a sua morte em 18 de dezembro de 2009, no IHJ — Instituto Histórico do Jaboatão.

SOBRE O AUTOR

CORDEIRO, Cláudia. *Faces da resistência na poesia de Alberto da Cunha Melo*. Recife: Bagaço, 2003.

_____. (org.). "Uma estranha beleza: entrevista com o poeta Alberto da Cunha Melo". In: *Cronos*: Revista de Pós-Graduação em Ciências Sociais da UFRN, v. 5/6, n. 1/2. Natal: EDUFRN, 2000, p. 317-33, jan./dez., 2004/2005.

DOURADO, Érica Roberto. *Ressonâncias épicas em Yacala, de Alberto da Cunha Melo*. Dissertação de Mestrado. Três Lagoas: UFMG, 2016.

FARIA, Norma Maria Godoy. *Metapoesia e profecia em Alberto da Cunha Melo*. Dissertação de Mestrado. João Pessoa: Universidade Federal da Paraíba, 2005.

MOLITERNO, Isabel de Andrade. *Imagens, reverberações na poesia de Alberto da Cunha Melo: uma leitura estilística do texto*. Tese de Doutorado. São Paulo: Universidade de São Paulo, 2007.

SILVA, Diego Pereira da. *A rebelião silenciosa da poética albertiana em O cão de olhos amarelos & outros poemas inéditos*. Euclides da Cunha: Universidade do Estado da Bahia, 2016.

Este livro foi composto na tipografia Minion
Pro Regular, em corpo 10/11, e impresso em
papel off-white no Sistema Digital Instant Duplex
da Divisão Gráfica da Distribuidora Record.